D1869800

Ferdinand Simoneit
Mein Freund ist ein lackierter Kampfhund

Für Siggi Aust!
F. Simoneit.

Frankfurt, Sept. '93.

FERDINAND SIMONEIT

Mein Freund ist ein lackierter Kampfhund

GEGEN DIE VERTEUFELUNG DES AUTOS

GUSTAV LÜBBE VERLAG

© 1993 by Gustav Lübbe Verlag GmbH,
Bergisch Gladbach
Lektorat: Heike Rosbach, Nürnberg
Umschlaggestaltung: Klein Design, Leverkusen
Satz: Bosbach & Siebel Print Media Concept, Lindlar
Gesetzt aus der Rotis Serif und Rotis Semi Sans (Linotype-Hell)
Druck und Einband: Franz Spiegel Buch GmbH, Ulm

Alle Rechte vorbehalten.
Kein Teil dieses Buches darf ohne ausdrückliche Genehmigung des Verlages in irgendeiner Form reproduziert werden, weder in mechanischer noch in elektronischer Form, einschließlich Fotokopie.

Printed in Germany
ISBN 3-7857-0680-4

Inhalt

PROLOG

Der Fall: Der Kanzler, das Auto und die Hetze

Zornrot lief das Gesicht des Kanzlers an. Was er gerade gehört hatte, war ihm zunächst nur mäßig interessant erschienen, dann aber hatte er doch verwundert den mächtigen Kopf geschüttelt. Und jetzt sah es aus, als wolle er explodieren vor Wut.

Die Stimmung im Kanzleramt zu Bonn um die Mittagszeit am 18. Januar 1993 in der sogenannten Kanzlerrunde war von Anfang an gedrückt gewesen. Zu sich gerufen hatte der Kanzler die höchsten Bosse der deutschen Wirtschaft, die er immer zu sich bittet, wenn er über die Lage der Wirtschaft und die Chancen der Ostdeutschen praxisnahe Auskünfte einholen möchte.

Seit Monaten glichen die Meldungen über Produktionsumfang und Höhe der Geschäftsabschlüsse aus dem Land eher Tatarennachrichten. In den letzten Tagen jedoch war es knüppeldick gekommen. Sogar der Industriestandort Deutschland, seit Jahrzehnten sichere Basis für den Wohlstand der Deutschen, habe rasant an Attraktivität eingebüßt, deutsche Firmen zöge es ins Ausland, BMW nach Amerika, Audi nach Ungarn. »Wir sind ein Volk geworden«, hatte erst kürzlich einer der bedeutendsten Wirtschaftsführer festgestellt, »das erntet, aber nicht mehr sät.«

Als an diesem 18. Januar, einem Montag, die Herren über Leben und Brot der Deutschen auf den Kanzler gewartet hatten, war bekanntgeworden, die deutsche Autoindustrie, Stolz und Motor der Wirtschaft, plane für 1993 die Entlassung von gut 50 000 Mitarbeitern, um die zu hohen Kosten beim Autobau um 20 Prozent zu drücken. Die *Frankfurter Allgemeine Zeitung* hatte berichtet, die Finanzämter wollten ihre gefürchtete Betriebsprüfung fortan bei Privatpersonen auch »ohne konkrete Anhaltspunkte« durchführen; die Arbeitgeber der Metall- und Elektroindustrie »befürchten einen weiteren Einbruch«. Nur die *Bild*-Zeitung, Volkes Lektüre, hatte auch die Mächtigen amüsieren können: »LAFONTAINE BORDELL-AFFÄRE. Bonn tuschelt und lächelt.« Eine Wortneuschöpfung machte die Runde: Saarlermo, Lafontaines Residenz, mit den Zuständen von Palermo an der Saar.

Der Kanzler hatte wie immer einen Monolog gehalten. Da ergriff einer das Wort, der zum erstenmal in dieser Runde saß: Ferdinand Piëch, seit nicht einmal drei Wochen Chef des Volkswagen-Konzerns in Wolfsburg. Der Neuling kam sofort zur Sache: »In den ersten Wochen dieses Jahres sind bei Volkswagen die Aufträge um 60 Prozent zurückgegangen.« Jeder in der Runde flüsterte dem Nachbarn seinen Kommentar zur Lage in Wolfsburg zu, wo VW, Deutschlands größter Autobauer, um sein Überleben kämpft; von Kurzarbeit, Dividendenkürzung und Investitionsstopp wußten seit Tagen die Gerüchte.

Doch bevor der Kanzler das Wort ergreifen konnte, meldete sich ein Gast mit asketischen Gesichtszügen und eisgrauem Haupthaar, der in all den Runden zuvor kaum etwas gesagt hatte: Hans L. Merkle, Senior des Elektrokonzerns Bosch und, achtzigjährig, Nestor der deutschen Wirtschaft, daheim in Stuttgart ehrfurchtsvoll »Gottvater« genannt. Der Alte begann leise zu berichten und erzwang sich so die Aufmerksamkeit aller Anwesenden:

Ihn, Merkle, wundere die schlechte Lage von VW überhaupt nicht. Er sei von Stuttgart nach Bonn mit der Bahn gereist und habe in seinem Coupé eine Zeitschrift mit einer merkwürdigen Anzeige gefunden, deren Text er hier gerne vorlesen würde. Und dann zitierte er:

»›Auf Deutschlands Straßen wird der Traum vom Autofahren mehr und mehr zum Alptraum... Diesen Zustand verkraften unsere Städte nicht. Denn schon heute liegt die Durchschnittsgeschwindigkeit aller Autofahrten zur Arbeit knapp unter 20 km/h. So geht's nicht weiter... Wir müssen lernen, unsere Verkehrsmittel sinnvoller und überlegter zu gebrauchen. Und wesentlich häufiger Busse und Bahnen zu benutzen... Je mehr Menschen umdenken, desto besser für uns alle... Der Traum vom Autofahren endet oft im Stau...‹«

Allen war klar: Hier ging es gegen das Auto. Murren kam in der prominenten Runde auf. »Hetze gegen das Auto ist das«, stellte einer laut fest, »nichts als Hetze.«

Merkle reichte die Anzeige dem Kanzler, der die Botschaft noch einmal überflog. Sofort suchte er den Absender: Die Deutsche Bundesbahn. Das war ihm zuviel, er sah in die Runde und wußte, wo der Übeltäter, der Herr der Anti-Auto-Botschaft, hier zu finden war, und er fand ihn: Heinz Dürr, den Chef der Deutschen Bundesbahn. Kurz und knapp verlangte der Kanzler, gewohnt, die Richtlinien der Politik zu bestimmen, daß die Bahn so nicht mehr zu werben habe. Der ertappte Bahnboß, als Deutschlands Schuldenkönig ohnehin kein Kraftmeier, versprach eilfertig Abhilfe (und leistete wenige Tage später freiwillig Wiedergutmachung auf seine Art: Öffentlich sprach er sich gegen höhere Mineralölsteuern für Autofahrer aus und versicherte, für die Rettung seiner Bahn brauche er das Geld der Autofahrer überhaupt nicht. Nur die wenigen Eingeweihten aus der abhörsicheren Kanzlerrunde wußten, warum sich Dürr plötzlich so vehement gegen eine höhere Belastung der Autofahrer ausgesprochen hatte).

Jetzt, an diesem 18. Januar 1993, hatte auch der Kanzler mitbekommen, was im Land in Sachen Auto läuft: Das Auto wird angegriffen, schlechtgemacht, ist schuld an allem Mißgeschick in Stadt und Land.

Das Auto steht in Deutschland unter schwerer Anklage.

1 Die Anklage: Eine Nation hirnloser Raser

ANKLÄGER Die Herren der öffentlichen Meinung, vertreten durch *Zeit*, *Spiegel*, ARD- und ZDF-Magazine, links-grüne Intellektuelle und Politiker.

ANGEKLAGT Das Auto, erfunden 1886 von Carl Benz und Gottlieb Daimler in Mannheim und Bad Cannstatt, Deutschland.

Der Angeklagte Auto...

... ist ein »lackierter Kampfhund«, verstopft unsere Straßen und Städte und verursacht den Verkehrsinfarkt, verpestet unsere Luft, macht uns krank durch Lärm, verschandelt unsere Landschaft durch Autobahnen und Brücken, zerstört unsere Umwelt, ist schuld am Sterben unseres Waldes;

... ist in den Händen »hirnloser Raser« eine tödliche Waffe, verletzt jährlich 50000 und tötet 550 unserer Kinder, verletzt 100000 und tötet Tausende Bürger durch überhöhte Geschwindigkeit, ist ein Massenmörder;

... ist durch hohe Parkgebühren aus unseren Städten zu verbannen, ist bei Nebel und Smog stillzulegen, ist durch Tempolimit auf Autobahnen (100 km/h) und Bundesstraßen (80 km/h) zu bremsen; durch höchste Benzinpreise, Steuern und Gebühren für die Autobahnbenutzung ist den Deutschen die Freude am Fahren zu vermiesen und auszutreiben;

... ist angeschlagen, die Attacken seiner Gegner zeigen erste Wirkungen. Experten sprechen bereits von einer »Auto-Dämmerung«.

In der dritten Woche des Jahres 1992 – es hätte auch eine andere Woche sein können, denn in dieser war es genauso wie in jeder anderen – schien es dem aufmerksamen Bürger der Bundesrepublik Deutschland, der täglich mehrere Zeitungen liest, beim Autofahren aus dem Radio Nachrichten hört und abends die Magazinsendungen des Fernsehens verfolgt, als hätte Deutschlands stets hellwache Presse einen neuen Volksfeind entdeckt, den sie nun ebenso pausen- wie gnadenlos an den öffentlichen Pranger stellte, wie es der Auftrag der Verfassung auch von ihr verlangt, seit es die Bundesrepublik Deutschland gibt.

Deutschlands freie Presse ist, hatte schon vor vielen Jahren der

Stuttgarter Rechtsanwalt Martin Löffler, der Altmeister des deutschen Presserechts, proklamiert, »die schärfste Waffe im Kampf um die Sicherung der Freiheit« und hat die »Funktion der öffentlichen Kontrolle und Kritik... Wo immer im Staat etwas faul ist, soll die Presse Laut geben und so nach dem Willen der Verfassung das Amt des öffentlichen Wächters ausüben.« Denn, so plädierte der große Streiter für die Pressefreiheit in Deutschland: »Ohne einen scharfäugigen Wächter, der Mißstände des öffentlichen Lebens aufspürt, liefe die Demokratie Gefahr.«

Die scharfäugigen Wächter in den Zeitungsredaktionen und den Funkstudios hatten in den letzten Jahren oft genug, weil etwas faul im Staate Deutschland war, Laut geben müssen und die junge Demokratie vor Schaden bewahrt. Sie hatten enthüllt, daß der gewerkschaftliche Wohnungsbau-Konzern Neue Heimat, als gemeinnützig eingestuft, nichts als ein Selbstbedienungsladen für die Gewerkschaftsbonzen gewesen war, die gewerkschaftseigene Handelskette co op fremde Banken wie eigene Mitarbeiter in einer Weise betrogen hatte, die selbst in den wilden Pionierjahren der Republik kein Kapitalist gewagt hätte. Sie hatten den badischen Chemieindustriellen Hippenstiel-Imhausen trotz seines vertrauenerweckenden Vatermörderkragens als skrupellosen Lieferanten einer Giftgasfabrik für den libyschen Bösewicht Ghaddafi entlarvt und vieles andere mehr.

Schon seit das Grundgesetz der Bundesrepublik Deutschland vom 23. Mai 1949 bestimmte, die Presse sei frei, las sich die Geschichte der Verfassungsschützer in den Redaktionsstuben wie ein Heldenepos zur Verteidigung der Freiheit. Vor niemandem kuschte sie, weder vor den organisierten Reichen noch vor den organisierten Armen im Land und vor dem mächtigen Kanzler in Bonn schon gar nicht. Jahr für Jahr werden seitdem Journalisten mit dem »Wächterpreis der deutschen Presse« gekrönt. Selbst die ansonsten spröden Steuereintreiber ziehen vor den Ausgezeichneten ihren Hut und zwacken vom Preisgeld keinen Groschen ab. Sie erklären vielmehr die preisgekrönte journalistische Enthüllung kurzerhand zur »kulturellen Leistung« (was Spötter regelmäßig als schwarzen Humor auslegen) und stellen sie von einer Besteuerung frei.

Die Inhaber der Pressefreiheit, die Verleger, die Herren der bewunderten Journalisten, zeigen sich keineswegs bescheiden, wenn sie nach ihrer Macht im Staat gefragt werden. Axel Cäsar Springer zum Beispiel, Herr über *Die Welt* und *Bild*, fühlte in sich sogar die Kraft zum Lenker deutscher Geschicke, wenn er behauptete, sein *Bild* hätte 1933 Hitler verhindert, wenn es damals sein Sechs-Groschen-Blatt schon gegeben hätte. Henri Nannen, der bärenstarke Ostfriese, der seinen *Stern* »wie ein Freikorps« kommandierte, sagte jedem, der es hören wollte, er, der Chefredakteur der Illustrierten, habe jahrzehntelang »hautnah Politik gemacht«. Nur Rudolf Augstein machte sich klein, wenn die Macht der Presse – und seines *Spiegels* – diskutiert wurde, wobei der Leser allerdings wissen sollte, daß sich der *Spiegel*-Herausgeber »gern einen Zyniker nennen läßt« (Augstein über Augstein), denn für den Zyniker »hat die Presse keine Macht, aber von allen Ohnmächtigen ist *Der Spiegel* noch der mächtigste«.

In der dritten Woche des Jahres 1992 schien es also, als hätten die scharfäugigen Wächter der Freiheit in der Republik wieder einen Fang gemacht und einen Volksfeind besonders hinterhältiger Art geschnappt: Tag für Tag und rund um die Uhr prangerten die Zeitungen des Landes, die Rundfunk- und Fernsehsender den neuen Übeltäter an und scheuten sich nicht, ihn mutig beim Namen zu nennen – das Automobil.

Die Journalisten jagten das Auto, verspotteten (»Götze in Blech«) und verteufelten es (»Umweltfeind Nr. 1«). Sie nannten es, waren sie launig wie die Hamburger Moralisten der *Zeit*, einen »lackierten Kampfhund«. Für die stets sauertöpfischen Grünen war es eine »Mordmaschine«, und dem *Spiegel*, der allmontags den Deutschen sagt, was sie zu meinen haben, schienen Deutschlands Autofahrer allesamt »hirnlose Raser« zu sein. Die Deutschen, einst als Nation der Dichter und Denker gerühmt und längst nurmehr Richter und Lenker, seien – die Intellektuellen in Presse und Politik waren sich einig – geschlossen dem »mobilen Wahn verfallen«, ihr Auto sei ein »schlimmer Fetisch«, ihr »Goldenes Kalb«.

Die dritte Woche des Jahres 1992 war so eine typische Woche, in der Deutschlands Autofahrer den Eindruck gewinnen mußten, tatsächlich im Besitz einer Mordwaffe und somit potentielle Mörder zu sein. Das Auto fand vor der deutschen Presse keine Gnade und verdiente auch keine, der deutsche Autofahrer mußte in seinen eigenen Spiegel gucken – und er erschrak.

Deutschlands Zeitungsmenschen, aus Berufung Missionare im Vaterland und Erzieher der Bürger, hatten »Gottes Ebenbild« schon immer als mißlungen beurteilt und versucht, den Menschen zu verbessern oder noch besser – wie es einer ihrer Größten, Karl Marx aus Trier, mit fatalem Erfolg gepredigt hatte – einen ganz und gar neuen Menschen zu schaffen. Und weil sich ihr Missionsdrang mit der Neigung zu übertriebenem Pessimismus paart, zeichnen die Journalisten ein düsteres und ödes Bild des Lebens und des Landes, das beim Leser Freude erst gar nicht aufkommen läßt. Deutschlands Autofahrern bleuen sie unentwegt ein, besonders schlechte Menschen zu sein. Angeprangert werden sie wie notorische Raucher; einen schlimmeren Ruf haben nur die Besitzer von englischen Kampfhunden und die Betreiber von Atomfabriken; selbst Busengrapscher finden eher Verständnis als Autofahrer, die sich zur »Freude am Fahren« bekennen.

Als die dritte Woche des Jahres 1992 begann, hatte der deutsche Autofahrer noch die Schreckensnachrichten im Kopf, die ihm den Sonntag verleidet hatten. Die *Welt am Sonntag* hatte sich gerühmt, aus dem Tresor des Bonner Umweltministers eine »Geheime Studie« gefischt zu haben – brisante Enthüllung: 72 Prozent aller Deutschen wünschten sich ein Tempolimit (130 km/h auf Autobahnen, 80 km/h auf Bundesstraßen). Berichte über ein bevorstehendes Tempolimit waren schon immer mit vertrauter Regelmäßigkeit erschienen – und dementiert worden. Doch dem Autofreund war die Sonntagsstimmung stets vergällt und die ehrliche Freude am Autofahren auch.

Selbst Verhaltensforschern ist es ein Rätsel, warum das Auto, das in Deutschland erfunden wurde, hier am stärksten verbreitet und von seinen Bürgern geliebt ist, im eigenen Land verteufelt wird. Woher kommt es, fragen sie sich, daß sich viele Artikel in Zeitungen und Magazinen wie Anklageschriften gegen das Auto lesen, die TV-Moderatoren sich wie Vertreter der Anklage aufführen? Deutschlands Presse ähnelt streckenweise einem Standgericht, dem es nicht um

Aufklärung oder gar um Gerechtigkeit geht, sondern nur um die schnelle Aburteilung, ohne daß der Angeklagte dagegen Berufung einlegen darf. In Sachen Auto sind Deutschlands missionarische Medien Richter und öffentliche Ankläger in einer Person, die nur nach belastendem Material suchen und entlastende Umstände nicht gelten lassen.

Am Montag der dritten Woche kündete die ARD an, am Abend bringe ihr Magazin »Monitor« einen Report über »Ost-Autobahnen – Freie Fahrt in den Unfalltod«. Leitung: Klaus Bednarz. Da ahnte der aufmerksame Fernsehgucker, daß der Abend blutig werden würde. Im Journalismus gibt es Namen, deren bloße Erwähnung den Bürger zusammenzucken lassen: Liest er, beispielsweise zum Thema Auto, *Spiegel*, *Zeit*, *Stern* oder *Süddeutsche Zeitung* oder hört er Klaus Bednarz von »Monitor«, so weiß er, es steht eine öffentliche Hinrichtung der »hirnlosen Raser« bevor, oder es wird zumindest – in einem Anfall grundloser Güte – ein lebenslanges Fahrverbot gefordert. Am selben Abend, so meldeten die Zeitungen weiter, werde zu später Stunde das ZDF über den Niedergang der amerikanischen Autostadt Detroit (Eigenname: »Mo-Town«) reportieren – der Titel war das Reportageziel: »Der Lack ist ab.«

Schon vorher hatten die Zeitungen dem Autofreund deutlich gemacht, daß er sich als Mitglied in einer Gesellschaft von schlimmen Fingern, Todesrasern und Abartigen befinde. Nach einer Sauftour hatte ein Saufbruder, so ein »Agentur lsw«-Bericht, einem anderen vorsorglich seinen Autoschlüssel anvertraut, damit der ihn sicher nach Hause kutschiere. Der »hilfreiche Kneipengast« jedoch brachte nicht nur den Wagen in Gang, sondern fuhr mit ihm auch gemeinerweise allein davon und ließ den armen Trinker in Nacht und Regen stehen – »vom Autodieb fehlt bisher jede Spur«.

Nur wenige Zeitgenossen, schien es, waren noch im Besitz ihrer Sinne wie etwa die Pennäler von Ravensburg. Dort hatte der Landrat in einem Sprüche-Wettbewerb die besten Reime ermitteln lassen. Preisgekrönt wurden Kreationen wie:

»Rast du wie ein Schwein,
hast du das Gehirn im Bein.«

Und:

»Auf's Gas drucke –
in'd Kischt jucke!«

Selbst die Kirchen im Land sahen sich veranlaßt, so in Bad Herrenalb geschehen, Aktionen »Mobil ohne Auto« zu starten. Die Evangelische Akademie Arnoldshain hievte das Thema »Mein Auto – mein Freund, Dein Auto – mein Feind« ins Programm. Auf der Schwäbischen Alb wurde die Gemeinde St. Johann sogar das Opfer einer besonders bösartigen Tat eines Unbekannten, den der *Südkurier* dennoch als »Moralapostel« zu entlarven vermochte: Die Pfarrkirche hatte ihre Gläubigen zur Unterschriftenaktion »Pro Tempolimit auf Autobahnen« aufgefordert. Obwohl die Liste »schon auf gut hundert Namen gewachsen war«, verpuffte das fromme Bremsmanöver. Die Pfarrherren fanden nämlich nur noch einen Zettel mit der Aufforderung »Keine Politik in der Kirche!« vor – die schriftlichen Bekenntnisse der Gegner der freien Fahrt waren geklaut worden. Pfarrer Hickl, berichtete der Reporter, sehe nicht ein, »daß der Tabuzweck das Mittel Diebstahl in der Kirche heiligt«, und werde »die Sache keinesfalls hinnehmen«.

Das alles hatte der aufmerksame Zeitungsleser an diesem Montag bereits hinter sich, als am Abend, wie im Programm angedroht, ARD-Blutsfreund Bednarz auf dem Bildschirm erschien; seine schmerzerprobte Gemeinde enttäuschte er natürlich nicht. Der Autofreund saß in der ersten Reihe, und das frische Blut junger Auto-Ossies spritzte ihm ins Gesicht, während der Bericht über den Auto-Alltag bei Schwerin lief: »Wagen fuhr sehr schnell... sehr dicht auf... plötzlich ins Schleudern... überschlägt sich... Das Traumauto aus dem Westen erst vor einem Jahr gekauft. Er stirbt noch am Unfallort... auch Freund Peter ist sofort tot... Die Beamten zählen die Toten... Der Horror auf den Ost-Autobahnen.« Günther Krause, damals Bundesverkehrsminister, wird wie ein Angeklagter vorgeführt und in seinem Sessel von seinem Ankläger Bednarz gleichsam geröstet. Bednarz, der Gnadenlose, erwähnt das »Tempolimit auf Autobahnen« und beendet die Inquisition mit der Frage, die zugleich die Antwort ist: »Was eigentlich muß noch alles geschehen, damit auch der Verkehrsminister zu dieser Einsicht kommt?«

Daß es früher die Folter für Bösewichte gab, heute wir an ihrer Stelle jedoch die Presse einsetzen, merkte der Zuschauer, der nach dieser Sendung noch den Nerv hatte, auf das ZDF, den ARD-Bruder im Geiste gegen das Auto, umzuschalten. Das ZDF-»Auslandsjournal« kabelte über den Großen Teich die frohe Botschaft für alle Autofeinde, auch in Detroit gehe es mit dem verdammten Auto endlich zu Ende – »USA Detroit – Der Lack ist ab!« Und, Gute-Nacht-Kuß für Auto-Ankläger Bednarz: »... das Auto ist tot« – geschieht ihm recht.

Am Dienstag schreckte Springers autofreundliches *Bild* die Alten in der Republik zwischen Flensburg und Füssen, Aachen und Cottbus mit der Headline auf Seite eins, die sich für einsame Betagte wie eine Deadline las: »Führerschein für Senioren nur noch auf Zeit?« Hessens sozialdemokratischer Verkehrsminister, Besitzer eines Dienstwagens mit Chauffeur, wolle alle drei bis vier Jahre allen Autofahrern, die älter als 65 seien, »eine Fahrtauglichkeits-Prüfung« verordnen. Auch für die Mitglieder der SPD, als Partei der kleinen Leute bekannt, lag eine schlechte Nachricht parat: ap, die amerikanische Presseagentur, meldete aus Irsee: »Bayerns SPD will die Energie verteuern«, außerdem werde sie im Bundestag »erneut ein Tempolimit beantragen«. Doch bei den Armen und Neidischen im Land stieg an diesem Montag die Stimmung, als sie lasen, die Hausmarke der Reichen, Rolls-Royce, habe einen Verlust von 60 Millionen Pfund verbucht, der Umsatz habe sich halbiert – vielleicht werde es das teuerste Automobil der Welt bald gar nicht mehr geben.

»Autofahrer Sascha Hehn« sei der Münchner Taxifahrer Maximilian Kleber nicht schnell genug gefahren, so daß der Schauspieler ihn – »vor Zeugen« – als »einen kleinen, blöden Taxifahrer, einen Deppen und ein Arschloch« bezeichnet habe. Der Autolümmel sei der gerechten Strafe nur entgangen, weil er sich »beim Taxler« entschuldigt, 2000 Mark und die Gerichtskosten geblecht habe. *Bild* war dabei.

Daß solche Typen auch hinter dem Steuerrad des einstigen Paradieses der Werktätigen hocken, machte die Meldung einer Moskauer Gewerkschaftszeitung der deutschen Öffentlichkeit deutlich. In Tula sei ein Lastwagen bei Schneeregen auf die Gegenfahrbahn geraten und habe »elf Menschen getötet«, während die drei Lastwageninsassen unversehrt geblieben seien. Die Leser der *Stuttgarter Nachrichten* mußten sich schütteln vor Empörung über diese Art Autofahrer: »Die Lastwageninsassen waren so betrunken gewesen, daß sie später nicht mehr sagen konnten, wer von ihnen am Steuer gesessen war.«

Am Mittwoch war der anständige deutsche Zeitungsleser gezwungen, sein Abonnementblatt dem leiblichen Nachwuchs vorzuenthalten, sollten die lieben Kleinen vor einem dauerhaften Entwicklungsschaden bewahrt werden. In Darmstadt ausgerechnet, dieser honorigen Bürgerresidenz, stand ein Lastwagenfahrer aus Apolda in Thüringen vor seinem Richter, weil er auf der Autobahn bei Mörfelden-Walldorf die Gewalt über seinen 17-Tonner verloren und einen tödlichen Unfall verursacht hatte. Schwarz auf weiß stand in den Zeitungen auch die peinliche Ursache des Unfalls: Gefahren sei der Lkw-Lenker »mit heruntergelassener Hose und einem anregenden Foto vor Augen«, dabei habe »er sich selbst befriedigt«.

Bild, Volkes Auge, Ohr und Stimme, schrie auf Seite eins: »Irre Studie aus Bonn: Benzin 4,60 Mark«. »Nur noch Superreiche werden sich den Luxus leisten können«, wenn der Vorschlag wahr werde, der in einer Studie des Baseler Forschungsinstituts Prognos der Bundesregierung unterbreitet wurde. Zugleich schlage Prognos, um mit einem Rundumschlag ein für allemal den Umweltschädling Auto über den Jordan zu befördern, vor, die Kfz-Steuern bis auf 25 000 Mark im Jahr und den Benzinpreis auf 4,60 Mark zu erhöhen (was noch ganz kommod schien, hatten doch die Grünen schon einmal 10 Mark je Liter verlangt).

Und als es am Mittwoch Abend wurde, erschien auf dem Bildschirm wieder ein vertrautes Gesicht und raubte dem geprügelten Autofreund die verdiente Nachtruhe: Klaus Bednarz. Bednarz, »der linke Hofsänger im Ersten Fernsehen« *(Frankfurter Allgemeine Zeitung)*, ließ ab 23.40 Uhr im Südwestfunk Baden-Baden seine Anti-Auto-Demo vom Montag wiederholen – denn auch er, unser aller Erzieher im Fach Auto, glaubt an die Kraft der Wiederholung. Blutigrot war's auf der Mattscheibe, als der Bednarz-Geschädigte in seinen Alptraum stürzte.

Am Donnerstag schließlich mußte der Autofreund die schmerzhafte Erfahrung machen, sich in einer Gesellschaft von Verrückten zu befinden. ap verbreitete das Foto eines riesigen Automobils mit der Zeile: »Verstorbene nahm ihren Cadillac mit ins Grab.« Im amerikanischen Indiana habe Ray Schuck seiner Frau Aurora den letzten Wunsch erfüllt und sie in ihrem Cadillac beigesetzt, damit sie wohl im Jenseits auch nicht zu Fuß gehen müsse; der Kilometerstand (75 000 Meilen) ließ auf motorische Jugend schließen und eine weite Reise gesichert erscheinen.

Gerüchte über Porsche schreckten den Autofreund, denn fast alle möchten einen Porsche steuern, ein Auto, das niemand zum Leben benötigt, jedermann sich aber wünscht. Der ebenso kleine wie feine Stuttgarter Autobauer, sonst als »renommierte Sportwagenschmiede« und »deutsche Edelmarke« von den Journalisten in den Himmel gelobt, werde bald durch schlechte Nachrichten von sich reden machen: halbierter Umsatz, Abbau der Belegschaft, Kurzarbeit. Vielleicht müsse Porsche sogar von einem Mächtigen – Mercedes-Benz oder VW – aufgefangen werden. Abschied vom Männertraum!

Donnerstag – immer am Donnerstag – ist es Zeit für *Die Zeit*, meist mit einer Fernsehkritik von Barbara Sichtermann, einer tüchtigen Psychologin aus Berlin. Diesmal nähert sie sich unserem Thema: »Auto als Waffe«. Die abendliche ARD-Sendung »Der Autobahnkrieg« hat sie zur Analyse über das Auto, »einen Alltagsschrecken«, angeregt. Das »Auto als Gewehr«, der »deutsche Homo ludens… ist ein Angeber und ein Gasgeber um jeden Preis, und er weiß es«. Kommentar der Seelendoktorin: »So sind's halt, die Menscher, da kann man gar nichts tun…«

»Der Autobahnkrieg« selbst, ab 23.15 Uhr auf Sendung, hielt, was Autor Thomas Schadt seinen Spezis im Land versprochen hatte: »Auf deutschen Autobahnen tobt ein gnadenloser Kampf zwischen Schnellen und Langsamen.« Zu hören waren Bekenntnisse wie »Meine Burg ist mein Auto«, »Mein Auto mag mich auch«, »Schwachstellen meines Autos? Ich wüßte keine.« Für alle Autofeinde im Land war Schadts Autobahnkrieg der gelungene Höhepunkt einer Arbeitswoche, und die pazifistische *Frankfurter Rundschau* dankte mit einer blutigen Schlagzeile: »Krieg auf der Straße… ein Psychogramm deutscher Autofahrer.«

Am Freitag nannte Umweltminister Klaus Töpfer, wieder meldete es ap allen Redaktionen, die es tapfer weiterverbreiteten, die deutschen Autofahrer seien »Stinker und Krachmacher«. Darum würden ab Januar 1993, drohte der Umweltschützer, bei dem allerdings zwischen Ankündigung und Realisierung imposante Lücken klaffen (Spitzname: »Ankündigungsminister«), Tarife »vom Schadstoffausstoß und vom Lärmpegel abhängen«. Die *Süddeutsche Zeitung*, Autofeind im Redaktionellen und Autofreund im flächendeckenden Anzeigenteil, schien sich über ihren Exklusivbericht »Vom ›liebsten Kind‹ zum Sondermüll auf Rädern« selbst am meisten zu freuen, schließlich wußten ihre Ökoredakteure schon immer, wohin der Umweltfeind Auto gehört.

Auto- und Autobahnenfreund Günther Krause, bis Anfang Mai 1993 zuständig für den Verkehr zu Wasser, zu Lande und in der Luft und damit den links-grünen Autofeinden besonders verhaßt, verlor seine letzten Freunde: Jetzt, ließen die Agenturen dpa, vwd und ap wissen, wolle er auch noch den »Wassersport fördern« und sei darum »gegen eine Bootssteuer«.

Und abends brachte sich der TÜV Rheinland noch ins Gespräch und ins Gedächtnis der Autofahrer, die den Auto-Überwachungsverein beileibe nicht ins Herz geschlossen haben: Höchstgeschwindigkeit 130 km/h müsse her und die Parkplatzgebühr auf 10 Mark je Stunde steigen.

Am Samstag schienen die Autofeinde in der Republik erschöpft. Anzuprangern gab es nur den »rücksichtslosen Fahrer eines Geländewagens«, der im schwäbischen Winnenden »einen vor ihm fahrenden 23 Jahre alten Autofahrer« beim Überholen von der Straße gegen eine Stützmauer gedrängt habe und danach genau das tat, was zu erwarten war in den Zeiten des »Krieges auf unseren Straßen«: »Ohne sich um den Schaden zu kümmern, setzte der rabiate Fahrer seine Fahrt fort.«

Zur Kasse baten am Samstag noch schnell die Mineralölkonzerne Aral und Minol mit einem Aufschlag von jeweils 3 Pfennig je Liter. Es war ihre erste Preiserhöhung im jungen Jahr. Im Jahr zuvor hatten die Multis insgesamt 22mal ihre Zapfhähne wie Pistolen auf den gebeutelten Kunden gerichtet – niemand jedoch regte sich mehr auf, denn die Petrolleros haben ihren Ruf längst ruiniert und kassieren ungeniert.

Am Sonntag, dem letzten Tag der dritten Woche des Jahres 1992, war das Angebot an Zeitungslektüre sonntagsmäßig schwach, doch der *Welt am Sonntag* gelang es mit 13 Zeilen, der Autofahrer-Nation nicht nur die Freude am Sonntag, sondern auch die Freude auf die Fahrt in die fernen Sommerferien zu vermiesen. Noch war, in der zweiten Hälfte Januar, der Winter voll zu Gange und Frühjahr und Sommer nicht einmal zu ahnen, schon wurde die »Stau-Prognose für diesen Urlaubssommer« veröffentlicht. Eng würde es wieder werden, und die Autofeinde konnten sich freuen: Wenn sie dem Auto schon nicht den Garaus machen könnten, sollte es im Stau wenigstens rosten und ihre unbelehrbaren Insassen in der Hitze rösten. Motto: Wer nicht zu Hause bleiben will, soll leiden.

Und die *Welt am Sonntag* brachte noch in der Unterhaltsames versprechenden Spalte »Die kuriosen Meldungen« ein Beispiel dafür, wie doof wir Autofahrer sind: In Hamburg wurde ein 25jähriger beim Falschparken erwischt – er hatte keinen Führerschein, 2,8 Promille und wurde vom Staatsanwalt mit drei Haftbefehlen gesucht.

In der vierten Woche des Jahres 1992, der aufmerksame Zeitungsleser war sich da ganz sicher, würde es so weitergehen mit den Tatarennachrichten und den Hiobsmeldungen. Immer am Montag kommt die Erinnerung an ein blutiges Wochenende auf den Straßen: »Schreckliches Ende einer Disco-Tour: 4 Tote.« Und dienstags kommen dann stets die Kommentare der Leser, von den Redaktionen gern ins autofeindliche Blatt gehoben: »Fahrzeuge sind Mordwaffen«, teilte ein Leser aus Emmendingen seiner *Badischen Zeitung* mit, und gesehen habe er »riesige Leichenhaufen«.

Die Nachricht, welche die englische Agentur rtr aus Basel brachte, war für die deutschen Autofreunde auch kein Trost. Eine Autopartei habe bereits 18 Prozent der Wählerstimmen gesammelt: »Autopartei in der Schweiz auf dem Vormarsch.« Der Deutsche jedoch, wissen wir, läßt sich eher Unrecht als Unordnung gefallen und geht nicht zur Revolution, wenn er dabei den städtischen Rasen betreten muß. Eine halbwegs ernstzunehmende Autopartei ist bei uns nirgendwo in Sicht.

Da fragt sich mancher wieder und wieder, warum es hierzulande keine mächtige Lobby für Autofahrer gebe und der ADAC trotz seiner mehr als 11 Millionen Mitglieder ein zahnloser Riese ist. Fast rührend wirkt auf ihn der Versuch des ADAC-Präsidenten Otto Flimm, eines Schnapsfabrikanten aus dem Rheinischen, mit dem dieser das angefeindete Auto verteidigt: »Jeder braucht Mobilität«, haut er federweich auf den Putz. Es sei doch »nicht zu leugnen, daß das Auto, unter anderem, einen Sitzplatz für alle Mitreisenden« und »eine private Atmosphäre sowie Schutz vor Wind und Wetter biete«.

Selbst die Gewerkschaften können sich zur Verteidigung des Autos nicht aufschwingen. Das Automobil ist ja nicht nur Statussymbol, Sportgerät und Sammlerobjekt – es garantiert vor allem Millionen Menschen einen Arbeitsplatz. Die mächtige Industriegewerkschaft Metall mit ihrem inzwischen verglühten Star Franz Steinkühler kümmert sich um alles und jedes im Land, ein Konzept, was aus dem Auto werden soll, vermissen die Mitglieder allerdings. Nicht wenige vermuten, die deutliche Zurückhaltung der IG Metall bei der Verteidigung des Autos basiere auf ihrer engen Brüderschaft mit der SPD, deren Repräsentanten ja die heftigsten Attacken gegen »des Deutschen liebstes Kind« *(Frankfurter Allgemeine Zeitung)* führen. So fördert der SPD-MdB Ingomar Hauchler nicht nur das Verbot aller Zweitwagen in einer Familie, sondern der umweltpolitische Sprecher der SPD-Bundestagsfraktion, Michael Müller, fordert sogar, daß die Mineralölsteuer »fortlaufend in den nächsten vier bis fünf Jahren ständig erhöht« werden solle. Die Gewerkschaftsbosse, mit Sitz in allen Aufsichtsräten der deutschen Automobilfirmen, rühren sich nicht, obwohl eine solche Verteuerung am ehesten ihre Mitgliederschar, den sogenannten kleinen Mann, treffen würde, die dann am Wochenende auf die Familientour ins Grüne verzichten muß.

»Ungeachtet der Konkurrenz von Bussen und Bahnen avancierte das Auto unaufhaltsam zum beliebtesten Verkehrsmittel«, konstatiert die *Frankfurter Allgemeine Zeitung.* Warum, fragt sich der deutsche Autofreund immer wieder, warum nur hat sich in Deutschland, in dem das Auto erfunden wurde und seine größte Bedeutung erlangt hat, eine so militante Aggressivität entwickeln können?

Wer es dennoch wagt, für das Auto die notwendige Lanze zu

brechen, muß allen Mut zusammennehmen und auf das schlimmste gefaßt sein. Kanzler Kohl, durchaus kein ausgewiesener Autofan, beispielsweise wagte es, als er behauptete: »Wenn sich junge Leute am Freitagnachmittag in ihr Auto setzen, um am Samstag durch Paris bummeln zu können, das verstehen wir unter Freiheit.«

Prompt druckte *Der Spiegel* den Brief eines Lesers aus Gerolstein/Rheinland-Pfalz ab, obwohl er vor Beleidigungen nur so strotzte: »Der legendäre Oggersheimer Glücksritter hat in der ihm eigenen Verantwortungslosigkeit noch im letzten Wahlkampf, neben der Steuerlüge, seine Definition von Freiheit den jugendlichen ›Ossis‹ eingebleut.«

Daß das Hamburger Anti-Auto-Magazin, das vor Reklame für schnelle und teure Autos fast auseinanderbricht, die Gefühle seiner jahrelang präparierten Leser haargenau trifft, beweisen immer wieder die Briefe seiner Leser zu jedem kritischen Autobericht, wobei es den Schreibern mühelos gelingt, ihre Hamburger Meinungslieferanten an Häme und Beleidigungen zu übertreffen.

Wenn sich auch noch der Aktionär einer Autofirma erkühnen sollte – wie im Frühjahr 1992 bei der Porsche AG in Stuttgart geschehen –, seinen Vorstand zu fragen, warum er in der »autofeindlichsten Zeitschrift Deutschlands«, deren Redakteure die deutsche Industrie »verleumden«, aufwendig und mit teurer Farbe inseriere, dann ist ihm der Gnadenschuß gewiß: *Der Spiegel* druckte die – durchaus berechtigte – Frage ab und machte ihn mit drei Worten lächerlich: »Äußerungen eines Berufsaktionärs.« Und prominente Interviewpartner in den *Spiegel*-Gesprächen bei Attacken aufs Auto, etwa den Präsidenten des Umweltbundesamtes in Berlin, Heinrich Freiherr von Lersner, zwiebelte er so lange, bis sie sich entkräftet zum Tempolimit 120 bekennen, wobei die Begründung ruhig dürftig ausfallen darf: »Weil wir das letzte Land der Welt sind, das kein Tempolimit auf Autobahnen hat.«

Dabei hat kein Blatt nach dem Krieg das deutsche Autowunder mit mehr Lorbeer bekränzt als das Nachrichtenmagazin aus Hamburg, dessen Herausgeber Rudolf Augstein (Thunderbird-Besitzer), Chefredakteur Hans Detlev Becker (Zwölfzylinder-Jaguar) bis zum Düsseldorfer Büroleiter Ferdinand Simoneit (Porsche 356 B Cabrio) wahre Autofanatiker waren; und wer nicht Porsche fuhr, steuerte zumindest einen Alfa Romeo. Die Titelstories über den VW-Chef Heinrich Nordhoff (*Der Spiegel*: »König Heinrich«), den Düsseldorfer Gebrauchtwagen-Grossisten Auto Becker (»Der Mann mit dem Vornamen Auto«) und die Rettung der angeschlagenen Autofirmen BMW und Audi lasen sich wie moderne Heldengeschichten. Die Automarken waren der Stolz der Nation, und Nordhoffs Käfer der sichtbare Beweis, »daß die Deutschen wieder krabbelten«.

Und heute führt Autofreund Augsteins *Spiegel* die Phalanx gegen das Automobil an. Seine Meinungen – immer noch als »Nachrichten« in bester journalistischer Manier verstanden – nehmen die Journalisten im Land wie ein Evangelium auf und beten sie nach. »Kolonnenjournalismus« nennt die Kommunikationswissenschaft diesen Gleichschritt der Presse. *Der Spiegel* marschiert vorweg, es folgt *Die Zeit*, dann kommen die Meinungsmagazine von ARD und ZDF, und hintendran drängen sich die Kleinen und haben Mühe, Schritt zu halten. Wer die Anti-Auto-Bewegung in Deutschland anführe, ist für die Präsidentin des Verbandes der Automobilindustrie, Dr. Erika Emmerich, längst keine Frage mehr: »*Der Spiegel* und *Die Zeit* – und [der hessische Umweltminister] Joschka Fischer.« Für den *Spiegel* beispielsweise ist das Auto das »Sammelbecken niederer Instinkte«.

»Die Medien Kritik«, ein Informationsdienst unter dem Patronat der *Frankfurter Allgemeinen Zeitung*, hat das Phänomen des Kolonnenjournalismus über lange Zeit verfolgt und sorgfältig dokumentiert. Sie fand heraus, daß *Spiegel* und *Zeit* für Deutschlands autofeindliche Medien die großen Stichwortgeber seien.

»Der mobile Wahn« hieß die Titelgeschichte im Sommer 1990, mit der *Der Spiegel* die Attacken gegen das Auto fortführte. Auszug: »Ständig kracht es irgendwo… Um die Republik zu motorisieren, wurden Naturreservate zersägt, Dörfer zu Durchfahrtschneisen degradiert und Stadtkerne mit Asphalt übergossen… Ein Ende der Barbarei ist kaum abzusehen.« Straßen werden zu »Einfallsschneisen, Raserrouten, Schlachtfeld, die IAA [Internationale Automobilausstellung] zur schwarzen Messe«. Die Tageszeitung *taz* legte nach: »Wahnsinn Auto… Freiheit bis zum Tod… gemeingefährliche

Mordwaffe«, die ebenso strenger Kontrolle unterläge wie »Arsen, Flammenwerfer oder Giftgasgranaten«. Jürgen Engert, der Gebildete von den ARD-Tagesthemen, erkannte im Autofahren den »Zug der Lemminge«; der *Stern*, der so gern ein *Spiegel* sein möchte, verlangte »Autos raus aus der Stadt« und freute sich über den »Aufstand gegen die Autodiktatur«.

»Reservat für Raser«, »Tempofanatiker«, »Raserlobby« und »Giftschleudern« sind die Begriffe, die von der *Zeit* verwendet werden. Die feigen Politiker und Bürokraten müßten »auf Trab gebracht werden«, denn »die einzige Alternative« zum Auto heiße: »Aussteigen«, postuliert *Die Zeit*, von der die »Medien Kritik« behauptet: »Keine andere Zeitung schreibt so massiv gegen das Automobil.« Daß nach Meinung des Hamburger Blatts »ein Tempolimit auf deutschen Autobahnen längst überfällig ist«, versteht sich am Rande. Und die *Süddeutsche Zeitung* – Autofeind auf bayrisch? Die ernennt jeden, der öffentlich gegen das Auto wettert, umgehend zum »renommierten Ökologen«.

In »Ein Nachruf auf das Automobil« schlägt die hessische ARD, die, links-grün, bei der Hatz dabeisein möchte, in die gleiche Kerbe: »Friedlich ruhte die Stadt in der morgendlichen Dämmerung. Plötzlich zerriß ein Motorengebrüll die beruhigende Stille, aufgeschreckt flitzt eine Katze vom Fensterbrett. Garagentore öffnen sich, Lampen blinken auf, wie gefährliche Raubtiere stürzen die Autos hinaus ins Freie und überfluten die friedlichen Straßen.« Dazu resümiert die »Medien Kritik«: »Konsequent negativ« berichte die ARD »auf breiter Front gegen das Automobil«. Franz Alt, Oberlehrer der Nation mit Unterrichtsfach »Angewandte Nächstenliebe«, fordert in seiner Sendung »Report« zuerst den Urlaubsboykott gegen die Italiener, weil die Singvögel jagen und nagen, dann wendet er sich abrupt dem gehaßten Auto zu, und der Zuschauer vernimmt: »Wer den Schichtwechsel [bei Audi] beobachten will, braucht eigentlich ein Atemschutzgerät.«

»Hetze gegen Autofahrer« findet die »Medien Kritik« besonders beim umstrittenen Thema Tempolimit und untersucht »Die aggressive Wortwahl kämpferischen Journalismus« besonders bei *Spiegel* und *Zeit*.

Fazit der Analyse der »Medien Kritik«: »Wer Positives über das Auto berichten wollte, ließ sich von den Kritikern in die Defensive drängen, Berichte über neue Entwicklungen kamen wie Rechtfertigungsversuche reuiger Sünder daher. Die Autogegner hatten ihr Ziel erreicht, sie bestimmten die Themen.«

Wann und warum entstand die »Autofeindschaft« in Deutschland? Als die Deutschen in Richtung Riveria, dem leistungsfähigen Teutonengrill, nach dem ersten großen PS-Rausch erstmals im Stau schwitzten? Als 1973/74 das Preiskartell der arabischen Ölscheichs den Ölpreis von weniger als einer Mark je Liter auf gut 1,50 Mark trieb? Als die berufsmäßigen Schwarzseher in den Redaktionen genußvoll von einer »Ölkrise« schrieben, obwohl Öl zu keiner Zeit knapp war und es sich lediglich um einen »Ölpreisschock« handelte? Als Esso behauptete, die Ölreserven der Welt reichten noch für knappe 25 Jahre? Als Esso-Deutschland-Boß Thomas Kohlmorgen vor den Sommerferien die Panik anheizte mit der Drohung, auf den Autobahnen könnten sich bei Beginn der Sommerferien Schlangen vor den leeren Tankstellen bilden? Als Inge Meysel, »die Mutter der Nation«, in einer Bremer Talk-Show erklärte, sie kaufe sich kein neues Auto, denn zum Zeitpunkt seiner Auslieferung gäbe es in Deutschland sicher kein Benzin mehr zu kaufen? Als die Zeitungen vom Sterben des deutschen Waldes berichteten, schreckliche Bilder zeigten und »das Waldsterben« zum Dauerthema erhoben?

Das Auto mit seinen ausgestoßenen Schadstoffen sei schuld am Tod des Waldes, der für den gefühlsbetonten Deutschen mehr als nur eine Holzfabrik ist. Eichendorff hatte schon in »Jägers Abschied« wissen wollen: »Wer hat Dich, Du schöner Wald, aufgebaut dort droben?« Sollte Deutschland bald baumlos sein wie die glatzkopfglatten Hügel Italiens oder Spaniens? Oder Goethe: »Ich ging im Walde so für mich hin, und nichts zu suchen, das war mein Sinn.« Sollte auch in Deutschland bald kein Spaziergang durch einen schattigen Eichenhain mehr möglich sein? Jedenfalls, das Waldsterben schlug den Deutschen aufs Gemüt. Der Aphoristiker Jürgen Köditz sprach für alle, Autofreunde wie -gegner: »Stirbt der Wald, kommt keiner auf einen grünen Zweig.«

Oder war es der allgemeine Wohlstand im wiederaufgebauten

Land, der dem Auto wie ein auffrischender Gegenwind vor den Bug blies? Bestätigte sich im Wirtschaftswunderland die These von der Maslowschen Pyramide, nach der ein Mensch, der den Bauch voll und über sich ein sicheres Dach hat, nach Höherem strebt, und wenn es nur die »neue Bescheidenheit« ist? Oder wollten die Deutschen wieder mehr sein und scheinen – und ohne ihr Auto auskommen? Waren sie, die jetzt das erträumte eigene Häuschen und ein Auto besaßen, über Nacht Flagellanten geworden, aus Ekel am materiellen Überfluß? Otto Normalverbraucher, der verhärmte Deutsche, er hatte ja die Freß-, die Reise-, die Wohn- und die Autowelle hinter sich – was wollte er noch? Ohne Auto leben?

Alle sprachen plötzlich vom »Wertewandel«, und viele Zeitungen, eher moralische Anstalten denn Informationsquellen, lobten den »Aussteiger«, den »Tu Nix« und ließen keine deutsche Tugend mehr gelten. »Die blödmachende Glotze« war verpönt, selbstgestrickte Strümpfe in Sandalen waren die große Masche, Müsli aus selbstgemahlenen Körnern war die neue Götterspeise. Die Weltverbesserer in den Redaktionen rühmten das wiedergefundene Paradies auf Erden – und in diesem Garten Eden brauchte natürlich niemand mehr ein Auto. Wie es in diesem Paradies aussah, schilderten fortschrittliche Politiker in leuchtenden Farben dem staunenden Bürger.

Wie zum Beispiel Erhard Eppler. Er saß für die SPD im Bundestag und als Entwicklungshilfeminister im Kabinett Schmidt, wo er sich »als Vertreter der Dritten Welt« fühlte. In Interviews empfahl der württembergische Pietist, der in der Autostadt Neckarsulm daheim war, die Deutschen sollten »wie die Chinesen besser Rad als Auto fahren«. Oder die Grünen im Rheinischen, die im Wahlkampf 1984 forderten, die Ford-Werke in Köln, größter Arbeitgeber in der Stadt, müßten die Autoproduktion aufgeben und auf den Fließbändern Fahrräder bauen – Radeln sei billiger und gesünder.

Plötzlich war es Mode, gegen das Auto zu sein. Gerhart Baum, FDP, nannte als Bonner Umweltminister das Automobil erstmals »Umweltfeind Nr. 1«. Hans-Jochen Vogel, SPD, der 1972 als Oberbürgermeister von München für Millionen Steuer-Mark die Olympischen Spiele in die Stadt geholt und letztere verkehrsgerecht umgebaut hatte, klagte: »Das Auto macht unsere Städte kaputt.« Und junge Minister wie Thomas Schäuble, CDU, seinerzeit Verkehrsminister in Baden-Württemberg, konnten sich auf leichte Weise in die Schlagzeilen bringen: »Ein Verkehrskollaps ist nötig«, meinte Jung-Schäuble. »Er muß so schlimm werden, daß die Bürger nichts mehr dagegen haben, wenn der Autoverkehr eingeschränkt wird. Es muß weh tun«, verlangte der Minister für den fließenden Verkehr und handelte sich von der wohlwollenden *Frankfurter Allgemeinen* für seine »sarkastische Aussage« ein milde Rüge ein. Die Hunderttausende von Beschäftigten in Baden-Württembergs Autofirmen Mercedes, Porsche und Audi und bei den Zubehörlieferanten hätten freilich lieber erfahren, wie Minister Schäuble in Zukunft den Verkehr regeln und flüssig halten und nicht, wie er ihm weh tun wollte.

Alle Autokritiker verweisen auf die Schweiz als die heile Anti-Auto-Welt, die für die Benutzung ihrer Autobahnen kostenpflichtige Vignetten zum Jahrespreis von 30 Franken eingeführt hatte, um das knapper werdende Öl zu sparen. Obwohl Öl und Benzin im Überfluß fließen, planten die knitzen Eidgenossen offiziell die »dynamische Rationierung der Treibstoffe«. Für die unverdächtige *Frankfurter Allgemeine Zeitung* waren die Schweizer von da an schlichtweg »Umweltfanatiker«.

Umweltfanatikern in Deutschland, wie dem BUND, waren dagegen gesunde Bäume wichtiger als gesunde Menschen. Ihre Anti-Auto-Kampagnen hatten den Erfolg, daß es im Land bald kein Bürgermeister mehr wagte, bei Frost und Glatteis Salz auf die Gemeindestraßen zu streuen, weil Salz den Bäumen am Straßenrand Schaden zufüge. Das brachte selbst Stuttgarts grünen Oberbürgermeister Manfred Rommel auf die Palme: Kranke Bäume könnten nachwachsen oder neu gepflanzt werden, tote Menschen aber nicht. Seitdem passieren in Deutschland bei Glatteis und Schnee Jahr für Jahr 14000 Unfälle mit 1500 Toten. Selbst als im Januar 1992 der 7. Zivilsenat des Oberlandesgerichts Stuttgart erklärte: »Es geht nicht an, um der Erhaltung des Grüns in Städten eine Gefährdung von Leib und Leben in Kauf zu nehmen«, traute sich kein Bürgermeister mehr, städtisches Salz zum Schutz seiner Bürger verstreuen zu lassen, aus Furcht, die Naturschützer in seinem Parlament könnten ihn als Autofreund attackieren. Nichts deute in Deutschland darauf hin, daß der »Mensch wieder wichtiger wird als der Straßenbaum«, grämt sich der kluge Kopf hinter der *Frankfurter Allgemeinen Zeitung.*

Plötzlich, fast über Nacht, war im Autoland Deutschland die Bewunderung für die motorische Leistung und die Freiheit auf vier Rädern in Kritik am Auto und dann in Haß umgeschlagen. Verwirrt war der deutsche Autofreund, daß ihn seine eigenen Zeitungen als Umweltsünder und Volksschädling an den Pranger stellten. Das Auto und der Autofreund sahen sich von Gegnern umstellt, die schnell seine unversöhnlichen Feinde wurden. Die freie Fahrt für freie Bürger, die schlechteste Parole nicht in einem freien Land, war ihnen ein Dorn im Auge. Und den Autofeinden war jedes Ereignis, jedes Argument und jedes Mittel recht, wenn es nur gegen das Auto sprach. Unaufhörlich, wie Gebetsmühlen, wiederholten sie ihre Vorwürfe und ihre Forderung, das Auto auszubremsen.

Die freie Fahrt für freie Bürger sollte gestoppt werden. Das beste Mittel sei, den Verkehr mit einem Tempolimit zu belegen – Ideal: 100 km/h für Autobahnen, 80 km/h für Bundesstraßen. Das Tempolimit, die Beschränkung der Höchstgeschwindigkeit, wurde zum Dauerthema und ist eine unendliche Geschichte mit vielen Beteiligten, in deren Verlauf jedes nur erdenkliche Argument angeführt wird.

Daß nur der Bürger nach Vorschrift fahren sollte, die Politiker, »die neue Kaste« *(Der Spiegel)* auch in Sachen Autogeschwindigkeit ihre eigenen Gesetze haben würden, überraschte niemanden, der die Geschichte kennt. Hessens früherer Ministerpräsident Holger Börner, SPD, fand beispielsweise nichts dabei, daß er vehement für die Höchstgeschwindigkeit von 130 km/h auf Autobahnen stritt und selbst am 15. November 1984 auf der Autobahn Frankfurt-Kassel bei Tempo 190 erwischt wurde. Oskar Lafontaine, Ministerpräsident im Regierungsbezirk Saar, ließ einen *Spiegel*-Reporter in seinem Dienst-Mercedes nur mitfahren gegen die Versicherung, nicht auf seinen Geschwindigkeitsmesser zu gucken (der bis zu 200 km/h anzeigte). Hollands Verkehrsministerin Hanja Maij-Weggen läßt Schnellfahrer mit Hubschraubern überwachen und Autofahrer, die bei Überschreiten des niederländischen Tempolimits von 100 km/h ertappt wurden, gnadenlos bestrafen. Doch auch sie wurde von der Polizei mit Tempo 160 geblitzt. »Als Politikerin habe ich es eilig«, begründete sie ihre rasante Fahrt. Jeder deutsche Politiker würde sich genauso rausreden – nur, der Bergmann, der nach gefahrener Schicht schnell zu Frau und Kindern will, darf es nicht eilig haben und 10 Kilometer zulegen. Überhaupt macht es links-grünen Politikern und Intellektuellen nichts aus, Hunderte von Kilometern im Dienstwagen zu einer Demo gegen das Auto zu fahren. Niedersachsens Verkehrsminister etwa kam zu einem solchen Anti-Auto-Spektakel zu spät und entschuldigte sich damit, seine Anreise sei so weit gewesen. Da die Autofeindschaft in Deutschland plötzlich Mode geworden war, stiegen sie flink ein, als sich die Schlagzeilen versprechende Bewegung gegen das Automobil im Geburtsland des Automobils zu formieren begann.

Gehen wir hier, mit der Sorgfalt des Chronisten, den Dingen noch einmal nach, blättern wir die Geschichte also zurück – diesen Aufwand verdient der immerwährende Versuch, in Deutschland ein Tempolimit durchzudrücken und das Automobil zu bremsen.

Erster Angriff auf die freie Fahrt war die schockierende Behauptung, die Erdölreserven in der ganzen Welt würden knapp werden, und nur durch weniger und langsameres Fahren wäre ein sparsamer Umgang mit den geringen Vorräten gewährleistet. Dabei gilt immer noch die alte Regel aus den Tagen des ersten Ölfundes, daß rund um den Globus fortwährend mehr neues Öl gefunden als in allen Ländern verbraucht wird. Selbst die autofeindliche *Zeit* verwirrte noch Anfang 1992 ihre Anhänger mit dem verwirrenden Geständnis, es gäbe einen »schädlichen Überfluß«. *Zeit*-Zeichen: »Die Welt schwimmt im Öl. Die Versorgung ist sicher, die Preise sind niedrig.« Aber: »Der Umwelt zuliebe müßte der Verbrauch drastisch sinken.« Fazit: Die Behauptungen vom stetig knapper werdenden Öl erwiesen sich als Tatarennachricht, die sich selbst bald dementierte.

Zweites Geschoß gegen die freie Fahrt war die Behauptung, auf den Autobahnen geschähen zunehmend Unfälle mit Verletzten und Toten »durch überhöhte Geschwindigkeit«, und bei einem verbindlichen Tempo von 130 km/h – besser noch 120 oder 100 km/h – sänken die Unfallzahlen drastisch. Wissenschaftliche Untersuchungen ergaben, daß zwar 30 Prozent des Verkehrs über die Autobahnen rollt, dort aber nur 6 Prozent der Unfälle mit Personenschäden passieren (dabei ist die freie Fahrt auf Autobahnen längst durch örtliche Tempolimits und kilometerlange Baustellen untersagt). Und die immer wieder angeführte Unfallursache »hirnloses Rasen«? Nach seinerzeitigen Untersuchungen lag bei 93 Prozent von 100 tödlichen Unfällen auf der Autobahn die Geschwindigkeit unter 100 km/h. Selbst *Der Spiegel* mußte in einem auf diesen Expertisen beruhenden Report eingestehen, daß an dem generellen Vorwurf der »überhöhten Geschwindigkeit« nichts dran sei (die Linken in der *Spiegel*-Redaktion machten danach allerdings den Autor zur Schnecke, weil ihnen seine Objektivität gegenüber dem Auto nicht paßte).

Dritte geballte Ladung gegen die freie Fahrt für freie Bürger war eine geniale Behauptung, die mitten ins Herz der Deutschen traf: Das Auto sei schuld am Sterben des deutschen Waldes. *Der Spiegel*, sprachschöpferisch schon immer den anderen eine Nase voraus, erfand den ohrwurmartigen Begriff: »Das Waldsterben«. Zwar sind sich bis zur Stunde die wirklichen Fachleute nicht einig, wer der Übeltäter an diesem beklagenswerten Zustand unserer Wälder ist oder ob es doch mehrere sind; denn früher, in der guten, alten Zeit, als beispielsweise durchs Höllental im Schwarzwald noch kein Auto rollte, beklagte man auch schon das flächendeckende Absterben des Waldes. Obwohl die Waldbesitzer, zumindest zum Teil, ihre ausdauernde Kampagne für den gesunden Wald aus durchsichtigen Gründen anheizten und auf Ausgleich des Schadens durch öffentliche Subventionen spekulierten, stiegen die Autofeinde voll darauf ein.

Im Höllental wurden die Auseinandersetzungen sogar an den Viadukten der Eisenbahn ausgetragen. »Das Auto tötet den Wald«, wurde auf einem Spruchband beklagt, auf einem anderen: »Der sterbende Wald grüßt die freie Autowelt!« Wenig später machte ein Autofreund von seinem verbrieften Grundrecht auf freie Meinung meterhohen Gebrauch: »Mein Auto fährt auch ohne Wald.« Im nahe gelegenen Elsaß, von Waldschäden auch nicht verschont, kam kein unromantischer Franzose auf die Idee, die Schuld dem Auto zuzuschieben; er hielt den germanischen Wald-Kreuzzug für »Blähungen der deutschen Seele«.

Alle Anklagepunkte gegen das Auto und seinen Fahrer erwiesen sich als falsche Behauptungen, als regelrechte Flops und wurden allesamt durch die Wirklichkeit widerlegt – das Öl war nicht knapp geworden, die Autobahnen stellten sich als sichere Schnellstraßen heraus, und auch das schlimme Waldsterben war keineswegs zweifelsfrei den Auspuffgasen der »lackierten Kampfhunde« anzulasten.

Alle Gegenbeweise der Autofreunde jedoch blieben bei den Autofeinden ohne Wirkung. Die warteten nur darauf, dem verhaßten Automobil endlich den Todesstoß versetzen zu können. Und ihre Stunde nahte.

Fahrverbote auf Autobahnen an vier Sonntagen, für die folgenden sechs Monate auf den Bundesautobahnen Begrenzung der Höchstgeschwindigkeit auf 100 km/h. Am 19. November 1973 gab Bonns damaliger Wirtschaftsminister Hans Friderichs, FDP, drastische Einschränkungen bekannt: Der 24. November werde im Geburts- und Heimatland des Autos der erste »autofreie Sonntag«. »Die Autobahn – eine Fußgängerzone!«, jubelten die Feinde des Autos und warfen vor Freude ihre Hüte in die Luft.

Für die autofeindlichen Medien brachen herrliche Zeiten an, lagen die Geschichten, die das Leben selbst schrieb, doch jetzt auf der Straße – genauer: auf dem Asphalt der Autobahnen. Fotos zeigten die Autobahnen ohne jedes Auto, aber voller rollschuhfahrender Kinder, Radlerschwärme und spazierender Bürger. Das Leben gehe auch ohne Autos weiter, war die Erkenntnis dieses schönen Herbstes 1973; und wenn fortan auf den Autobahnen kein einziges Auto mehr lärme und stinke, sei auch das leidige Problem der fehlenden Radfahrwege gelöst. Mancher Bürgermeister, der am liebsten aus seiner Stadt das Auto ganz verbannen wollte, entschied sich jetzt, seine innerstädtischen Straßen, die man mit hohem Aufwand gebaut hatte, wenigstens zu »renaturisieren«: Blumenkübel zwangen fortan die Autos zur – benzinfressenden – Slalomfahrt.

Was war groß passiert, das einen solchen Rundumschlag gegen die freie Fahrt der freien Bürger durch die Bonner Regierungskoalition Brandt, SPD/Scheel, FDP, gerechtfertigt hätte? Der nichtige Anlaß war den Autofeinden hochwillkommen: Im Oktober 1973 hatten die Araber den verhaßten Nachbarn Israel überfallen, ausgerechnet am höchsten jüdischen Feiertag, dem Jom Kippur, dem Versöhnungstag. Die arabischen Aggressoren hatten dabei zum erstenmal eine neue Waffe eingesetzt: ihr Öl, Rohstoff für alle Automotoren in der Welt. Um ihre Macht zu demonstrieren, hatte das Ölkartell OPEC über die israelfreundlichen USA einen radikalen Lieferboykott verhängt, seine Ölproduktion um 25 Prozent gekürzt und die Preise für Rohölexporte drastisch erhöht. Wer in der übrigen Welt fortan für seine Kraftwerke, Schiffe und Autos noch Öl haben wolle, müsse sich mit den Arabern gutstellen – und gegen Israel auftreten.

Panik brach in der Regierungsstadt am Rhein aus. Keiner analysierte kühl, daß sich mit diesen Boykottaktionen die Scheichs – schon auf mittlere Sicht – selbst am meisten schaden würden. Keiner der Experten zog die arabische Geschichte heran, aus der er hätte erkennen können, daß Araber noch niemals lange bei einer Stange geblieben waren. Keiner in der Regierung beruhigte die Deutschen in Haushalten, Fabriken und Autos, Schlimmes könne gar nicht passieren, denn die Tanks im Land seien – dank der amtlichen Bevorratungspolitik, die Reserven für sechs Monate vorschreibt – zum Überlaufen voll, das europäische Ölzentrum Rotterdam melde volle Lager.

Statt dessen ordneten Brandt/Scheel – auf Druck der Autofeinde, wollten Kenner in Bonn wissen – ihre sonntäglichen Fahrverbote und die Geschwindigkeitsbegrenzung an und waren bereit, die allgemeine Panik auf die Spitze zu treiben: durch Ausgabe von Benzingutscheinen (eine vorsorgliche Maßnahme, die Beamte, wohl auf der Suche nach Beschäftigung, für den tatsächlichen Kriegsfall geplant hatten). Nur Hans Friderichs, dem liberalen Wirtschaftsminister Willy Brandts, war es zu verdanken, daß es zu dieser Kriegsmaßnahme in Friedenszeiten nicht gekommen ist.

Obwohl es während des gesamten Jom-Kippur-Krieges zu keiner Verknappung von Öl und Benzin kam, hatten die Autofeinde ihr neues Schlagwort gefunden, das sie seitdem unentwegt benutzen: die Ölkrise. Damals, 1973, so lesen wir heute noch in unseren Zeitungen, habe es eine Ölkrise gegeben, die sich jederzeit wiederholen könne, also müsse das Tempolimit her. Dabei war, wie schon gesagt, der »Ölpreisschock«, ärgerlich genug, die einzig richtige Charakterisierung für den Herbst 1973.

Die Folgen dieses Ölpreisschocks für das Leben in der Bundesrepublik, stellten die Historiker Karl Dietrich Bracher, Wolfgang Jäger und Werner Link in ihrem Standardwerk *Republik im Wandel – 1969/1974 – die Ära Brandt* noch 1986, 13 Jahre nach dem ersten Einsatz der arabischen Ölwaffe, fest, »sind heute kaum zu unterschätzen. In allererster Linie verursachten sie einen Kulturschock... Die leeren Straßen und Autobahnen an den fahrfreien Sonntagen riefen eine seit Kriegsende nicht erlebte geistige Auseinandersetzung über das Verhältnis des Menschen zur Technik und seiner Umwelt hervor«. Die fahrfreien Sonntage seien »Besinnungstage« geworden: Der Ölpreisschock »trug ein gutes Stück zur Entstehung eines breit verwurzelten Umweltbewußtseins bei«. Und *Die Zeit* verspricht: »Die unendliche Geschichte von den Deutschen und dem Tempolimit geht weiter.«

Die autofeindlichen Medien blieben, unbeeindruckt von der Wirklichkeit, bei ihrer Version vom versiegenden Öl. *Der Spiegel*, als Meinungslieferant von der Hälfte der deutschen Presse abonniert, erfand einen beunruhigenden Terminus: Die »Nach-Öl-Zeit« sei angebrochen, das Öl gehe zu Ende, somit sei das Ende des Autos in Sicht. Doch jetzt schon, war bei einem Experten zu lesen, »müssen wir den Verkehr so mühsam machen, daß keiner zusätzlich auf die Idee kommt, noch mit dem Auto zu fahren«.

Ohne Unterlaß geben seitdem die gedruckten Medien ihren knappen Platz – Parole: Weg mit dem Auto – für Hiobsbotschaften her: So fand sich beispielsweise der TÜV Rheinland, als Institution vom deutschen Autofahrer nicht gerade geliebt, zentimetergroß auf vielen Frontseiten mit der Wiederholung der Uraltforderung nach Tempo 130 wieder – auch sollten die Parkgebühren in den deutschen Citys auf 10 Mark je Stunde erhöht werden. *Der Spiegel* hatte das Stichwort für die Attacke vorgegeben: »Wir müssen das Auto verbannen.«

Seit die links-grünen Herren der öffentlichen Meinung und ihre verbündeten Politiker das häufigst benutzte und beliebteste Verkehrsmittel zu Teufelszeug verdammt hatten, kann sich im Land niemand mehr wundern, wenn die Bürger – die Zielgruppe der Autofeinde in den Medien – jedes neue Verkehrsprojekt, ob fürs Land, das Wasser oder die Luft, blockieren. Die Saat der Presse ist beim Bürger aufgegangen, die Ernte ist eine Dauerprotestbewegung quer durch die Republik, sofern Verkehrsfragen gelöst werden sollen.

Wie in einem Tollhaus geht es zu: Massiver Durchgangsverkehr belästigt durch Lärm und Abgase die Bewohner einer engen großstädtischen Vorortstraße. Sie verlangen eine Umgehungsstraße, die Bauern, die dafür Grund abtreten sollen, protestieren mit Sense und Dreschflegel, Naturschützer, aus fernen Gegenden mit dem Auto angereist, organisieren eine Dauer-Demo mit malerischem Hüttendorf, Tanz und Gesang. Berichte in Presse, Funk und Fernsehen sind gesichert. Gerichte werden angerufen, nehmen sich Zeit für Untersuchung und Urteil, das selbstredend angefochten wird. Undsoweiterundsofort. Und die dicken Brummis fahren nach wie vor durch die enge Gasse und gleichsam durch die Schlafzimmer der Bürger.

An einem Projekt läßt sich die Misere »Verkehr und Straßenbau«, stellvertretend für die verfahrene Situation im Land, deutlich machen: am Fall Ebnet, dem östlichen Vorort Freiburgs auf dem Weg ins Höllental. Durch das engverwinkelte Ebnet quält sich rund um die Uhr der Verkehr auf der B 31, der einzigen Ost-West-Verbindung im deutschen Süden, die vom Elsaß am nördlichen Bodensee vorbei bis ins Allgäu führt. Bereits im Herbst 1956 war eine zweispurige Umgehungsstraße in der Planung fertig. Seitdem tobt der Streit, der noch eskalierte, als ein vierspuriger Ausbau und eine Autobahn ins Gespräch kamen.

Die Gerichte sollten entscheiden. 1988, 32 Jahre später, erkannte das Verwaltungsgericht Freiburg den Plan »für Recht«. Doch gebaut wurde immer noch nicht. Projektgegner stellten ein Riesenschild auf: »NUR TEUFEL wollen eine AUTOBAHN.« Dabei ist nicht bekannt, daß Baden-Württembergs Ministerpräsident Erwin Teufel Verfechter einer Autobahn wäre. In der autofeindlichen *Badischen Zeitung* schreiben sich ihre ebenso autofeindlichen Leser seitenlang aus: Irmela Herrenbrück aus 79843 Löffingen zum Beispiel ist gegen einen Ausbau der B 31, weil auf ihr Güter aus dem Ausland schneller zu deutschen Fabrikanten transportiert und auf diese Weise »für deutsche Arbeitnehmer« Arbeitsplätze verlorengehen könnten. Seit der geplanten B 31 auch noch der Makel »Fernpiste Madrid-Moskau« aufgedrückt wurde, stehen alle Räder still.

Zweifellos war es längst notwendig geworden, Auto und Umwelt als existentielle Einheit zu sehen und nach Lösungen zu suchen, den natürlichen Bewegungsdrang der Menschen mit dem natürlichen Schutzbedürfnis der Umwelt in Einklang zu bringen. Dennoch ist Dr. Richard Spiegel, einst Verkehrsrichter am Bundesgerichtshof in Karlsruhe und viele Jahre Präsident des deutschen Verkehrsgerichtstages, zuzustimmen, mit der »so einseitig gewordenen Schuldzuweisung gegen das Auto« endlich aufzuhören. Für den unverdächtigen Ex-Richter ist die »parteipolitisch gefärbte Beschuldigung des Autos« nur eine »Alibi-Aktion für den jahrzehntelang doch wohl von allen versäumten umfassenden Umweltschutz«.

Daß sich im nationalen Zielkonflikt »Verkehr-Umwelt-Zukunft« alle nicht gerade mit Ruhm bekleckert haben, akzeptieren manche Autofeinde, doch unbeirrt und unversöhnlich zeigen sie auf das Auto und den Autofreund: Sie seien die größten Übeltäter.

Engel sitzen in der Tat nicht am Steuer. Psychologen haben erkannt, daß es Mitmenschen gibt, die die Fahrform »thrill« bevorzugen. Sie kennen nur den Bleifuß, denn sie scheinen nach der Devise zu leben: »Lieber tot als zweiter.« – »Thrill bedeutet Tempo-Abenteuer um jeden Preis«, weiß ein Fahrerkenner. »Bei jenen, die sich ihm ausliefern, bewirkt das vermutlich eine Art von geistigem Orgasmus. Wer vom »thrill«-Bazillus befallen ist, sollte sich schleunigst einer Kur unterziehen – der Kur der Selbstdisziplin.« Die muß allen als Pflicht auferlegt werden, die zum Beispiel mit Tempo 120 in eine dichte Nebelwand rasen, Geschwindigkeitsbeschränkungen überschreiten und Überholverbote mißachten.

Die sogenannte Verkehrssünderkartei beim Kraftfahrt-Bundesamt in Flensburg wächst Jahr für Jahr an. Die Deutschen zeigen sich, lautet die Anklage, als Volk von Autosündern und Verkehrsrowdys. Jeder siebte deutsche Autofahrer ist »hier in Flensburg Kunde«, zählte ein Pressesprecher. 1951 als Bundesbehörde eingerichtet, waren in der Kartei 1983 rund 3,8 Millionen Autofahrer aus der damaligen Bundesrepublik eingetragen, im Januar 1992 schon mehr als 5 Millionen, in denen allerdings auch die besonders sündigen Autofahrer aus der zerbrochenen DDR enthalten sind, die ihre freie Fahrt als neue freie Bürger oft nur für Unfälle nutzen. Bei der

Analyse und Bewertung der Autounfälle in der Republik muß jedoch bedacht werden, daß heute fast 38 Millionen Personenkraftwagen zugelassen sind und der Verkehr von Jahr zu Jahr zunimmt.

»Fahrerflucht ist ein Massendelikt«, meldeten Ende 1992 die Zeitungen und stellten den Automobilisten ein besonders schlechtes Zeugnis aus. »In Frankfurt nach jedem dritten Unfall.« Nach Statistiken der örtlichen Polizei flüchtet der Schuldige bei nahezu 10 Prozent aller Unfälle mit schwerem Sachschaden. Wenn es sich bei 90 Prozent der Delikte um Unfälle mit kleinerem Sachschaden, etwa um eine Beule am Kotflügel oder an der Wagentür, handelt, so sehen viele Fahrer ihr Heil doch in der Flucht, die immer noch viele für ein Kavaliersdelikt halten. Polizeihauptkommissar Egon Wilhelm spricht von einem »Massendelikt«, das auf »ein allgemein sinkendes Moralgefühl« zurückzuführen sei. Etwa die Hälfte aller Fahrerfluchten werden seiner Aussage zufolge im Zusammenhang mit Alkoholkonsum begangen.

1500 Alkoholopfer im Straßenverkehr weist Deutschlands Bilanz der Verkehrsunfälle auf, und immer noch sind Bonns Politiker nicht bereit, die Promillegrenze von derzeit 0,8 Prozent zu senken. Der Blutzoll für die freie Fahrt ist zu hoch: 11 000 Verkehrstote im Jahr. Stets, sagen die Autofeinde, ist überhöhte oder nicht angepaßte Geschwindigkeit die Unfallursache, öfter versagt der Mensch, seltener die Maschine. Nur durch ein Tempolimit auf Autobahnen, am besten auf 100 km/h, und auf Landstraßen, am besten auf 80, sei die Unfallquote zu senken, behauptet die Anklage; innerstädtisch müsse sogar Tempo 30 die Norm werden. »Der hirnlose Raser« mit seinem »lackierten Kampfhund« müsse endlich gebändigt werden, der deutsche Autofahrer endlich, wie in Frankreich, England und Nordamerika, nicht mehr frei fahren (gleich: rasen) dürfen.

Tatsächlich gehen vielen die vielen Pferdestärken durch, wenn sie am Steuer sitzen und ins Gas treten. Zu seinem Auto habe der Deutsche, finden Psychologen immer wieder bestätigt, ein anderes Verhältnis als der Franzose oder Engländer, auch ein anderes Verhältnis als zu seinem Rasenmäher, Trockenrasierer und Videorecorder. Alle drei gelten zwar als schöne technische Errungenschaften, »das Auto aber«, mit dem man lebt, »ist vielen mehr als nur ein nützliches

Gerät« *(Frankfurter Allgemeine Zeitung)* – den Deutschen und sein Auto verbänden »Beziehungsnetze«.

Erhellen wir diese Beziehungen mit einem Gutachten.

»Ich bin ein begnadeter Autofahrer«
Der Deutsche & sein Auto

Ohne Zweifel: Für den Deutschen geht die Liebe durch den Wagen.

Man kann, wir wissen es aus Erfahrung, einen deutschen Mann einen Lügner, Betrüger und Schurken nennen, er wird es murrend hinnehmen. Wer ihn jedoch einen lausigen Autofahrer nennt, kratzt an seiner Ehre.

»Also ich fahre«, gesteht der Möbelfachverkäufer Ludwig H., 34 Jahre alt, »ohne Übertreibung, schon wirklich recht gut, wissen Sie, zügig, aber nicht eigentlich aggressiv.« Auch der Betriebswirt Arnold M., 29, läßt als Autopilot nichts auf sich kommen: »Mein GTI und ich, uns macht fahrerisch so leicht keiner was vor.«

»Einen begnadeten Autofahrer« nennt sich der deutsche Autofahrer selbst. »Weit mehr als 80 Prozent der deutschen Führerscheinbesitzer kreuzen«, fand der Insider-Dienst *autopress* in einer Studie heraus, »die Kästchen ›gut‹ und ›sehr gut‹ an.« Das mag einen kritischen Beobachter verblüffen, der sich dann fragt, ob es sich bei den Betroffenen nicht um skrupellose Aufschneider und eitle Angeber handele. Und: Müßte sich die Autofahrerschaft nicht wesentlich kritischer beurteilen?

Keineswegs. *autopress:* »Sie glauben es wirklich. Jedem von uns ist es im Laufe seiner Autokarriere schon hundertmal geglückt, Situationen zu meistern, die uns ein noch Dümmerer eingebrockt hat. Da rollt der aus einer Ausfahrt, schaut weder nach links noch sonstwohin, wir geben Gas, schlenkern haarscharf an ihm vorbei, schelten, deuten uns an die Stirn – nichts ist passiert… Und warum? Ja eben, weil wir so vorzügliche Fahrer sind, geistesgegenwärtig, blitzschnell in der Reaktion, souverän und mit dem Steuerrad auf du und du.«

Höchstes Lob für seine Fahrkünste bekommt der Deutsche aus

Kindermund, genauer: aus dem Mund seiner Kinder (die schon genauso autoversessen sind). *autopress* startete unter den 10jährigen einer Grundschule eine Aufsatzreihe mit der Frage, was der Vater am Steuer »gut und richtig« mache. Die Kleinen waren so begeistert, daß bei ihren Antworten oft das richtige Deutsch unter die Räder geriet: »Mein Vater fährt wie ein geölter Blitz auf der Geraden strecke und um die Kurve und überholt jede Schnecke«; »Mein Papa fährt in der Stadt sehr schnell. Er fährt durch oroschene Ampeln und parkt wo man nicht parken darf«; »Er fährt meistens schnell, aber meine Mutter schreit ihn an, dann wird er langsamer. Danach fährt er immer in die falsche Richtung und schreit irgend jemand an, weil er es ihm nicht gesagt hat, wohin er soll.« Die Mutter am Steuer bringt meist Sicherheit ins Auto: »Sie fährt nicht wie eine Ferükte. Mir gefällt, wenn meine Mutter nervös ist, aber doch langsam und friedlich fährt.«

Und wie würden die Steppkes fahren, wenn sie selbst den Führerschein und ein Auto hätten? »Ich würde langsam und auf jeden Fall vorsichtig fahren«; »Wenn ich ein Führerschein hätte, würde ich auf die Schilder aufpassen und an Ordnungen halten«; »Wenn ich groß werde, werde ich alle Überholen. Wenn mein Auto kaput wird, werde ich mir ein Motorat und ein Ferrari kaufen, und ich werde auch sarfe Kurven machen.« Eine ist sauer: »Ich find das gemein, wenn Kinder Auto fahren können und dann nicht fahren dürfen.« Eine andere: »Mir gefällt, die wo schnell fahren, dafür griegen die Strafzettels. Mein Vater macht alles richtig, er hat noch nie etwas falsch gemacht.« Doch sie ist neidisch auf ihren Freund Dominik: »Sein Vater fährt freihändig auf Landstraßen und singt dabei.« Wir merken: Wie die Alten brummen, so fahren auch die Jungen.

Frauen, die von Männern viel zu verstehen vorgeben, richten sich beim ersten Blick oft nach der Automarke des Neuen. »Ein Auto sagt mir mehr über seinen Besitzer als ein Abend mit ihm auf dem Oktoberfest«, behauptete Ilona M., 25 und stud. med.; immer habe sie diese Erfahrung gemacht. »Wenn bei uns ein netter, gepflegter Typ mit einem Cabrio vorfährt, dann weiß man gleich, das ist eine Sportsnatur, offen, hat nichts zu verbergen. In der Sympathieskala der anreisenden Gäste hat der bei mir ein paar Bonuspunkte.« – » Ich muß zugeben«, gibt die Kontoristin Susanne D., 21, zu, »ein toller Wagen macht schon einen gewissen Eindruck auf mich. Dann weiß ich: Der fährt dich auch nicht bloß in eine Würstelbude.«

Dazu *autopress*: »Das Auto signalisiert: Ich gehöre einem sportlich-unternehmerischen, dynamisch-fortschrittlichen Typ; mich hält man für einen zwar nicht mehr ganz jugendlichen, dennoch aber schwungvollen, überdies wohlhabenden Menschen; oder: mein Besitzer ist einer von der lässig-lockeren, fröhlichen Turnschuhgeneration.« Und: »Seh' ich schon nicht aus wie David Hasselhoff, sagt sich der Mann, soll wenigstens mein Auto etwas hermachen.«

»Sage mir, was du fährst, und ich sage dir, wer du bist«, gilt immer noch bei den vielen, die im Auto das Statussymbol des deutschen Mannes sehen. Selbst höchste Bosse der Autoindustrie wollen oft noch eine imposantere Marke als die eigene. So wurde Friedrich Thomée, einst mächtiger Finanzchef des Volkswagen-Konzerns, der nur Käfer, kleine Wagen fürs Volk, baute, undementiert nachgesagt, er fahre mit einem Käfer von Wolfsburg bis nach Braunschweig und steige dort auf einen standesgemäßen Mercedes 600 um, mit dem er seine Kollegen Großbankiers an Rhein und Main besuche. Rochus Mummert benutzte als Exportchef von Wolfsburg für alle Fahrten, auch ins Werk, seinen geliebten Mercedes SL, bis ihm von höchster Stelle massiv bedeutet wurde, ein besseres und schöneres Fahrzeug als den Käfer gäbe es auf der ganzen Welt nicht. Und die tüchtigen BMW-Bosse nahmen große Sechszylinder in ihr Programm, weil ihnen ihre kleinen Autos zu popelig und beim Überholen nicht schnell genug waren.

Vielen Marken fährt ein Vorurteil voraus. Mercedes beispielsweise habe »die eingebaute Vorfahrt«, ärgern sich Besitzer kleiner Hubräume. BMW-Fahrer, meist dynamische deutsche Manager, pilotieren oft so rücksichtslos, daß sie das vornehme Image der weißblauen Marke nachhaltig schädigen und ihnen der eigene Hersteller eine Benimmbroschüre ins Handschuhfach steckte mit der Mahnung: »Haben Sie das nötig?«

Was geht im Innern eines Autofahrers, in Seele und Gemüt vor beim rasanten Überholen? Eine Frage, der Verhaltensforscher nachgehen, seit das erste Automobil zum Überholen angesetzt hat. Sind sich die Überholer der natürlichen Gefahr des Überholvorgangs nicht bewußt, oder fühlen sie sich wie Kamikaze-Piloten: Augen zu und durch, lebend oder tot? Wo überhaupt, so muß man sich wohl zuerst fragen, stecken die Impulse, die ein Überholmanöver auslösen?

In einer Studie für VW Wolfsburg versuchte *autopress*, »langjährige Beobachtungen der Verkehrspsychologen zu ordnen und Kategorien zu finden, die die Verhaltensweisen verständlicher machen, basierend auf den Aussagen bewährter Autofahrer mit langer Fahrpraxis, aber auch unter Auswertung gerichtlicher Vernehmungsprotokolle«.

Beim fatalen Drang zum Überholen lassen sich nach Ansicht der Verkehrswissenschaftler vom Ursprung her drei verschiedene Arten unterscheiden:

- Die Kraftprobe.
  Nicht immer, wenn ein Fahrer mehr oder weniger gewaltsam überholt, gehe dies »auf bewußte Mißachtung der Partner zurück«. Viele sehen beim Überholen »eine Kraftprobe« und »betreiben es als Sport oder als Bestätigung des Selbstwertgefühls«. Die charakteristische Aussage solcher Kraftmeier sei: »Es reizt mich, den Vorausfahrenden ›wegzumachen‹, zu ›fressen‹, zu ›erledigen‹.«
- Der Schwungtaumel.
  Sie überholen »aus dem Schwung heraus«. Im Schwung-Sein mache beschwingt, mache mitunter regelrecht »taumelig«, Schwung reiße durch, wolle sich fortsetzen; niemand baue »nur wegen anderer gern seinen Fahrschwung ab«.
- Vitaler Befreiungsakt.
  Dem Überholen voraus geht ja das Einholen. Das Einholen aber bedeutet, daß man einen anderen Rhythmus hat als der Vorausfahrende, man wird von dem Vorpartner aus dem Tritt gebracht. In solchen Fällen »entspringt der Impuls zum Überholen häufig dem dringenden Bedürfnis, das Wohlbefinden wiederherzustellen«.

»Viele Überholer sind Drängler«, beklagen sich manche Vorausfahrenden. »Viele Langsame sind Trödler«, kontern die Überholfreudigen.

Die in diesen Beobachtungsweisen versteckten Vorurteile seien »deutlich gehäuft anzutreffen bei Fahrern im dritten bis vierten Fahrjahr«. Erst bei Fahrern mit langer Praxis stellt sich Besonnenheit ein: Man entdeckt Gründe, warum der vor einem so langsam fährt. Oder man selbst stellt fest, daß man dem noch schnelleren Nachfolger unnötig im Wege ist.

Für die Überholforscher sind »die seelischen Regungen im Rahmen von Überholvorgängen der verläßlichste Prüfstein für Verkehrsreife«. Daß man sich spontan und immer wieder über andere schnell mal ärgere, gehöre »wegen der natürlichen Ich-Bezogenheit des Autofahrers ganz einfach zum Menschen und ist nicht schlimm. Schlimm wird es erst – weil es von mangelnder Verkehrsreife zeugt –, wenn der zweite Gedanke, der zweite kritische Blick ausbleibt.«

Die Deutschen – alles Autofreunde, immer autobegeistert – ob der kleine Mann oder der große. Selbst Deutschlands oberste Lenker bezeichneten sich gern als »Autonarren« oder waren es.

Kaiser Wilhelm II., bis dahin Liebhaber schneller Pferdefuhrwerke, absolvierte seine erste Ausfahrt mit einem benzingetriebenen Kraft-Wagen und spendierte danach allerhöchstes Lob: »Ich bin entzückt.«

Adolf Hitler, der »Führer ohne Führerschein« (Autohistoriker Paul Simsa), schwelgte noch 1942, als er seinen Krieg gegen die Welt längst nicht mehr gewinnen konnte, in seinem ostpreußischen Hauptquartier »Wolfsschanze« in Erinnerung an sein erstes Kraftfahrzeug: »Richtig verliebt war ich in den Wagen... In einem Prospekt hatte ich ihn entdeckt, und sofort war mir klar, der muß es sein! 26000 Mark! Aber ich war ja ein Autonarr.«

Konrad Adenauer, Deutschlands erster Nachkriegskanzler, war ein Geschwindigkeitsfanatiker. Ob er überhaupt die Erlaubnis zum Führen eines Personenkraftwagens besaß, ist unbekannt, doch seinen Chauffeur trieb er immer zu höchster Eile an: »Jeht et nich schneller?« BMW wollte den prominenten Kunden dem Konkurrenten Mercedes abwerben, doch nach einer Probefahrt, die durchaus zur Zufriedenheit des alten Herrn ausgefallen war, stieß er sich beim Aussteigen den Hut vom Kopf – Mercedes mußte nicht den Verlust des wichtigsten Kunden betrauern.

»Braucht Kohl ein Auto für 420000 Mark?« fragte der Bonner Journalist Mainhardt Graf von Nayhauß auf Seite 1 von *Bild*. Sein Mercedes 500 SEL hätte mit allen Extras wie Panzerung, Autotelefon mit Zerhacker und 100-Nummern-Speicher sowie Sprachdolmetscher sogar 650000 Mark gekostet, wenn ihm Hersteller Mercedes-Benz nicht einen klotzigen Rabatt eingeräumt hätte. Bonns *Bild*-Mann enthüllte auch, daß der Kanzler bei Auslandsreisen seinen Wagen »zum Zielort vorausschickt« – so nach Prag und Budapest, obwohl er ihn gar nicht brauchte, weil er »per Flugzeug an- und abreiste«.

Richard von Weizsäcker, der erste Bürger im Land, gibt sich dafür mit einer Spezialversion von Mercedes im Wert von 465 000 Mark zufrieden, allerdings in zweifacher Ausführung: einen in der alten Hauptstadt Bonn, einen in der neuen Berlin.

Wir merken: Ob Kaiser, Führer, Kanzler, Präsident oder deutscher Mann, alle haben sie stets eines gemeinsam: den Stolz auf ihr deutsches Automobil.

Noch als die geschundenen Deutschen an ihrem Wirtschaftswunder arbeiteten, hatten sie sich motorisiert, reisten friedlich in viele Länder, die sie vorher unter Stahlhelm und mit Panzern erobert hatten. Über viele Jahre waren sie überzeugt, die besten Autos der Welt zu bauen und die besten Autos auf den besten Autobahnen zu fahren und selbst die besten Autofahrer zu sein. Was war das doch für ein Glück gewesen, draußen vor der Stadt im Grünen ein Häuschen für die Familie gebaut zu haben und mit dem Auto zur gutbezahlten Arbeit zu fahren und im Urlaub im Auto die schöne Welt zu entdecken?

Und plötzlich sollte das alles falsch gewesen sein, das geliebte Auto nur »ein lackierter Kampfhund« und er selbst nur »ein hirnloser Raser«? Journalisten und Politiker machten nun das Auto mies und stempelten es zum Sünder, zum öffentlichen Feind. Sie verteufelten das Auto, andere wollten es sogar verbieten.

Auf Dauer-Rot sollten die Ampeln im Land geschaltet werden.

»250 000 Mark für die Erneuerung von Straßenbelägen können eingespart werden«, forderten, stellvertretend für alle Autofeinde im Land, die Grünen im Stadtparlament von Frankfurt/Oder – und ließen ihre wahre Absicht aus dem Sack: »Auf kaputten Straßen fahren die Autos langsamer.« Und kaum einer der vielen Autofeinde in den Medien und in der Politik machte sich klar, daß er mit seinen Attacken gegen das Auto nicht nur dem Nationalstolz des deutschen Mannes Schaden größten Ausmaßes zufügte.

Gefährdet würde die gesamte Automobilindustrie in unserem Land, Deutschlands größter Wirtschaftszweig.

Vielen, nicht nur Nationalökonomen, wurde klar, daß der Niedergang der deutschen Automobilindustrie, durch die Attacken der Links-Grünen in den Medien und in der Politik, ein Lehrstück für künftige Studenten der Wirtschaftswissenschaften werden könnte mit dem Titel: Wie man eine Volkswirtschaft ruiniert.

Der Ruin des Wohlstands wurde nach dem Wirtschaftswunder von den Systemgegnern schon mehrmals, oft diabolisch, versucht: So wurden in den siebziger Jahren die Firmen, die Lehrlinge ausbildeten, so lange als »Ausbeuter junger Kräfte« öffentlich an den Pranger gestellt und an ihre Ladentüren ein roter Punkt als Warnung gehängt, bis die Verleumdeten keine neuen Ausbildungsplätze mehr anboten und die gesamte Wirtschaft Nachwuchsprobleme befürchten mußte. »Der rote Steffen«, der einflußreiche Jochen Steffen aus Schleswig-Holstein, verlangte in jenen Jahren durch immer höhere Auflagen, Kosten und Steuern für die Firmen, »die Belastbarkeit der deutschen Wirtschaft« bis zur Sollbruchstelle zu testen. Und schließlich forderte »die rote Heidi« Wieczorek-Zeul die Arbeiter von Mercedes-Benz auf, sie sollten selbst bestimmen, welche Autos sie bauen wollten, und die Modellpolitik nicht mehr ihren kapitalistischen Managern überlassen – der gute Stern auf allen Straßen wäre schnell verblaßt in einem Land, in dem das Automobil erfunden wurde und das von seinen Autos lebt.

In keinem anderen Land ist die Automobilwirtschaft – Hersteller, Zubehörlieferanten und Händler – mehr Schlüsselindustrie, Motor der Volkswirtschaft, als in Deutschland: Jeder 7. deutsche Arbeitnehmer kriegt seinen Lohn vom Auto (und jeder 6. Arbeitnehmer in der Chemie bezieht seine Aufträge vom Automobil). Nach dem Auto-Weltmeister Japan und dem Massenproduzenten USA sind die Deutschen die größten Autobauer der Welt. Eine dreiviertel Million Ingenieure, Kaufleute und Arbeiter konstruieren und bauen jährlich bis zu 5 Millionen Autos mit einem Wert von mehr als 200 Milliarden Mark. In ihren Auslandsfabriken laufen noch einmal 1,8 Millionen Kraftfahrzeuge von den Bändern – unter dem Zeichen des Sterns, der weißblauen Propeller, der vier Ingolstädter Ringe, unter dem VW-Kreis aus Wolfsburg, der blauen Pflaume aus Köln, dem Blitz aus Rüsselsheim und dem springenden Rößle aus Zuffenhausen.

Wer in Deutschland vom Auto lebt, lebte über viele Jahrzehnte gut. Sindelfingen in Schwaben beispielsweise, wo Mercedes sein Hauptwerk betreibt, gilt als die reichste Stadt in der reichen Republik und wurde, auf gut schwäbisch, »Dividendlingen« getauft; hier sind die Zebrastreifen aus echtem Marmor.

Wolfsburg, Heimat des Volkswagens, gelingen nur Weltrekorde. Zuerst verwies der Käfer mit mehr als 21 Millionen Stück Henry Fords Tin Lizzy auf Rang zwei, jetzt ist der Wolfsburger Golf dabei, sich hinter dem Käfer zu plazieren und der »Blech-Liesel« den dritten Platz zu diktieren. Die tüchtigen deutschen Autobauer, so heißt es unter Kennern im Land, lieben ihre Schrauben und Bolzen mehr als ihre Muttern.

Mehr als die Hälfte der Autos »Made in Germany« wird exportiert, jährlich gut 2,5 Millionen Stück. Jedes exportierte Auto trägt zum Wohlstand der Deutschen bei. Schon um die Wende zu den sechziger Jahren machte Heinrich Nordhoff, der legendäre Boß des Volkswagen-Werks, der den Käfer zum Auto-Weltmeister puschte, das seinen Werkern an den Fließbändern auf seine väterliche Art klar: »Ohne unsere Ausfuhr gäbe es bei uns weder Bananen noch Apfelsinen.« Der Wert der exportierten deutschen Automobile liegt jährlich bei 65 Milliarden Mark, die Automobilindustrie ist Deutschlands Exporteur Nummer eins.

In der Stadt Flint im amerikanischen Bundesstaat Michigan ordnete Anfang 1993 Bürgermeister Woodrow Stanley an, in den Straßen seiner Stadt und in der Garage unter dem Rathaus dürften ab sofort nur noch Autos aus amerikanischer Produktion parken. Mayor Stanley hatte dazu den Segen des größten Steuerzahlers in seiner Stadt, des Autogiganten General Motors. Schon früher hatten amerikanische Autofirmen Kampagnen für das »Buy American« lanciert: Amerikaner, kauft nur amerikanische Autos. Heute findet in einigen US-Autostädten der rüde Sport »Japan-bashing« viele Freunde: Sie zerschlagen japanische Automobile, wo immer sie sie treffen.

»Kein anständiger Deutscher fährt einen Japaner«, behauptete

Martin Bangemann, als er Wirtschaftsminister in Bonn war und die Klagen der deutschen Hersteller über die Erfolge der japanischen Konkurrenz hören mußte. Doch Bangemann, ohnehin als Großmeister fataler Sprüche bekannt, hetzte in den Wind: Die ausländischen Marken in Deutschland leben gut von der Leidenschaft der Deutschen zu guten Fahrzeugen. Jedes dritte Auto, das zwischen Füssen und Flensburg, Aachen und Cottbus neu zugelassen wird, stammt aus ausländischer Fertigung. Die Japaner sind die stärkste Importnation. Sie haben sogar, wenn auch ziemlich spät ins Deutschland-Geschäft eingestiegen, die deutschen Autobosse das Fürchten gelehrt mit guten und preiswerten Konstruktionen (auf die wir noch ausführlich zu sprechen kommen). Mehr als 100 000 Arbeitsplätze bieten die Importeure deutschen Arbeitern und Angestellten. Insgesamt führen 29 ausländische Autofirmen jährlich etwa 1,3 Millionen Fahrzeuge im Wert von mehr als 30 Milliarden Mark ein.

Und ausgerechnet hier, in diesem Land der Autos und der Autofreunde, ist die Autofeindschaft entstanden und das große Dauerthema – nicht oft genug kann man sich fragen: Warum? Die Deutschen sind, rechnete der amerikanische TV-Sender ABC aus, »die bestbezahlten Arbeitnehmer mit den kürzesten Arbeitszeiten, längsten Ferien und paradiesischen Sozialleistungen – Freizeit-Weltmeister«. Und sie kaufen Autos wie wild, während sie von ihren Zeitungen, Sendern und Politikern als »hirnlose Raser« beschimpft werden, deren größtes irdisches Glück sich darin ausdrückt, mit ihrem »lackierten Kampfhund« Stadt und Land unsicher zu machen. Obwohl das Land vom Auto lebt, fordern Links-Grüne in den Medien, etwa in der *Frankfurter Rundschau*, eine Verkehrspolitik des Zuschnitts, »daß niemand mehr aufs Auto angewiesen ist«.

Das Automobil durch höchste Kosten- und Steuerbelastungen sowie Tempolimit auszubremsen, ist das erklärte Ziel der Autofeinde in der Presse und in der Politik. Weil das aber so schnell gegen das eigene Volk nicht zu erreichen ist, haben sie sich eine Salamitaktik zurechtgelegt. Sie gehen Schritt für Schritt vor, wie in den Zeitungen jeden Tag zu lesen ist: Wilhelm Schmidt (SPD) beispielsweise, Chef der Kinderkommission im Bonner Bundestag, verlangt einen »autofreien Sonntag im Monat«. Schmidt-Kollegen fordern die Abschaffung der »grünen Welle« in den Citys und die generelle Einführung von Tempo 30 innerorts.

Die Autofeinde behaupten, Ökologie (Umweltschutz) und Ökonomie (Autofahren) vertrügen sich wie Feuer und Wasser. Ihre Anti-Auto-Aktionen haben sie in einem einzigen fürchterlichen Wort formuliert, das zum Megawort der Public Relations im letzten Viertel des 20. Jahrhunderts avancierte: Waldsterben.

Verursacht durch die Gifte, die aus den Auspuffen der fast 40 Millionen Autos im Land in die Luft geblasen werden und alles kaputtmachen, was da grün wächst und wild keucht.

Kein Wort hat die Deutschen, allesamt Liebhaber deutscher Eichenhaine, mehr erregt. Also: Hände weg vom deutschen Wald. Rette, o Herr, den deutschen Wald vor dem Auto, hieß das Nachtgebet der Nation.

Tag für Tag müssen die Deutschen sehen und hören, wie sie und ihr geliebtes Auto verleumdet und verteufelt werden. Alltäglich im Land sind Vorfälle wie der folgende:

Die Evangelische Akademie Rheinland-Westfalen, Sitz im Duisburger Wald, lädt ihre Mitglieder zu einer Veranstaltung über Verkehrsfragen, die nach dem Selbstverständnis der lutherischen Protestanten und der Eingeladenen nur eine Anti-Auto-Demo werden kann. Anreisehilfe durch detaillierte Streckenbeschreibung: »Sie fahren auf der Autobahn A 3 (Hannover-Köln) bis zur Abfahrt Duisburg-Wedau... Bitte Hinweisschilder beachten«; für genügend Parkplätze bei der Akademie sei gesorgt. Und dann fuhren, am 27. April 1979, ungezählte Protestanten aus allen Ecken der Republik mit ihren Autos nach Duisburg und wieder zurück zu ihren Heimatorten – und hatten ihre Mission erfüllt: mit dem Auto auf den mobilen Wahnsinn auf Deutschlands Straßen hingewiesen zu haben.

»Nach einer Anti-Auto-Demo fährt der Grüne im mächtigen Geländewagen zufrieden nach Hause«, erklärt sarkastisch Helmut Werner, seit Anfang 1993 Vorstandsvorsitzender der Mercedes-Benz AG. »Er fährt ein Auto von besonderem Materialaufwand und einem Benzinverbrauch bis an die 40 Liter auf 100 Kilometer.« Doch die deutliche Bewußtseinsspaltung stört ihn keinen Augenblick. Da fragt sich jeder, wo die Ehrlichkeit des Umweltfreundes in den Zynismus des Ideologen übergeht, der seine Autofeindschaft nicht mehr allein mit dem Schutz der bedrohten Umwelt begründen kann.

Rolf Hochhuth, Deutschenerzieher wie viele Intellektuelle, läßt bekanntwerden, er fahre in Deutschland nicht Auto, weil er dazu einen Führerschein brauche, und schon das Wort »Führer« im »Führerschein« erinnere ihn »mit Macht an alle deutschen Finsternisse«. Der Moralist läßt die Frage offen, ob die deutschen Autofahrer nicht »die wahren Faschisten« seien.

Die wütenden Dauerattacken der Autofeinde in den Medien und in der Politik zeigten ab Ende 1992 erste Wirkungen. Der Verband der Automobilindustrie VDA, seit Kriegsende in der Stadt Frankfurt ansässig, in der alle zwei Jahre die Internationale Automobilausstellung mit regelmäßig einer Million Besucher veranstaltet wird, fühlt sich von den Politikern am Main so diffamiert, daß der volkswirtschaftlich bedeutende Verband nicht nur Frankfurt als Dienstsitz verlassen und nach Berlin umsiedeln, sondern auch den Messeplatz Frankfurt räumen will. Die ratlose Frage von Erika Emmerich, der Präsidentin des Automobilverbandes, »Was sollen wir in einer Stadt, die das Auto ablehnt?« ist die Antwort zugleich.

Frau Emmerichs VDA hat einen »Runden Tisch« installiert, an dem alle Autofreunde und -feinde ihre Pro- und Contra-Argumente in Sachen Verkehr austauschen sollen. Doch die Feinde bleiben lieber Feinde und der Diskussion fern. Die radikale Umweltorganisation BUND weist jede Einladung zurück, und wer von den Autofeinden kommt, verlangt beispielsweise, alle Autos aus deutschen Fabriken sollten – wegen der besseren Luft – nicht mehr lackiert werden (auch wenn diese, ohne Lackschutz, binnen Jahresfrist vom Rost gefressen sind und ihr Besitzer einen schweren wirtschaftlichen Schaden erleiden würde).

Selbst wer die Wirtschaftsseiten der Zeitungen verschmäht, weil hier oft Wirtschaftsfachleute für Wirtschaftsinsider schreiben, bekommt mit, wie es in der Automobilindustrie in der Republik läuft: Der »Motor der Volkswirtschaft« stottert nicht nur, das ganze Auto ist von seiner Ideallinie abgekommen und auf dem Weg in den tiefen Graben, wie Schlagzeilen flächendeckend in den ersten Monaten des Jahres 1993 deutlich machten:

- Automobilkonjunktur auf rasanter Talfahrt.
- Autoindustrie will 200 000 Mitarbeiter entlassen, und ihre Verbandspräsidentin Erika Emmerich erklärt, die deutschen Autobauer könnten erst wieder hoffen, »wenn die Produktionskosten um ein Fünftel gesenkt« worden seien – Signal für eine gnadenlose Rationalisierung in den Autofabriken, die jetzt noch mehr danach trachten, ihre Belegschaften auszukämmen.
- Mercedes-Benz schickt Weihnachten 1992 alle seine Autowerker in um 7 Tage verlängerte unbezahlte Feiertage und kippt das hochgelobte Projekt eines neuen Autowerks in Ahrensdorf bei Berlin, auf das zahlreiche brandenburgische Arbeitssuchende dringend gehofft hatten. Zugleich zieht Mercedes zwei Baugesuche zurück, ein Vorgang, der geradezu symbolisch ist und Schlimmes ahnen läßt: Weder das neue Entwicklungszentrum in Stuttgart noch das geplante Forschungsinstitut wird gebaut.
- Ford in Köln baut 3000 Stellen ab und geht zu Kurzarbeit über.
- Volkswagen »fährt weiterhin mit Vollgas in die Krise«, berichtet aus Wolfsburg die Agentur ap. VWs neuer Chef Piëch sieht Europas größten Autohersteller in einer »dramatischen Lage«, der »bösen Zeiten« entgegengeht. Karl-Heinz Mühr, Betriebsratschef im VW-Werk Hannover, berichtet von »katastrophalen Einbrüchen« – bis zu 40 Prozent: »Da knickt alles weg!« Allein im ersten Quartal 1993 machte VW ein Minus von einer Milliarde Mark; in den nächsten fünf Jahren werden 36 000 Arbeitsplätze wegrationalisiert.

  Jede Maßnahme des neuen Chefs Piëch ist, wollen Wolfsburger Insider wissen, ätzende Kritik an seinem Vorgänger Carl Horst Hahn, der VW, so die kundige *Frankfurter Allgemeine Zeitung*, zu einem »Kostenriesen« aufblies, wobei »die Magie der steigenden Verkaufszahlen die inneren Probleme (hoher Umsatz, kein Gewinn) zu lange verdeckt« habe.
- Porsche entläßt Facharbeiter noch und noch und hat allein in einem halben Jahr – bei einem für 1993 erwarteten Gesamtumsatz von 800 Millionen Mark – einen Verlust von 120 Millionen

gemacht; im Februar 1993 wurden in die USA nur 233 Porsches verkauft, im Februar 1992 waren es noch 410 gewesen. 1993, will *Welt am Sonntag* wissen, sei sogar ein Minus von einer Viertel Milliarde Mark »nicht ausgeschlossen«.

- Opel meldet, 6000 Arbeiter müßten gehen; in den Werken Rüsselsheim, Bochum und Kaiserslautern wird »zur Drosselung der Produktion die Kurzarbeit ausgedehnt«. 1993 hofft man, 580 000 Autos zu verkaufen, im Vorjahr waren es noch 670 000.
- Audi drosselt die Produktion. In den nächsten fünf Jahren sollen von 37 160 Mitarbeitern 9000 gehen.
- Karmann, der kleine Golfcabriomacher in Osnabrück, sieht sein Überleben in Kurzarbeit und entläßt 500 von seinen 1800 Beschäftigten.
- Autozulieferer ZF Friedrichshafen (»drastische Auftragseinbrüche«) will kräftig Stellen abbauen. Trübe Aussichten auch für alle anderen Autoausrüster, von Kolbenschmidt über Bosch bis zum Autositzehersteller Keiper Recaro. Kommentar der *Wirtschaftswoche*: »Die Krise der Autohersteller drängt viele ertragsschwache Zulieferer an den Rand der Pleite.«
- Die Autoindustrie verzichtet auf ein Viertel ihres Händlernetzes.
- Gebrauchtwagen, besonders teure, sind Ladenhüter geworden, einige »große Händlergruppen wackeln« bereits.
- Das Tankstellensterben ist noch nicht gestoppt, die Zahl der Zapfstationen hat sich von 1968 bis Mitte 1993 von mehr als 48 000 auf 17 500 reduziert. Ende des Jahrzehnts würden nur noch 16 000 in ganz Deutschland existieren, prophezeit eine Esso-Studie. Den Grund für den Tod weiterer 3000 Tankstellen enthüllte *Die Welt*: Investitionen zum Schutz der Umwelt in den nächsten fünf Jahren in Höhe von 400 000 Mark pro Tankstelle, die kein Pächter, auf dessen Rücken Ölmultis und Staat ihre Verteilungskämpfe austragen, mehr aufbringen könne und die das Benzinverkaufen hoffnungslos unrentabel machten.
- Freiwillige Sozialleistungen sind längst nicht mehr tabu, obwohl ihr Streichen den Betriebsfrieden stört: Bei Volkswagen werden den 40 000 Rentnern das Weihnachtsgeld von 200 und das Geburtsgeld von 20 Mark gestrichen. Bosch schafft es, das Kippen

von Baudarlehen für schwäbische Häuslebauer als »wichtige arbeitsplatzerhaltende Maßnahme« zu bezeichnen.

Wohin die Fahrt der deutschen Autoindustrie gehen könnte, will eine geheime Studie der UBM Unternehmensberatung München wissen, die von der *Wirtschaftswoche* ausgegraben wurde: »Entwickelt, konstruiert und gemanagt wird in Deutschland, gebaut im Ausland.«

Japanische Autofabrikanten geben längst auch öffentlich den bisher bewunderten Deutschen Ratschläge und beweisen damit unverblümt, daß auch das weltweite Renommee der Deutschen, begnadete Organisatoren zu sein, mächtig gelitten hat: »Ich möchte Sie nicht beleidigen«, erklärte Kenichi Sekine, Miterfinder des revolutionären »Toyota Production Systems«, »aber in der Produktion müssen die Deutschen fix einiges ändern. Mit Ihren Maschinen und unserer Organisation und Arbeitszeit würden wir dreimal so viel produzieren. 35-Stunden-Woche und 30 Tage Urlaub gibt's bei uns nicht – wir arbeiten 50 und 60 Stunden, wenn die Firma uns braucht.«

Zeitgenossen mit historischen Neigungen haben die neue Situation im Jahre 1993 in ihren geschichtlichen Zettelkasten bereits eingeordnet: »1993 – Jahr eins der Autokrise.«

Die goldenen Zeiten der deutschen Automobilindustrie scheinen vorbei. Hat Deutschlands Vorzeige-Wirtschaftszweig – wie die Feinmechanik und Optik, die Elektro-, Radio- und Fernsehindustrie – seine großartige Zukunft vielleicht schon hinter sich und sinkt in den nächsten Jahrzehnten auf den Stand alter deutscher Traditionsindustrien wie Kohle und Stahl, früher Stolz und gültiger Ausweis deutscher Wertarbeit?

Eberhard von Kuenheim, dienstältester Autoboß der Welt und mehr als zwanzig Jahre Erster bei BMW – allein seine Firma denkt weder an Kurzarbeit noch an Massenentlassung und scheint als einziger deutscher Autobauer die Probleme im Griff zu haben –, sieht für die Branche schwarz: In Deutschland, dem Geburtsland des Automobils, sei alles zu teuer. Die Löhne seien zu hoch, die Umweltschutzauflagen zu hoch, Genehmigungen für Bauvorhaben dauerten zu lange, zu hohe Steuern vermiesten den Industriestandort Deutschland. Darum baue BMW in Spartanburg in den USA ein Autowerk, und er nehme an, »daß wir drüben rund ein Drittel billiger sein werden als hier«. Hier, in München, werde auch nicht das nächste Motorenwerk gebaut, »sondern in Steyr [bei Linz/Österreich], das nur 280 Kilometer entfernt ist, die Steuern aber um 20 Prozent niedriger als in München sind«.

Sicher haben diese neue deutsche Autopolitik, die Massenentlassungen von Mitarbeitern und der massive Drang ins Ausland Nachteile für das eigene Land. Doch Autoboß von Kuenheim ließ im Gespräch mit dem *Handelsblatt* keine Zweifel aufkommen: »Wir sind gezwungen, unsere betriebswirtschaftlichen Probleme zu Lasten der Volkswirtschaft zu lösen.«

Die schwäbische Industriestadt Sindelfingen spürt, gleichsam stellvertretend für die anderen Autoindustrie-Standorte in der Republik, wie Konjunktur und Wohlstand zusammenhängen: Jahrzehntelang Steuergroßeinnehmer, weil am Ort Mercedes (und der gleichfalls kränkelnde Computerriese IBM) groß im Geschäft war, rüstet seine Fußgänger-Übergänge statt mit echtem Marmor nur noch mit Plastik aus; der Kindergarten, früher kostenlos, kostet jetzt 75 Mark im Monat; im Schwimmbad der Stadt stiegen die Preise, einige Becken wurden sogar trockengelegt.

»Der Lack ist ab!« freute sich eine »Expertenrunde« im Westdeutschen Fernsehen (WDR). »Jede Woche gibt ein VW-Händler auf«, fühlte sich Anfang Januar 1993 ein Kommentator im ZDF bestätigt. Und im Süddeutschen Rundfunk (SDR) wurde bereits ein »Nachruf auf das Auto – Es ist tot, kommt ins Museum, hat keinen funktionalen Sinn mehr« gesendet.

In Köln hat sich Regierungspräsident Franz-Josef Antwerpes in einen »Dauerstreit um das Flügelauto des Aktionskünstlers HA Schult« *(Frankfurter Allgemeine Magazin)* verstrickt: Das Auto auf dem Turm des Stadtmuseums müsse wieder verschwinden. Durch diese und ähnliche Anti-Auto-Aktionen sichert sich Antwerpes jene gewünschte Medienpräsenz, die die sachlich-bezogene Arbeit eines Regierungspräsidenten sonst nicht garantiert. Niemanden stört das Auto, doch sichert es der lokalen Politgröße bundesweite Schlagzeilen – ähnlich den Ärgernissen, die sein Stuttgarter Kollege Manfred Bulling den Autofahrern im Ländle bescherte. Völlig unsinnige Geschwindigkeitsanordnungen um Stuttgart herum waren Bullings

Trick, in die Medien zu kommen (bis er die Nudelfirma Birkel zu Unrecht schlimmer Eierschmuddeleien bezichtigte, das Land Baden-Württemberg Birkel Schadenersatz leisten und Bulling seinen Hut nehmen mußte).

Die Experten im Land kennzeichnen die ungewohnte Situation – »Automobilkonjunktur auf rasanter Talfahrt« – bereits mit einem unheilvollen Begriff: Auto-Dämmerung.

Alle, die Verantwortung fürs deutsche Ganze tragen, fragen sich, wie das passieren konnte. Und die ersten Firmen reagieren schon auf ihre Art: BMW baut seine neue Fabrik in Nordamerika, Audi sein Motorenwerk in Ungarn, Mercedes in Mexiko. Republikflucht scheint das Allheilmittel zu sein, durch die deutsche Krise zu starten. »Made in Germany«, seit mehr als 100 Jahren weltweites Gütesiegel für Produkte aus Deutschland, ist passé. »Made bei Mercedes« und »Made bei BMW« treten an seine Stelle.

Auch in anderen Ländern knirscht es in den Getrieben der Hersteller. General Motors, der US-Autogigant, schloß beispielsweise sein 92er Geschäftsjahr mit Miesen in Höhe von 23,5 Milliarden Dollar. In Schweden fahren Saab und Volvo sozusagen auf den nackten Felgen. In Japan hat der Auto-Zwerg Isuzu die Autoproduktion eingestellt, und der Riese Honda ist aus der Formel 1 ausgestiegen.

Wie trostlos im Land der aufgehenden Sonne die Lage ist, zeigen die rührend-verzweifelten Versuche japanischer Automenschen. Um dem gängigen Vorwurf zu begegnen, die Straßen seien so hoffnungslos überfüllt, daß sich Autokaufen und -fahren nicht mehr lohnten, ordnete der Tokioter Großhändler Jiro Yanase, dem freilich schon immer der Ruf eines Exzentrikers vorauseilte und der mit 12000 Beschäftigten der größte Distributeur auf der engen Insel ist, an, keiner seiner Angestellten dürfe mehr mit dem Auto zu seinem Yanase-Arbeitsplatz fahren. Den verblüffenden Grund enthüllte Barbara Odrich in einer Glosse aus Tokio: »Um den Eindruck zu erwecken, daß Japans Straßen leerer sind… Wer gegen die neuen Regeln verstößt, dem droht im Wiederholungsfall sogar eine Gehaltskürzung.« Auch andere Autofirmen, Toyota und Nissan, planten für ihre autobesitzenden Mitarbeiter »ein ähnliches Fahrverbot«.

Im Autoland Deutschland puschen die Umweltschützer sogar den Autoverkehr, wenn sie diesen öffentlich *ad absurdum* führen wollen, wie es Anfang 1993 in Düsseldorf geschehen ist. In drei Sprachen verschickte die Stadtverwaltung ihren Prospekt mit der Frage »Stadtverkehr wohin?« und zeigte den europäischen Umweltfreunden, wie sie am bequemsten zur »Umwelt-Tagung« nach Düsseldorf kommen könnten: »Höchstens zwei Autostunden« läge das Dorf an der Düssel von »Amsterdam, Antwerpen, Rotterdam und Brüssel entfernt«. Höhnte die *Rheinische Post*: »Wer zur Umwelt-Tagung mit dem Auto kommt, muß nicht befürchten, einen Kopf kürzer gemacht zu werden.«

Im Autoland Deutschland stehen die Zeichen der Zeit längst auf Sturm. Ausgerechnet ein Amerikaner forderte die Deutschen energisch auf, sich zu besinnen und mehr zu arbeiten, um aus der Krise wieder herauszukommen. David J. Herman, seit Juli 1992 Vorstandsvorsitzender der Adam Opel AG in Rüsselsheim, konstatiert: »Wir haben nicht viel Zeit. Und wir haben alle gegen uns.« Die Produktion müsse nicht nur schlanker, das heißt: viele Arbeiter müßten entlassen werden, sondern die verbleibenden Besitzer von Arbeitsplätzen müßten auch wieder mehr arbeiten, damit die teuren Maschinenanlagen länger und somit rentabler laufen könnten. Herman: »Der Samstag muß wieder ein normaler Arbeitstag werden.« Ungerührt von diesem Appell der reinen Vernunft blieb freilich die angesprochene Industriegewerkschaft Metall: Sie verlangte im Februar 1993, die erst für 1995 vereinbarte 35-Stunden-Woche »sofort« einzuführen.

Doch während in anderen Ländern der Rückgang der Automobilproduktion dem natürlichen Zyklus der Konjunktur entspricht, hat in Deutschland der Niedergang noch einen weiteren Grund, der die allgemein triste Situation noch potenziert: die Verteufelung des Automobils.

»Die anhaltende Verteufelung des Autos« führt selbst ein so nüchterner Kenner wie das *Handelsblatt* als Beschleunigung für die »abschüssige Fahrt des Autos« *(Frankfurter Allgemeine)* an. Zum deutschen Alltag gehört es schließlich, daß hochvolumige Wagen nachts Kratzer bekommen und morgens abgebrochene Antennen aufweisen.

Wie engagierte Autofahrer sich hierzulande fühlen, ließ der Düsseldorfer Karl Heinz Schugt sein Leib- und Magenblatt *auto motor und sport* wissen: »Dauernd bekomme ich von Grünen, opportunen Politikern, vom Deutschen Verkehrsgerichtstag und anderen Superexperten gesagt, was ich als Autofahrer doch für ein Monster bin… Ich bin Raser, rücksichtsloser Drängler, Lichthupenbenutzer, Umweltzerstörer, potentieller Totschläger und so weiter.«

So ist in Deutschland die Auto-Dämmerung das erwartete Lehrstück mit dem Titel »Wie man eine Volkswirtschaft ruiniert« geworden. Wie in Laufschrift könnte die Geschichte der Autofeindschaft mit ihren fatalen Folgen im Autoland Deutschland so ablaufen:

die deutschen erfinden das auto und bauen die besten autos der welt… ihre autobahnen werden von aller welt kopiert… die deutschen sind stolz auf ihre autos, autofahren ist nationale leidenschaft… die deutschen autofahrer werden als »hirnlose raser« beschimpft, ihre autos als »lackierte kampfhunde«… das auto ist ein goetze in blech… ist eine mordwaffe… die autobahnen sind schlachtfelder, an den raendern leichenberge… die staedte ersticken im verkehr… das auto ist umweltsuender nummer eins… das auto muß durch hoechste kosten- und steuerbelastungen und durch tempolimit gestoppt werden… die deutschen sollen fahrrad, nicht mehr autos fahren… ausstieg aus der autogesellschaft ist das ziel der autofeinde in den medien und in der politik…

AUTO-DÄMMERUNG IN DEUTSCHLAND.

Es ist wirklich nicht nur die miese Weltkonjunktur, es sind nicht nur die unmäßigen Kosten für das einig Volk von Brüdern, die das Auto bremsen und auf dessen Bremsspur andere Bereiche der Volkswirtschaft ins Schleudern geraten sind. Schuld ist in der Tat auch, wir stellen diese Behauptung nach gründlicher Recherche und mit dem notwendigen Sachverstand auf, die maßlose Verteufelung des liebsten Spielzeugs des deutschen Mannes. Weil gegen große, teure und schnelle Automobile der links-grüne Anklagefinger gehoben wird und Verdammungsparolen ausgestoßen werden, sind bestimmte Modelle gesellschaftspolitisch nicht mehr »in«, passen nicht mehr in die Landschaft, in der jedermann und jedefrau den Gürtel enger schnallen und an Äußerlichkeiten sparen muß (ohne daß die eigene wirtschaftliche Lage dazu zwingt).

Helmut Werner, der neue Mercedes-Chef, erlebt das immer höchstpersönlich, wenn er einen neuen Kunden gewinnen will. Dann entspinnt sich oft dieser exemplarische Dialog:

Werner (zu einem Besserverdienenden): »Sie sind für mich ein typischer S-Klasse-Kunde.«

Kunde: »Kann sein. Aber ich kann mir die S-Klasse einfach nicht leisten.«

Werner: »Sie – und nicht leisten!«

Kunde: »Wissen Sie, die Belegschaft, der Betriebsrat, die Umwelt…«

Werner: »Aha!«

Kunde: »Aber ich bin der typische neue Kunde. Ich kaufe mir einen 190er mit allem Drum und Dran, keiner sieht das. Dagegen hat keiner etwas.«

»BMW wächst nur mit der 3er-Reihe«, bestätigte Ende 1992 die *Frankfurter Allgemeine* den neuen Trend zur »neuen deutschen Bescheidenheit«, mehr im Auto zu haben, als man von außen sieht. »Keine 1500 BMW der 8er-Reihe wurden von Januar bis September 1992 zugelassen«, enthüllte das Fachblatt *mot*. Dem BMW-8er nehme das Geschäft der BMW M5, »der ebensoviel Fahrdynamik unauffälliger zeigt«. Anders gesagt: Wenn Mercedes, BMW und Audi ihre Verkaufszahlen – gerechnet in Stück – auch beibehalten konnten, so haben sie doch weniger große und teure Wagen und mehr kleinere und billigere verkauft. Ihnen sind Verkaufsumsätze entgangen.

Die Bilanz am Ende des ersten Jahrhunderts Automobil in Deutschland sieht, wie Tatsachen und Zahlen beweisen, also nicht gut aus. Und der Start ins zweite Jahrhundert scheint mißglückt.

So gilt es nun zu untersuchen, wie der Deutsche zu seinem Auto kam und wie es zum Ziel heftiger Dauerattacken geworden ist. Dabei scheuen wir auch vor der Wiederholung von bekannten Ereignissen nicht zurück, wenn sie in einem anderen Zusammenhang neu beleuchtet werden müssen. Zudem glauben wir an die Kraft der Wiederholung, wenn sie der guten Sache dient, der Sache des Autos…

Der ganze Ärger mit dem Auto, und natürlich auch die Freude, wäre der Menschheit erspart geblieben, wenn am 3. August 1888 Bertha Benz bei der ersten Auto-Fernfahrt der Geschichte blamabel liegengeblieben wäre. Dann hätten die Leute nur gelacht – und das Auto, dieses Pferd auf Rädern, vergessen.

Mit ihren 15 und 13 Jahre alten Söhnen Eugen und Richard hatte es Bertha Benz gewagt, mit dem Patent-Motorwagen, den ihr Mann Carl konstruiert und zwei Jahre zuvor den Mitbürgern seiner Heimatstadt Mannheim vorgeführt hatte, sich auf eine 180 Kilometer lange Fernfahrt zu begeben. Sosehr sie auch der Kunst ihres Mannes vertraute, das ganze Automobildebüt schien als Flop angelegt.

Die Lederüberzüge über den hölzernen Bremsklötzchen waren bald verschlissen, der nächste Dorfschmied erneuerte sie mühsam. Der übernächste Dorfschmied spannte mit List und Spucke die schlapp gewordenen Ketten nach. Dann verstopfte sich die Benzinzufuhr. Sohn Eugen mußte die große Nadel aus Mutters Hut ziehen und den Stopfen wegstechen. Dann versagte auch noch die Zündung, und im Anschluß daran wurde es beim ersten Langstreckentest in der Geschichte des Automobils noch ausgesprochen pikant: Auf offener Landstraße nestelte Bertha Benz ihr Strumpfband frei, und die tüchtigen Söhne benutzten es als Isolierband, das seine Pflicht tat. Bertha Benz, die erste Autotesterin der Welt. Die Dame war fürs Steuer.

Was alles wäre in der Geschichte nicht passiert, wenn Bertha Benz die erste Ausfahrt mit dem Automobil entmutigt aufgegeben hätte? Doch am Ziel angekommen, schickte sie ihrem Mann in Mannheim, dem Autoerfinder Carl Benz, ein Telegramm mit zwei Worten:

GLÜCKLICH ANGEKOMMEN!

Kein Zweifel: Das Automobil war auf die Welt und zu den Menschen gekommen.

2 Der Tatbestand: Hundert Jahre deutsche Leidenschaft

DIE DEUTSCHEN bauen die besten Autos der Welt.
Mercedes, BMW, Volkswagen, Audi und Porsche erobern den Weltmarkt.
Die deutschen Autobahnen werden kopiert.

DIE DEUTSCHEN werden eine Nation von Autofreunden, Autofahren wird deutsche Leidenschaft, das Auto Statussymbol und »liebstes Spielzeug des deutschen Mannes«.

Im Jahre 1886 staunt ein Reporter über den Patent-Motorwagen von Benz: »Er fährt unweigerlich dahin, wohin er gelenkt wird.« Die Bürger werfen ihm Steine nach, Bürokraten wollen das Auto bremsen, doch seine Fahrt ist nicht mehr zu stoppen.

Adolf Hitler befiehlt Ferdinand Porsche, einen Volkswagen zu konstruieren, aussehen solle er »wie ein Käfer«; er wird das erfolgreichste Auto der Weltgeschichte. Hitlers Autobahnen machen den Deutschen Lust aufs Autofahren.

Nach dem Zusammenbruch entsteht nicht nur das deutsche Wirtschafts-, sondern auch das deutsche Autowunder. Mit einem Doppelsieg kehren die Deutschen auf die Welttribüne zurück: Am 4. Juli 1954 gewinnen sie in Bern die Fußball-Weltmeisterschaft, und in Reims siegen ihre »Silberpfeile«. Doch während die Deutschen um ihre Autos beneidet werden, formiert sich im eigenen Land eine gefährliche Anti-Auto-Front – ist Hitler schuld an der Autofeindlichkeit?

Nach 100 Jahren Erfolgsgeschichte des Autos, so scheint es, hat in Deutschland das Automobil keine Zukunft mehr. So manche Autofirmen streben »weg vom Auto«.

Die Begeisterung der Deutschen über das neue, schnelle Automobil hielt sich in Grenzen.

Die Kraft und die Herrlichkeit des selbstfahrenden Gefährts, die freie Wahl des Fahrers, zu irgendeinem Zeitpunkt zu irgendeinem Ziel zu reisen (oder zu rasen), so ahnten damals bestimmt schon einige Schwarzseher, würden auch bald ihre Kehrseite zeigen.

Viele im Land wußten noch, wie sich die Eisenbahn in ihr Leben gelokt hatte. Der Mensch, auf seine natürliche Art mißtrauisch gegen alles, was ihm als »Fortschritt« angeboten wird, hatte das »Dampfroß«, das 1835 erstmals von Nürnberg nach Fürth geschnauft war, als Teufelswerk empfunden.

Wo es auf den bald überall entstandenen Bahnlinien auftauchte, lebten die Menschen in Furcht und Schrecken. Die Bauern fürchteten, beim Anblick des stählernen Lindwurms und seiner schrillen Warnpfiffe würden ihre Kühe auf den Weiden vor Todesangst notkalben. Sie drohten mit Sensen und Dreschflegeln, die Gläubigen unter ihnen schlugen das Kreuz und glaubten an die Kraft dieser frommen Geste (die skeptische Erkenntnis der Philosophen, Glaube sei nur »Gewißheit ohne Beweise«, war ihnen im Religionsunterricht vorenthalten worden).

Bei den ersten Motorwagen war es noch schlimmer, da sie durch die winkligen Gassen der engen Städte ratterten. Noch um die Jahrhundertwende, wissen wir von dem Historiker Arthur Westrup, habe die größte Verkehrsgefährdung darin bestanden, daß »die Pferde auf der Straße durchgingen, wenn sie einem Auto begegneten«.

Schon 1898 – auch in Nordamerika war Findigen die Idee von der selbstgetriebenen Kutsche gekommen – wurde in Battle Creek in Michigan von Uriah Smith ein Sicherheitsgerät vorgeführt, das er selbst »halbes Pferd« nannte: Vorn am Motorwagen war ein halbes Pferd aus Holz montiert, das die entgegenkommenden »richtigen Pferde« beruhigen sollte, doch die klugen Rosse erkannten den falschen Verwandten und gingen nun erst recht los. Mit einem sogenannten Dampfmann versuchten die Amerikaner Dederick und Grass Pferd und Reiter zu warnen. Der Dampfmann, eine Gestalt auf metallenen Beinen, einem vertrauenerweckenden Zylinderhut auf dem Kopf, sollte dem Motorwagen vorauslaufen. Aus einem Dampfkessel in seinem mächtigen Oberkörper stieß er schrille Pfiffe aus, die fairerweise das Pferd vor den nahenden Motorwagen warnten.

In Deutschland schien es der aufmerksamen Obrigkeit Zeit, für das Automobil und seinen Lenker die ersten Vorschriften zu erlassen: »Die Einhaltung einer vernünftigen Geschwindigkeit ist das beste Mittel, um Unglücksfällen vorzubeugen. Ist es trotz vorsichtigen Fahrens zu Meinungsstreitigkeiten zwischen dem Chauffeur und Führern von anderen Fahrzeugen oder Fußgängern gekommen, dann lasse man sich nicht auf Schimpfereien ein. Nichts ist für das Publikum häßlicher, als solche Schimpfszenen auf offener Straße. Dagegen versäume man nicht, solche Leute, die Steine gegen den Wagen werfen oder Nägel auf die Straße streuen, wenn irgend möglich, festzustellen, um sie der Polizei zu melden.« Dekretiert im Jahre 1900.

Fast 100 Jahre später ahnt hier der Autofreund, daß alles, was er heute erleidet, schon einmal dagewesen ist. Doch diese Erkenntnis kann ihn nicht beruhigen, weil er jetzt lebt und sich vom vergangenen Leid der ersten Autler nichts kaufen kann. Festgehalten werden aber muß: Viele Menschen hatten Bammel vor dem Auto und schikanierten es. Autofreund und Autofeind waren immer schon rechthaberisch wie Juristen.

1907, das Automobil war noch keine 20 Jahre alt und die Volksschule, nicht die Fahrschule, noch die wirkliche »Schule der Nation«, wurden für den jungen Beruf des Fahrlehrers zehn Gebote aufgestellt, die bis in unsere Tage gültig sein könnten. Das erste hieß: »Ein Motorwagen ist nur eine Maschine – Du sollst stets für sie denken und sorgen.« Das ist ungleich knapper und klarer formuliert, als unser Paragraph 1 der Straßenverkehrsordnung StVO, Fassung 1990: »Die Teilnahme am Straßenverkehr erfordert ständige Vorsicht und gegenseitige Rücksicht. Jeder Teilnehmer hat sich so zu verhalten, daß kein anderer geschädigt, gefährdet oder mehr, als nach den Umständen unvermeidbar, behindert oder belästigt wird.«

Doch greifen wir den Ereignissen nicht vor. Die notwendige Rückblende hier führt in die spannende Geschichte einer der größten Erfindungen der Menschheit – die größte war zweifellos die Erfindung des runden Rades, das den Verkehr erst richtig rollen ließ. (Obwohl der Gedanke, das Rad wäre viereckig konstruiert worden, idiotisch ist, muß er erlaubt sein, weil er so verführerisch ist: Heute hätten wir kein Auto, keinen Verkehr, keinen Ärger.)

Begonnen hat die Ära Auto, wie fast alles Große, beinahe unbemerkt. Doch waren stets Reporter dabei, um die Einfahrt des Autos in die Geschichte festzuhalten: Am 3. Juli 1886 fuhr in Mannheim Carl Benz, Besitzer der BENZ & Co. Rheinische Gasmotorenfabrik, mit seiner Erfindung durch seine Heimatstadt. Ein Lokalblatt berichtete am folgenden Tag, daß »ein mittels Ligrongas zu treibendes Veloziped ... auf der Ringstraße ausprobiert wurde«. Die Presse blieb sozusagen am Ball und begleitete den dreirädrigen Motorwagen auf Schritt und Tritt – mit wohlwollenden Kommentaren.

Bereits am 5. September veröffentlichte der *Generalanzeiger der Stadt Mannheim und Umgebung* einen Testbericht vom ersten Benz: »Schon bei dem ersten Versuch wurde uns die Gewißheit, daß durch die Benz'sche Erfindung ein Problem gelöst sei, mittels elementarer Kraft einen Straßenwagen herzustellen.« Diese Arbeit dürfte »nun als abgeschlossen betrachtet werden, und Herr Benz wird nunmehr mit dem Bau solcher Fuhrwerke, für den praktischen Gebrauch berechnet, beginnen«, meldete der Reporter, der dem Fahrzeug dann »eine gute Zukunft« bescheinigte, »weil es bei möglichster Schnelligkeit das billigste Beförderungsmittel für Geschäftsreisende, eventuell auch für Touristen werden wird«.

Geschäftlich betrachtet war die Erfindung des Automobils kein Risiko. Man darf sagen, die Menschen hatten auf die zündende Idee von Carl Benz geradezu gewartet. Denn als Gott, der Weltenschöpfer, den Menschen nach seinem Ebenbild geformt hatte und sich nach harter 7-Tage-Woche zufrieden zurücklehnte, gab ER seiner Schöpfung noch den fatalen Rat mit auf den Lebensweg, sich die Erde untertan zu machen. Eine Empfehlung, die nur durch Ortsveränderung, durch viele und weite Reisen zu realisieren war. So kam der Mensch, dank göttlichen Willens, als Nichtseßhafter auf die Welt. Er erfüllte den hohen Auftrag und erkundete den Erdball. Viele wollten da, wo sie auf die Erde gekommen waren, zum Beispiel im Neandertal, sowieso nicht bleiben – wer will schon sein Leben lang als Adresse »Neandertal« angeben? Zuerst machten sie sich per pedes auf die Reise, dann per Pferd und Kutsche. Schließlich erfand einer das Rad, und jetzt kam die Sache ins Rollen. Räder wurden das Zeichen der neuen Zeit.

Schon der Vater von Carl Benz hatte sein Leben auf Rädern verbracht. Carl Benz senior war Führer einer der seltenen Lokomotiven im Land Baden gewesen, die, wie später der Motorwagen seines Sohnes, die armen Leute in Schrecken und die reichen in Entzücken versetzten. Carl Benz, der Junior, am 25. November 1844 in Mannheim geboren, mußte, noch keine zwei Jahre alt, auf den Vater verzichten, der an einer Lungenentzündung gestorben war, die er sich – standesgemäß nach Lokomotivführer-Sitte – »auf der zugigen Lokomotive zugezogen hatte«, wie die Historiker Richard von Frankenberg und Marco Matteucci herausgefunden haben. Da die Familie »ein paar Ersparnisse« besaß, konnte die Halbwaise in Karlsruhe das Lyzeum besuchen, das Carl mit 16 Jahren verließ, um am Polytechnikum Karlsruhe »noch ein paar Semester zu studieren«. Seine erste Stellung als Techniker fand er bei einer örtlichen Maschinenbaufirma, die ihn »von morgens 6 bis abends 7 Uhr am Zeichenbrett« hielt und ihm nur eine Stunde Mittagspause zugestand.

1871 eröffnete der 27jährige in seiner Heimatstadt eine kleine mechanische Werkstatt, in der er 1877 mit dem Bau eigener Motoren begann. Das verschlang jedoch soviel Geld, daß Benz schleunigst Geldgeber für seine Firma, die er in eine Aktiengesellschaft umgründete, suchen mußte. Doch auch damit hatte er kein Glück, weil er sich mit seinen Kompagnons so hoffnungslos überwarf, daß er ausscheiden mußte (seine Gasmotorenfabrik Mannheim baute noch viele Jahre Zweitaktmotoren seiner Konstruktion, nachdem er sich dort längst verabschiedet hatte).

Neue Finanziers ermöglichten Carl Benz einen zweiten Start. 1883 gründete er die BENZ & Co. Rheinische Gasmotorenfabrik in Mannheim als Offene Handelsgesellschaft (OHG), die in den Jahren 1884/85 jährlich bis zu 50 stationäre Gasmotoren, »System Benz«, baute und 25 Mitarbeiter beschäftigte.

Dieses System bildete auch die Grundlage für seine Versuche, ein Motorfahrzeug zu bauen, dessen Entwicklung von Frankenberg und Matteucci so festgehalten haben: Benz verwendete »einen Viertaktmotor« vor allem deshalb, weil er davon überzeugt war, mit dem Viertaktsystem auf höhere Drehzahlen zu kommen. Seine stationären Zweitaktmotoren erreichten nur 130 Umdrehungen, während sein erstes Viertaktmodell auf Anhieb 250 Touren schaffte und bald darauf »auch mit 400 Umdrehungen belastet werden konnte«.

Bereits am 29. Januar 1886 erteilte das Kaiserliche Patentamt des Deutschen Reiches in Berlin das erste Patent für ein »Fahrzeug mit

Gasmotorenbetrieb«, das nicht auf den Namen von Carl Benz, sondern auf den seiner Firma lief.

Der Mannheimer Tüftler hatte schon im Spätherbst 1885 in ein kleines dreirädriges Kutschwägelchen – vorne ein Rad, hinten zwei Räder – einen kleinen Viertaktmotor eingebaut und im Hof seiner Fabrik die ersten Testfahrten unternommen, von denen die Historiker wissen wollen, daß sie »meistens an den Hofmauern endeten, weil der Wagen zu schwer zu lenken war«.

Bald aber zeigte sich, daß die technische Entwicklung des Autos sprunghafte Fortschritte machen konnte: Am 3. Juli 1886 stellte Benz in der Mannheimer Ringstraße den staunenden Mitbürgern einen Wagen vor, der die Richtungsanweisungen des Fahrers brav ausführte. Sofort begann der junge Autofabrikant auch für sein neuestes Fabrikat zu werben: »Patent-Motorwagen – mit Gasbetrieb durch Petroleum, Benzin und Naphta – Immer sogleich betriebsfähig: Bequem und absolut gefahrlos«, versprach die Reklame (und offenbarte, daß die Werbung damals schon das gleiche gebrochene Verhältnis zu Wirklichkeit und Wahrheit besaß wie heutzutage).

Das Geschäft kam in Gang, freilich nicht im eigenen Land, in dem Propheten und Erfinder ja nie viel gelten. In Frankreich fand Benz 1887 die ersten Käufer für sein Auto, seine Marke hieß dort allerdings »Roger-Benz«, weil Benzens Pariser Resident Roger die Sache an der Seine eingefädelt hatte.

1888 verteilte der Mannheimer Autopionier seinen Modellkatalog, der als »erster Autoprospekt der Welt« gilt. Und gegen Jahresende wurde Benzens Motorwagen auch in Deutschland auf der Gewerbe- und Industrieausstellung in München ausgestellt. Trotz großer Beachtung durch das zahlreiche Publikum fand sich kein einziger Käufer. Der Einzylinder mit 113 mm Bohrung und 150 mm Hub leistete bei einer Drehzahl von 500 Touren 2 Pferdestärken, PS genannt.

Von einer nationalen Leidenschaft war im Deutschen Reich noch nichts zu spüren, sosehr Carl Benz sein Fahrzeug auch nachbesserte und es bewarb. 1902 hatte er erst 1200 Fahrzeuge an die Autofreunde gebracht, die damals noch alle Züge von Abenteurern trugen und, die Augen hinter einer mächtigen Brille geschützt, mit wehendem

Schal und wildem Gehupe die Hühnerbestände der wütenden Bauern reduzierten. Sein erstes Erfolgsauto Benz Viktoria besaß bereits einen Heckmotor, einen Hub von 150 mm, was rund 2000 ccm ergab, war 2,90 Meter lang, 650 kg schwer und lief 18 km/h – Preis zwischen 3800 und 4200 Goldmark.

In Bad Cannstatt bei Stuttgart steckte längst ein Mann namens Gottlieb Daimler, dessen Vater sich noch »Däumler« schrieb, erfolgreich in der Erfindung seines Beitrags zur Motorisierung seiner Mitbürger. Was Benz und Daimler, keine 100 Kilometer Landstraße voneinander entfernt, vom Treiben des anderen wußten, ist unbekannt. Einig sind sich die Geschichtsschreiber, daß sich »die beiden Erfinder des Kraftwagens niemals gesehen haben«. Das Gerücht, der hochfahrende Schwabe Daimler habe jedes Zusammentreffen mit dem streitbaren Badener Benz strikt abgelehnt, hält sich hartnäckig in der Geschichte dieser beiden Väter des Autos.

Gottlieb Daimler, am 17. März 1834 in Schorndorf als Sohn eines Bäckers, dem auch eine kleine Weinstube gehörte, geboren, kam zum Nachbarn Hermann Raithel, einem Büchsenmacher, in die Lehre. Die Zeiten in Württemberg waren unruhig, erst kurz zuvor war ein Gesetz über die Volksbewaffnung verkündet und in Schorndorf an die Gründung einer Bürgerwehr gedacht worden. Der junge Daimler, von allen auf der Gasse nur »Bäckergottlieb« gerufen, rückte 1852 in den angesehenen Stand der Gesellen auf – sein Gesellenstück: eine doppelläufige Taschenpistole mit gezogenen Läufen von präzisierter Ausführung, Beschläge und Knauf waren fein ziseliert und bräuniert. Lehr- und Wanderjahre, damals üblich (und auch heute noch notwendig), folgten: Königliche Landesgewerbeschule in Stuttgart, Stipendium in den Mechanischen Werkstätten in Graffenstaden im Elsaß (die just begannen, Lokomotiven zu bauen), Studium des Maschinenbaus an der Polytechnischen Schule in Stuttgart, zwei Jahre England.

Gottlieb Daimler hatte sich umgesehen und einiges zu bieten, als er mit Vertrag vom 10. März 1872 Mitglied der Direktion der Gasmotorenfabrik Deutz in Köln wurde. Hier bekam er Umgang mit Männern, die heute in allen Geschichtslexika ganze Spalten füllen:

mit Wilhelm Maybach (1846-1929), dem genialen Motorenbauer, der den Vergaser erfand; Nikolaus Otto (1832-1891), der das Viertaktverfahren, den »Ottomotor«, den Verbrennungsmotor mit Fremdzündung, erfand; und Eugen Langen (1833-1895), der mit Otto den Gasmotor konstruierte.

Die Kölner Schule der Motorenpioniere wurde für Gottlieb Daimler ein Wechselbad zwischen Erfolg und Flop. Zunächst würdigte der Aufsichtsrat der Gasmotorenfabrik Deutz seine Verdienste an der endgültigen Ausgestaltung des Ottomotors derart, daß er dem Schwaben am Rhein am 12. Januar 1877 eine »namhafte Vergütung in Form von Aktienüberlassung« zusprach.

Doch zwischen den beiden Genies Gottlieb Daimler und Nikolaus Otto kam es zu unüberbrückbarem Zwist: Otto verfluchte Daimler als »dickköpfigen Schwaben«, Daimler sah in Otto keinen Ingenieur und nannte ihn abfällig einen »Kaufmann«. Als Daimler im September 1881 von einer Rußlandreise nach Köln zurückgekehrt war, fand er seine Kündigung durch den Aufsichtsrat vor. Jetzt hatte der Schwabe genug vom Angestelltendasein und beschloß, selbst Fabrikant zu werden.

In Bad Cannstatt machte Daimler seine Werkstatt für Motorenbau auf, und da es ihm gelang, von Köln auch seinen alten Mitstreiter Wilhelm Maybach mit an den Neckar zu nehmen, hatte er bereits die halbe Miete zusammen. Schon am 23. Dezember 1883 erhielt seine Patentschrift, in der er den Einzelmechanismus seines neuen Motors darlegte, das Deutsche Reichspatent No. 28243 zugeteilt.

Am 4. März 1887 absolvierte der erste Daimler eine größere Probefahrt in der Öffentlichkeit (nachdem sein umtriebiger Schöpfer, gleichsam nebenbei, auch noch das Motorrad erfunden hatte). Daimlers »Stahlradwagen« von 1889 besaß erstmals ein Stahlrohrfahrgestell mit einem Zweizylindermotor in V-Form sowie ein Vierradgetriebe. Noch im selben Jahr erregte der schwäbische Autobauer mit seiner Konstruktion auf der Pariser Weltausstellung Aufsehen.

Doch schon ein Jahr später, 1890, war es mit der Selbständigkeit des Unternehmers Gottlieb Daimler vorbei – überschuldet mußte er aufgeben. Flugs wurde zur Rettung der Firma eine neue Daimler-Motorengesellschaft gegründet, in der ihr Namensgeber jedoch nichts mehr zu sagen hatte. Im nachfolgenden März schoben ihn die neuen Eigentümer auf den repräsentativen Posten des Aufsichtsratsvorsitzenden ab.

Fern der Heimat fand er trostvolle Anerkennung. Nach England, zum Beispiel, konnte er an eine englische Gesellschaft die Lizenz vergeben, unter seinem wertvollen Namen Autos zu entwickeln und zu bauen. Für 3,4 Millionen Pfund erwarb 1896 der Finanzmagnat Harry L. Lawson Daimlers Lizenz für die neue Firma »English Daimler Motor Company«. Der in Deutschland geschaßte Gottlieb Daimler wurde in Coventry zum Direktor ernannt. In Deutschland liefen die Wagen als »Cannstatt-Daimler«, im Vereinigten Königreich als »Coventry-Daimler«. Kein Trost für die Unbill in Bad Cannstatt: »Verbittert« sei Gottlieb Daimler am 16. März 1900 gestorben, »zerstritten mit sich und der Welt«, wollen die Historiker wissen. Von seinem Co-Genius Wilhelm Maybach hatte er sich bereits 1892 »im Unfrieden« getrennt.

So widerfuhr auch Daimler das Schicksal großer Erfinder, deren bahnbrechende Leistung sich erst auszahlte, als sie, pleite gewirtschaftet, gehen mußten und neue Herren, clevere Kaufleute, das Sagen bekamen und aus der neuen Technik Geld machten.

Den ersten Sportsieg eines Daimlers erlebte Gottlieb Daimler auch nicht mehr, und so entging ihm der Auftakt der großen nationalen Leidenschaft der Deutschen für das in ihrem Land erfundene Auto.

Am 18. März 1901 nahm erstmals ein Daimler an der Rennwoche in Südfrankreich teil und bestand die Prüfung. Der Wagen war unter dem Namen Mercedes gestartet, ein Name, den fortan alle Erzeugnisse des Hauses Daimler tragen sollten. Wie es zu diesem für ein Auto seltsamen Namen kam, ist eine hübsche Geschichte, die hier erzählt werden muß:

Mercedes hieß die schöne Tochter des Österreichers Emil Jellinek, Generalkonsul seines Landes in Nizza und – was den Fall erklärt – »begeisterter Wegbereiter des Automobilismus«. Mit dem Namen Mercedes trieb er einen wahren Kult, seine Villa in Nizza hieß so, seine Yacht, seine Tochter – und das Auto, das er beim Rennen am 18. Februar 1901 nach Pau in Südfrankreich starten und siegen ließ.

Dabei hatte Jellinek Mut vor dem Autobauer in Bad Cannstatt bewiesen, der die Welt mit Autos seines Namens, nämlich Daimler, erobern wollte. Der schlitzohrige Jellinek insistierte, der Name Daimler sei »in vielen Ländern so schwer auszusprechen, daß mit ihm ein Geschäft nicht realisiert werden kann«. Er brauche dringend einen »international attraktiven Namen« – und schlug Mercedes vor. Alle Daimler liefen ab sofort unter dem Markennamen Mercedes vom Band, das von 1903 an nicht mehr in der Cannstatter Gründungsfabrik, sondern in Stuttgart-Untertürkheim stand.

Fortan meldeten die automobil- und motorsportbegeisterten Zeitungen – und sie alle waren vom Automobil höchst fasziniert – aus aller Welt Rennsiege und -weltrekorde der Autobauer aus Untertürkheim, als hätten die sie abonniert. Im April 1902 fuhr ein Mercedes-Simplex mit W. K. Vanderbilt am Volant in Achères Rekord mit 105,876 km/h; am 21. April war Mercedes-Fahrer Vanderbilt in Ahlis mit 111,106 km/h nicht nur Tagesschnellster, sondern auch neuer Halter eines Automobil-Weltrekords.

Die 200-km/h-Marke, lange Zeit so etwas wie die Schallmauer für Rennwagen, überschritt am 16. März 1910 B. Oldfield auf Benz im schnellen, 18 Kilometer langen Oval von Daytona Beach in Florida: 211,977 km/h, die jedoch nur in den USA, nicht in Europa anerkannt wurden. Jetzt mischte auch der Mannheimer Daimler-Konkurrent Carl Benz mit.

Und ein weiterer Name hatte sich in den Schlagzeilen der Zeitungen durchgesetzt: Porsche. Porsche, Ferdinand Anton Ernst, hatte am 19. September 1907 das Rennen am Semmering gewonnen (am selben Tag wurde Ferry, sein einziger Sohn, geboren).

Den Durchbruch zur großen Leidenschaft und zum Stolz der Nation schaffte das Automobil im Jahre 1914 mit einem Hat-Trick der deutschen Rennwagen beim Grand Prix von Frankreich, kurz vor Beginn des Ersten Weltkrieges. Ferry Porsche, Porsches großer alter Mann und Sohn des legendären Käfer-Konstrukteurs Ferdinand Porsche, erinnert sich, damals siebenjährig, an den großen Tag: »Es war ein Kampf um nationalen Stolz und nationales Ansehen. Sechs Länder und sehr viel mehr Hersteller wurden durch 47 Fahrzeuge vertreten, darunter die Wagen aus Untertürkheim mit ihren starken

Vierzylinderlanghubmotoren mit 4 Ventilen pro Zylinder, angetrieben von einer einzelnen, obenliegenden Nockenwelle, die 115 km/h bei 3200 Umdrehungen entwickelten. Die Teilnehmer starteten zu einem Rennen über 20 Runden mit einer Gesamtdistanz von 750 Kilometern. Am Ende der ersten Runde war es ersichtlich«, hält Ferry Porsche fest, »daß die neuen Mercedes-Wagen die schnellsten waren.« In der 19. Runde hielt der vorausfahrende Peugeot die mörderischen Strapazen des Rennens nicht mehr durch und fiel zurück. So konnten die Deutschen »die ersten drei Plätze vor einer verdutzten und versteinerten französischen Zuschauermenge« belegen. Das Schlußurteil des jungen Autofreundes Ferry Porsche in der Rückschau: »Es war ein strahlender Sieg für das Mercedes-Team.«

Es versteht sich, daß Deutschlands oberster Autonarr, Kaiser Wilhelm II., seinen riesigen Mercedes-Simplex im Werk von einem Leibmonteur warten ließ, Bleicher mit Namen (dessen Sohn Willy, ein Kommunist, im Konzentrationslager Buchenwald unter Lebensgefahr einen jüdischen Jungen rettete und versteckte – Bruno Apitz beschrieb die Heldentat in seinem Tatsachenroman *Nackt unter Wölfen*. Nach dem Krieg führte Bleicher als Stuttgarter Bezirksleiter der Industriegewerkschaft Metall Arbeitskämpfe gegen Daimler-Benz und legte durch Streiks die Mercedes-Werke lahm).

Die tollkühnen Männer in ihren fliegenden deutschen Kisten waren längst literaturfähig geworden. Ende 1903 war bereits das Reportagebuch *Eine empfindsame Reise im Automobil* erschienen. Der Berliner Dichter und Schriftsteller Otto Julius Bierbaum hatte sich bei den Adler-Werken in Frankfurt einen kleinen Adler mit einem 8-PS-Einzylinder-de-Dion-Motor ausgeliehen und war mit seiner Frau Anfang April 1902 zu einer Reise von Berlin aus über Wien, München und Venedig aufgebrochen, hatte auch Florenz und Neapel besucht und war schließlich Ende Juli wieder glücklich in Berlin gelandet. Sein dreigängiger Adler schaffte im ersten Gang 7 km/h, im dritten, wenn es leicht bergab ging, brachte er es sogar auf 40 km/h. Der Preis für den offenen Phaeton betrug 6100 Goldmark (damals waren die wenig gebräuchlichen Limousinen teurer, für den geschlossenen Phaeton waren beispielsweise 7250 Goldmark zu zahlen).

Eine kühne Voraussage erlaubte sich der erste deutsche Auto-Reise-Schriftsteller Bierbaum: Es werde »nicht mehr lange dauern, und das Reisen im Automobil ist etwas Gewöhnliches«. Mit seinem Buch hoffte er seine Leser zu überzeugen, »daß wir jetzt im Automobil das Mittel in der Hand haben, die Kunst des Reisens aufs neue zu pflegen und noch weiter zu führen, als es ihr in der Zeit der Reisekutschen beschieden gewesen ist«. In jedem Dorf ihrer empfindsamen Reise – wenn die Bierbaums eine Pause einlegen mußten – liefen die Bewohner herbei und bestaunten das Auto aus Deutschland.

An dieser Stelle, nach den ersten internationalen Zuverlässigkeitsprüfungen deutscher Automobile bei Rennen und auf Reisen, muß endlich die Frage aller Fragen gestellt und beantwortet werden:

Wer hat das Auto erfunden?

Wir wissen ja, daß hinter dem Berg auch Leute wohnen, die Verstand und Genie besitzen. Und dem Vorwurf, blinde Chauvinisten zu sein, wollen wir uns schon gar nicht aussetzen. Auch erinnern wir uns, daß im Jahre 1986 Daimler-Benz das 100jährige Jubiläum der Erfindung des Automobils – Geburtstag: der 3. Juli 1886, als Carl Benz mit seinem Patent-Motorwagen über die Ringstraße seiner Heimatstadt Mannheim kutschiert war – pompös gefeiert hat. Wenn auch für die penible deutsche Fachpresse das Erstgeburtsrecht der Deutschen in Sachen Automobil niemals in Frage stand und ein so unbestechlicher und weltweit anerkannter Autoexperte und -historiker wie Olaf von Fersen behauptet, Carl Benz habe die erste Autofahrt in der Öffentlichkeit gemacht und »gilt damit als Erfinder des Automobils«, so haben wir die Stimmen aus anderen Ländern doch nicht überhört, in Wahrheit sei bei ihnen das Auto erfunden worden.

Wer also hat das Auto erfunden?

Als überall in der bekannten Welt – allein dieses verschlissene Klischee kennzeichnet die damalige Situation – Autofabriken aus dem Boden schossen, waren alle so beschäftigt, daß keiner den Anspruch, der erste aller Autobauer zu sein, geltend machte.

Schon 1890 versuchten sich die kreativen Italiener im Automobilbau, der sehr viel Investitionen erfordern würde, wie einige Piemonteser, die über Rang, Namen und Geld verfügten, hellseherisch erkannten. Ihr Wortführer war ein Giovanni Agnelli. Im April 1899 endlich rollte ein Prototyp aus ihrer Werkstatt, die sie bald als »Fabbrica Italiana Automobili Torino« firmierten. FIAT Turin war geboren.

Amerika war zwar das Land der unbegrenzten Möglichkeiten, die neue Sache mit den vier Rädern aber kam dort nicht vom Fleck. Schuld sollte der Unfall sein, der sich im Mai 1899 bei einem vom Verleger der Zeitschrift *Cosmopolitan* gesponserten Rennen nahe New York ereignet hatte. Der junge Arzt Carlos C. Booth aus Youngstown in Ohio war mit einem eigenwilligen Eigenbau an den Start gegangen, doch »ein zorniges Pferd« überrannte seine Frau und tötete sie vor den Augen der Zuschauer. »Get a horse!« riefen noch jahrelang Autofeinde höhnisch den Autos nach.

Tempo machte die Neuerung erst, als Henry Ford die Sache in die Hand nahm und seine einfache Tin Lizzy (Blech-Liesel) von seinem selbsterfundenen Fließband wie Brötchen purzeln ließ. Ford leitete damit die Massenfertigung ein, deren natürliche Folge die Massenmotorisierung war. Seine Blech-Liesel wurde das meistgebaute Auto der Welt (bis es Porsches Käfer aus Wolfsburg von Platz eins verdrängte; heute ist die Tin Lizzy das dritterfolgreichste, das zweiterfolgreichste kommt ebenfalls aus Wolfsburg: der Golf).

Auch die Schweden konnten der Faszination des Selbstfahrens nicht widerstehen. Einige Reiche gründeten in Göteborg die A.B.V. Volvo und glaubten, der Name garantiere allein schon den Erfolg: Volvo, aus dem lateinischen »rollen«. Der erste Volvo allerdings muß die Richtung gründlich mißverstanden haben: Jakob, wie sie ihren Erstling nach dem Stammvater der Menschheit getauft hatten, rollte nur rückwärts. (Hätten die Nordlichter diese Tatsache als Wink des Schicksals verstanden und das Autobauen unterlassen, hätten sie später – industriell am Ende – nicht ihre Rettung im Zusammengehen mit einem heimischen Lebensmittelkonzern und in der Fusion mit Renault suchen müssen.)

Die Engländer haben es natürlich auch versucht. 1895 wagte es eine kleine Fabrik mit Namen Wolseley, das Auto in die britische Gesellschaft einzuführen, obwohl ein spleeniges Gesetz die Ausbreitung des Autos mehr als schwierig machte: der »Red Flag Act«. Der verlangte, ein behender Mensch müsse mit einer roten Flagge vor jedem Auto herlaufen und vor ihm warnen. Kein Straßenfahrzeug von den Untertanen Ihrer Majestät durfte auf dem flachen Lande schneller als 4 Meilen pro Stunde (etwa 6 km/h) sein. Limit in den Städten: 2 Meilen. Erst 1896 wurde das autogeschäftschädigende Dekret gestrichen: 20 km/h waren nun erlaubt (später, ab 1904, durften die jungen Wolseleys 32 km/h schnell sein). Ein John Henry Knight wurde noch im Oktober 1895 in seiner Heimatstadt Farnham mit einer Strafe von 5 Schillingen belegt, weil er seinen deutschen Benz ohne den obligaten Mann mit der roten Flagge gesteuert hatte.

Dieser Knight ging dann mit einer eigenen Konstruktionsleistung in die Geschichte ein: Sein wassergekühlter Einzylinder, im Heck untergebracht, arbeitete im Viertakt, besaß eine automatische Abschaltvorrichtung für die Zündung und zwei Bremsen; die beiden Vorderräder hingen an eigenen Gabeln und waren so einzeln und mit Schraubenfedern, 2 pro Rad, komfortabel abgefedert. Wenn Knights Wagen auch nie in Serie ging, zeigte er doch die Ingenieurkunst der Briten – beim britischen Beitrag zum Automobilbau machten sich viele nützlich, letztlich aber blieben sie glücklos: Heute, nach 100 Jahren Auto, ist von Englands Automobilindustrie nichts mehr vorzuzeigen.

In Coventry entstand die Marke Humber. Ein Herbert Austin mischte ab 1895 folgenreich im Autogeschäft mit. Im März 1906 gründeten Henry Frederick Royce und der Adlige Charles Stuart Rolls die Rolls-Royce Ltd. Ihr Rolls-Royce Silver Ghost wurde, mit britischer Beständigkeit, von 1907 bis 1925 gebaut und war wohl eines der repräsentativsten Automobile der Welt. Wie verrückt die Engländer darauf waren, eines der ersten Autos kutschieren zu dürfen, bewies Lord Russell: Eine ganze lange Nacht hindurch wartete er vor der Behörde, um seinen neuen Wagen mit der Nummer »A 1« zieren zu können.

In Frankreich sei bereits im Jahre 1769 ein Straßendampfwagen geschnauft, gebaut von Nicolas Joseph Cugnot. Ganz Paris soll es gesehen haben. Cugnot war in Deutschland als Ingenieur ausgebildet worden und hatte im Auftrag seines Königs einen kleinen Dampfwagen für 4 Passagiere konstruiert und gebaut, der eine maximale Geschwindigkeit von »gut 9 km/h« erreichte. Weil der erzeugte Dampf jedoch nur für eine Fahrt von lächerlichen 12 Minuten ausreichte, entzog das Militär Cugnot Wohlwollen und Geld. Da starb der Pionier Cugnot nach Erfinderart 1804 »verarmt und einsam«.

Ist der unglückliche Cugnot der wahre Erfinder des Automobils? Jedenfalls flocht ihm die Nachwelt einen Kranz: 1903 erhielt er sein Denkmal, das im Zweiten Weltkrieg zerstört, dann aber »mit Hilfe deutscher Spenden« wiederaufgebaut wurde und bei Void in Lothringen, Cugnots Geburtsort, zu besichtigen ist.

1831 verkehrte in England schon ein Dampfomnibus, konstruiert von Walter Hancock. Die Engländer, deren Landsmann James Watt die epochale Dampfmaschine erfunden hatte, setzten jedoch ihre geliebten Dampfmaschinen lieber im Bergbau und für ihre junge Eisenbahn ein, die auch weniger Unfälle verursachte und darum vom Staat bevorzugt wurde. Hohe Straßen- und Brückenzölle und schließlich die erste Geschwindigkeitsbeschränkung durch den »Red Flag Act« bremsten die Entwicklung zum Auto aus. Die Briten, als spleenig und umständlich bekannt, standen sich also selbst im Weg.

Und die praktischen Franzosen? In den siebziger und achtziger Jahren des letzten Jahrhunderts – weder Benz in Mannheim noch Daimler in Cannstatt waren startbereit – fuhren Personendampfwagen von Amédée Bollée und Léon Serpollet, die bis 1907 »in größeren Stückzahlen« gebaut wurden, wie es aus unklaren Quellen heißt. Doch von den Historikern von Frankenberg und Matteucci wissen wir, daß ein Serpollet 1907 »einen Geschwindigkeitsweltrekord für Automobile« aufgestellt hat. Auch andere Franzosen machten sich früh an die Konstruktion eines Selbstfahrers, die damals sozusagen in der Luft lag: Étienne Lenoir, dessen Gasmotor bereits am 24. Juni 1860 patentiert wurde, ist auch einer, der das brillante Prädikat »Erfinder des Automobils« für sich in Anspruch nehmen könnte.

Und wo waren die Japaner, als es ans Erfinden des Autos ging? Ihre hohen Schranken zur großen Welt hatte in der Mitte des 19. Jahrhunderts der amerikanische Kommodore Perry mit seinem Geschwader auf ziemlich unfeine Art niedergerissen. Die Japaner ließen die kostentreibenden Kinderjahre des Autos verstreichen und fingen erst nach dem Zweiten Weltkrieg nach ihrer Devise »Erst kapieren, dann kopieren« an, Autos zu bauen.

Die allerersten Autorennen gab es in Frankreich, und sie hatten Franzosen auf französischen Wagen zum Sieger. Die erste Fernfahrt fand am 22. Juli 1894 auf der Strecke Paris-Rouen statt. Da es noch keine Automobilclubs gab, war das *Petit Journal*, eine Pariser Zeitung, der Ausrichter und setzte für den Sieger 5000 Goldfranken aus. Von 102 gemeldeten Fahrzeugen gingen für die 126 Kilometer lange Strecke schließlich nur 21 an den Start, 15 kamen an. Der erste im Ziel, der Comte de Dion, konnte jedoch nicht als Sieger aufs Treppchen steigen, weil sein zwei Tonnen schweres Ungetüm auf der Strecke 800 Liter Kühlwasser verdampft und außerdem Fahrer und Heizer fast verbrannt hatte.

Das erste »richtige Rennen« mit komplettem Reglement wurde schon ein Jahr später veranstaltet – Paris-Bordeaux, 1175 Kilometer. Fünfzehn starteten. Sieger wurde Émile Levoir in 48 Stunden und 48 Minuten mit einem Durchschnitt von 24,5 km/h auf einem Panhard et Levassor – und einem 3,5-PS-Motor von Daimler in Bad Cannstatt. Mit diesem Rennen war der internationale Motorsport geboren – und der Ruhm der Motoren aus Deutschland.

Die Frage, wer nun tatsächlich der Vater des Autos ist, ist in der seriösen Geschichtsschreibung immer noch nicht abschließend beantwortet. So nutzen wir hier die Chance, das letzte Wort zu sprechen.

»Lange Jahre«, heißt es in dem von Olaf von Fersen im Jahre 1986 anläßlich des 100. Jubiläums von Benzens erster Fahrt mit seinem Patent-Motorwagen herausgegebenen Standardwerk *Ein Jahrhundert Automobiltechnik – Personenwagen*, habe »ein Teil der Autofachwelt Siegfried Marcus für den Erfinder des Automobils« gehalten, »weil die Jahresangabe 1877 auf der Hinweistafel des auf der Wiener Gewerbeausstellung 1896 gezeigten Benzinwagens zu dieser Annahme verleitete«. Demnach wäre der Österreicher Marcus dem Deutschen Benz um ganze 9 Jahre zuvorgekommen. 1968 gelang jedoch dem österreichischen Experten Hans Speyer der Nachweis, Marcus' Konstruktion sei sehr viel jüngeren Datums.

Der Amerikaner George Baldwin Selden, ein Rechtsanwalt, sei es gewesen, hieß es um die Jahrhundertwende, weil Selden »aufgrund einer Patentanmeldung aus dem Jahr 1879 der wahre Erfinder des Automobils« sei. Amerikas Autokönig Henry Ford ließ das nicht ruhen: 1904 setzte er bei Gericht durch, Selden müsse sein im US-Patent No. 549160 von 1895 beschriebenes Auto namens Buggy tatsächlich auch bauen. Der verlangte Nachweis, daß die Konstruktion auch fahrtüchtig sein müsse, gelang nicht. Der Supreme Court in New York, Amerikas Oberster Gerichtshof, erklärte 1911 Seldens Anspruch, der wahre Erfinder des Autos zu sein, für null und nichtig. Seldens untüchtiges Auto steht heute noch im Ford-Museum in Dearborn bei Detroit.

»Ab 1884«, hat von Fersen herausgefunden, »häuften sich die Prioritätsansprüche«, wohl weil in der Alten wie in der Neuen Welt vielen klarwurde, daß dem wahren Erfinder des Automobils ein immerwährender Ehrenplatz in den Geschichtsbüchern der Welt sicher sein würde, ein Logensessel im Tempel des Fortschritts. Und manche Bewerber empfanden nicht die geringsten Skrupel, sich mit fremden Federn zu schmücken oder zu flunkern, daß ein Hochstapler vor Neid erblassen würde.

1884, zum Beispiel, behauptete der Italiener Enrico Bernardi, habe er bereits »ein dreirädriges Fahrzeug mit Viertaktbenzinmotor« gebaut (bis sich herausstellte, daß sein 0,0024-PS-Motörchen nur eine Kinderkarre ziehen konnte).

Selbst die Russen, die ansonsten wissen wollen, die tüchtigen Deutschen hätten sogar den Affen erfunden, waren nicht bereit, anderen und schon gar nicht den Deutschen das Auto-Erstgeburtsrecht zu überlassen. Ihr O. S. Kostowitsch, ein Luftschiffkonstrukteur, beanspruchte den Ruhm – vergebens – für sich.

Die Franzosen Édouard Delamane-Deboutteville und Léon Paul Charles Malandin seien mit ihrem Fahrzeug Break mit Viertaktbenzinmotor zwei Jahre vor Carl Benz fertig gewesen, hieß es aus Frankreich, als 1986 Mercedes mit einer ebenso protzigen wie mißlungenen Supershow die Weltpremiere des Autos feierte. Die zwei Franzosen hatten, was unstrittig ist, 1884 für ihr Gefährt das F-Patent No. 160 267 erteilt bekommen. Doch Pech für die Grande Nation:

Der notwendige Nachweis, daß ihr Wagen eine Ausfahrt »aus eigener Kraft« zu absolvieren imstande war, mißlang gründlich. Das Fahrzeug war schon beim Probelauf in der Werkstatt durch die Erschütterungen des schweren Doppelmotors zusammengebrochen. Daraufhin nahmen die Franzosen, vernünftig wie sie nun einmal sein können, von weiteren Versuchen, für einen Eintrag in die Annalen der Geschichte der Technik weiterzubasteln, lustlos Abstand.

Doch ihre späten Nachfahren waren entschlossen, die Geschichte umzuschreiben. Die Chambre Syndicale des Constructeurs d'Automobiles und der Automobile Club de France ließen 1984, als Mercedes in Untertürkheim seine Hundertjahrfeier mit seinem Alleinerfinderanspruch vorbereitete, den Break nach dem Patent von 1884 nachbauen. Sie erklärten ihre Uridee als vollendete Ingenieurkunst und kurzerhand ihre Landsleute zu »Vätern des Automobils«. Daß sie den etwas windigen Nachbau dann auch noch auf der Ausstellung »100 Ans d'Automobiles Françaises« 1984 in Paris präsentierten, war eher eine Verzweiflungstat. Die Historiker blieben unbeeindruckt.

Olaf von Fersen, der nicht im geringsten im Verdacht steht, ein teutonischer Chauvinist zu sein und seinen guten Namen für eine Geschichtsklitterung herzugeben, stellte 1986 in seinem Hauptwerk klar: »Der französische Break mag der erste vierrädrige Motorwagen der Welt gewesen sein, der erste brauchbare war er nicht. Einen solchen konstruierten erst Gottlieb Daimler und Wilhelm Maybach. Ausgehend von dem klobigen, etwa 1500 Kilogramm wiegenden Viertaktstationärmotor von Otto, war es Maybach gelungen, einen leichten Fahrzeugmotor zu konstruieren. 1885 probierte Maybach den ›Standuhr‹ genannten Motor in einem Zweirad aus, dem ersten Motorrad der Welt mit Verbrennungsmotor, 1886/87 in der Daimler-Motorkutsche. Damit war Maybach der eigentliche Schöpfer des leichten, schnelldrehenden und für Fahrzeuge am besten geeigneten Motors.«

Und Carl Benz habe, so von Fersen, mit seinem Patent-Motorwagen den »vorläufigen Endpunkt einer Entwicklungskette, zu der viele Personen mit zahlreichen Erfindungen beitrugen«, gesetzt. Weil es Carl Benz auch noch gelungen war, »Erkenntnisse und Bauteile zu einem funktionierenden Straßenfahrzeug zu vereinen«, spreche man von Benz zu Recht als »Erfinder des Autos«.

Drei Deutsche – Carl Benz, Gottlieb Daimler und Wilhelm Maybach – stünden denn auch mit vollem Recht in den Geschichtsbüchern, beendet von Fersen den Jahrhundertstreit: »Sie traten als Erfinder, Hersteller, Verkäufer und Lizenzgeber auf. Die Lizenzen vergaben sie gleich zu Beginn an Franzosen, die erst jetzt mit der eigenen ›Herstellung von Motorwagen‹ anfangen konnten.« Die Fahrzeuge der Deutschen Benz, Daimler und Maybach waren »funktionstüchtig und begründeten die Autoindustrie« (von Fersen).

Schließen wir jetzt unsere umfassende Suche zum Urheberrecht am Automobil endgültig ab mit der Wiedergabe eines Briefes, den 1933 Robert Bosch, mit seinen Erfindungen einer der größten Förderer des Autos, an Gottlieb Daimlers Sohn Paul schrieb, als wieder einmal die Frage »Wer hat das Auto erfunden?« in der Öffentlichkeit hitzig diskutiert wurde: »Es ist nun mehr oder weniger ein Streit um Worte, ob Gottlieb Daimler oder Carl Benz der Erfinder des Autos ist.« Für den Kenner Bosch war diskussionslos klar, daß Benz dazugehörte, Gottlieb Daimler und sein treuer Eckehard Wilhelm Maybach. Bosch argumentierte: Daß durch die Arbeit dieser drei »dem Automobil der Weg in seiner heutigen Gestalt gebahnt worden ist, kann gar keinem Zweifel unterliegen, und es kann einfach niemand bestreiten«.

Ehre, wem Ehre gebührt – dieser ausführliche historische Diskurs war notwendig, um die letzten Geheimnisse über die Urheber des Automobils zu lüften: Deutsche haben das Automobil erfunden.

Im Geburtsland des Automobils war, auch Jahre nach dem Start der ersten Motorwagen, auf den Straßen zwar noch nicht viel los, doch die Obrigkeit hatte im neuen Fahrzeug bald ein Feld ungehemmter Betätigung entdeckt. Für uns Autofahrer von heute ein ausreichender Trost, daß schon unsere Vor-Fahrer ungeteilte Fürsorge und Betreuung genossen. Der deutsche Beamte, klärt uns Stuttgarts lebenskluger Oberbürgermeister Manfred Rommel über dessen Innenleben auf, legt, wenn er einmal nichts zu tun hat, nicht einfach seine Füße auf den Tisch und ein Nickerchen ein, im Gegenteil: Er denkt sich eine neue Vorschrift aus.

So wundert es uns Heutige denn auch nicht, daß bereits am 15. April 1902 das Königreich Preußen die erste Polizeiverordnung »Über den Verkehr mit Kraftfahrzeugen« herausgab, die in Sachen Auto alles und jedes regelte. Paragraph 5 beispielsweise verlangte: »Jedes Kraftfahrzeug muß mit einer Hupe ausgestattet sein; die mit derselben zu gebenden Warnzeichen müssen deutlich vernehmbar sein, ohne durch überlautes oder grelles Geräusch das Publikum zu belästigen.«

Der Gebrauch der »Huppe« wird in bester deutscher Beamtenprosa vorgeschrieben: »Der Führer hat entgegenkommende, zu überholende, in der Fahrtrichtung stehende oder in der Fahrtrichtung kreuzende Menschen, insbesondere auch die Führer von Fuhrwerken, Reiter, Radfahrer, Treiber von Vieh und so weiter durch deutlich hörbares Signal auf das Nahen des Kraftwagens aufmerksam zu machen. Er hat ferner langsam zu fahren und zu halten, sofern dies zur Vermeidung von Unfällen erforderlich ist. In gleicher Weise ist Signal zu geben vor Straßenkreuzungen. Mit dem Signalgeben ist aber sofort aufzuhören, wenn Pferde oder andere Tiere dadurch unruhig oder scheu werden. Zweckloses oder belästigendes Signalgeben ist zu unterlassen.«

Im Königreich Württemberg, der Welt-Auto-Wiege, mußten »Wägen an einer ins Auge fallenden Stelle die Angabe des Namens und Wohnorts des Besitzers tragen«. Innerhalb von Ortschaften durften sie nur 12 km/h fahren, außerhalb höchstens 30 km/h. In Bayern durften die Radkränze der Triebräder nicht mit Unebenheiten versehen sein, »welche geeignet sind, die Fahrbahn zu beschädigen«. Bayerns Beamte warnten damals schon ihre »hirnlosen Raser« und ihre durchweg schwarz »lackierten Kampfhunde«: »Wettfahrten auf öffentlichen Wegen, Straßen und Plätzen sind verboten.« Wer gegen diese klaren Vorschriften verstieß, mußte 60 Mark Strafe zahlen oder »bis zu 14 Tagen« in den Knast.

Im Reich des Großherzogs von Baden durfte die Kreisstraße Nr. 214 bei St. Peter bis zum Gasthof zur Sonne im Oberglottertal mit einer Geschwindigkeit von Autos nur befahren werden, »welche 6 Kilometer in der Stunde nicht übersteigen«.

In der Freien und Hansestadt Hamburg wurden die Zulassungsnummern für die ersten Autos gegen »Bezahlung von 90 Pf« erteilt, vor und hinter den Nummern mußte »ein fünfstrahliger Stern« angebracht werden; die ersten Jahre des Automobils waren goldene Zeiten für Deutschlands Bürokraten und Bürgermeister. (Sie wußten nur noch nicht, wie sie als fortschrittliche Lokalpolitiker in ihre Ortschronik eingehen könnten: indem sie innerorts Tempo 30 verfügten und ihre Straßen mit Blumenkübeln schmückten und so die Autler zu Slalomfahrern ausbildeten.)

Als sich das 19. Jahrhundert anschickte, ins 20. zu fahren, konnte die erste Bilanz für die junge Erfindung gezogen werden – sie fiel vorzüglich aus.

Von Deutschland aus war die Motorisierung in Frankreich, Italien, England und Amerika ins Rollen gekommen. In allen Ländern war die Autoindustrie auf dem besten Weg, ein bedeutender Wirtschaftszweig zu werden. In Amerika würde bald sogar die Wohlfahrt des Landes gleichgesetzt werden mit der Wohlfahrt der Autoindustrie: »Was gut ist für General Motors, ist auch gut für Amerika – was gut ist für Amerika, ist gut für General Motors.«

Autofabriken brauchten viele flinke Hände und gaben bald Hunderttausenden Arbeit und Lohn. In ihrem Dunstkreis entstanden kleine Firmen als unerläßliche Zulieferer. Tüftler wie Bosch mit seinem Zünder vervollkommneten Benzens Idee.

Im nahöstlichen Sand warteten die armen Scheichs darauf, daß endlich der klebrige Brei unter ihren Wüsten als Schwarzes Gold entdeckt würde und sie dafür unglaublich viel Bares kassieren könnten (wobei allerdings erst einmal die neuen Ölmultis, internationale Erdölkonzerne, den großen Reibach machen würden).

Straßen und Brücken mußten fürs Auto gebaut werden, mehr Tankstellen als Sparkassenfilialen schossen aus dem Boden. An den Ausfahrten der Städte boten sich auf riesigen Plätzen gebrauchte Wagen den minderbemittelten, gleichwohl autogierigen Bürgern an. Dahinter ruhten, meist hinter hohen Drahtzäunen, die toten Autos auf eigenen Friedhöfen.

Das Auto war, betrachten wir die geschäftliche Seite der neuen Sache, ein Volltreffer – und die Deutschen hatten die Nase vorn. Ins

20. Jahrhundert starteten sie in der ersten Reihe, sie hielten – Kenner wird diese Feststellung entzücken – die Pole-Position.

»Deutschtümelei« mußte sich bereits das 1898 erschienene *Nachschlagewerk des Allgemeinen Wissens*, wie sich zu jener Zeit das *Meyersche Lexikon* nannte, von dem Historiker-Duo von Frankenberg/Matteucci vorwerfen lassen, weil die Lexikon-Redakteure auf die deutsche Ingenieurtat Auto so nationalstolz waren, daß sie »so viel wie möglich deutsche Wörter beim Auto verwendeten« – »Gasapparat« statt Motor zum Beispiel.

Allerdings gab es im eigenen Land auch Leute, die ihren kühlen Kopf behielten, wenn sie von den Erfolgen der neuen Motorwagen hörten. So zeigten sich Deutschlands Ingenieure, im Verband deutscher Ingenieure (VDI) organisiert, ziemlich unbeeindruckt. Das 1901 publizierte *Buch der Erfindungen*, erschienen im Verlag Otto Spamer in Leipzig, ignorierte das Automobil, den neuen Selbstfahrer, und befaßte sich nur mit seinem Herz, dem Motor. Die VDI-Auto-Autoren glaubten an die Verwendung des Motors für »einen Sport«, dem sie unter der Zwischenüberschrift »Die Maschine als Kraftspenderin« nur einen einzigen, dafür recht langen Satz widmeten: »Die Daimler-Gesellschaft in Cannstatt, welche die vorzüglichen Motoren des Ingenieurs G. Daimler seit Beginn der neunziger Jahre in zahllosen Exemplaren und immer neuen Verbesserungen für das In- und Ausland geliefert hat, darf wohl für Deutschland neben der Mannheimer Fabrik Benz & Co. als die Urheberin dieses Sports angesehen werden, der im Grunde längst aufgehört hat, ein Sport zu sein, und sich seit einigen Jahren den Landstraßen- und Lastverkehr mit derselben Energie zu erobern beginnt, mit welcher die elektrische Straßenbahn und der elektrische Omnibus das Pferd in den Städten verdrängt haben.«

»Fahrzeug ohne Pferde« hätten Zeitgenossen von Benz abfällig Motorwagen genannt, wie in *Geschichte · Schönheit · Technik – Deutsche Automobile* zu lesen ist, die, von Jonathan Wood herausgegeben und von Ferry Porsche mit einem Vorwort geziert, 1891 bei uns erschienen ist. Der hämische Vergleich werde »dem primitiven, aber bemerkenswert gut konzipierten Entwurf nicht gerecht. Man denke daran, Benz mußte von einer Skizze ausgehen und selbst ausarbeiten, wie der Motor eingebaut werden sollte und wie seine schwachen 0,9 PS übertragen werden sollten. Der plumpe Einzylindermotor, hinter einer Zweisitzer-Bank montiert, saß auf einem schwachen Chassis und hatte ein riesiges, waagerecht angebrachtes Schwungrad, um jeden gyroskopischen Effekt zu vermeiden. Der Zylinder trieb mit einem Lederriemen über das erstaunlich fortschrittliche Differential mit seiner Stufenscheibe und Kette die umfangreichen hinteren Speichenräder an. Abgesehen von dem klugen Differential, gibt es den wassergekühlten Motor mit elektrischer Zündung und mechanisch arbeitenden Einlaßventilen auch heute noch in unseren modernen Wagen«.

Schon dieser kurze Blick auf die Technik macht dem Autofreund Lust, mehr von der Ingenieurkunst der Autoerfinder Carl Benz, Gottlieb Daimler und Wilhelm Maybach zu hören; auch von Robert Bosch, der den Magnetzünder für Fahrzeugmotoren konstruierte und damit, so bedankte sich später Daimler, beim jungen Auto »das Problem der Probleme« löste. Rudolf Diesel muß erwähnt werden, Prinz Heinrich von Preußen, der den ersten Scheibenwischer bastelte. Gedacht werden muß auch des ideentüchtigen Felix Wankel, der mit seinem Kreiskolbenmotor dem klassischen Motor einen revolutionären Schub geben wollte und von dem rauhbeinigen Henry Ford II. abgekanzelt wurde: »Der Wankelmotor ist die Antwort auf eine Frage, die niemand gestellt hatte.« Wankel schloß reich, aber unglücklich sein Lebenswerk unvollendet ab. Dann kommen auch noch die großen Unbekannten – wer kennt schon Béla Barényi? Béla wer? Stellen wir den Bekanntesten unter den Unbekannten hier vor:

Béla Barényi, Geburtsjahr 1907, Österreicher von Geburt, erhielt 1939 im Mercedes-Werk in Sindelfingen bei Stuttgart, so erinnerte er sich 1992, »die einzigartige Aufgabe, gut 15 bis 20 Jahre vorauszudenken und mich erfinderisch mit der Verbesserung des Autos zu beschäftigen«. Die Ergebnisse seines Vorausdenkens wurden als »epochemachende Beiträge für die Sicherheitstechnik« am Auto gerühmt, wie treffend-sachlich das Stuttgarter Autofachblatt *mot* feststellte – Béla Barényi, einer der Multipatentbesitzer der deutschen Industrie, nahm mit seinem Zentralrohrrahmen und Boxermotor das Prinzip des von Ferdinand Porsche konstruierten Volkswagens vorweg, erdachte die Sicherheitslenkung mit verdeckter Nabe und den Stoßschutz für Heck und Bug undsoweiterundsofort.

Die unablässigen Verbesserungen am Auto bis zum heutigen Tag – und über diesen Tag hinaus – zeigen, daß die Arbeit am Auto nicht »als nunmehr abgeschlossen« betrachtet werden konnte, wie der Reporter nach Benzens erster Ausfahrt mit seinem Patent-Motorwagen am 3. Juli 1886 vorschnell gemeldet hatte. Jetzt startete die Entwicklung am Automobil erst durch, Benzens Motorwagen steckte, automobiltechnisch gesehen, noch in den Kinderschuhen.

Benz hatte zunächst seinen Motor ja nur in ein Dreirad gezwängt und seinen Motorwagen als Einheit von Motor und Wagen gesehen; und die skeptischen Behörden hatten den Entfernungsradius des dreirädrigen Gefährts begrenzt. Erst als seine erste richtige Fahrt auf der Ringstraße gelungen war, wurde ihm am 1. August 1888 die Fahrerlaubnis »bis auf Weiteres« auch für die Gemarkungen Mannheim, Sandhofen, Käfertal, Feudenheim, Ilvesheim, Schriesheim, Ladenburg und Neckarau »unter dem ausdrücklichen Hinweis erteilt«, daß er »für allen Schaden, der durch den Gebrauch des Motorwagens für andere entsteht, verantwortlich ist«. Auch sein erster vierrädriger Wagen, 1893 als Viktoria vorgestellt, sah formal noch wie ein »Fahrzeug ohne Pferd« aus.

Daimler und Maybach, diese Autozwillinge vom mittleren Neckar, setzten dagegen sofort auf vier Räder. Da sie auf diesem Gebiet keine Erfahrungen besaßen, ließen sie Stahlrahmen und Räder von einer Strickmaschinenfabrik in Neckarsulm anfertigen (die ab 1892 als NSU firmierte und später selbst als Revolutionär des Autobaus zu Ruhm gelangte). In diesen so entstandenen Stahlradwagen bauten sie den mehrzylindrigen Verbrennungsmotor V2 und zugleich das Zahnradwechselgetriebe ein, das aus gerade verzahnten Zahnräderpaaren mit vier Gängen bestand, die über zwei Verstellhebel eingelegt werden konnten.

Die ersten Autos der Welt sind in den Museen und auch im Daimler-Autotempel in Untertürkheim vielbestaunte Kostbarkeiten der Technik – und beweisen, daß der Autobau in seinen Anfangsjahren eher etwas für Bastler mit feingliedrigen Juwelierfingern gewesen ist. Benzens Patent-Motorwagen aus dem Jahre 1886 mit seinem liegenden Motor und dem zierlichen Stahlrohrrahmen bescheinigen selbst Kunstkritiker heute noch »eine kaum zu übertreffende Eleganz«. Sein graziles Dreirädchen mit einem Zylinder, 984 ccm und 0,9 PS stiftete Benz bereits 1906 dem Deutschen Museum in München. In Daimlers Walhalla in Untertürkheim steht Daimlers Motorkutsche aus dem Modelljahr 1887, auch sie besitzt einen Zylinder, 462 ccm und 1 PS – und 4 Räder, mit denen Daimler-Benzens Dreirad übertraf.

Für Frankreich hatten 1898 die Franzosen Panhard und Levassor die berühmt gewordene Lizenz für den Nachbau von Daimler-Motoren erworben und damit auf Anhieb ein höchst profitables Geschäft gemacht. Denn umgehend hängte sich an ihre frische Lizenz ihr Landsmann Peugeot, der sich ebenfalls im Autobauen versuchte. Für die Autoren des Standardwerks *Ein Jahrhundert Automobiltechnik* steht einwandfrei fest: »Der Beginn der französischen Autoindustrie geht somit auf Maybachs Stahlradwagen zurück.«

Und die Franzosen machten das Beste aus der deutschen Erlaubnis, ihre Wagenkonstruktionen mit Daimler-Motoren auszustatten. So haben sie, anders als die Deutschen, längs eingebaut, das heißt, die Kurbelwellen wurden quer oder um 90 Grad versetzt zur Fahrzeuglängsachse angeordnet. Mit diesem Kniff konnten die Ingenieure ihre Mehrzylindermotoren leichter unterbringen. Faires deutsches Urteil: »Auf diese Weise hatten die Franzosen einen technischen Vorsprung erzielt, den sie in den nächsten Jahren ausbauten.« Mit ihrer technischen Raffinesse gewannen sie jetzt auch große Rennen, obwohl sie immer noch Daimler-Motoren verwendeten. Wilhelm Maybach gestand zähneknirschend, den Antrieb von Panhard und Levassor halte er für »den besten«.

Carl Benz mußte verschmerzen, daß er in den nächsten Jahren nicht immer richtig lag. Entscheidende Leistungen anderer Erfinder erkannte er manchmal überhaupt nicht an. Als 1896 etwa die ersten Reifen des Franzosen Michelin aufkamen, lehnte Benz sie ab, der als so engstirnig-konservativ beschrieben wurde, daß er sich »nur an seine eigenen Ideale gebunden« gefühlt habe. Der um die Jahrhundertwende aufkommenden Forderung von Freunden und Kunden, seine Motorwagen sollten schneller werden, was technisch leicht zu bewerkstelligen gewesen wäre, habe er »offen feindlich gegenübergestanden«, wie Zeitgenossen überlieferten. Er habe »eigensinnig überholte Modelle weiter« in seinem Angebotsprogramm und »unbeirrt an seinem hinten angebrachten horizontalen Zweizylinder-Boxermotor festgehalten, als längst Vierzylinderreihen in Mode waren«, kritisiert Jonathan Wood.

Und so kam auch bald die Strafe für Unternehmer, die den Markt mißachteten: 1902 trat, als Folge schwerer Fehlentscheidungen des Fabrikanten Carl Benz, die große Krise ein, und der stolze Benz mußte eine schwere Demütigung hinnehmen, um sein Lebenswerk vor der totalen Zerstörung und dem Verschwinden zu bewahren: Ein französisches Ingenieurteam unter dem Konstrukteur Marius Barbarou mußte zur Rettung an den Rhein gebeten werden. Neue Modelle entstanden mit der Bezeichnung Benz Parzival. Doch als ein enger Mitarbeiter von Benz den schmucken Parzival als das »alleinige Werk des Ingenieurs Barbarou« lobte, war es mit Benzens Stolz vorbei.

Im April 1903 verließ der aufbrausende Fabrikherr sein eigenes Mannheimer Werk. Er wurde zum Aufsichtsratsvorsitzenden degradiert und Hauptheld einer blamablen Provinzposse: 1906 gründete Carl Benz mit seinen Söhnen Eugen und Richard, den Mitfahrern der ersten Fernfahrt ihrer Mutter Bertha am 3. August 1888, in Ladenburg bei Mannheim als Konkurrenz eine neue Autofabrik, die C. Benz Söhne OHG. Der Firma gelangen zwar noch einige gute Würfe, allerdings nicht der Durchbruch zu einem anerkannten Unternehmen. Im Ersten Weltkrieg mußte die Produktion sogar ganz eingestellt werden, und 1925 verschwand die Autofabrik Benz & Söhne.

Doch das Schlimmste stand dem von sich und seinem Können überzeugten Benz noch bevor. Im Frühsommer 1926 mußte seine alte Benz-Gesellschaft in Mannheim (aus der er, schwer überschuldet, längst herausgedrängt worden war) mit seinem ärgsten Widersacher, der Firma Daimler in Bad Cannstatt, fusionieren, um zu überleben. In dem neuen Unternehmen durfte der Konkurrent sogar seinen Namen voranstellen: Daimler-Benz, Sitz in Stuttgart. Als Benz am 5. April 1929 84jährig in Ladenburg starb, stiftete ihm seine Heimatstadt Mannheim nur eine Gedenktafel. Daß seine Ruhmestat, das

Automobil erfunden zu haben, spaltenlang die Geschichtsbücher in der Welt füllt, dürfte der Ehre genug sein.

An seinem Lebensabend hatte Carl Benz, als selbständiger Unternehmer gescheitert, stolz eine persönliche Bilanz gezogen: »Mehr als ein ganzes Jahrzehnt waren Daimler und ich die einzigen, die sich abmühten, den deutschen Heimatboden auch zum wirtschaftlichen Wurzelboden der neuen (Auto-)Industrie zu machen.« Unter dem Strich blieb für Benz ein Aktivsaldo: »... insbesondere [ein] rascher Aufschwung des Kraftwagenbaues zum hervorragendsten Zweig unserer gesamten Maschinenindustrie.«

Daß Benz auf seine Leistung nicht ganz so stolz sein durfte und er seine Bilanz nach fragwürdiger Kaufmannsart geschönt hatte, will indes der Automobilhistoriker Gerhard Schulz-Wittuhn wissen: »Auch das Leben dieses Mannes endete in Einsamkeit und Bitternis oder mindestens in Resignation und in der Erkenntnis, daß jede große Erfindung ein Dämon ist, der seinen eigenen Erfinder frißt. Dieser Dämon heißt: Fortschritt.«

Der Name Benz – und der Name Daimler – blieben wenigstens im neuen Firmennamen Daimler-Benz erhalten. Anderen Autobauern war das Schicksal ungleich weniger hold. Ihre Namen verschwanden so spurlos, als seien ihre Autos nie auf Erden gerollt. Allein von 1929 bis 1932, in den Jahren der weltweiten Wirtschaftskrise, ging im damals großen Deutschen Reich die Zahl der selbständigen Autoproduzenten von 64 auf 26 zurück (heute, in der Bundesrepublik Deutschland, existieren nur noch sieben: Mercedes-Benz, Volkswagen, BMW, Audi, Opel, Ford und Porsche). Betriebsschließungen, Konkurse und – manchmal rettende – Fusionen in letzter Minute mit dem Konkurrenten wurden charakteristisch für den gnadenlosen Wettbewerb im jungen Wirtschaftszweig Auto. Keine andere Branche wird, seit sie entstand, stärker gebeutelt.

1900, als Daimler gestorben war, sah es nicht danach aus, als müsse die Erfolgsgeschichte des Autos in seinem Heimatland dringend geschrieben werden. 1898 hatten es die Deutschen auf 844 gebaute Autos gebracht, die Engländer nur auf 682, die Franzosen aber auf 1631. 1900 hatten die Franzosen erstmals die Schallmauer mit

10039 Autos durchbrochen, die Engländer lagen mit 2481 auf Platz zwei, die Deutschen mit 2312 auf Rang drei. 1906 hatten die Amerikaner – seit 1903, dank Henry Ford und seines Fließbands, im Geschäft – in der Produktion die Spitze mit 58000 Wagen besetzt, gefolgt von Frankreich (55000) und England (22000); schlappe 12000 hatten die Deutschen geschafft. 1906 wurde für die amerikanischen Autobauer ein historisches Jahr: Mit ihren Riesenstückzahlen avancierten sie für lange Jahrzehnte zum Rekordhalter.

In Deutschland waren die Pioniere Benz und Daimler schon seit der Jahrhundertwende nicht mehr die einzigen Autohersteller. In Rüsselsheim war die Opel-Familie, die mit Nähmaschinen angefangen und dann, mit der Zeit gehend, die ersten Fahrräder gebaut hatte – mit einer Produktion von 4000 im Jahr war sie eine Zeitlang sogar der größte Fahrradhersteller der Welt gewesen –, unter die Autobauer gegangen. Vater Opels 5 stramme Söhne hatten sich auf ein Riesenrad mit 5 Sitzen hintereinander gesetzt und selbst Reklame gefahren: »Opel – eine feine Marke!«

Da sie ahnten, ihren Radlerkunden würde das kräftezehrende Strampeln auf die Dauer doch in die Waden fahren, hatten sie im fernen Dessau einen Ingenieur mit Namen Friedrich Lutzmann aufgetan. Dieser hatte so ein autoähnliches Ding wie die berühmten Herren Benz und Daimler im Südwesten des Reiches konstruiert und machte damit dem Vernehmen nach gute Geschäfte. Obwohl der alte Opel nur eine verächtlich wegwerfende Handgeste für den »Stinkkarren für Reiche« übrig hatte, wenn seine Jungs vom Automobil schwärmten, erkannten die Söhne, wie heute die Historiker in Rüsselsheim loben, sogleich »das Potential dieses neuen Fortbewegungsmittels und dessen wirtschaftliche Möglichkeiten«. Lutzmann hatte in seinem Dessauer Schuppen mit Hilfe eines geschickten Drehers aus dem Böhmischen ein Autochen gebaut – Einzylindermotor, Gangwechsel über einen Hebel an der Lenksäule.

Die jungen Herren Opel waren begeistert, kauften den Bastler aus Dessau – und der Name Opel war geboren. Ein Markenzeichen für ihre Opel-Autos brauchten sie nicht erst zu schöpfen, es zierte ihre Nähmaschinen schon seit 1862: der Blitz im Opel-Rund. Schon im Jahre 1900 waren die ersten Opel montiert, ein Name wurde Marke und berühmt. (Viel später, nach dem Zweiten Weltkrieg, beherrschte der Name Opel aufs neue die Schlagzeilen: Gunter Sachs, Sohn einer Opel-Erbin, heiratete BB, Brigitte Bardot, Sexsymbol und die »Marianne« in allen Bürgermeisterämtern der Grande Nation – selbst *Der Spiegel* war von dieser deutschen Mannestat nach dem verlorenen Krieg so begeistert, daß er sich stolz an die nationale Brust schlug: »Wir sind wieder wer!«)

1904 siedelte sich bei den fleißigen Sachsen in Zwickau ein Mann an, der aus der deutschen Autotechnik nicht wegzudenken ist und als Gründer der heutigen Erfolgsmarke Audi zu gelten hat: August Horch. Horch war 1868 in Winningen an der Mosel geboren und leitete ab 1896 die Motorenabteilung in der Mannheimer Benz-Firma, der damals größten Automobilfabrik der Welt. Nachdem ihm Ende 1899 ein vermögender rheinischer Tuchhändler einen namhaften Betrag aufgedrängt hatte, hatte Horch im schlesischen Reichenbach in einem Fabrikchen zuerst ein 5/10 PS schwaches Wägelchen gebastelt, dann aber 1902, in höchster Not, neue Geldgeber für eine größere Fabrik gefunden und mutig rangeklotzt: Sein 2,5-Liter-Zweizylindermotor steckte in einem großen Auto, das bereits 1903 auf einer Ausstellung in London für höchstes Aufsehen sorgte – KRUPKAR, in England die Großkalesche, benannt nach Krupp in Essen, wohl weil der deutsche Kanonenkönig auf der Insel besser bekannt war als August Horch aus Reichenbach. In Zwickau legte er richtig los. 1907 kam sein Sechszylindermodell mit einem 8-Liter-Motor heraus.

Doch auch er bekam, wie Kollege Benz in seiner Firma in Mannheim und Daimler in Bad Cannstatt, bald Krach mit seinen Mitarbeitern, verließ die Horch-Werke und fing aus Trotz von vorn an: AUDI hießen fortan seine Produkte; Horch hatte seinen Namen einfach latinisiert. Seine Audis erwiesen sich als Erfolgsrenner, während seine alten Horch-Werke, denen er wütend den Rücken gekehrt hatte, ins Stottern gerieten. Horchs Marke Audi erlebte später auch nicht immer rosige Zeiten, war eine Zeitlang sogar faktisch tot und erfuhr dann, wir werden es noch berichten, eine Wiedergeburt mit langanhaltender Fortune.

Bis August 1914, als die Deutschen zum erstenmal in diesem Jahrhundert einen Weltkrieg vom Zaun brachen, wurde in Deutschland (und überall in Europa) fleißig am Auto gearbeitet, es wurde verbessert und Neues erfunden. Alle Verbesserungen konnten jedoch, berichten Kundige, »erst auf den zweiten Blick erkannt werden«.

Üblich wurde beispielsweise die vorteilhafte Blockbauweise, also die Vereinigung von Motor und Getriebe, damit die Herstellung leichter, übersichtlicher und billiger werden konnte, wenn das Automobil nicht nur eine seltene Angelegenheit für ein paar Reiche und Snobs werden sollte. Blattgefederte Starrachsen vorn und hinten wurden technischer Standard.

Ein besonders ärgerliches Problem war die Reifenpanne gewesen, für Jahrzehnte sozusagen die Achillesferse des jungen Automobils. Wegen der miesen Straßen zu jener Zeit und der vielen herumliegenden – oder aus Bosheit ausgestreuten – Hufeisennägel waren Pannen alle 100 Kilometer zwar ein Grund zu kochender Wut der Herren am Volant, technisch gesehen aber nicht die mindeste Überraschung: Reifen hielten bestenfalls 10 000 Kilometer, weil sich ihr Leinen- oder Baumwollgewebe an den vielen Berührungspunkten schnell durchscheuerte. Um 1906/07 war Fritz Hofmann der synthetische Kautschuk geglückt. J. P. Palmer nahm die chemische Sache in die Hand und spann ein Cord-Gewebe: Gezwirnte Fäden wurden jetzt nebeneinander angeordnet und durch Gummierung zusammengehalten. Da sich zudem die Reibungspunkte verringerten, erhöhte sich die Lebensdauer der Pneus. Abnehmbare Felgen wurden in Frankreich, England und dann auch in Deutschland konstruiert, die die Behebung von Reifenpannen auf den Schlaglochstraßen so erleichterten, daß auch die ersten Damen am Steuer sie durchführen konnten.

Und dann kam Robert Bosch, der 1861 in Ulm geborene Schwabe. In Stuttgart – Daimlers Motorenbau in Bad Cannstatt lag sozusagen um die Ecke – machte der Tüftler (der sich später auch als fortschrittlicher Sozialpolitiker hervortat und bereits 1906 den 8-Stunden-Tag in seinen Fabriken einführte, der erst 1918 in Deutschland Arbeitgeberpflicht wurde) seine »Werkstätte für Feinmechanik und Elektrotechnik, Robert Bosch« auf.

1887, nur ein Jahr nach Benzens Debüt mit dem Patent-Motorwagen, war Boschs Magnetzünder einbaubereit, konstruiert nach dem Prinzip eines Zündapparats der Gasmotorenfabrik Deutz bei Köln.

1900, pünktlich zum Start ins 20. Jahrhundert – das »Jahrhundert des Automobils«, das bei den Deutschen auch »hundert Jahre Leidenschaft« fürs Auto auslösen sollte –, war Robert Bosch, zeitgleich mit dem Engländer Frederic Richard Simms, mit seinem Magnetzünder für das Auto da. »Ein neues Kapitel in der Motorentechnik« konnte beginnen, markieren die Historiker Richard von Frankenberg und Marco Matteucci die Erfindertat des Robert Bosch. Wieder kam ein neuer, mächtiger Schub in die Sache Auto, den es festzuhalten gilt.

Überall wurde erfunden, überall wurden neue Materialien gebraut, überall neue Konstruktionen erdacht. Überall im deutschen Land und in der ganzen bekannten Welt, vor allem aber in Amerika, war das Hämmern und Werken so laut, daß es niemand überhören konnte: Jetzt kam das Automobil groß in Fahrt.

Damals muß für autointeressierte Reporter eine wunderbare Zeit und das ansonsten mühselige Recherchieren von Neuigkeiten eine wahre Freude gewesen sein. Die Sensationen, nach denen die Leser gierten, lagen auf der Straße, wie noch heute ein schneller Blick zeigt:

1892 offerierte die Bergische Stahlindustrie in Remscheid den Autoherstellern spezielle Baustähle. 1895 bot die Westfälische Metallindustrie, heute als Hella KG, Hueck & Co., Lippstadt, firmierend und noch führend im schwierigen Geschäft mit Autozubehör, wichtige Teile für die Beleuchtung des Autos, weil das Nachtfahren in Mode gekommen war. Der Apparatebau Fischer lieferte Armaturen und die Continental Caoutchouc- und Gutta-Percha-Compagnie – der heutige Reifenriese Continental in Hannover – schon Luftreifen. Wie vielfältig die junge Autoindustrie um die Jahrhundertwende bereits aussah, ist pingelig genau in die Geschichtsbücher eingetragen: Vor der Wende gab es 55 und bis 1906 155 Firmen für Kurbelwellen, Kolbenbolzen, Chassis-Teile, Kugellager und Zündeinrichtungen.

Die Autoproduktion wurde jetzt industriell organisiert. Vorratslager waren üblich und notwendig geworden, vom Bremshebel bis zu Rädern war in den Fabriken selbst fast alles jederzeit abrufbereit.

Die Engländer hatten es erdacht, die Amerikaner realisiert: Werkzeuge und Teile wurden genormt. Der US-Hersteller Cadillac bewies schon damals das amerikanische Talent für Effekte. Drei verschiedene Automobile wurden 1908 demontiert, die vielen Teile untereinander getauscht und wieder zusammengesetzt – das verwegene Experiment gelang: Alles paßte. Und, *the show must go on*: 500 Meilen wurden diese Wagen auf der Rennstrecke von Brooklands gedroschen – und liefen ohne jede Störung. Das deutsche Standardwerk *Ein Jahrhundert Automobiltechnik* geizt nicht mit Anerkennung: »Das amerikanische Auto hatte sich von der primitiven Technik der Frühzeit gelöst und seine Leistungsfähigkeit bewiesen.« Und es sollte nicht mehr lange dauern, bis einem Amerikaner eine wirkliche Revolution gelang, ohne die die deutsche Erfindung des Autos kein Welthit geworden wäre (und es das diffamierende Schlagwort »Massenmotorisierung« nicht geben würde).

Henry Ford setzte 1931 sein Fließband in Gang. Höhere Produktionszahlen waren die erwartete Folge und die Senkung der Herstellungskosten die erfreuliche Konsequenz. Denn das Volk von Amerika, immer noch mehr Tellerwäscher als Millionäre, verlangte nach dem Automobil. 1909/10 hatte Ford noch in traditioneller Handarbeit zusammengeschraubt, aber 10 Jahre später rollten von seinem Fließband bereits 996 660 Autos. Und der Ladenpreis fiel – von 950 auf 440 Dollar.

Henry Ford aus Greenfield in Michigan, wo er später in Detroit Amerikas Autoindustrie zentral ansiedelte, war wohl ein Tüftlertyp wie der Deutsche Carl Benz. Als Junge hatte Henry geträumt, Uhren, damals etwas sensationell Neues, in großen Serien zu bauen. Als er für sein Auto das Fließband rund um die Uhr laufen ließ, verlangte Ford – dessen Ruf als Erzvater des Kapitalismus haltbarer denn sein Image als fortschrittlicher Autobauer ist –, seine Arbeiter am Fließband sollten nicht Sklaven an der Kette werden, sondern vom endlosen Band »richtigen Gebrauch« machen und »genau Bescheid« wissen, denn sonst »werden wir keine Zeit haben, um uns an Bäumen und Vögeln, Blumen und grünen Feldern zu erfreuen«. Seine Devise als Fabrikant war trotzdem knallhart formuliert: »Die Industrie ist dazu da, Gegenstände herzustellen, die das Volk braucht.«

Anders als etwa die Firma Porsche, die dem Kunden seit eh und je jeden Wunsch erfüllt, wenn er nur dafür zahlt, war der alte Ford für derlei Schnickschnack nicht zu haben. Unerschütterlich baute er seine Tin Lizzy, seine Blech-Liesel, nur in Schwarz – 15 007 033 Stück bis zum Jahre 1927, ein lange Zeit einsamer Weltrekord. Henry Ford jedenfalls, die Historiker sind sich da einig, habe »das Auto demokratisiert«, während es in Deutschland zu dieser Zeit immer noch eine Angelegenheit für Betuchte war.

Die Autler, wie sich damals sportliche Männer und mutige Frauen am Volant nannten, demonstrierten schon durch ihre Mode, daß sie sich nicht per pedes bewegten, sondern meist in Cabrios über die ungepflasterten und rüttelstreckenartigen Straßen rasten, lange Staubfahnen und tote Hühner hinter sich lassend. In lange Staubmäntel gehüllt, peilten sie ihr Fahrziel verwegen durch die gewaltigen Fahrerbrillen an, die oft in Gesichtsmasken eingebaut waren. Besonders chic für Autofahrerinnen, die beim Bewegen des unhandlichen Lenkrads wahre Männerkräfte beweisen mußten, waren niedliche Gesichtsschleier mit kleinen Löchern, die ihnen das Aussehen von rasenden Haremsdamen verliehen.

Technisch gesehen war in jenen Jahren den Konstrukteuren und Herstellern einiges von Bedeutung gelungen. Der Motor war vom Heck nach vorne verlagert worden, wodurch der Motorwagen seine heutige charakteristische Form erhielt. Die Wasserkühlung kam auf, die Lenkung war nicht mehr eine senkrechte Säule mit einem Hebel, sondern ein Lenkrad mit einer Neigung vom Fahrer zum Motor hin. Bis dahin klagten die strapazierten Autler über eine typische Verletzungsart: Zerrungen an den Handgelenken und gebrochene Mittelhandknochen, weil der Fahrer seinen Motor nur anlassen konnte, indem er durch die Speichen zum Motor langte.

Nunmehr konnte der vorn liegende Motor mit einer Handkurbel gestartet werden.

Autorennen, stets große Spektakel, brachten das junge Fahrzeug in die Schlagzeilen und ins geschäftsnotwendige Gespräch, während die Tüftler und Konstrukteure im Land still am Fortschritt arbeiteten. So soll hier auf einige Rennereignisse von Rang zurückgeblickt werden, um auch aus der Sicht des wichtigen Motorsports unser Thema »Hundert Jahre deutsche Leidenschaft« fürs Auto zu variieren:

Die Autler, männliche und weibliche Herrenfahrer, ebenso Vereinsmeier wie Taubenzüchter und Sangesbrüder, hatten sich bereits vor der Jahrhundertwende organisiert und am 31. Juli 1899 in der Reichshauptstadt Berlin im Deutschen Automobilclub vereint, dem späteren Kaiserlichen Automobilclub, dem Ihre Kaiserliche Hoheit, die Großherzogin Anastasia von Mecklenburg-Schwerin, ihre Huld schenkte. Zweck des Clubs war jedoch nicht, wie heute notwendig, die energische Vertretung der Interessen der oft nicht beliebten Autofahrer, sondern der modern werdende Motorsport, bei dem die Deutschen bald den Ton angaben.

Als das Jahr 1899 zu Ende gegangen war, hatten sich im Deutschen Reich zwölf regionale Kaiserliche Automobilclubs etabliert – der Segen ihres Allerhöchsten Herrschers war ihnen ja gewiß: Wilhelm II. hatte, wie wir wissen, seine erste Autofahrt mit »Ich bin entzückt« absolviert und galt, mit Benzin in seinem blauen Blut, als des Reiches höchster Autonarr.

Noch im selben Jahr, am 3. September, hatte in Berlin für drei Wochen die erste »Internationale Motorwagen-Ausstellung« ihre Tore geöffnet. Der Kaiser, Lenker des Reiches, hatte als Bleibe für die Schau das Exerzierhaus seines »Zweiten Grenadierregiments zu Fuß« in der Karlstraße 24 ausgewählt. 120 Aussteller präsentierten sich und ihre Produkte; nach den Deutschen waren die Franzosen mit 13 Ständen am stärksten vertreten. Hunderttausend Besucher zahlten Eintritt und zollten Beifall. Und in Berlin wurde die erste Automobil-Fahrschule eröffnet. Die Deutschen drängten zum Auto.

Das als »Fernfahrt« deklarierte Rennen Aachen-Koblenz am 14. März 1899 gilt heute als »die erste international ausgeschriebene Konkurrenz in Deutschland«. Zugelassen waren »alle Fahrzeuge, welche ihre Energie zur Ortsveränderung in sich tragen und von einem geübten Sachkundigen geleitet werden«. In jenen Tagen behauptete noch kein Autohersteller, wie einige Jahrzehnte später, die mörderischen Rasereien dienten der unerläßlichen Erprobung des Fahrzeugs in der rauhen Praxis. Damals waren sie nur Sport und Freude am

Fahren. So kassierten die durchgeschüttelten Helden am Volant denn auch keine Geldpreise in vielstelliger Höhe, sondern kleine Medaillen aus Gold erfreuten die Gewinner, und die Hinterherfahrer wurden auch noch mit Silbermünzen geehrt. In dieser guten alten Zeit des Motorsports galt die heutige Parole »Lieber tot als zweiter!« noch nicht, Dabeisein und Ankommen war alles. Was freilich nicht nur eine Sache der Zuverlässigkeit der Rennwagen war, wie vom Rennen Mainz-Bingen-Koblenz-Mainz im Juli 1899, das in keiner Chronik des Motorsports fehlen darf, bekannt ist:

Das Fahrerduo Tochtermann/Pleyer auf einem Gladiator wurde von der Polizei angehalten und »wegen Schnellfahrens« eingesperrt. Anderthalb Stunden mußten sie, die ersten »hirnlosen Raser« mit ihrem »lackierten Kampfhund«, brummen; ihr Wagen wurde als *corpus delicti* beschlagnahmt, die zwei Rennfahrer mußten mit der Eisenbahn zum Startplatz zurückreisen »und wurden disqualifiziert«, vermerkte das Protokoll.

Die Franzosen, ebenso tüchtig wie nationalbewußt, hatten in jenen frühen Tagen des PS-Sports schon eine Ausschreibungsmethode ersonnen, die sicherstellte, daß bei Rennen in ihrem Land keine Ausländer als Sieger geehrt werden konnten. Alle Fahrzeuge, die am Rennen teilnehmen wollten, mußten auch in dem Land konstruiert worden sein, dessen Farben der Rennfahrer vertrat. Auch mußten die Reifen und alles Zubehör aus diesem Land stammen, denn an der Seine waren die Autobauer nationalistischer als ihre Kollegen an Neckar und Main – »Fahnenträger des Vaterlandes« sollten Frankreichs Rennfahrer sein. Die Franzosen, sehen wir hier belegt, brachten das Nationalgefühl in die Rennen, bei denen doch nur die Besten siegen sollten, gleichgültig, in welchem Land sie auf die Welt gekommen waren.

Der schon damals prompt vorgebrachte Vorwurf des Chauvinismus ließ die Urheber des übersteigerten und blinden Patriotismus, der die Rechte anderer Nationen nicht mehr gelten läßt, kalt, denn er stammt von der Leidenschaft des Soldaten Nicolas Chauvin, der für seinen Kaiser Napoleon alles tat, weil es ja um die Ehre der Grande Nation ging. Das Autospektakel von 1900 in Paris liefert das Schlüsselerlebnis:

Der in Paris lebende Sohn des Besitzers der *New York Times*, James Gordon Bennett, hatte einen Wettbewerb verlangt, weil sein Landsmann Winton, der sich als Autokonstrukteur und Rennfahrer versuchte, öffentlich behauptet hatte, amerikanische Autos seien die besten der Welt, während der Franzose Charron fest und französisch dabei blieb, die besten kämen, natürlich, aus Frankreich. Die hochwichtige Frage beherrschte wochenlang die Zeitungen beider Länder, bis klar wurde, nur ein fairer Kampf französischer gegen amerikanische Automobile könnte die Wahrheit an den Tag bringen. Die Franzosen wollten mit ihrer oben erwähnten listigen Klausel die Yankees übers Ohr hauen und sie schon vor dem Start zu Verlierern erklären. Doch Bennett, der reiche Zeitungsverleger, bewies die Macht der Presse und mobilisierte die Automobilclubs in fast allen Ländern Europas. Frankreich durfte das entscheidende Rennen nicht nach französischen Regeln durchführen, sondern es mußte nach internationalen Regeln gestartet werden. Auch 3 deutsche Wagen, zwei Benz und ein Dürkopp, beteiligten sich. Zum erstenmal wurden für Rennautos Nationalfarben bestimmt: Blau für Frankreich, Weiß für die Deutschen.

Das in die Geschichte des Autos als Spitze nationaler Leidenschaft in der Alten wie in der Neuen Welt eingegangene Gordon-Bennett-Rennen ging über die 556 Kilometer lange Distanz Paris-Chartres-Orléans-Nevers-Lyon und verlief hochdramatisch. Wesentlich dramatischer als später alle Rennen, die sich Grand Prix nennen und die heutige Krone des Motorsports sind.

Die Etappe nach Orléans erreichte als erster ein Fahrer, der offiziell gar nicht gemeldet war. Winton, das Großmaul und Amerikas Hoffnung, fiel schnell aus. Drei Franzosen, de Knyff, Girardot und Charron, rasten dem Feld davon, bis sich ihnen in einer Ortsdurchfahrt ein Rudel Hunde, das sich entweder über den Knochen nicht einigen oder den Rennlärm nicht vertragen konnte, wütend vor die Räder warf, Vollbremsungen erzwang und mächtigen Blechschaden verursachte. Fünf Hunde hatte der ehrgeizige Charron schon unter seine Pneus gebracht, da sprang ihm ein riesiger Bernhardiner, ansonsten Angehöriger einer gutmütigen Rasse, ins Auto und demolierte das Lenkrad. Charrons Panhard drehte sich zweimal um die eigene Achse. Sein Mechaniker Fournier reagierte blitzschnell und brachte das Gefährt wieder in die Gerade. Charron brauste in Richtung Lyon, das er mit einem überdurchschnittlichen Speed von 61,8 km/h erreichte. Sieger: Frankreichs Automobile. Jetzt auch die besten der Welt?

Und die Deutschen? 1901 hatte ein Mercedes, der einem Baron Rothschild gehörte, beim Rennen Nizza-Salon-Nizza über 414 Kilometer überzeugend gewonnen. Fahrer war der Monteur Christian Werner aus Bad Cannstatt. Und dann ging es Schlag auf Schlag: Fortan siegte Werner für Deutschland. Auf der Promenade des Anglais in Nizza am 28. März 1901 fuhr Werner die beste Zeit, auch wurde er Sieger des La-Turbie-Bergrennens. Für den deutschen Seriensieger Werner begann damit die große Karriere. »Oberwagenführer« des Kaisers in Berlin durfte er sich bald nennen. Seine Erfolgsstrecke ließ die Gesichter der stolzen französischen Autobauer und Rennfahrer vor Neid gelb werden, dennoch gaben sie, sportlich fair genug, zu: Die Ära Mercedes hat begonnen.

Bis Kaiser Wilhelm II. befand, seine Deutschen hätten lange genug auf den europäischen Rennstrecken gesiegt und sollten nun die Welt erobern. »Gott mit uns!« rief er seinen Soldaten hinterher und ließ sie stürmen und sterben in West und Süd und Ost, in verschlammten Schützengräben, absaufenden U-Booten und brennenden Flugzeugen. Das Automobil, die bedeutendste Erfindung des angebrochenen 20. Jahrhunderts, spielte im großen Krieg keine Rolle.

Und was machte der Kaiser, der das Desaster zu verantworten hatte? Er flüchtete nach Holland und blieb ein Autonarr, wie er sich stets selbst auch genannt hatte. Und seine geschlagenen Deutschen? Von seinen Deutschen trennte er sich, von seinen geliebten Autos nicht. Seine verlassenen Untertanen fanden nichts dabei, daß er sich mit einer langen Autokolonne voll ergebener Hofschranzen zu seinem Exil Schloß Doorn aufmachte, mit Mobiliar und Tafelsilber und 69 063 535 Goldmark im Gepäck. Nur die hanseatisch-republikanischen Hamburger weigerten sich, einen seiner Wagen herauszugeben. Sie spritzten ihn von Elfenbein auf Schwarz um. Selbst im Exil blieb der Ex-Monarch der Marke aus Untertürkheim treu, doch, so wissen wir von dem Historiker Paul Simsa, »half Mercedes bei den Anschaffungen mit Rabatten nach«. Fest davon überzeugt, auf den Thron seiner Väter zurückzukehren, dekretierte er, bei seiner Rückkehr sollten »keine Pferde mehr angeschafft werden, der ganze Verkehr wird auf Autos basieren, und zwar so, daß wir auch von den Bahnen unabhängig werden«. (Mit diesem Konzept hätte Seine Majestät auch in jeder demokratischen Regierung nach dem Zweiten Weltkrieg in Bonn Bundesverkehrsminister werden können.)

Sein letzter Mercedes, ein Pullmann-Cabriolet Modell P vom Typ 770, auch »Großer Mercedes« genannt, besaß im Fond zwei Clubsessel und kostete 44 000 Reichsmark, »mitten in der Wirtschaftskrise eine enorme Summe« (Simsa). Er diente ihm auch 1941 bei seiner letzten Fahrt. Bis zu seinem Tod blieb der abgedankte Kaiser seiner Leidenschaft, Autos zu testen, treu, wie 1927 sein Adjutant Sigurd von Ilsemann notierte: »Der Kaiser besah sich gestern die beiden neuen Mercedes-Wagen, fuhr in beiden einmal um den Rasenplatz mit Ihrer Majestät [seiner zweiten Frau], ließ sich von [seinem Garagenmeister im Hauptmannsrang] Zeyss einen kurzen Vortrag über die Maschine halten (obwohl er nichts davon versteht) und unternahm schließlich eine anderthalbstündige Fahrt mit Zeyss und mir, um den stärkeren Wagen auszuprobieren.«

Seine Deutschen wurden zwar offiziell zum Verlierer des Ersten Weltkrieges erklärt, verloren aber hatten, was unser Thema hier betrifft, auch alle europäischen Sieger. Amerika übernahm weltweit die Führung im Automobilbau.

Die Amerikaner gaben ihr »Splendid-isolation«-Paradies, ihr Wohlstandsleben auf ihrem fernen Kontinent, auf und wurden Weltmacht, in der Politik wie im Autobau. Europas Kreativität erschöpfte sich darin, die zerstörten Städte und Dörfer aufzubauen und die Menschen vor dem Verhungern zu bewahren. Die Amerikaner jedoch erdachten neue Methoden der Serienfertigung und ersannen vorteilhafte Neuerungen, von denen die traditionellen Autohersteller in der geschundenen Alten Welt nicht einmal eine Ahnung hatten: »Marketing« hieß ihre Geheimformel, der Kniff der Produzenten, die Verkaufszahlen zu steigern und zu sichern. »Die goldenen zwanziger Jahre gab es tatsächlich«, konstatiert mit technischer Kühle der Wälzer *Ein Jahrhundert Automobiltechnik*, allerdings nur »für die amerikanische Auto- und Teile-Industrie«.

Die Modelle, die damals die Deutschen auf die Straße brachten, rissen keinen Autofreund im Geburtsland des Automobils mehr vom Sitz. Selbst ihre einst glanzvolle, in der Welt führende Branche für Autozubehör rangierte nur noch unter ferner liefen; auch Bosch in Stuttgart, einst unangefochten Weltmarkt-Erster auf dem Gebiet der Autoelektrik, hinkte hoffnungslos hinterher. Zur politischen Demütigung nach dem verlorenen Krieg kam für die Deutschen noch die autotechnische: Im Ausland mußten deutsche Hersteller um die Überlassung von Lizenzen bitten, um überhaupt den eingebüßten Anschluß an den Stand der Technik aufholen zu können: Sie kopierten französische und amerikanische Automobile, »in Einzelfällen bis zur letzten Schraube«, ist in den Chroniken faktentreu vermerkt.

Bitter las sich die Bilanz für Deutschlands Autobauer: »Das Land, dessen Ingenieure den Otto- und Dieselmotor, den entwicklungsfähigen Motorwagen und die Standardisierung des Automobils hervorgebracht hatten, war zur Bedeutungslosigkeit herabgesunken«, heißt es in *Ein Jahrhundert Automobiltechnik*. Die »Anlehnung an die Amerikaner« habe Vor- und Nachteile gebracht: »In der Fahrzeugauslegung Stillstand«, doch »in der Produktionstechnik Fortschritt und im Marketing etwas Neues, mit dem sich die technisch orientierten Autofirmen Europas lange Zeit schwertaten«.

Amerikas Autofabriken kleckerten nicht, sie klotzten. Große Marken gründeten sie, konstruierten legendäre Modelle, perfektionierten ihre Fließbänder und produzierten immer preisgünstiger. Und mit dem Marketing, ihrem Wunderinstrument, wurde die Unmenge neuer Autos clever an die Käufer gebracht. Manche kamen – Glück hat oft unverdient der ohnehin Glückliche – zu Supererfolgen, ohne daß sie je einen einzigen eigenen Gedanken auf den Fortschritt verschwendet hätten. Als solch ein Beispiel gilt Buick.

Jährlich fand mehr als eine halbe Million ihre Käufer, weit mehr als 16 Millionen Buicks wurden insgesamt gefertigt. Buicks Success-Story liest sich, wie vieles aus dem Land der unbegrenzten Möglichkeiten, wie ein Märchen, wie die Geschichte der Jeans, der Hot dogs, der Mickey Mouse oder von Coca-Cola oder... Erzählen wir hier also das Geheimnis von Buick, Amerikas Normalauto.

David Dunbar Buick, in einem Whisky-Kaff irgendwo im Schottischen am 17. September 1854 geboren, war bereits im Alter von 2 Jahren nach Amerika gekommen. In Detroit begann der arme Schotte zwar nicht als Tellerwäscher, jedoch als Zeitungsverkäufer. Auf den dreckigen Straßen der Stadt pries er lautstark seinen armen Kunden an, wie sie ihre erste schnelle Million, den amerikanischen Traum, machen könnten, wenn sie nur sein Blatt kaufen würden. Er selbst glaubte davon allerdings kein einziges Wort und heuerte bei einer Maschinenfabrik an, in der vor ihm schon Henry Ford, der Große, seine Lehrjahre verbracht hatte. Hier ging es mit dem jungen David voran, ziemlich bald gehörte ihm der ganze Laden, die Buick and Sherwood Manufacturing Company, deren von Buick konstruiertes Hauptprodukt, »Water Closets«, bei amerikanischen Sauberfamilien ein Renner wurde – ebenso wie wenig später seine weißen Badewannen. Jetzt, der Schotte war Millionär, verkaufte er seine Anteile an mehreren sanitären Fabriken und verwirklichte seinen eigenen Traum: statt Toiletten Motoren zu bauen.

1901 lief seine erste Bastelei. Umgehend gründete er die Buick Auto Vim and Power Company und stellte den überaus tüchtigen Franzosen Eugen C. Richard als Chefkonstrukteur ein. Er verschuldete sich hoch, um seine Motoren in Autos einzubauen. Den ersten Buick, das Modell B, kaufte 1906 ein Arzt; es war ein Zweizylinderviertakter mit 2,6 Liter Hubraum, 22 PS und einer Spitze von 35 Meilen (56 km/h). Gründer Buick wurde – auch in der Neuen Welt ging es Pionieren der Technik nicht besser als in der Alten – aus seinem nicht gerade lukrativen Business gedrängt.

Sein cleverer Nachfolger William Crapo Durant machte das ganz große Geschäft. 1906 fanden bereits 1400 Buicks Käufer. Und weil Durant mit ebenso großem Geschick Buick-Autos wie Buick-Aktien verkaufte, war er bald so reich, daß er im September 1908 jene Firma gründen konnte, die bis heute als der größte Autokonzern der Welt gilt: General Motors, ausgestattet mit einem Kapital von 12,5 Millionen Dollar.

Der Mann mit der goldenen Hand griff weiter um sich. Im Oktober 1908 erwarb er die Olds Motor Works mit der Marke Oldsmobile, ein Jahr später die Firma Oakland mit der Marke Pontiac, dann kam Cadillac dazu.

Doch sein verwegener Griff zur Autokrone der Welt mißglückte. 8 Millionen Dollar verlangte der verhaßte Konkurrent Henry Ford, als William C. Durant ihm seine Ford Company in Detroit abkaufen wollte. Durant wollte auch zahlen, doch seine Bankiers winkten ab: 8 Millionen Dollar sei Ford mitsamt seinen Werken nicht wert. Dennoch gelang Durant mit General Motors der Weg zur einsamen Spitze des Automobilbaus der Welt, und die Firma bestimmte lange Zeit ganz ungeniert die Politik der Vereinigten Staaten von Amerika, denn selbst der kleine Yankee fand's o.k., und der Volksmund wußte – was gut war für General Motors, war auch gut für Amerika.

Kreativ betrachtet hielt sich in jenen frühen Jahren der Beitrag der Amerikaner zum Automobilbau in Grenzen. Sie waren mehr darauf aus, die Fertigung zu vereinfachen und mit weniger Material schneller und mehr Fahrzeuge zu bauen, was, technisch gesehen, historische Leistungen waren. Kolbenringe zum Beispiel wurden in Ringstärke von Graugußbüchsen abgestoßen und der Büchsenguß durch das Einzelringgußverfahren ersetzt (das Europas Autofabrikanten dann erst per Lizenz erwerben mußten). Die Amerikaner führten die hydraulische Bremse ein, und der deutsche Zubehörlieferant Alfred Teves brauchte die amerikanische Lizenz. Die Deutschen zahlten jetzt einen hohen Preis für den vom Zaun gebrochenen Krieg und die Niederlage.

Wie groß Amerikas Vorsprung – und der deutsche Rückstand – wirklich war, macht das erste Automobil der Welt mit hydraulischer Bremse deutlich: Mit dieser lebensrettenden Neuerung kam 1924 der Chrysler 70 heraus und 1925 der englische Triumph 13/30. Die erste deutsche Hydraulikbremse, in einem Adler Standard 6, gab es erst 1926.

In Deutschland hielten Außenseiter vage Anschluß an die moderne Technik, etwa Edmund Rumpler, der 1921 mit seinem kuriosen Tropfenwagen als einfallsreicher technischer Kopf von sich reden machte. Rumplers Wagen revolutionierte später den gesamten Renn- und Sportwagenbau – und gilt heute, 60 Jahre später, als Prototyp für energiesparenden geringen Luftwiderstand, den »c_W-Wert«: Rumplers Tropfen brachte es auf 0,28; im Jahre 1985 Daimlers W 124 auf 0,29. Weil hierzulande jedermann weiß, daß der Prophet im eigenen Land nichts gilt, wundert es nicht, daß diese Glanzlichter unter dem Scheffel blieben.

Im Land, in dem das Auto erfunden worden war, entstanden zwar neue Autofirmen, meist war ihnen jedoch, wie Stoewer und Brennabor, nur eine kurze Lebensdauer beschieden. Pleiten und Fusionen bestimmten die Tagesordnung der Autobauer im Deutschen Reich. Allein in den Jahren 1921 bis 1925 wurden 130 Autofirmen gegründet; 1926 waren von ihnen schon wieder 120 weg vom Fenster. Nur eine einzige Fusion durfte als gelungen betrachtet werden: der Zusammenschluß der Gesellschaften Benz und Daimler im Jahre 1926 zur Daimler-Benz AG mit der Weltmarke Mercedes – ausgerechnet der Mädchenname der kleinen Jellinek aus Nizza wurde zur berühmtesten Marke in der Welt der Technik.

Wer im Autoland Deutschland kennt noch die zahllosen Automarken und -modelle der zwanziger Jahre? Selbst ausgepichten Autokennern dürfte es nicht gelingen, sie alle aus dem Stand aufzuzählen und ihre Eigenschaften zu beschreiben. Doch wir mit unserem Chronistenehrgeiz müssen hier wiedergeben, was sich damals alles auf die Straße wagte (und unter die Räder der Konkurrenz geriet):

- *Adler* taufte kühn der Fahrradfabrikant Heinrich Kleyer seine Fahrzeuge, die zunächst reine Flops waren, bis ihm mit seinem Adler-Trumpf und seinem Adler-Trumpf Junior ein respektabler Wurf gelang;
- *AGA*, einen Kleinwagen mit 22 PS, hatte der Ruhrtycoon Hugo Stinnes gebaut; er ging, wie sein gieriger Projektor, der nach dem Ersten Weltkrieg eine Zeitlang als mächtigster Unternehmer der Welt galt, im Riesenkonkurs von Stinnes unter;
- *Brennabor*, ein Kinderwagen- und Fahrradhersteller aus Brandenburg (wendisch »Brennabor«), hatte ansehnliche Anfangserfolge mit biederen Mittelklassewagen, bis die Hersteller über-

mütig wurden und mit ihrem ehrgeizigen Typ Juwel 8 mit Achtzylinderreihenmotor gegen die Wand fuhren;

- *BZ* war die Friedenshoffnung der arbeitslos gewordenen Zeppelin-Werke am Bodensee, die schon im ersten Jahr unterging (wodurch wieder einmal bewiesen wäre, wie undankbar schon damals die Konversion »Pflüge statt Schwerter« gewesen ist);
- *Ego* half es auch nicht über die Runden, daß mit diesem 15-PSler der später weltberühmte Rudolf Caracciola seinen ersten Sieg auf der Piste errang;
- *Faun*, der altrömische Gott der Fruchtbarkeit, fühlte sich nicht angesprochen, die Produkte der »*F*ahrzeugfabrik *A*nsbach *u*nd *N*ürnberg« zu vermehren; der Nachmittag des Fauns kam an einem frühen Morgen;
- *Hanomag* backte sein berühmtes Wägelchen dem preußischen »Kommißbrot« nach, hatte einen Einzylinderviertaktmotor und schaffte mit seinen 10 PS glatte 60 Kilometer in der Stunde;
- *Heim* glaubte hinter die Geheimnisse des Automobilbaus gekommen zu sein, weil sein Konstrukteur Franz Heim beim alten Benz in Mannheim das Handwerk gelernt hatte, und irrte;
- *Mannesmann*, die berühmten Rohrzieher aus dem Bergischen, bastelten zuerst einen Kleinwagen und brachten sich dann, 1927, mit Achtzylindern komfortabel aus dem Geschäft;
- *Mauser*, Munitions- und Gewehremacher vom Neckar, wartete mit einem Spaß auf, wie Zeitgenossen fanden: einem Einspurauto, das eigentlich ein karossiertes Motorrad mit 4 Rädern war und sich beim Kurvenfahren todesmutig auf 2 Räder legte;
- *Pluto*, dem Gott der Unterwelt, war ein Kleinwagen gewidmet, der bei vielen Rennen ankam, aber nicht am Geschäftsziel;
- *SHW* war der zeitgemäße Versuch der *S*chwäbischen *H*ütten*w*erke in Böblingen, der beachtlichen Konstruktion eines Herrn namens Wunibald Klamm zum Durchbruch zu verhelfen; doch die klugen schwäbischen Stahlkocher blieben bei ihren stählernen Leisten und beließen es beim einzigen Versuchsmodell;
- *Steyr* aus der Österreichischen Waffenfabriksgesellschaft ließ sich von Hans Ledwinka, der später als Konstrukteur des Tatra-Wagens aus Brünn berühmt werden sollte, mit Ausdauer Autos

entwerfen, für die Bert Brecht rührende Werbeverse schrieb. Honorar: ein »Steyr«-Wagen. Erst 1939 ließ Adolf Hitler die Automarke verschwinden, weil sie seinem Volkswagen-Modell Kunden weggenommen hätte. (Heute baut Steyr Puch für Mercedes-Benz den – viel zu schweren und zu teuren – Geländewagen G);

- *Wanderer* nannte sich zum erstenmal ein Kleinwagen aus der Gegend von Chemnitz, genauso wie vorher schon ein Fahr- und ein Motorrad. Das erste Wanderer-Serienauto kostete 3800 Mark. Was sein Konstrukteur Johann Baptist Winklhofer sich dabei gedacht hatte, ist überliefert: Weil an großen, starken Wagen »kein Mangel« war, »waren wir uns von Anfang an klar: Wir hatten einen ganz niedlichen, kleinen Wagen im Auge, kleiner als alle bisher gebauten Wagen, einen Wagen, niedrig im Anschaffungspreis, sparsam im Benzin-, Gummi- und Ölverbrauch, anspruchslos im Platzbedarf, aber großen Wagen gleich an Schnelligkeit und im Nehmen von Steigungen«.

Der Kleine siegte überall und wurde ein Publikumsliebling, so daß ihm der Schlagerdichter Jean Gilbert eine Huldigung auf den niedlichen Blechleib schrieb: »Puppchen, du bist mein Augenstern, Puppchen, ich hab' dich gar so gern.« »Puppchen« wurde der Kosename des kleinen Wanderers.

Die Wanderer Werke AG bauten bis 1932 volkstümliche und zugleich hochwertige Fahrzeuge der Klein- und Mittelklasse und gingen dann mit den Marken Horch, Audi und DKW in der neugegründeten Auto Union AG mit ihren vier Ringen auf – einer steht für Wanderer.

In der vom Krieg fast zerstörten deutschen Automobilindustrie begann sich – Hitler stand vor der Tür – eine neue Elite zu formieren.

Neu auf dem deutschen Automarkt drängten sich in diesen späten zwanziger Jahren, neben die heute noch Etablierten wie Mercedes-Benz, Opel und Audi, 1928 die Bayerischen Motoren Werke (BMW) und im Herbst 1930 Ford. Sie hielten durch und schrieben, später zusammen mit Volkswagen und Porsche, die Automobilgeschichte der Welt.

Die Bayern waren schon zu Zeiten des Deutschen Reiches Hersteller von verläßlichen Flugmotoren, denen sich im Ersten Weltkrieg auch das Jagdflieger-As Manfred von Richthofen anvertraut hatte: Der »Rote Baron« erhielt von Seiner Majestät das Recht eingeräumt, sich den »bestklingenden Motor« für seinen Jagdeinsitzer selbst auszusuchen.

Später war auch die »Tante Ju«, die unverwüstliche Verkehrsmaschine Ju 52, mit BMW-Aggregaten bestückt worden, ein Geschäftszweig, der nach der deutschen Niederlage 1918 nicht mehr gefragt war, da die alliierten Sieger den deutschen Verlierern jedes fliegerische Treiben strikt untersagt hatten.

Auf der Suche nach Friedensprodukten hatten die weißblauen Bosse aus Bayern in Thüringen die Eisenacher Fahrzeugfabrik gekauft und es mit dem Auto versucht. Da sie schon immer gut für gute Motoren waren, gelang ihnen der Start ins Automobilgeschäft mit viel Glück, das auf die Dauer nur der Tüchtige hat.

Ford persönlich, der alte Henry, legte am 2. Oktober 1930 im Industriegelände Köln-Niehl den Grundstein für seine deutsche Fabrik. Noch heute erinnert ein Basaltblock an der Verwaltung vom Beginn in Germany: »Und trotzdem vorwärts, 1931, Henry Ford.« Bereits am 4. Mai 1931 lief hier der erste deutsche Ford vom Fließband. Während draußen im Land 6 Millionen Deutsche ohne Lohn und Brot waren, stellte der amerikanische Erzkapitalist die ersten 619 Deutschen ein und sicherte ihre Arbeitsplätze. Konrad Adenauer, Kölns umtriebiger Oberbürgermeister (und später, wieder hatten die Deutschen einen Krieg verloren, erster Kanzler der Bundesrepublik Deutschland), hatte der amerikanischen Weltfirma den Standort Köln schmackhaft gemacht.

BMW – Firmenzeichen: surrende Propeller – begann in Eisenach mit einer englischen Lizenz für den Austin Seven, von dem noch im selben Jahr 4915 Stück verkauft werden konnten. Der Winzling mit seinem 748-ccm-Motor war auch die Basis für die eigenen Modelle, die dringend geboten schienen. Denn in Deutschland näherte sich die Wirtschaftskrise ihrem Höhepunkt. Sollte es für BMW eine Chance geben, dann nur durch ins Autofahrerauge stechende Neuigkeiten. Das gelang, wie sich 1933 auf der Autoausstellung in Berlin zeigte. Bei den nicht gerade betuchten Deutschen fand dann BMW 1936 Anklang und Käufer mit einem Sportwagen, der als einer der schönsten seiner Zeit galt: der 328 Zweisitzer mit seinen integrierten Scheinwerfern, seiner Kühlerhaube mit urigem Lederriemen und den verkleideten Hinterrädern. Mit seinen sportlichen Modellen überstand BMW so die langen Jahre der deutschen automobilistischen Dürre, bis Adolf Hitler im Land die Macht übernahm. Vorerst jedoch merkten die deutschen Autofabrikanten noch nicht, daß ein neuer Mann Lenker des Staates geworden war, der sich als ihr gefährlicher Freund erweisen sollte.

Davor hatte das deutsche Autogeschäft nicht einmal das Urteil »mies« verdient, obwohl die Preise für Autos recht kommod waren. Ein BMW mit 748 ccm kostete nur 2200 Mark und jährlich 111 Mark Steuern, ein Mercedes-Sechszylinder war schon für 6800 Mark zu haben (im Katalog des Jahres 1929 taucht allerdings auch ein Mercedes-Benz mit 6,2-Liter-Motor zum Preis von 28 500 Mark auf).

Schwere Zeiten, schwarze Jahre: 1931 werden im großen Deutschen Reich ganze 41 118 Personenwagen zugelassen. Der Gesamtbestand an Kraftwagen wird 1934 mit 866 000 Stück angegeben (England meldete 1,7 Millionen, Frankreich 1,9 Millionen und Nordamerika, das Land des Fließbands und Fords Tin Lizzy, 22,827 Millionen).

Die armen Deutschen hatten andere Sorgen, als Autos zu kaufen und hirnlos durch die Gegend zu rasen. Hätte sie jemand in diesen tristen Tagen aufgefordert, auf das Auto, das in ihrem Land erfunden worden war, von nationalem Herzen stolz zu sein, wäre ein Fingerzeig zur rechten Schläfe noch die harmloseste Reaktion gewesen. Bestenfalls leisteten sich die Deutschen eines der billigen Motorräder, auch eine deutsche Erfindung, auch von Gottlieb Daimler konstruiert. Im ausgepowerten Land knatterten 1,3 Millionen Zweiräder mit Motörchen, mehr als in jedem anderen Land der Welt.

Der einfache Deutsche, also die große Masse, bewegte sich mittels Fahrrad. Nur vor diesem Hintergrund ist es zu verstehen, daß ihr verehrter Reichspräsident Paul von Hindenburg und Beneckendorff, der im Herbst 1914 seine ostpreußische Heimat von den eingefallenen Russen befreit hatte und seitdem ein nationales Denkmal war, sich bei Gericht dafür stark gemacht hatte, Diebe von Fahrrädern härter zu bestrafen als Autoklauer. Seine Begründung entsprach dem Zeitgeist: Autoeigner sind reiche, Fahrradler arme Bürger, die besonders geschützt werden müssen. Die Logik des Greises hat mehr als ein halbes Jahrhundert überlebt, denn auch heute noch handeln die Autofeinde im Land und in den Regierungen danach: Autofahrer sind reich und können geschröpft werden.

In diesen schweren Jahren, später als »Weimarer Systemzeit« diffamiert, weil in der Goethe- und Schillerstadt Weimar nach dem großen Desaster von 1918 die erste Republik auf deutschem Boden ausgerufen worden war, bemühten sich die in die totale Bedeutungslosigkeit zurückgefallenen deutschen Autobauer verzweifelt, »jenseits vom Auto neue Geschäftsfelder« zu finden. Daimler-Benz etwa baute in seinem Stammwerk Untertürkheim Schreibmaschinen und im Werk Marienfelde Fahrräder, das Fahrzeug für den kleinen Mann. Dann aber dämmerte es ihnen endlich, wie sie einzig und allein an die glanzvolle Ära deutscher Automobile in aller Welt wieder anknüpfen könnten. Autorennen taten not, deutsche Autos sollten wieder siegen.

Die Rennen erwiesen sich als Renner, als großer Magnet für die Massen. Die geschundenen und gedemütigten Deutschen drehten mächtig auf und gaben Vollgas. Die Welt sollte wieder über die Qualität und Tüchtigkeit der deutschen Autobauer staunen.

Dabei waren die Deutschen und ihr Motorsport nicht immer eine Sache von Glanz und Gloria gewesen, sondern eben ein Sport mit Siegen und Niederlagen, seit 1907 der erste deutsche Grand Prix gestartet worden war. Prinz Heinrich von Preußen hatte schon im Februar 1906 bei einem Festessen auf der Berliner Automobilausstellung dem Kaiserlichen Automobilclub die sieghafte Nachricht überbracht, Seine Majestät, Wilhelm II., werde höchstpersönlich die Schirmherrschaft über die neuartige Sportveranstaltung übernehmen und einen Ehrenpreis für den Sieger stiften.

Am 14. Juni 1907 war Start, befahren wurde eine Rundstrecke im Taunus. Sieger aber war kein kaiserlicher Untertan, sondern der Italiener Nazzaro auf einem Fiat. Der kaiserliche Protektor war beleidigt, weil er seinen Preis nicht einem seiner Deutschen, sondern einem Ausländer in die geschundenen Hände geben mußte. Fortan riskierte der deutsche Kaiser solche Unwägbarkeiten des Sports nicht mehr. Er lehnte es ab, noch einmal den Schirmherrn für einen Großen Autopreis in seinem Land zu machen. Er mußte es auch nicht mehr, denn während der ihm noch verbliebenen Zeit seiner Regentschaft gab es kein internationales Autorennen mehr. Selbst das für Mitte 1914 geplante Rennen auf der Berliner Avus, der »*A*utomobil-*V*erkehrs- und *Ü*bungs-*S*traße, fiel aus, weil die Mobilmachung für den Krieg ab 1. August 1914 dazwischengekommen war.

1923, als der beleidigte (und besiegte) Monarch im holländischen Exil und die Panne von 1907 im Taunus längst vergessen waren, wurde auf der Avus der erste offizielle »Große Preis von Deutschland« ausgeschrieben. Doch im geschlagenen Land standen die Zeichen auf Sturm. Über Nacht hatten die Franzosen das Ruhrgebiet besetzt, um die wertvolle Kohle zu rauben; ein Mann namens Hitler ließ erstmals seine braunen Sturmabteilungen »gegen das Weimarer System« lärmen. Die Deutschen nahmen ihren ersten Grand Prix gar nicht zur Kenntnis. Auch 1924 blieb der Versuch von Mercedes-Benz, bei der Targa Florio in Sizilien auf die internationalen Pisten zurückzukehren, weitgehend unbeachtet, obwohl ihr 2-Liter-Kompressorwagen mit 4 Zylindern sogar überzeugend gewonnen hatte.

1925 war es dann endlich doch soweit: Die Deutschen abonnierten die Siege auf allen Rennstrecken, und der Stolz der Deutschen auf ihre siegreichen Autos wuchs zur nationalen Leidenschaft.

Nicht auf der neuen Avus fand das laute PS-Spektakel statt, sondern ausgerechnet dort, wo 1907 ein Ausländer durch seinen Sieg den deutschen Kaiser beleidigt hatte: Im Taunus wurde das 20-Runden-Rennen über eine Distanz von 392,2 Kilometern ausgerichtet. Das Wetter war damals schon so wie fast durchweg bei allen Großen Preisen in Deutschland: Zuerst schien die Sonne, und die Strecke war ideal trocken. Dann setzte Regen bis zum Wolkenbruch ein – und es gab spannende Szenen noch und noch und zahlreiche Unfälle, die sich viele Rennbesucher schon immer als notwendige Höhepunkte des Motorsports gewünscht haben. Ein 2-Liter-Achtzylinder von Mercedes, gesteuert von Adolf Rosenberger, einem Privatfahrer aus Pforzheim, kam in der Nordkurve ins Schleudern und nahm das winzige Häuschen mit, in dem die Zeitnehmer das Rennen verfolgten: Alle drei Funktionäre waren auf der Stelle tot.

Dem geflüchteten Kaiser wäre vor Stolz das blaue Blut gewallt, wäre er im Taunus am Ziel gewesen. Ein deutscher Wagen siegte, wenn auch von einem Fahrer mit italienischem Namen, aber deutscher Nationalität pilotiert: Rudolf Caracciola auf Mercedes in der Traumzeit von 2:54:17,8 Stunden.

Und neben »Carratsch«, wie die Deutschen schnell voller Stolz ihren motorisierten Heroen nannten, feierte noch ein glanzvoller Name seinen Einstand in den großen Motorsport, den bald die Reporter nur noch als »Rennregisseur« bezeichneten: Alfred Neubauer. Neubauer, Rennleiter der siegreichen Mercedes-Mannschaft, wurde ebenso weltberühmt wie seine Fahrer – als der geniale Organisator deutscher Renntriumphe. Über Nacht hatten die Deutschen neue Helden, und zu »Carratsch« und dem faßrunden Neubauer mit seiner Schlägermütze kamen bald noch viele hinzu: Die Deutschen zeigten sich, zumindest auf den Rennpisten, als ein Team von Siegern.

Zu Recht zierte jetzt auch jeden Mercedes-Benz-Personenwagen aus Untertürkheim das neue Firmenzeichen: Der Dreizackstern vom alten Daimler wurde von einem Lorbeerkranz umgeben – der gute Stern aus Untertürkheim leuchtete fortan auf allen Straßen der Welt.

1927 bereits war der deutsche Motorsport so selbstbewußt und waren die Deutschen so motorsportbegeistert geworden, daß eine neue Rennstrecke her mußte, die den repräsentativen Grand-Prix-Veranstaltungen internationalen Zuschnitts angemessen war: Der Nürburgring bei Adenau in der Eifel entstand. Die Entscheidung, die selbst für die Zeitgenossen erklärungsbedürftig war, war getroffen worden, um diese einsame Grenzgegend im Westen der Republik aus ihrem Status als Notstandsgebiet herauszuführen. Hier im »deutschen Sibirien« war nichts los, hier wollte nicht einmal der ärmste Hund überm Zaun hängen. Die Eifelarmen kamen in Lohn und Brot, die Besitzer der armseligen Pensionen mußten mehr Betten aufstellen, neue Hotels wurden gebaut, Zufahrtstraßen erschlossen die einsame Gegend. Zu Hunderttausenden reisten die Freunde des mörderisch lauten Spektakels in die Wälder um den Ring, den die Fahrer selbst »die grüne Hölle« nannten, siedelten sich in Zeltstädten an und feierten Tag und Nacht die verwegenen Fahrer auf der extrem kurvigen Strecke, die für sie eine viel anspruchsvollere Herausforderung war als das Avus-Oval in Berlin mit seinen zwei langen Geraden. Der Nürburgring am Ende der Welt wurde schnell Platz großer Rennen und großer deutscher Siege.

Den ersten Großen Preis von Deutschland in der »grünen Hölle« des Nürburgrings gewann nicht das nationale Rennidol »Carratsch«, den ein Maschinenschaden ausgezählt hatte. Sieger wurde Otto Merz. Otto wer? Viel ist von diesem Gladiator nicht überliefert, nur die Sage, der mächtige Hüne habe seinen 1800 Kilogramm schweren Mercedes mit bloßen Händen auf den Wagenheber stellen können (was nicht stimmte); mühelos jedoch stemmte er einen Stuhl, auf dem ein ausgewachsener Mann saß, über seinen Kopf. Merz verunglückte 1933 tödlich auf der Avus in Berlin beim Training.

1928 war am Renntag das Wetter so glühend heiß, daß Caracciola die 18 Runden mit ihrer Gesamtlänge von 569 Kilometern nicht durchstehen konnte, sondern das Mercedes-Steuer an Christian Werner abgeben mußte, der – auf einem Mercedes SSK – erwartungsgemäß mit dem Lorbeer des Siegers gekrönt wurde. Werner hatte Bugatti, den gefürchteten Konkurrenten aus Italien, auf seinem Mercedes glatt abgehängt.

1929 zeigte Bugatti mit seinem Fahrer Louis Chiron, einem Monegassen, den Untertürkheimern sein Heck, obwohl sein 2,3-Liter-Wagen weniger Pferdestärken als der Mercedes-Bär SSK besaß. »Carratsch«, nur so konnte sich der kleine Mann in den Zelten am Nürburgring Chirons Sieg erklären, »Carratsch« war ja ausgefallen.

1931 hatte Caracciola die Nase seines Mercedes wieder vorn. In der kargen Eifel, wo entweder die Glocken läuten oder es regnet, oder die Glocken läuten, während es regnet, goß es in Strömen – »Carratsch«-Siegeswetter. Natürlich siegte er, aber auch danach blieb ihm das Glück des Tüchtigen hold: Auf dem beschwerlichen Nachhauseweg über die Landstraßen mit seinem dröhnenden Rennwagen – Spezialtransporter waren noch unbekannt – brach am Siegeswagen der Achsantrieb.

1932 siegte der Deutschen Nationalheld mit dem italienischen Namen überzeugend in einem Auto mit den deutschen Rennfarben, doch es war ein Grand-Prix-Wagen von Alfa Romeo mit 2,4- und 2,7-Liter-Kompressormotor aus dem alten Gegnerland Italien. Mercedes-Benz hatte seine Teilnahme erst gar nicht angemeldet, weil das auf Nummer Sicher fahrende Organisationsgenie Alfred Neubauer geahnt hatte, seine schweren SSK würden gegen die neuen spritzigen Alfa Romeos keine Chancen haben.

»Carratsch« steuerte also erwartungsgemäß den Alfa ins Ziel, und sein Sieg galt als Beweis besonderer Fairneß unter den Konkurrenten Mercedes und Alfa: Alfa hatte dem autolosen Deutschen den Wagen überlassen, obwohl ein hitzköpfiger Italiener vor dem Rennen die schnellste Runde mit 10:49,4 Minuten gefahren hatte. Nuvolari war damit der erste, der für eine der 22,8 Kilometer langen Nürburgrunden weniger als 11 Minuten gebraucht hatte.

1933, als dieses deutsche Schicksalsjahr begann, war Mercedes die einzige Marke, die auf den internationalen Pisten Deutschland vertrat.

Doch während die deutschen Rennwagen siegten, als könnten sie nichts anderes als gewinnen, warteten die Deutschen noch immer auf ihr Auto. Das seltene Auto war noch längst kein Volksgut, nicht als eigenes Verkehrsmittel der Massen begehrt, nicht vom kleinen Mann akzeptiert, wie sich Robert Bosch, der den Motor zündete, anläßlich eines Herrenfahrer-Abends erinnerte: »Fuhr der Radfahrer zum Beispiel auf offener Landstraße, vor ihm vielleicht ein einzelner Fußgänger, so mußte er sich fragen: ›Klingele ich, so schimpft der Fußgänger, tue ich's nicht, so schimpft er erst recht!‹« Da rief ihm über den Tisch Berlins Polizeipräsident zu: »Meine Auffassung ist: Jedem sein Automobil!« Und Bosch, kurz vor 1933, hatte zurückgefragt: »Wird dieser Zustand nun in 40 Jahren erreicht sein? Ich sage: Ja! Das Auto wird in Massenherstellung billiger... Das Ziel der Mechanisierung und Technik ist: ›Jedem sein Automobil!‹« Dem Mann konnte geholfen werden.

Adolf Hitler übernahm das Steuer.

Hier nun muß die Geschichte »Hitler und das Auto, das Auto und die Deutschen« erzählt werden. Sie macht verständlich, was Hitler für die Motorisierung seiner Landsleute getan hat. (Sie läßt auch ahnen, warum heute besonders Linke in Politik und Medien das Auto des Deutschen verteufeln. An dieser Stelle sei es zunächst einmal nur angedeutet, später wird es zu belegen sein: Hitler hat den Deutschen zum Auto verholfen und ihnen mit seiner Autobahn Lust aufs Fahren gemacht.)

»Selbst gefahren bin ich nie«, bekannte »der Führer« 1942 in seinem Hauptquartier »Wolfsschanze« bei Rastenburg in Ostpreußen. Als der Krieg schon nicht mehr zu gewinnen war, fand er noch ausgiebig Zeit zum Plausch über seinen Einstieg ins erste Auto: »Aber ich war ein Autonarr. Richtig verliebt in den Wagen. In einem Prospekt habe ich ihn dann entdeckt, und sofort war mir klar, der muß es sein! 26 500 Mark!«

Im Dezember 1924 war Hitler aus der Festungshaft in Landsberg, wo er wegen seines blutigen Umsturzversuchs am 9. November 1923 vor der Feldherrnhalle in München eingesessen hatte, entlassen worden. Er kaufte den »wunderschönen Benz«, den er, um ihn vor Dieben zu schützen, nachts in seiner bewachten Garage zusätzlich noch ankettete. Und danach war er »all die Jahre bemüht, die Form in Zeichnungen und Entwürfen aufs höchste zu vervollkommnen«.

»Wenn Hitler von Autos und Straßen redet«, bekannte viel später der Drehbuchautor Erich Ebermayer, durchaus kein Fan Hitlers, »gefällt er mir. Das ist alles gesund, vernünftig, unbürokratisch, modern und zukünftig. Besonders das längst veraltete deutsche Straßennetz wird nun hoffentlich eine Modernisierung erfahren. Das wäre für uns Kraftfahrer aus Leidenschaft ein ebenso großes Geschenk wie für die gesamte Wirtschaft.«

Schon im September 1923, als die NSDAP noch eine Art braune Sekte und Hitler ein armer Schlucker war, hatte ihm der Münchner Mercedes-Repräsentant Jakob Werlin (der später, längst Hitlers Parteigenosse, in den Vorstand der Daimler-Benz AG aufrückte und dort den Kontakt zum neuen Führer und Reichskanzler hielt) den ersten »Chefwagen« angedient: einen Benz 10/30 PS mit 2,6-Liter-Vierzylindermotor als offenen Tourenwagen; Preis in jenem Inflationsjahr: 93 333 332 440 Reichsmark. Auf dem zweiten NSDAP-Parteitag 1926 in Weimar hatte er sich von seinen Marschierern in einem »Mercedes größter Klasse« bejubeln lassen, dessen Details wir von dem Stuttgarter Autohistoriker Paul Simsa wissen: 6,3-Liter-Sechszylinder, 140 PS mit Kompressor.

Jetzt sei er ein »Mercedes-Narr«, beschied Hitler seine reiche Gönnerin Bechstein aus der Klavierdynastie, die ihm zum Geburtstag bei der sächsischen Nobelmarke Horch eine Sonderausführung des 5-Liter-Achtzylindermodells bestellen wollte. Selbst die innige Widmung der Dame Bechstein »Für meinen geliebten Führer« stimmte Hitler nicht um. Mercedes hatte, nach dem Kaiser, in Hitler einen neuen Vorzeigekunden gewonnen und hielt ihn bei Laune mit Rabatten, die mehr als nur reine Sympathie erkennen ließen: Für den 38 000 Mark teuren Typ 770, Tourenwagen mit 6 Sitzen, mußte Hitler nur 13 000 Mark hinblättern. Alle seine Wagen »krönte der Mercedes-Stern«, hält Simsa fest, »magisch-theatralisch über dem Spitzkühler, und von der Hochleistung des Kompressormotors kündeten die rechts aus der hohen Motorhaube quellenden Auspuffrohre, dick und glänzend«.

Hitler machte mit dem Auto mit dem guten Stern sich und Mercedes, aber auch gerne seinen Freunden eine Freude. Die filmende Verehrerin Leni Riefenstahl bekam einen Zweisitzer vom Typ 290, der spanische Diktator Franco zum 50. Erdentag den Prototyp 600. Als Autonarr, der seine Traumautos genausowenig voll bezahlte wie sein Führer, erwies sich Hitlers dicker Luftmarschall Hermann Göring. Sobald er 50 Prozent des Kaufpreises an Daimler-Benz entrichtet hatte, stellte er stets seine Zahlung ein; Mahnungen waren zwecklos bis gefährlich. Schon früher hatte Hitlers zweiter Mann im braunen Staat automobilistische Eigenart bewiesen: Auf der Straße fuhr er immer links, an der linken Bordsteinkante entlang, weil er nur so seine Fahrtrichtung halten konnte.

Adolf Hitler schmeichelte gerne seinen Deutschen, daß sie das Automobil erfunden hätten: »Es kann der Stolz des Deutschen Volkes sein, zu wissen, daß es an der Entwicklung und an dem Ausbau dieses großartigen Instruments, neben dem Flugzeug zum genialsten Verkehrsmittel der Menschheit geworden, mit den größten Anteil genommen hat.« Das Auto solle selbst den einfachen Volksgenossen »nicht nur nützlich sein, sondern ihnen vor allem an

Sonn- und Feiertagen zur Quelle eines unbekannten, freudigen Glücks« werden. Bis zum bitteren Ende blieb Hitler ein Autonarr.

Wie viele Autos der Autonarr Hitler jemals sein eigen nennen konnte, weiß selbst Historiker Simsa nicht. Bei seinem Motorisierungswahn habe er »kein Warnzeichen begriffen. Für die Mitwirkenden ist es kein Ruhmesblatt, wenn nicht eine Schande... Was Adolf Hitler bewirkt hat, bleibt unsäglich«, zieht der Experte Simsa seine Bilanz »Hitler und das Auto«. Auch hier klingt wieder an, daß der böse Hitler nur Böses schaffen konnte – und so ist das Automobil eine seiner schlimmsten Teufeleien.

Mit Hitlers und seiner Regierung Unterstützung, heißt es in einer Chronik, erlangte beispielsweise Daimler-Benz »die Mittel, die mächtige und technische ›Tapferkeit‹ auf europäischen Rennstrecken zu demonstrieren. Es war ein Anfang ohne Niederlage, wie ihn die Welt noch nie gesehen hatte und wahrscheinlich auch nie wieder sehen wird.« Der »Führer und Reichskanzler«, wie er von Partei- und Volksgenossen genannt werden mußte, beehrte schon im Jahre seiner Machtübernahme, 1933, den Stand der Daimler-Benz AG auf der Berliner Automobilausstellung, die er persönlich für eröffnet erklärte.

Die Bosse des Konzerns holten in einer Art von vorauseilender Ergebenheit Hitlers Autolieferanten aus alten Münchner Tagen, Jakob Werlin, flugs in ihren Vorstand. Etwas »durchaus Positives für das Unternehmen und seine leitenden Mitarbeiter«, verteidigte Gerold Lingnau, leitender Motorredakteur der *Frankfurter Allgemeinen Zeitung*, 1986 in der Festschrift zum 100jährigen Jubiläum der Untertürkheimer Autoschmiede die opportunistisch anmutende Entscheidung. Werlins »Draht zum Führer« funktionierte jederzeit so gut, daß er zum Beispiel bei seinem mächtigen Freund in der Reichskanzlei ein gutes Wort für seinen Vorstandskollegen Wilhelm Haspel einlegen konnte, der mit einer Halbjüdin verheiratet war. Haspel avancierte 1942 bei Daimler-Benz sogar zum Generaldirektor. Da hatten die cleveren Schwaben, die einst den Eisernen Kanzler Bismarck mit einem Motorboot verwöhnt – vulgo: bestochen – hatten, den größten Feldherrn aller Zeiten längst schon mit einem »Großen Mercedes«, Typ 770 als offener Tourenwagen, gnädig gestimmt.

»Heil Hitler!« grüßte der damalige Mercedes-Chef Wilhelm Kittel nach Hitlers Machtübernahme in einem Brief zurück, den er von einem anderen Autogewaltigen aus seinem Konzern erhalten hatte.

»Heil Hitler!« hatten auch die zwei Männer gegrüßt, die am frühen Morgen des 16. Juni 1934 in die Dienstwohnung des Oberbürgermeisters von Magdeburg eindrangen. Sie sahen so aus, erinnert sich ein verläßlicher Augenzeuge, »wie man solche Leute aus Filmen kennt, mit Ledermänteln und breitkrempigen Hüten. Meine Mutter packte meinem Vater einen kleinen Koffer; ich weiß noch, es mußte alles sehr schnell gehen. Wir sind dann ans Fenster getreten und haben gesehen, wie er in dieses ominöse Auto einstieg und wegfuhr.« Der Augenzeuge war der 6jährige Edzard Reuter, später Daimler-Benz-Generaldirektor, und verhaftet wurde sein Vater, der nazifeindliche Oberbürgermeister von Magdeburg. Welche Marke »dieses ominöse Auto« war, verschwieg Reuter. Hier können wir es enthüllen: Es war ein Mercedes.

»Heil Hitler!« riefen die meisten im Land und rissen ihre Rechte zum deutschen Gruß hoch; auch – niemand wundert es – die Herren der deutschen Autoindustrie. »Waren sie Nazis?« fragte ein halbes Jahrhundert später der Schriftsteller Horst Mönnich, der Anfang der neunziger Jahre im Firmenauftrag *BMW – Eine deutsche Geschichte* recherchierte und verfaßte. Mönnich verteidigt die automobilistischen Mitläufer und Nutznießer und fand die Antwort: »Keineswegs. ›Heil Hitler‹ grüßt der Deutsche scheinbar selbstverständlich, so, als hätte er es immer getan und als wären Grußworte wie ›Guten Tag‹ oder ›Grüß Gott‹ vorübergehende Verfallserscheinungen gewesen.« (Mönnichs Erklärung mutet an wie jene auf die Frage, ob Österreichs ehemaliger Bundespräsident Kurt Waldheim als Mitglied der Reiter-SA auch Mitglied der NSDAP gewesen sei – Erklärung: Nicht Waldheim war in der Partei, nur sein Pferd.)

Gleichwohl: Es ging immerhin auf- und vorwärts im darniederliegenden Land. Hitler gab kurzerhand den Befehl, die 6 Millionen Arbeitslosen von der Straße zu schaffen und sie mit Schippe und Hacke in der bloßen Hand seine Autobahn (und in den Rüstungsfabriken seine Panzer, Sturzkampfbomber und U-Boote) bauen zu lassen. »Deutsche Arbeiter, fanget an!« kommandierte er, und in den Ohren der Autobosse klang es wie »Vollgas!«, und alle fingen an.

Und als sie sahen, daß es mit dem Wiederaufbau klappte und ihre ersten Erfolge die verblüffte Welt in Staunen versetzten, schon 1935 war das, verbeugten sich die mächtigen Herren von Daimler-Benz, stellvertretend für die ganze Autobranche, vor dem Retter aus höchster Not und sprachen ihm ihren ehrlichen Dank aus: »Der persönlichen Initiative unseres Führers und Reichskanzlers ist es zu danken, daß dieser Wirtschaftszweig [die deutsche Autoindustrie] nicht nur vor dem völligen Zusammenbruch gerettet wurde, sondern heute zu einem maßgebenden Faktor unserer gesamten Wirtschaft geworden ist.«

Hitler, das Auto und die Deutschen – eine lange Geschichte voller Begeisterung und Leidenschaft nahm ihren Anfang, in Leid und Blut ging sie zu Ende. Zunächst aber herrschte bei Deutschlands Autobauern eitel Sonnenschein. Die ersten Volkswagen, »KdF«-Wagen genannt, vermittelten den Deutschen *K*raft *d*urch *F*reude und ließen sie davon träumen, das schöne Deutschland auf Hitlers Autobahnen zu erkunden. »Straßen des Führers« taufte sie sein Propagandaminister Joseph Goebbels, der bald »des Teufels Chefredakteur« werden sollte.

Der Rattenfänger aus Braunau startete seine deutsche Karriere als Retter der deutschen Autoindustrie und als Wohltäter seiner Deutschen, die ein Volk von Autofahrern werden sollten. Und er hielt Wort.

Liegt hier, müssen wir uns an dieser frühen Stelle fragen, der Ursprung der heutigen Autofeindschaft, die die Nation spaltet und das logische Ergebnis der Addition Hitler + Auto + Autobahn ist? Ein Teufel – und Hitler war Luzifer auf deutsch – bringt immer nur Teufelswerk zustande, das alle Guten und Gerechten im Land zwingt, ihm den Kampf anzusagen. Ist vielleicht Hitler schuld, daß das Auto verteufelt wird? Wie ein Reporter werden wir mit der gebotenen Sorgfaltspflicht jedem Hinweis nachgehen und recherchieren, dann freilich unsere eigenen Schlüsse ziehen (auch wenn sie einigen nicht passen sollten).

Hitler, Führer und Autofreund, fuhr der Nation mit gutem Beispiel voran. Immer stand er im offenen Mercedes-Tourenwagen, wenn er sich seinen Volks- und Parteigenossen zeigte und mit der ausgestreckten Rechten grüßte. Mit dem Auto war er im Reich, das immer größer wurde, unermüdlich unterwegs.

Produktionsrekorde meldeten die Autofabriken, das neue Symbol des Wiederaufstiegs aus Schutt und Asche, Schimpf und Schande. 1932, vor der Wende, hatten sie es nur auf 41 118 Exemplare gebracht, 1933 waren es schon 222 778. 1934 wurden im Deutschen Reich 866 000 Personenkraftwagen gezählt, 1939 waren es bereits 1 447 000. Auf 47 Deutsche kam da schon ein Auto, für Hitler eine Erfolgszahl; nur in den USA kam dank Fords Massenmotorisierung auf 4,5 Bürger ein Wagen.

Einfallsreich hatte Hitler die deutsche Autoproduktion angekurbelt. Für Neuwagen war auf sein Geheiß hin die Steuerfreiheit eingeführt worden (auch wenn Besitzer von Altwagen dadurch benachteiligt wurden). Ein vom Führer bestimmter »Generalbevollmächtigter für das Kraftfahrwesen« ging unverzüglich daran, die verwirrende – und die Fertigung verteuernde – Typenvielfalt zu beseitigen. Auf dem Sektor der Personenwagen sollten nur noch 31 Typen gebaut werden, die zwölf Hersteller unter sich aufteilen mußten.

BMW in München, die kreative Autofirma, stieg zwar wieder ins traditionelle Geschäft mit Flugmotoren ein, denn Hitlers voluminöser Fliegerchef Hermann Göring brauchte sie für seine neue Luftwaffe, um alle Gegner in Angst und Schrecken zu versetzen. Doch auch die weißblaue Autoproduktion konnte im ersten Hitler-Auto-Jahr um 142 Prozent gesteigert werden; mit 5322 gebauten Stück waren die Bayern Deutschlands fünftgrößter Autobauer. Ihr 303er, ein Sechszylinder mit 1173 ccm und 30 PS, galt bald als besonders »autobahnfest«, das heißt, er hielt auf einer langen Strecke seine Höchstgeschwindigkeit. Dem 309er, dem beachteten Vierzylinder, folgte schnell ein wirklicher Bestseller: Der 315er fand spontan 9765 Käufer. Die weißblaue Dreierreihe hörte nicht auf, und der Erfolg blieb ihr treu: Vom 319er wurden 6646 verkauft, denn dieser ging mit seinem 2-Liter-Motor und seinen 45 PS »schußartig aus dem Schritttempo heraus und erreichte in kürzester Zeit seine Geschwindigkeit von 125 km/h«, wie ein Kenner sich begeisterte. Der Preis war kommod: 5200 Mark. Und die Macher der bayrischen Kraft-Wagen konnten sich selbst auf die Schulter schlagen: »Es mag nicht oft vorkommen in der Geschichte des Automobilbaues, daß Konstrukteure behaupten können: Wir brauchen nichts zu ändern.« (BMW-Auto-Graph Mönnich)

Unerschöpflich war der Einfallsreichtum an der Isar, wie der 326er (1125 Kilogramm schwer, 115 km/h, 12,5 Liter auf 100 Kilometer) zeigte. Mit seinen 4 Türen war er kein BMW-typischer Sportwagen, sondern ein schneller Reisewagen – und als Angriff auf die zahlungskräftige Kundschaft von Mercedes gedacht. Der 326er brachte bestaunte Stückzahlen, 15939 Verkäufe, und wurde das populärste Vorkriegsmodell der Münchner. Mit ihm begann das Duell BMW-Mercedes (das bis in unsere Tage fortgesetzt wird). BMW hatte sein Erfolgsmotiv entdeckt: Gegner ist der gute Stern, der uns auf allen Straßen entgegenkommt.

Wer die Bayern kennt, ist nicht überrascht, daß der David von der Isar die Händel mit dem vornehmen schwäbischen Goliath nicht immer mit ritterlichen Mitteln austrug. Nur dieses Exempel: Als Mercedes die repräsentative Pullman-Version 600 mit der Trennscheibe zwischen Chauffeur und Fondgast vorstellte, erklärte öffentlich BMWs kratzbürstiger Vorstand Paul G. Hahnemann das Untertürkheimer Spitzenmodell zum Wagen für aufgestiegene Metzgermeister und die Schutzscheibe so: »Damit ihm, wenn er seine Kunden beliefert, seine Würstchen vom Rücksitz nicht in den Nacken fliegen.« Auf Hahnemanns urbayrische Sticheleien reagierte Mercedes Mercedes-like: etwas beleidigt, dementierte aber nicht das Gerücht, Hahnemann, dem ein Ohr fehlt, sei von einem zu Recht erzürnten Mercedes-Fan entohrt worden (sein loses Mundwerk war nachgerade waffenscheinpflichtig).

Jedenfalls kam BMW – den Gegner Mercedes verfolgend – in volle Fahrt und in die besten Kreise: Der 327er mit seinen sagenhaften 140 km/h sei, wie es in einer Society-Chronik heißt, »bei den höheren Offizieren sehr beliebt« gewesen.

Hitler, Wahlmünchner und Autofan am Reichssteuer, diente den Münchnern sogar als Berater und gab ihnen bereitwillig seine Prognose für die nahe Zukunft, die sie, gerade im ersten forschen Angriff auf die mächtige Konkurrenz aus Untertürkheim, in lukrativen Großwagen sahen. Hitler aber versuchte, sie für den Bau kleiner Wagen, vielleicht seines Volkswagens, zu gewinnen. Auf der Internationalen Automobilausstellung 1936 in Berlin schwärmte er den BMWlern vor, »daß der Tag nicht mehr fern sei, an dem drei oder vier Millionen Deutsche ihren eigenen Kleinwagen fahren werden«. Laut BMW-Hausautor Mönnich legte Hitler sogar eine Probe als Marktforscher ab, indem er prophezeite, »es sei hinreichend erwiesen, daß das billige Produkt nicht nur das Autofahren populär mache, sondern allmählich auch die Nachfrage nach teureren Modellen steigere«. Doch BMW, Mercedes im Visier, entwarf unbeirrt Mercedes-Konkurrenten, weil die auf den Rennstrecken vorn lagen: Der BMW-Sportwagen 326 mit seinen 6 Zylindern, 1971 ccm Hubraum und einer Spitze von 150 km/h war logischerweise eigentlich schon ein Rennwagen.

Die Auto Union, diese verzweifelte Verbindung der Fußkranken Audi, DKW, Wanderer und Horch aus dem schwarzen Jahr 1932, konnte ab 1933 auch nur noch Gutes berichten. Verdrängt wurde freilich flugs der Mann, der die automobilistische Grundlage für den Erfolg gelegt hatte; er wurde verschwiegen, weil kein Ausländer im Land der Herrenmenschen so erfolgreich sein durfte: der Däne Jørgen Skäfte Rasmussen. Rasmussen hatte die Marke Audi, die er selbst 1928 übernommen hatte, als Mitgift in die neue Auto Union eingebracht, deren bestes Stück DKW hieß. Die Deutschen gaben dem Winzling Kosenamen: »Das kleine Wunder«, »Des Knaben Wunsch«. In Wirklichkeit verbarg sich hinter dem Kürzel der ernüchternde *D*ampf-*K*raft-*W*agen, ein mit Dampf betriebenes Auto aus Rasmussens Hand, die auch so erfolgreiche Motorräder entworfen hatte, daß DKW bis zum Beginn des Zweiten Weltkrieges der Welt größter Motorradproduzent war.

Aus Holz – Stahl war viel zu teuer für das kleine Wunder – war die Karosserie des kleinen DKW aus dem sächsischen Werk Zwickau. Als »Reichsklasse«-Version mit 584 ccm war ihm ein solides Geschäft beschieden, das die nachfolgende Version der »Meisterklasse« mit 684 ccm zu einem wahren Schlager steigerte: 1934 16 991, 1937 schon 39 353 Stück. Ferry Porsche, als Autohistoriker unser Zeuge, lobt:

»Der billige und beliebte DKW sollte das Fundament der Auto Union werden.«

Horch geriet im neuen Konzern mit seinen vier Ringen im wahrsten Sinne des Wortes unter die Räder, sein Einreihen-Achtzylinder war ein mäßiger Wurf, erst der 1931 herausgebrachte V12 Horch, ein 6-Liter-Modell und der teuerste Wagen aus der Auto Union, machte wieder etwas Boden wett. August Horch, ein Querkopf wie Daimler und Benz, war im Zwist mit allen längst aus der Verantwortung gedrängt und einflußloser Präsident der Horch-Werke geworden. 1931 hatte die unruhige Erfinderseele endlich ihre Ruhe, »verarmt und vergessen« sei er gestorben, will Ferry Porsche wissen.

Wanderer, der vierte Ring im Zeichen der Auto Union, hatte sein Glück bei Ferdinand Porsche, dem großen Konstrukteur, gesucht und seinen Typ 7 mit 6 Zylindern in Fabrikation genommen. Dieser konservativen Linie blieb man treu und baute alle Modelle mit Porsches Sechszylinder. Wie weit die Ingenieure der deutschen Glanzmarke Auto Union in jenen Vorkriegsjahren die Nase vorn hatten, beweist die Tatsache, daß das technische Konzept ihres winzigen DKW F-1 sogar den Zweiten Weltkrieg überdauerte.

Opel steht für die deutsche Autoindustrie Modell: Wie mies es ihr ging, wie sie sich aufrappelte – und wie viele Firmen unentwegt die Idee vom kleinen Auto, dem Volkswagen, verfolgten. Doch die Zeiten waren nicht günstig, erst mußte Hitler kommen. Schon 1905, das Auto steckte noch in den Kinderschuhen, hatte man in Rüsselsheim von einem »Volksautomobil« geträumt.

Opel, die tüchtigen Radlerbuben aus Rüsselsheim, hatte im Jahre 1909 mit einer Leistung von sich reden gemacht, die heute noch bestaunt wird: mit seinem Doktor-Wagen. Er wurde eigens für Ärzte gebaut, die keine Zeit hatten, ihr Auto umständlich mit der Handkurbel anzulassen, wenn Patienten verzweifelt nach ihnen riefen. Zuverlässig mußte er sein, »Opel – der Zuverlässige« wurde damals der Werbespruch. Den Reifenpannen, in jener Zeit ein tagtägliches Ärgernis, hatte der Doktor mit seinen Rädern mit abnehmbaren Felgen abgeholfen. 1918, als des Kaisers Krieg verloren war, hatte es mit den Autobauern vom Main nicht gut ausgesehen, denn die Franzosen als

Besatzungsmacht sahen nicht ein, warum die Produktion überhaupt wieder anlaufen sollte. Die Zeiten waren ohnehin schlecht, die Inflation galoppierte ihrem Ziel entgegen, und so wurden nur 910 Autos gebaut.

In diesen fast aussichtslosen Jahren waren die Opel-Herren, die der Großherzog von Hessen vor Kriegsende gerade noch rechtzeitig in den Adelsstand erhoben hatte (später versuchte denn auch Erbe Gunter Sachs, dessen Mutter eine von Opel war, »Gunter Sachs von Opel« zu werden), mutig genug, bei sich das Fordsche Fließband einzuführen und sich auf ein Modell zu konzentrieren. Alle Mittel- und Großwagen fielen dem Rotstift anheim. Nur noch einfache, billige und leicht zu bauende Autos wurden hergestellt. In Rüsselsheim begann ein gewaltiger Umbau: Die alten Transmissionswellen mit ihrem Gewirr von Treibriemen machten modernen Maschinen mit individuellem Elektroantrieb Platz. Opel, hielt Autor L. Scott Bailey fest, »setzte alles auf eine Karte – doch die mußte ein Trumpf sein!«

Und was es für ein Trumpf wurde: Laubfrosch hieß das 1924 vorgestellte erste Großserienauto. Grasgrün wie ein Laubfrosch bot sich die Karosserie mit dem spitzen Bootsheck mit 4/12-PS-Vierzylindermotor dar – ein offener Zweisitzer, der nur 4500 Mark kostete und »so wirtschaftlich im Betrieb war, daß er die Tasche nicht allzusehr belastete«. Niemanden störte, daß er nur mit 70 km/h dahinkroch. 25 Wagen rollten täglich vom Band, bald wurden es doppelt so viele.

Opel experimentierte auch mit raketengetriebenen Autos. Testfahrer Fritz von Opel schaffte am 28. Mai 1928 auf der Avus im Rak zwei die Spitze von 225 km/h. Preiswerte Autos, wie den Laubfrosch, gab es damals im Reich genug, allein die Deutschen waren zu arm.

Irgendwann verließ die Opels der Mut, allein in die Zukunft, die ja immer unsicher ist, zu fahren. Als sie hörten, der amerikanische Autogigant General Motors habe in England die Vauxhall-Gesellschaft für 2,5 Millionen Dollar erworben, setzten sie sich nach praktischer Hessenart hin und schrieben einen Eilbrief an den Aufkäufer von Detroit. Unverblümt machten sie auf sich und ihre Neigung aufmerksam, Kasse zu machen, wenn sie mit genügend Dollar gefüllt würde. 1929 klingelte die Kasse: GM, General Motors, zahlte für 80 Prozent der Opel-Anteile 25 967 000 Dollar. Im Oktober 1931 kauften sie den Rest für weitere 7 395 000 Dollar. Und in Amerika lachten sich die GM-Aktionäre halb tot, als ihnen Opel-Käufer Alfred P. Sloan seinen Erwerb aus Old Germany, den grasgrünen Laubfrosch, zeigte und versprach, dessen Jahresproduktion von 26 000 auf 150 000 hochzupuschen. »Opel im Aufwind« hieß es 1936, als Adolf Hitler in Berlin die Jugend der Welt zu den Olympischen Spielen zusammenrief.

Hitler mochte Opel, aber mehr noch hielt er vom Opel-Eigner General Motors. GM-Direktor James Mooney vertraute er im Mai 1934 sein großes Geheimnis an: einen »Volkswagen« bauen zu lassen. Das dürfe »kein primitiver Kleinwagen« sein, vielmehr »ein richtiges Auto mit den Abmessungen und Leistungen des 1,2-Liter-Opel, nur dürfe er höchstens halb soviel kosten wie dieser«. Doch weder die Bosse in Detroit noch die in Rüsselsheim konnten sich an Hitlers Volkswagen begeistern, zumal er betonte, ihn in einer eigens zu bauenden staatlichen Fabrik herstellen lassen zu wollen. Als sie auch noch vernahmen, Hitler habe Ferdinand Porsche zum Konstrukteur bestellt, machte sich Wilhelm von Opel, auf Lebenszeit zum Präsidenten des Reichsverbandes der Automobilindustrie gekürt, zum Sprecher der Porsche-Gegner: Hitler solle das Opel-Modell Olympia zum Wagen des deutschen Volkes erklären. Da der aber nicht unter 1450 Mark zu haben war, der Diktator jedoch 999 Mark als oberste Grenze festgesetzt hatte, war die Sache schnell entschieden.

Hitler, nachtragend wie er war, ließ Opel und GM seinen Unwillen spüren. Im Juni 1940, Deutschland hatte den Amerikanern noch nicht den Krieg erklärt, forderte er Detroit barsch auf, die Fertigung von Autos auf Munition umzustellen. GM-Boß William S. Knudsen, von seinen Aktionären attackiert, konnte nur die Schulter zucken: »Nicht ohne Bedauern müssen wir feststellen, daß Herr Hitler gegenwärtig Chef in unserem deutschen Tochterunternehmen ist.«

Und als es der nicht mehr war, holten sich die Russen, was in Rüsselsheim die amerikanischen Bomber übriggelassen hatten. Der Opel Kadett, 1936 kreiert, lief als Moskwitsch 400 von den Fertigungsanlagen, die sie am Main demontiert hatten. 1945 gab es Opel in Rüsselsheim nicht mehr.

Ford, der zweite Amerikaner in Deutschland, war ebenfalls in Hitlers Kriegswirtschaft gezwungen worden. Im Gegensatz zu Amerikas Opel aber hat Amerikas Ford in Deutschland von Anfang an nicht die Rolle des Besonderen gespielt. Die Kölner sind Jonathan Wood und Ferry Porsche in ihrem Buch *Geschichte · Schönheit · Technik – Deutsche Automobile* nicht einmal ein eigenes Kapitel wert. Ford stellte stets Autos her, die merkwürdig gesichtslos blieben. Selbst der kleine Eifel erhielt von seinen wohlwollendsten Kritikern nur das verdächtige Lob »niedlich«. Vielleicht liegt Fords automobilistische Normallage daran, daß die Chefs verschlissen wurden wie kurzlebige Wirtschaftsgüter und ihr Hin- und Herschieben fordüblich war. Erhard Vitger, Däne und Chef am Rhein, gestand, es habe »keinen Posten gegeben«, den »ich nicht einmal durchlaufen hätte«.

Alle Ford-Produkte litten von ihrer ersten deutschen Stunde an unter dem Makel, nur billige Importe aus der Mutterfabrik in Detroit zu sein. Original amerikanische A-Modelle waren die ersten Fords in Deutschland. Nichts entstand im Kopf eines deutschen Ford-Ingenieurs, alles war »Made in USA«: großvolumige Motoren ohne besonders hohe PS-Leistung, doch außerordentlich günstiger Preis, nach dem Motto »Viel Auto für Ihr Geld!« Als dann endlich aus den Kölner Studios der Vierzylinder Köln für ganze 2250 Mark auf den Markt kam und auch der ordentliche Taunus folgte, war es zu spät, um sich vor dem Krieg ein Image zu schaffen.

Der gute Stern aber leuchtete, Mercedes war nicht mehr zu bremsen. Wer etwas war oder sein wollte, kam um Spitzenwagen wie den langgestreckten Mercedes-Benz K 500 mit seinen 8 Zylindern nicht herum. Als die soliden Untertürkheimer auch noch Personenwagen mit sparsamen Dieselmotoren herausbrachten, gab es für den Aufstieg zur deutschen Automarke Nummer eins kein Halten mehr. Von seiner Lebensdauer wurden wahre Wunder erzählt. So sei ein Schwabe in 13 Jahren mit seinem Diesel 1,3 Millionen Kilometer gefahren. Die Mercedes-Diesel waren ansehnliche Geschäftserfolge, stolzer allerdings waren die Untertürkheimer auf andere Siege.

Mercedes-Benz-Rennwagen siegten wieder für Deutschland. Auch hier hatte der neue Führer, Auto- und Motorsportfanatiker, seine hilfreiche Hand ins Spiel gebracht. Adolf Hitler hatte zugestimmt, daß die Daimler-Benz AG den W-25-Rennwagen entwickelte, und Geld in Aussicht gestellt, was die Konstrukteure so beflügelte, daß der Prototyp schon nach zehn Monaten auf den Pisten seine 670 Pferdestärken austoben konnte. Im W 25 »war die deutsche Technologie so großartig und fortschrittlich, daß kein Verlust zu erwarten war, sondern es ging darum, die Kraft zu nützen und das Fahrzeug trotzdem auf der Straße halten zu können«.

Trotzdem: Mercedes hob ab. 1935, beim Grand Prix von Monaco, hängte der neue W25 selbst die bärenstarken Alfa Romeos ab. Und auch eine zweite deutsche Marke war fortan unter den Siegern zu finden, die Auto Union, und zwar mit Wagen, die Ferdinand Porsche konstruiert hatte.

Für Führer, Volk und Vaterland fuhren und siegten in einem fort Fahrer, die umgehend zu Nationalhelden avancierten: der altbewährte »Carratsch«, Hermann Lang, Manfred von Brauchitsch – und Bernd Rosemeyer, der große Junge, der über Nacht zum Liebling der Deutschen aufstieg. Die Nation hielt den Atem an, wenn sich auf der Piste »Carratsch« auf Mercedes und Rosemeyer auf Auto Union wahre Rennschlachten lieferten (bis Rosemeyer im Januar 1938 bei einem Weltrekordversuch auf der Autobahn bei Darmstadt durch eine Bö von der Bahn gefegt und getötet wurde).

Die glorreichen »Silberpfeile« aus Untertürkheim, vom genialen Renndirigenten Neubauer ins Ziel bugsiert, und die pfeilschnellen Wagen der Auto Union fuhren die Weltelite in Grund und Boden. Den Deutschen schwoll vor Stolz das Herz, und die Jungen stritten sich auf ihren Spielplätzen, wer »Carratsch« oder wer »Bernd« sein durfte.

Der Verdacht, Hitler habe bei den nationalen Siegen Pate gestanden und Daimler-Benz und Auto Union nicht nur gute Worte geschenkt, lag schon immer nahe. Doch im Dritten Reich war niemand daran interessiert, der Frage nachzugehen. Wichtig war nur, die sprichwörtliche Überlegenheit der deutschen Herrenmenschen zu demonstrieren, ihres Genies und ihrer Technik.

Erst ein halbes Jahrhundert später, 1986, als die Sache kaum noch jemanden interessierte, wurde anläßlich des 100. Geburtstags des Autos, gleichsam nebenbei, das Geheimnis gelüftet. »Direkter Einfluß aus Berlin wird von allen damals beteiligten Daimler-Benz-Leuten allerdings bestritten«, berichtete Gerold Lingnau. Man habe »nur aus eigenem Antrieb wieder Rennwagen gebaut und eingesetzt«. Dann kam die späte Wahrheit ans Licht: Dagegen sprächen »die Zuschüsse, die Hitler den beiden Rivalen (Mercedes-Benz und Auto Union) zahlen ließ: 2,78 Millionen an Daimler-Benz und 2,58 Millionen an die Auto Union«. Hinzu seien Siegprämien von 330 000 beziehungsweise 217 000 Mark gekommen. Lingnau bleibt nüchtern: Allein mit Hitlers Millionen hätte es die deutschen Siegerwagen nicht gegeben, »ohne sie allerdings auch nicht«. Der Historiker Simsa wurde ebenfalls fündig. Schon 1932, vor seiner Machtübernahme, habe Hitler Mercedes-Rennfahrern versprochen: »Ihre Firma bekommt das Geld in dem Augenblick, wenn ich an der Macht bin.«

Hitlers größter Autotriumph aber stand erst noch bevor. Von ihm angetrieben, entstand in seinem Reich das vielleicht berühmteste Automobil der Welt, das lange Zeit selbst die Amerikaner als »Beetle« liebten wie ihre eigene Mickey Mouse, dem sie hinreißende Filme wie *Herbie* widmeten und das globusumfahrend zur erfolgreichsten Werbung für alle deutschen Produkte wurde, seit 1887 die neidischen Briten mit ihren Merchandise Marks die tüchtigen Germanen zwangen, ihre Exportware als »Made in Germany« zu kennzeichnen.

Nun rollt – Tusch und Vorhang hoch – auf die Weltbühne: der Volkswagen, Kosename Käfer. Weltmeister aller Zeiten, made in Germany. In Rußlands Eis und unter Afrikas Sonne eingesetzt, wurde er nicht nur das am härtesten erprobte, sondern auch das meistgebaute Auto der Welt.

Erhellen wir die Situation jener Jahre – der Käfer und seine Väter – mit einem psychologischen Gutachten.

Der Autonarr und sein Genie
Hitler & Porsche

Bis zum bitteren Ende blieb Adolf Hitler ein Autonarr. Noch im Jahr der Kriegswende, 1942 – nach Stalingrad –, sprach er vom »Bewußtsein, dem Auto gehört in Deutschland die Zukunft«, und dieses Bewußtsein sei »das Vornehmste und Schönste, das alle diejenigen, die glauben dürfen, an führender und wegweisender Stelle zu stehen, empfinden können und müssen«.

»Das größte technische Genie, das Deutschland heute hat«, behauptete er mit der Diktatoren eigenen Überzeugungskraft, »ist bei seinem unscheinbaren Aussehen der Doktor Porsche.« Und: »Die Erfahrungen, die wir in der Materialprüfung während des Krieges machten, werden unserem Volkswagen wunderbar zustatten kommen.«

Sie wußten, was sie taten: Ein besessener, politischer Wille und ein reiner ingeniöser Geist, Adolf Hitler und Ferdinand Porsche, hatten sich gesucht, gefunden und verbündet.

Daß beide, vom Geburtsort her gesehen, keine Deutschen waren, sondern aus der großen Schmelze des dekadent-kreativen k.u.k.-Österreich stammten – der eine aus Braunau am Inn, der andere aus Maffersdorf in Böhmen –, spielte für ihre fanatische Vision, die Deutschen zu einer Nation von Autofahrern zu machen, keine Rolle. Beide arbeiteten mit ganzem Herzen für und in Deutschland.

Wer hatte auf wen gewartet?

Der Politiker mit dem Gespür für Massensuggestion auf den Ingenieur, der allein seine fixe Idee von der Volksmotorisierung zur Produktionsreife bringen und das Auto, von dem er träumte, auf die Räder stellen könnte?

Der Ingenieur auf den Politiker, der allein die Macht und die Mittel hat, seinen Volks-Wagen – gegen alle Widerstände – in riesigen Serien zu bauen?

Ferry Porsche, der Sohn des Hitler-Ingenieurs, will die beiden Egomanen nicht auseinanderdividieren und nicht entscheiden, wer zuerst da war und den größten Lorbeer verdient: »Von Adolf Hitler angeregt und von Ferdinand Porsche gebaut«, heißt sein diplomatischer Kompromiß, dennoch reif für die Geschichtsbücher. Der Porsche junior ist der letzte Überlebende dieser heroischen Zeit, von der Geburt des Volkswagens an hautnah seines Vaters engster Mitarbeiter und dauernder Schatten und somit der verläßlichste Augenzeuge, den sich der Reporter wünschen kann. So können wir hier – kühl bis ans stolze deutsche Herz – sie einfach erzählen, die glanzvolle Geschichte des deutschen Volkswagens.

1932, auf dem Höhepunkt der Wirtschaftskrise, ging es dem selbständigen Konstrukteur Ferdinand Porsche in Stuttgart so miserabel, daß ihm der Besuch des Barons Fritz von Falkenhayn wie ein Geschenk des Himmels vorkam, denn Porsche ahnte, was sein Besucher von ihm wollte. Von Falkenhayn war im nahe gelegenen Heilbronn Chef von NSU, der größten deutschen Motorradfabrik, die sich erfolglos im Bau von Automobilen versuchte. Wie erwartet, schlug er dem unterbeschäftigten Genie vor, für NSU einen kleinen Wagen mit einem 1,2-Liter-Motor zu entwerfen. Porsche gab dem NSU-Auftrag die interne Nummer 1932, stellte sich im August 1932 ans Zeichenbrett und legte bereits im Dezember seine Entwürfe vor.

Dem Auftraggeber von Falkenhayn gefielen sie, und so wurden drei Exemplare in Porsches Doppelgarage neben seinem Privathaus auf dem Stuttgarter Killesberg zusammengebaut. Doch Fiat-Italien, mit NSU-Heilbronn finanziell verbandelt, reagierte sauer, wies seinen deutschen Statthalter von Falkenhayn auf den drohenden Vertragsbruch hin – und von Falkenhayn, ein schwäbischer Ehrenmann, mußte den Konstrukteur Porsche und seine Prototypen wie eine zu heiße Pellkartoffel fallen lassen.

Adolf Hitler hatte bereits im Februar 1933 den Bau des ersten deutschen Abschnitts einer Autobahn zwischen Frankfurt und Mannheim angekündigt, die er zwar nicht erfunden hatte, aber dennoch konsequent zu bauen begann. Und er hatte, als regelmäßiger Besucher von Auto- und besonders von Bergrennen immer wieder versprochen, für diese Autobahnen auch die notwendigen Autos zu bauen. Bei einem dieser Rennen hatte er einen unscheinbaren Landsmann kennengelernt, den Ingenieur Ferdinand Porsche.

Porsche, der erfahrene, aber so gut wie arbeitslose Autokonstrukteur, drehte derweil in Stuttgart Däumchen. Endlich, im Herbst 1933, meldete sich der zum Führer und Reichskanzler aufgestiegene Rennfreund, um sich von Porsche über den zu den Akten gelegten NSU-Entwurf informieren zu lassen und dann sofort deutlich zu machen, was er von dem Ingenieur wollte. Als »unabdingbare Forderungen« nannte er:

Einen luftgekühlten Motor für seinen Volkswagen, Verbrauch 7 Liter auf 100 Kilometer, Platz für 2 Personen und 3 Kinder (die neue deutsche Normalfamilie), Höchstgeschwindigkeit 100 km/h, Preis »unter 1000 Mark«.

»Ablehnen!« war Porsches erste spontane Reaktion, ausführende Hand eines fremden Kopfes wollte der stolze Ingenieur nicht werden. Dann aber, vielleicht hatte er die Chance begriffen, von der alle Techniker träumen – ihr Name und Werk möge in die Lexika der Welt eingehen –, nahm er an und trug unter dem 17. April 1934 den Auftrag des Führers in seine Folianten als Nummer 60 ein.

Hitler ließ sich immer wieder über den Fortschritt berichten. Jedes Detail besprach er mit dem Konstrukteur und setzte sich auch durch, wenn ihm Teile seines Volkswagens oder auch nur Einzelheiten nicht gefielen. Persönlich zeichnete Hitler Porsches Wagenende neu, und so wurde es dann auch gebaut: als Buckel. Immer wieder verglich er den Volkswagen mit einem Käfer – Ferry Porsche, Mitkonstrukteur, hörte selbst Hitlers Worte, die für seinen Ingenieurvater Befehl waren:

»Er soll wie ein Käfer aussehen. Sie brauchen nur die Natur zu betrachten, um herauszufinden, was Stromlinienform ist.«

Der Vertrag, den Reichskanzler Hitler und Ingenieur Porsche schlossen, legte auch den endgültigen Preis fest: 990 Reichsmark (Porsche selbst sollte von jedem Käfer, der gebaut wurde, eine Reichsmark kassieren; mehr als 21 Millionen Käfer wurden in Deutschland gebaut, in Mexiko läuft er weiter vom Band). Unablässig wurden Details verfeinert, meist von der Künstlerhand des Österreichers Franz Xaver Reimspiess, der, 33jährig, die endgültige Form des Käfers zeichnete und auch das zu weltweiter Bedeutung aufleuchtende Markenzeichen entwarf: VW im silbrigen Kreis.

Und Hitler sah, daß Porsche, sein Genie, seine Sache wohlgetan hatte. Er beugte sich über das schöne Modell, umringt von seinen Hofschranzen in Braun und Schwarz, und ließ sich für seine Deutschen, die mit seinem Volkswagen auf seinen Autobahnen zu einer Nation von Autofahrern und -freunden werden sollten, fotografieren. Ferdinand Porsche, der Schöpfer des berühmtesten Autos der Welt, stand bescheiden daneben und wies mit der Rechten auf das Werk, an dem alles, wie befohlen, gelungen war. Und Hitler, der Autonarr, lachte.

Wer heutzutage in Wolfsburg die Riesenkomplexe des Forschungs- und Entwicklungsressorts des VW-Konzerns für 10 000 Ingenieure und Konstrukteure sieht, kann nur schwer begreifen, daß der Welterfolg des VW-Käfer in der Doppelgarage von Porsches Privathaus im Stuttgarter Feuerbachweg 48 bis 50 zur Produktionsreife entwickelt worden ist und Porsche Vater und Sohn meist nur drei Monteure um sich hatten. Hier auf dem Killesberg wurden auch die drei Versuchswagen gebaut, die bald ihre Langstreckentests über eine Distanz von 30 000 Kilometern in den Alpen, im Schwarzwald und auf der Autobahn zwischen Stuttgart und Bad Nauheim überstanden; täglich wurden sie 750 Kilometer weit gedroschen.

Keine Zeile stand darüber in der gelenkten Presse, »GKdos« war das Hitler-Porsche-Projekt, Geheime Kommandosache.

Erstmals im Januar 1937 hörten die Deutschen von der erfolgreichen Erprobung des neuen, für sie gedachten Automobils. Jetzt waren auch die etablierten Autofabrikanten im Land, die einem Volkswagen aus Staatsfabriken skeptisch bis ablehnend gegenübergestanden hatten, bereit, den Wagen in Massenproduktion zu fertigen. Hitler hatte ihren Widerstand jedoch nicht vergessen und gab bekannt, das Reich werde eigens für sein Auto eine gigantische Fabrik bauen. Der Freizeitverein »Kraft durch Freude« (KdF), dessen Dachorganisation Deutsche Arbeitsfront 1933 an die Stelle der verbotenen und enteigneten freien Gewerkschaften getreten war, werde den Bau des Werkes und den Verkauf der Autos übernehmen und sichern.

Der Standort war bald gefunden: Wolfsburg, vor allem ausgesucht, um die große Arbeitslosigkeit in dieser niedersächsischen Einöde südlich der Lüneburger Heide zu beseitigen. »Stadt des KdF-Wagens« hieß Wolfsburg fortan.

Die autowilligen Deutschen waren nicht zu bremsen, als im August 1938 die Arbeitsfront die Konditionen für den VW-Kauf bekanntgab; äußerst günstig waren sie und maßgerecht auf den kleinen Mann in Deutschland zugeschnitten: Für eine Gebühr von einer Mark gab es ein Sparbuch, das zugleich Auftragsbestätigung für den Wagen war; der Gesamtpreis in Höhe von 990 Mark war in erschwinglichen Raten aufzubringen. Ausgeliefert an die fleißigen und ungeduldig wartenden Zahler werde jedoch erst, wenn auch die letzte Rate beglichen sei. Bald waren 336668 verbindliche Bestellungen gebucht.

Die Deutschen kauften ihr Auto nicht im Sack, denn schon am 26. Mai 1938 hatte Hitler in Wolfsburg, auf dem Grund und Boden der Grafen von der Schulenburg, den Grundstein für den Bau seines Autotraums gelegt. Der junge Ferry Porsche hatte ihn am Bahnhof in Fallersleben abgeholt und zur Baustelle chauffiert. Ende 1939, so hatte der Führer seinem Volk versprochen, würden die ersten KdF-Wagen an die Käufer ausgeliefert werden.

In Stuttgart werkelte Ferdinand Porsche bereits an einer Sportversion, von der Hitler, so autonärrisch er auch war, zunächst gar nichts hielt. Erst Porsches listiger Hinweis, Sportwagen und Sportwagensiege seien international eine vorzügliche Propaganda für das neue Deutschland, führte zu dem grünen Licht aus Berlin.

Längst war auf dem Stuttgarter Killesberg die private Doppelgarage zu klein und im nahen Zuffenhausen eine Werksanlage mit großem Auslauf bezogen worden; immer wieder wurde der Wagen verbessert, der dann doch nicht an seine Kunden ausgeliefert wurde.

»Ab 5.45 Uhr wird zurückgeschossen«, hatte der Führer und oberste Befehlshaber der Wehrmacht am Morgen des 1. September 1939 im Rundfunk erklärt, als er schon mit Mann und Roß und Autos in Polen eingefallen war. Seine Truppen überfielen viele Länder, vollmotorisiert durch wendige Kübelwagen, die Militärversion des Volkswagens. Kein Auto wurde, es sei an dieser Stelle noch einmal erwähnt, härter und gnadenloser erprobt.

Im Krieg lag Porsches technisches Genie ziemlich brach, sieht man von seinem Panzer mit dem eigenen Namen Ferdinand ab, einem völlig nutzlosen Ungetüm. Er und Sohn Ferry setzten sich ins kriegsferne Kärnten ab und ließen sich von den Amerikanern überrollen. Kärnten, genauer: das Kaff Gmünd, war genial gewählt, wie sich bald nach dem großdeutschen Flop zeigen sollte. Hier bastelte Ferdinand Porsche heimlich an dem Sportwagen, der seinen Namen tragen sollte.

Deutschland nach Hitler. Nur noch rauchende Trümmer, das Reich zerstört und zerstückelt, die Nation entehrt. Das verbliebene Deutschland sollte ein Kartoffelacker werden. Was die Geschlagenen im nächsten Jahrhundert bestimmt nicht mehr benötigen würden, war den alliierten Siegern klar: Autos.

Daimler-Benz in Stuttgart, von schweren Luftangriffen heimgesucht, hatte »praktisch aufgehört zu existieren«, diktierte Wilhelm Haspel, der Chef des erloschenen Sterns, in eine Bestandsaufnahme. Als er durch die Trümmer seiner Fabrik schritt, versprach ihm ein amerikanischer Offizier: »Hier wird nie wieder etwas produziert werden.« In Untertürkheim waren 70 Prozent aller Gebäude bis auf die Grundmauern zerstört. Im Werk Gaggenau sogar 80, in Sindelfingen 85 Prozent.

Was die Bomben übriggelassen hatten, demontierten zuerst die Franzosen und dann die Amerikaner, denn die Region um Stuttgart war die einzige Gegend im Restdeutschland, in der sich zwei Besatzungsmächte ablösten. Die Besatzer ließen »alle leitenden Angestellten bis hinauf zum Vorstandsvorsitzenden« einen 6 Seiten umfassenden Bogen mit ungezählten Fragen über ihre Jahre im Dritten Reich und ihren Einsatz für Hitler und die Partei ausfüllen. Viele, allen voran Generaldirektor Wilhelm Haspel, wurden als »Belastete« eingestuft und fristlos entlassen.

Opel hatte der Krieg schwer angeschlagen. Das Lastwagenwerk Brandenburg, in der sowjetischen Besatzungszone gelegen, wurde einschließlich Fensterrahmen und Wasserhähnen demontiert und hinter dem Ural wieder aufgebaut. Opel Rüsselsheim mußte den Russen außer dem Kadett-Modell auch alle Gußformen, Lehren und Zeichnungen als Reparationsleistung überlassen. Was aus Rüsselsheim, dem Opelschen Stammsitz, werden sollte, wußte selbst General Motors in Detroit, der Opel-Eigner, nicht; GM-Chef Sloan war nicht sicher, ob das Werk »das Risiko wert ist, das ein chaotisches Nachkriegseuropa mit sich bringt«.

BMW hatte sein Autostammwerk Eisenach ebenfalls an die Russen verloren. Die Fabrik in München-Milbertshofen, auf deren Gelände kaum noch ein Stein auf dem anderen stand, wurde auf besonders perfide Art für einen eventuellen Wiederaufbau platt gemacht: 16 Nationen, alles Verbündete der großen Sieger, durften sich im Werk aussuchen, was noch brauchbar war. Noch heute ist in Milbertshofen der Bericht eines Augenzeugen in Umlauf, was aus der

Technologie des erfolgreichen BMW 328 wurde: Sie wurde in die Autos der Flugzeugfirma Bristol eingebaut.

Volkswagen in Wolfsburg war glimpflich davongekommen. Als einziges Autowerk konnte es die Produktion sofort wiederaufnehmen, bis Kriegsende hatte es 10 000 Kübelwagen – sozusagen der »Jeep« der Deutschen – hergestellt. Die alliierten Bomber hatten befehlsgemäß keine ganze Arbeit geleistet, weil das Werk, deutscher Staatsbesitz, Beute der englischen Krone werden sollte. Bereits im August 1948 wurde Hitlers/Porsches Volkswagen gebaut, bewacht von den 30. Workshop Control Unit and Mechanical Engineers unter Major Ivan Hirst, der zum großen Beschützer wurde.

Beutegierig waren ihre Verbündeten. Die Franzosen organisierten den Abtransport einzelner Fertigungseinrichtungen, als die eigene Industrie, Konkurrenz witternd, den Plan zunichte machte. Aus Detroit war Henry Ford II. aufgetaucht und suchte nach Möglichkeiten, das ganze Volkswagen-Werk – wie seinerzeit General Motors das Opel-Werk – zu kaufen. Doch seine Experten setzten ihre Bedenken durch: Sie, die wassergekühlte Frontmotoren bauten, hielten von Porsches Heckmotor mit Luftkühlung nichts. So blieb VW im Land, und Major Hirst ließ bis Ende 1945 703 Autos zusammenschrauben, 522 davon waren robuste Kübel.

Wie es mit den Resten der deutschen Autoindustrie weitergehen sollte, war von den Siegern in London, Washington und Paris, die von ihren Autoindustriellen beraten wurden, festgelegt worden: Jährlich sollten nur je 40 000 Personen- und Lastkraftwagen gebaut werden. Dabei war nicht einmal klar, ob die deutsche Autoindustrie »die größte Katastrophe, die je über eine hochentwickelte, moderne Industrie hereingebrochen ist«, wie Daimler-Chef Haspel im Oktober 1945 einem Schweizer Experten erklärte, verkraften und die Arbeit überhaupt wieder aufnehmen könne. Um etwas zu tun zu haben, ließ Daimler im fast vollständig zerstörten Werk Mannheim den Opelschen Drei-Tonner-Lastwagen Blitz bauen.

Hoffnung machte sich zögernd breit, als in Stuttgart, vor den Toren von Mercedes, Amerikas Außenminister James F. Byrnes den Geschlagenen den Wiederaufbau ihrer Industrie »für friedliche

Zwecke« zugestand und sein Nachfolger George C. Marshall das europäische Wiederaufbauprogramm, den »Marshall-Plan«, vorstellte. Die Deutschen erhielten zur Ankurbelung ihrer Wirtschaft Dollarmilliarden.

Die verblüffende Fürsorge der Westalliierten für die verhaßten Deutschen erklärten täglich die Schlagzeilen in den Zeitungen. Zwischen den einstigen Anti-Hitler-Verbündeten war der kalte Krieg ausgebrochen, und der Westen brauchte die Deutschen, denn tüchtig waren sie ja immer noch. Die Russen, über Nacht der neue Feind, ließen in der sowjetischen Besatzungszone die Typen Trabant und Wartburg nach dem alten DKW-Prinzip, Zweitakter und Frontantrieb, bauen (und das Talent der Ostdeutschen zum Autobauen beharrlich verkümmern).

Im Westen des geteilten Deutschlands aber ging es, die Marshall-Milliarden hatten gezündet, voran und aufwärts. Mitte 1948 wurde die Deutsche Mark eingeführt, jedermann erhielt 40 Mark als Kopfgeld. Am 23. Mai 1949 erlaubten die Westalliierten den Deutschen die Gründung der Bundesrepublik.

Deren erster Wirtschaftsminister Ludwig Erhard – seine ewig qualmende Zigarre signalisierte, daß die Republik mächtig unter Dampf stand – predigte die freie Marktwirtschaft, in der es »Wohlstand für alle« geben solle.

Die geordneten politischen Verhältnisse im ersten demokratischen Staat auf deutschem Boden nach der kurzlebigen Weimarer Republik brachten auch die Autobauer wieder an den Start. Fortan fuhren sie auf der Ideallinie zum Erfolg, und es war abzusehen, daß bald jeder Mann im Land sein eigenes Auto haben würde und bald auch jede Frau. Und die Deutschen würden stolz auf ihre Autos und Autofahren eine nationale Leidenschaft sein. Nach Coca-Cola, Amerikas Marktriesen, würde dem guten Stern aus Untertürkheim bald das bekannteste Markenimage attestiert werden.

In der jungen Republik, dem Wirtschaftswunderland, waren von den bekannten Automarken nur wenige am Start:

- Daimler-Benz in Stuttgart,
- Volkswagen in Wolfsburg,
- Opel in Rüsselsheim,

- Ford in Köln,
- Borgward in Bremen mit seinen Marken Hansa, Goliath und Lloyd.

Adler, die berühmte Marke, wurde von den Anhängern vergeblich gesucht. Bewahrt hatten sie sich die schöne Erinnerung, welches Aufsehen Heinrich Kleyer hervorgerufen hatte, als er 1933 seinen Achtzylinder mit 4 Litern und 80 PS, konstruiert vom legendären Chefkonstrukteur H. G. Röhr, vorstellte. Auch die jungen Deutschen hatte Kleyer glücklich gemacht: Sein Adler-Trumpf Junior bescherte ihnen das erste Fahrerlebnis. Obwohl ab 1948 im Land der Optimismus groß war und die Aussicht auf ein gutes Autogeschäft von Dauer wuchs, hatten die Herren der Marke Adler aufgegeben: »Keine Chance mehr für Autos in Deutschland«, hatte die Marketingstudie eines Marktforschers ergeben.

Heinrich Nordhoff, dem Mann, der das Volkswagen-Werk groß machte, war später das Aus der Marke aufgrund einer Marketingstudie immer massiver Spott wert: »Hätte ich '45 auch eine Marketingstudie machen lassen, wäre der Volkswagen niemals gebaut worden.« Und zum Beweis, wie sehr er diese Forscher verachtete, sprach er Marketing aus, als würde das Wort mit drei e geschrieben: Markeeeting.

Hanomag fehlte auch. Der hannoversche Autobauer traute sich ebenfalls nicht mehr ins Autogeschäft, obwohl er vor dem Kriege doch überzeugende Proben seines Könnens abgelegt hatte und bei den Deutschen noch in bester Erinnerung war: mit dem niedlichen »Kommißbrot« und dem Sechszylinder Sturm, einem adretten Zweisitzersportwagen. Hanomag konzentrierte sich auf schwere Nutzfahrzeuge (und wurde später von Mercedes-Benz geschluckt, in dessen Rachen auch andere Lkw-Marken spurlos verschwanden).

Neu hinzu kamen:

- Auto Union, wieder gegründet, mit der Traditionsmarke DKW;
- BMW in München als Ersatz für das an die Russen verlorene Stammwerk Eisenach;
- Porsche in Stuttgart-Zuffenhausen.

War es neuer deutscher Optimismus, eine goldene Zukunft vor sich zu haben, oder Abenteuerlust wie nach jedem großen Desaster? Wie schon nach dem verlorenen Ersten wurden auch nach dem verlorenen Zweiten Weltkrieg Kleinwagen *en masse* entwickelt, gebaut und einem an allem Fahrbaren interessierten Publikum offeriert.

Neu aber war der sogenannte Kleinstwagen, und die Historiker Richard von Frankenberg und Marco Matteucci machten sich daran, die kuriose Frage mit allem Ernst zu beantworten: »Was ist ein Kleinstwagen?«

Der Kleinstwagen, so ihre behutsame Antwort, habe einen »Hubraum unter 500 ccm, meist haben diese Fahrzeuge nur zwei vollwertige Sitze«, der zur Verfügung stehende Platz sei außerordentlich gering; die kompakten Konstruktionen mit ihrem winzigen Radstand ermöglichten das Einparken auch in die kleinste Lücke. Während sich normale Autos durch mühseliges Vor- und Zurückfahren in eine Parklücke zwängen müßten, fahre der Kleinstwagen einfach vorwärts hinein. Da nach dem Krieg bald wieder die alte Hubraumsteuer eingeführt wurde, bedeuteten die winzigen Motoren auch niedrige Steuern.

BMW Isetta war die erste Nachkriegskonstruktion der Münchner. Auf der Automobilausstellung 1951 in Frankfurt wurde dieser Kleinstwagen vorgestellt. Er verschlug selbst BMW-Fans den Atem: Von vorne stieg man in das kleine, runde Ding. Bis Mai 1962 wurde die Isetta mit einer Stückzahl von 36 372 gebaut; mit dem volkstümlichen Preis von 2780 Mark wurde sie ein Schlager.

Goggomobil nannte der Landmaschinenfabrikant Hans Glas aus Dingolfing, wo Bayern am schwärzesten ist, seinen Kleinstwagen mit selbstentwickeltem Zweizylindermotor. Bis 1965 brachte es »das Ding aus Dingolfing« *(Der Spiegel)* auf 245 000 Stück (bis den erfolgreichen Glas der Hafer stach. Er baute einen gewaltigen Achtzylinder und steuerte damit umgehend in den Graben, aus dem ihn BMW auflas).

Messerschmitt, dessen berühmtes Jagdflugzeug Me 109 mit 709 km/h vor dem Krieg Weltrekord geflogen und im Krieg Görings Standardjäger war, brachte den Wurf seines Flugzeugingenieurs Fritz Fend auf die Straße: den Messerschmitt-Kabinenroller. Fahrer und Sozia stiegen wie in eine Flugzeugkanzel ein und hockten hintereinander. Waghalsige fuhren damit sogar Rennen.

Heinkel, der alte Messerschmitt-Konkurrent im Bau schneller Militärflieger, meldete sich mit einem dreirädrigen Kleinstwagen an den Start. Entnervt, weil er in 4 Jahren ganze 6400 Käufer gefunden hatte, gab Ernst Heinkel sein Autogeschäft an eine irische Firma, die mit der Heinkel-»Kabine« auch nicht glücklich wurde.

Lloyd aus dem Hause Borgward machte seinen Winzling mit dem Kosenamen populär, den ihm die Deutschen gaben: »Leukoplastbomber«. Seine Holzkarosserie, ein Gerippe aus Hartholz-Fachwerk, war mit Sperrholz verkleidet und mit Kunstleder überzogen. Bis 1951 baute ihn der eigenwillige Bremer. Nach und nach wurden einzelne Teile durch Stahlblech ersetzt. 18 000 »Leukoplastbomber« fanden ihre Piloten, 3300 Mark mußten sie löhnen, fürs Coupé nur 150 Mark mehr. Die Deutschen, arm und doch autobegeistert, honorierten Borgwards rührenden Mut, sich gegen die Riesen in der Branche zu behaupten, und schoben Borgwards Lloyd auf den dritten Platz hinter VW und Opel.

Viktoria Spatz, von Viktoria in Nürnberg gezeugt, versuchte es ebenfalls mit einer Kunststoffkarosserie; doch selbst für den Kaufpreis von 3350 Mark wurden bis 1958 nur ganze 1500 Spätze gekauft, bevor sein Hersteller ausgepfiffen hatte.

Die Kleinstwagen hatten nur eine Lebenszeit von 12 Jahren, Historiker bemessen sie von 1948 bis 1960. Kein Modell überlebte, mit Ausnahme von BMW, sie wurden alle Opfer des Wirtschaftswunders. Die Deutschen, wieder zu Kraft und Geld gekommen, wollten andere Autos, richtige Autos zum Reisen nach Italien und Österreich (und in die ersten Staus). Hitlers Traum von der »Kraft durch Freude« für seine Deutschen wurde wahr. Ein Werbetexter traf den Nagel auf den Kopf: »Es ist schon ein großes Erlebnis, zum erstenmal mit dem eigenen Wagen in Urlaub zu fahren! Mit einem wahren Hochgefühl genießt man es, direkt von zu Hause in die weite Welt zu starten und völlig frei zu sein.«

Jetzt geriet selbst Borgward unter die Räder und mußte Vergleich anmelden. Carl F. W. Borgward, der eigensinnige Nur-Techniker, der in seiner Umgebung keinem Kaufmann das Rechnen erlaubte, stand, als alles zu Ende war, täglich fassungslos mit seinen beiden Dackeln am Drahtzaun seiner stillgelegten Fabrik, weinte und verstand die Autowelt nicht mehr. Die Borgward-Fahrer schon gar nicht.

In der deutschen Automobilindustrie waren jetzt die Weichen gestellt. Sie war auf dem Weg, Deutschlands größter und wichtigster Wirtschaftszweig mit immer neuen Exportrekorden zu werden. Die Automobilfabriken waren selbst Teile festgefügter Konzerne geworden:

Bei Daimler-Benz hatten die Großaktionäre Friedrich Flick, die Deutsche Bank und der Industriellen-Clan Quandt das Sagen und bauten das Traditionsunternehmen mit guten Ingenieuren und Managern und viel Geld zum größten deutschen Automobilimperium mit dem größten Ansehen in der Welt aus.

Bei BMW übernahm Quandt das Steuer, trennte sich später von seinem Aktienpaket bei Daimler-Benz und gliederte die Münchner in sein weites Imperium ein. Ehrgeizige an der Spitze wie der ostpreußische Pferdezüchtersohn Eberhard von Kuenheim setzten BMW auf die Erfolgsspur von Mercedes. Zum erstenmal erwuchs den Untertürkheimern ein echter Konkurrent.

Bei Opel in Rüsselsheim hieß es bald, die deutsche Tochter von General Motors sei die größte Auslandsniederlassung der Detroiter und ihr Paradeunternehmen, das immer wieder der Zentrale mit ansehnlichen Dividendenzahlungen unter die Arme greife. Die Rüsselsheimer, die lange bespöttelt worden waren – »Wer Opel fährt, nimmt auch Trinkgeld!«, »Jeder Popel fährt Opel!« –, hatten schnell die Kurve zum angesehenen Autobauer gekriegt. Sie scheiterten nur immer, wenn sie der deutschen Nobelmarke aus Untertürkheim mit Großkaleschen wie Kapitän, Admiral und Senator, Miniaturen amerikanischer Straßenkreuzer, Mores lehren wollten.

Bei Ford in Köln, fest angeschnallt bei Ford in Dearborn bei Detroit und ohne ausreichenden Radius zu automobilistischer Kreativität, wurden auch Autos gebaut; sie zeigten allerdings niemals, wie bis in unsere Tage zu verfolgen, ein unverwechselbares Profil. Alle Entwürfe der Kölner Nullachtfuffzehn-Automacher fanden in der entscheidenden Zielgruppe der Anspruchsvollen keine Freunde:

»Der erste Eindruck war schockierend«, reportierte *auto motor und sport*, das führende Fachblatt, als Ford seinen 17 M vorstellte und treuherzig meinte, damit den Mercedes 220 ausbremsen zu können.

Volkswagen in Wolfsburg übernahm von Daimler-Benz die Auto Union in Ingolstadt, weil die Stuttgarter mit der ungeliebten Morgengabe ihres Großaktionärs Flick nichts anzufangen wußten, und schuf die Erfolgsmarke Audi. VW selbst forcierte Hitlers/Porsches Käfer zum erfolgreichsten Modell der Welt. Allein im Autoland Amerika wurden jährlich mehr als eine halbe Million geliebter »Beetles« gekauft. Aber schon bald hatten die mächtigen Herren von Wolfsburg, an ihrer Spitze der Käfer-Puscher Heinrich Nordhoff, schlaflose Nächte, wenn sie daran dachten, welches Modell dereinst ihr Erfolgsauto ablösen sollte.

Audi in Ingolstadt ist das seltene Beispiel, wie in der Autoindustrie Tote auferstehen und lebendiger werden als in ihrem ersten Leben. Audi schaffte seinen »Vorsprung durch Technik« (Werbespruch). Eigensinnige Ingenieure wie der Ferdinand-Porsche-Enkel Ferdinand Piëch setzten auf den Allrad, schickten ihn mit Superfahrern wie Walter Röhrl zu Rallyes und behaupteten sich.

Porsche in Stuttgart, im fernen Gmünd in Kärnten gebastelt und seit 1950 eine eigene Marke, war schon bald »die deutsche Sportwagenschmiede« *(Spiegel)*. Diese Perle im Weltautomobilbau gehörte voll zum Besitz der Louise Piëch, geborene Porsche, und des Ferry Porsche, Erben des Stammvaters Ferdinand. Der kleinste Autobauer im Land sicherte sich schnell mit bewunderten Sportwagen und bestaunten Rennsiegen den besten Ruf.

Frönen die Erben oft dem schönen Leben, so daß man von ihrer Existenz nur noch etwas aus den Klatschspalten der Yellow Press erfährt, gab es für den Sohn des Ferdinand Porsche nur eines: die Arbeit am Auto. Ferry Porsche hatte Benzin im Blut. Schon mit 11 Jahren besaß er sein erstes Auto, vom Vater, damals Generaldirektor bei Austro-Daimler, mit Stückzahl Nummer eins gebaut, und raste durch den elterlichen Park. Sohn Ferry sollte als Automensch zumindest so berühmt werden wie Vater Ferdinand, der Erfinder des Käfers. Doch während der Alte alles baute, was sich bewegen ließ – Rennwagen wie Panzer –, stand dem Jungen der Sinn ausschließlich nach Sportwagen: flache, superleichte Geschosse mit höchster Geschwindigkeit und Zuverlässigkeit. Ferrys erster Porsche, der 356 Roadster, der – während Hitler sich in seiner Reichskanzlei in Berlin eine Kugel in den Kopf jagte und von Deutschlands weltberühmten Automarken nichts übrigblieb – klammheimlich in Gmünd entstanden war, hatte alles zum echten Porsche. Schnell war mit dem Leichtmetall-Coupé 356 der erste Rennwagen fertig, der seinen Test im ersten 24-Stunden-Rennen von Le Mans überzeugend bestand.

Doch sosehr auf den 356er von Freund und Feind Laudationes gehalten wurden, er war nichts gegen seinen Nachfolger, den Insider nur den »Elfer« nennen: den Porsche 911, gestylt vom Ferry-Sohn Ferdinand Alexander. »Der 911 ist«, stellt kompetent der Le-Mans-Sieger Paul Frère in seiner *Porsche 911-Story* fest, »ein perfektes Beispiel dafür, wie die Rennerfahrung in einem Serienwagen verwertet werden kann.«

War der 356er, wie Ferry Porsche später verschämt gestand, »noch weitgehend mit VW-Teilen« produziert worden, so kann der Elfer als totale Neukonstruktion aus Porsche-Hand gelten. 1964 ging er im Porsche-Werk Zuffenhausen nördlich von Stuttgart in Produktion. Seine Form änderte sich fast nicht, nur die Motoren – Porsches Glaubensbekenntnis – wurden Jahr für Jahr stärker. Zunächst war der Superwagen, ein Sechszylinder, mit 2 Liter Hubraum für 130 PS ausgelegt worden. Heute ist er auf 3 Liter Hubraum im Serienturbo auf die doppelte Kraft gepreßt. Noch schneller allerdings beschleunigten die Preise. Den wahren Porsche-Fan jedoch schreckte das alles nicht: Fast 100 000 Elfer wurden bisher verkauft, ihre Piloten fühlten sich als Familie. Auf der Autobahn grüßten sie entgegenkommende Porsche-Wagen mit voll aufgeblendeten Scheinwerfern und erhobener rechter Hand.

Alle anderen Porsche-Schöpfungen, wie 924, 944 oder 928, die den Longseller ablösen sollten, wurden vom Markt als Nachfolger nicht akzeptiert. Mit britischem Understatement gelang Englands führendem Fachblatt *The Motor* trotz verständlichen Neids dieses knappe Lob für den Elfer: »Feinste Fahrmaschine.« Mit diesem Erfolgswagen hatte sich Ferry als Autogröße etabliert und auf dem Weltmarkt durchgesetzt.

»Fahren in seiner schönsten Form«, sagten selbst die Amerikaner, obwohl sie auf ihren Highways nur schlappe 55 Meilen (88 Kilometer) in der Stunde fahren durften. Nicht einmal Fliegen war schöner. Als Turbo Carrera für 25 850 Dollar angeboten, »übertraf die Nachfrage für dieses Fahrzeug unsere Erwartungen«, erinnert sich Ferry Porsche, »denn im Mai 1976 hatten wir mit 1000 Wagen bereits doppelt soviel verkauft, als wir erwartet hatten«. 30 000 Mitglieder zählte Amerikas Porsche-Club, in der Neuen wie in der Alten Welt hatte ein dritter Österreicher, nach Hitler und Ferdinand Porsche, für Made in Germany eine Heldentat vollbracht.

BMW in München hatte es schwerer. »Zehn Jahre«, packt Ferry Porsche seine Erinnerungen an diese ferne Zeit aus, habe BMW »die falschen Autos gebaut«, bis die Weißblauen nach endlosen Irrungen und Irrwegen endlich doch die Kurve zum Ziel kriegten. Die alten Chefs wie Hermann Richter-Brohm, ein Bayer wie aus dem Loden-Katalog, hatten das Werk in den Graben gesteuert. Während alle westdeutschen Autofabriken mit Produktionsrekorden protzen konnten und Deutschland in der automobilisierten Welt seinen Ruf als Mekka des Autobaus zurückeroberte, war BMW um 1959/60 keinen Schuß Pulver mehr wert. Schon auf den ersten Blick zeigte sich die Modellpolitik als verfehlt. Nur Fahrzeuge für Tagelöhner, den winzigen BMW 600, und für Generaldirektoren einen Achtzylinder zum Preis von 21 000 Mark; dazwischen nichts. »Ein Modell, das für eine wohlhabende Mittelschicht zugeschnitten war, fehlte völlig«, urteilt Porsche. Das Millionenheer der Wohlstandsdeutschen, der zu Geld gekommenen leitenden Angestellten und der Selbständigen, die sich keinen dicken Mercedes leisten konnten, war als kaufkräftige Kundschaft nicht einmal wahrgenommen worden.

Selbst das Glück hatte Bayerns Gloria verlassen, wie die folgende traurige Geschichte zeigt: Eigens für Kanzler Konrad Adenauer, der sich nur im speziellen Mercedes kutschieren ließ, war ein BMW 505 entwickelt und gebaut worden; größte Hoffnungen begleiteten ihn bei der Probefahrt mit dem alten Herrn, denn würde der Kanzler auf BMW umsteigen, so wäre das Signal in allen Autofahrerkreisen unübersehbar. Polit- und Geldprominenz sahen zu, wie Adenauer den BMW bestieg und ihn nach der Probefahrt verließ – wobei er sich den

Hut vom Kopf stieß. Mercedes durfte das Bundeskanzleramt und die Ministerien weiter zur Stammkundschaft rechnen.

Im Geschäftsjahr 1958 schloß die Münchner Manufaktur, eine industriellere Bezeichnung für die maroden Anlagen wäre im Vorort Milbertshofen als grober Scherz verstanden worden, mit einem Minus von 12,05 Millionen Mark, 1959 schon mit 14,7 Millionen. Die Isetta, der bucklige Kleinstwagen, und die Tagelöhnerkutsche 600 hatten insgesamt 14 Millionen Miese gebracht. Die Verluste für den Großwagen waren maßstabsgerecht höher: 70 Millionen. BMW solle sich, so die verzweifelten Bosse, dem Erbfeind in Stuttgart vor die Füße werfen, der mit dem Großmut des Mächtigen »auch die Interessen an den BMW-Facharbeitern« bekundet hatte. Möglich sei auch die Aufgabe der Pkw-Produktion, dafür könnte der Kasseler Henschel-Konzern hier schwere Lastwagen bauen. Seinen leidgeprüften Aktionären ließ der unglückliche Richter-Brohm immerhin die Wahl zwischen dem Verschwinden als Autobauer (beim Verkauf an Daimler) oder dem schmachvollen Tod (mit der Aufnahme der Lkw-Fabrikation). Für die alten Anteilseigner, die daheim in ihrer guten Stube ihre geliebte BMW-Aktie direkt neben den Erinnerungsfotos aus der Soldatenzeit hängen hatten, waren das trostlose Zeiten.

Doch als die Not am größten war, nahte der Retter. Gut bei Kasse, in Autos verliebt und in die Marke BMW vernarrt, bot der reiche Mann Herbert Quandt aus Bad Homburg seine Hilfe an. Dabei hatte er, vom Schicksal nur mit einer Sehkraft von zwei Prozent ausgestattet, niemals selbst ein Automobil gesteuert, es immer nur mit den sensiblen Händen des Blinden erfühlt.

Jetzt gab Herbert Quandt den Banken, die BMW bereits als leichte Beute gewittert hatten, sein »Ehrenwort«: Sie sollten die notwendige Erhöhung des Aktienkapitals auf 45 Millionen Mark vornehmen, die Aktien, die keine Interessenten fänden, würde er in sein Portefeuille nehmen und der Firma auch noch einen Betriebsmittelkredit von 10 Millionen gewähren.

Quandts Ehrenwort und das folgende demonstrative Engagement in München brachten BMW zum Kickstart. Über Nacht war die weißblaue Marke nicht mehr in Gefahr. Nun drängten sich von allen Seiten tüchtige Manager wie der Doktor der Ökonomie Karl-Heinz

Sonne nach München. Die wenigen Talente, die die große Krise überlebt hatten, etwa der Chefverkäufer Paul G. Hahnemann, konnten schnelle Erfolge von BMW melden, in der Branche nur »Quandts Modelleisenbahn« genannt, für deren zügige Fahrt dem Reichen aus dem Taunus nichts zu teuer war.

Sonne, der scharfe Rechner an der Vorstandsspitze, ging den Ursachen für den Abstieg auf den Grund und fand Wahrheiten, die er nicht geglaubt hätte, hätte er sie nicht mit seinen eigenen Augen gesehen. Die Außendienstleute von BMW, die für BMW Kunden werben sollten, fuhren aus Armut mit einem Käfer vor; auch waren Jahre zuvor sündteure Achtzylinder ausgeliefert, aber nie berechnet worden. Auf der wichtigen Autoausstellung 1961 in Frankfurt war ein neues Modell, nach Firmenangaben 80 PS stark und 9500 Mark teuer, bestaunt worden, das allerdings unter der Haube noch nicht einmal einen Motor besaß.

»Die neue Klasse« brachte die BMW 1600, 1800 und 1800 TI auf den Markt, plaziert in einer Marktnische, die der Mannheimer Verkaufspsychologe Bernd Spiegel ausgespäht hatte und in der sich Hahnemanns Verkäufer genüßlich breitmachten: betuchte Interessenten schneller, sportlicher Limousinen – Hahnemann bekam den Branchennamen »Nischen-Paul«. 1963 konnte er bereits 27 987 Mittelkläßler verkaufen, 1965 wurde das Soll von 55 000 erreicht.

Und erstmals machte ein richtiges Luxusauto mit der Niere den Untertürkheimern bange. Der BMW 3200 CS mit einer von Bertone aus Italien geschneiderten Karosserie zum Preis von 29 850 Mark für 160 bayrische Pferde. »Wunder von der Isar«, lobte bald die Autowelt, und »BMW-Renaissance«. Quandts Einsatz gilt heute noch als rentabelste Investition der deutschen Nachkriegswirtschaft.

Doch sein Return on Investment wurde noch gesteigert, als Anfang 1970 ein Außenseiter Chef in München wurde, von dem der selbstbewußte »Nischen-Paul« sagte: »Den Kleinen da, den nehm' ich an die Hand, führ' ihn überall herum und zeig' ihm, wo's langgeht.« Der Kleine wuchs zum Größten in der BMW-Geschichte und machte aus der bayrischen Autofirma die Weltmarke, die sie heute ist. Diese Story soll jedoch erst später erzählt werden, der große Name sei aber hier schon genannt: Eberhard von Kuenheim.

Opel in Rüsselsheim hatte die Produktion seiner schnellen Blitz-Lkw schon bald wieder starten können. Mit der Aufnahme der Fertigung von Personenwagen im geschlagenen Deutschland taten sich die Opel-Eigner in Detroit aber schwer. Am liebsten wäre es ihnen gewesen, mit dem Vorzeigeauto Kapitän wieder anfangen zu können, denn dieser große Opel, noch kurz vor dem Krieg vorgestellt, war ein fertiges Auto, und sein 2,5-Liter-Motor hatte sich im Opel-1,5-Tonner bewährt. Doch die Alliierten waren nur bereit, den Deutschen bei zivilen Fahrzeugen einen Hubraum bis 1,5 Liter zuzugestehen. Aus dieser Bedingung machten die Opel-Konstrukteure unter Karl Stief das Beste: Der Olympia, seit 1935 im Programm, wurde verbessert, die alte Dubonnet-Vorderradaufhängung durch ein neuartiges System mit Schraubenfedern und Gabelbein ersetzt; die Stoßstangen wurden vergrößert; an die Stelle des ursprünglichen Vierradgetriebes trat ein Dreiganggetriebe; die Lenkschaltung verdrängte die Knüppelschaltung, die Räder wurden kleiner; vor allem aber gab der vergrößerte Kühlergrill dem Olympia ein modernes Gesicht. Ab 1953 war er zu kaufen, Preis 6785 Mark, und er wurde zum Best- und Longseller.

Auch dem Kapitän, dessen Bau doch bald wieder erlaubt wurde und der 9950 Mark kostete, wurde eine neue Paradeuniform verpaßt. Da sie von den Designern der Mutterfirma in Detroit stammte, kam der neue Kapitän, ein leistungsfähiger Sechszylinder, wie der zweieiige Zwilling des Chevrolet von General Motors daher. Seine Zielgruppe, die Mercedes-Kundschaft, nahm ihn nicht an.

Schneller Modellwechsel, in Amerika üblich, war Opels Devise auch im eigenen Land. Aus dem Olympia wurde der Olympia Rekord, der schon 1957 auslief. 1954 verpaßte Detroit dem deutschen Kapitän »ein sehr amerikanisches Styling«, das sich 1956 erneut änderte; 1957 wurde die Karosserie gänzlich amerikanisch, aber bereits 1963/64 lief der Amerikaner in Deutschland aus. Das Marketingkonzept, Mercedes Kunden abzujagen, blieb ein amerikanischer Traum, dem Rüsselsheim mit Admiral, Diplomat, Commodore und Senator stets von neuem nachhing.

Immerhin: Detroit konnte mit der deutschen Tochter zufrieden sein, besonders als den Rüsselsheimern einfiel, den Kadett wieder aufzulegen, dessen Zeichnungen und Anlagen die Russen ja geklaut hatten. 1962 kam »ein vollständig neuer Kadett, der nichts von den übrigen Modellen übernommen hat«, heraus. Gebaut wurde er in Bochum in einer eigens für ihn errichteten Fabrik: »Kadettenanstalt« nannten die Journalisten sie. Damit war Opel auch wieder in der unteren Mittelklasse vertreten.

1970, pünktlich zum 100. Geburtstag der Firma, war Opel-Deutschland als deutsche Autofirma unumstritten etabliert. Die Lobrede hielt ein Fachblatt: »Opel ist der Hecht im deutschen Karpfenteich: schlanker, aggressiver als die Konkurrenz. Die einst so betulichen Autobauer aus Rüsselsheim sind nicht wiederzuerkennen. Schlag auf Schlag schicken sie ihre neuen Modelle an die Front, und jedes schnappt der Konkurrenz ansehnliche Happen weg.«

Ford in Köln war im Krieg auf wundersame Weise vor den »Fliegenden Festungen«, die die Stadt in Schutt und Asche legten, bewahrt worden. Wer hatte seine schützende Hand über Ford gehalten? Für Hitlers Krieg wurden hier rund um die Uhr Lastwagen gebaut. 1943 hatte der allmächtige Reichstreuhänder der Arbeit die Arbeitszeit erhöht, Urlaubssperre für alle verhängt und aus Italien große Mengen Fremdarbeiter herangeschafft. Ford in Köln arbeitete wie im tiefsten Frieden, während rundherum die Bomben fielen. Die Hintergründe können hier erzählt werden:

Das amerikanische Verteidigungsministerium soll im Krieg versucht haben, die heimischen Autoriesen General Motors und Ford zu kaufen und zu fusionieren. Dabei soll das Pentagon auch versucht haben, General Motors die Aktien seiner deutschen Tochter Opel und die der deutschen Ford-Tochter in Köln aufzukaufen (diese Machtbündelung in der Hand der Militärs hätte das größte Rüstungsimperium der Welt ergeben). Amerikas Kriegsplaner waren also die Beschützer von Ford-Köln. Doch als der alte Henry Ford sich querlegte, schien der Schutzschirm abgezogen.

Prompt kreiste, an einem Oktobertag des Jahres 1944, ein amerikanischer Flieger über dem Werk im Norden Kölns und setzte ungezählte kleine Fallschirme, an denen Leuchtstäbe – von den Bombenopfern »Christbäume« genannt – hingen. Die 4000 Arbeiter im bis zur Stunde fast unversehrten Werk richteten sich auf ein mörderisches Bombardement ein und brachten sich in Sicherheit. Doch plötzlich aufkommender Westwind trieb die Christbäume auf die andere Rheinseite, die dann die Bomben abbekam. Als Monate später die Alliierten das Werk besetzten, konnten sie keine Bombenschäden entdecken, nur Schäden durch Artilleriegranaten aus deutschen Kanonen. Ihr oberster Befehlshaber hatte noch am 11. April 1945 seinen Befehl »Tilly«, in der Geschichte als »Nero-Befehl« bekannt, herausgegeben: »Alle militärischen, Verkehrs-, Nachrichten-, Industrie- und Versorgungsanlagen sowie Sachwerte, die sich der Feind für die Fortsetzung seines Kampfes nutzbar machen kann, sind zu zerstören.« Fünf Wochen lang hatten seine Kanoniere ins Ford-Werk gefeuert.

Der alliierte Kontrollrat hatte sich längst Gedanken gemacht, was aus Ford-Köln werden sollte. Zwei Autofabriken sollten im Land betrieben werden: Personenwagen sollte VW in Wolfsburg bauen, alle Lastwagen Ford in Köln. Die Lkw-Fertigung lief an und kam auf Touren, Henry Ford II. persönlich fuhr den zehntausendsten vom Band. Dann animierten Ingenieure ihren untersetzten Boß, sich hinter das Steuer eines Autos zu setzen, das sie in höchsten Tönen lobten. »Das ist auch ein Auto«, spottete der zweite Henry beim Aussteigen und fällte sein Urteil auf seine Cowboyart: »No!« Ford hatte den deutschen Volkswagen-Käfer kennengelernt, das Wunderauto aus Deutschland, das ihn bald das Fürchten lehren und ihm die Kunden in aller Welt abjagen sollte.

War das die Stunde, in der Ford-Deutschland aufs Gleis geschoben wurde, aufs falsche Gleis, versteht sich? Fords Entscheid gegen den Käfer war ein Fehlurteil, seine Modellpolitik verstanden oft nicht einmal seine deutschen Spitzenleute, die wie gutbezahlte Laufjungen behandelt wurden. Und das Ansehen bei den Deutschen war auch nicht das beste. Erzählen wir hier, wie Ford sich um seinen Ruf brachte und auch seine Autos darunter zu leiden haben.

Taunus hieß das erste Nachkriegsauto von Ford, mit viel Beifall und Sympathie aufgenommen. Nachempfunden war es dem Taunus-Modell, das von 1939 bis 1942 gebaut worden war. Aus der Händlerschaft hagelte es Bestellungen, doch Ford-Chef Erhard Vitger, in seiner Freizeit deutscher Zaubermeister, erklärte, im wirklichen Leben nicht hexen zu können: »Wir werden auf absehbare Zeit nicht liefern können.« Doch schon bald rollten die Taunusse vom Band, ein Wunder war passiert. Die Deutschen hatten ihre neue Deutsche Mark bekommen, und ihr Wirtschaftsminister Ludwig Erhard hatte das verhaßte Bezugsscheinsystem mit den Worten gekippt: »Der einzige Bezugsschein ist die Deutsche Mark.« Die knappe Mark bewirkte, daß sogar die Taunus-Preise purzelten. Hatte die zweitürige Limousine im Oktober 1948 noch 6500 Mark gekostet, war sie im Februar 1951 für 5535 harte Deutsche Mark zu haben. Die Reihe des »Buckel-Taunus« wurde systematisch zum Erfolg ausgebaut. Der Buckel-Taunus wurde von der Ponton-Form abgelöst, die beim 12 M mit 1172 ccm begann. Immer stand nun Amerika Pate, selbst die Weißwandreifen und die Heckflossen bewiesen bei Ford den American Way of Drive. Und dann lernten die ahnungslosen Deutschen auch noch den American Way of Life kennen, genauer: das Geschäftsleben im Kapitalismus, wie es Henry Ford II. verstand. Auf beispiellos rüde Art warf Ford seine deutschen Aktionäre aus der Ford AG in Köln, die ja eine Aktiengesellschaft nach deutschem Recht war.

Bis 1954 hatte die Ford Motor Company in Detroit nicht einmal 75 Prozent des Kölner Aktienkapitals besessen. Um die deutsche Minderheit von 25 Prozent loszuwerden, setzte Ford-Detroit eine Kapitalerhöhung von 32 Millionen Mark auf 72 Millionen zu so schlechtem Bezugsrecht und Ausgabekurs fest, daß die freien deutschen Anteilseigner in Scharen flüchteten und billig Detroit ihre Aktien überließen. Wer doch durchgehalten hatte, wurde aus der Kölner Ford AG hinausgedrängt, als Ford 1955 und 1956 jeweils nur eine Magerdividende von 5 Prozent ausschüttete. Erhard Vitger, der deutsche Ford-Chef und Hobbyzauberer, hatte sein Meisterstück geliefert. Jetzt war Ford-Detroit Alleinherrscher bei Ford-Deutschland.

Der Ruf blieb ruiniert. Am Rhein gaben sich die Ford-Chefs die Klinke in die Hand, für gute Manager war die deutsche Ford-Tochter keine erste Adresse. Opfer wurde die Modellpolitik. Henry Ford kommandierte herum wie auf seiner Ranch, sogar die Modellnamen bestimmte er aus der Hüfte: »Let's call him Fiesta«; der Capri, ein Ferrari-Verschnitt, war eine peinliche Entgleisung.

Seinen deutschen Managern und Konstrukteuren nahm er restlos den Mut zur Kreativität, als er über Nacht befahl, mit Sitz in England die Holding Ford of Europe zu gründen und ihr seine deutsche Dependance zu unterstellen. Wer was auf sich hielt, flüchtete jetzt: Verkaufschef Toni Schmücker wechselte zu Rheinstahl (und von dort zu VW), Verkaufsleiter Werner P. Schmidt ging direkt nach Wolfsburg und nahm drei Abteilungsleiter mit. Klagte ein Spitzenmann im Wirtschaftsmagazin *Capital*: »Wenn die Führungsschicht weggeht, geht im Haus die ganze Moral unter.« Und so wunderte es auch nicht, daß eine Minikrise im deutschen Autogeschäft für Ford schon die Gefahr einer Lungenentzündung hatte: Als am 3. April 1968 der viermillionste deutsche Ford vom Band rollte, war keinem zum Feiern zumute – 40 000 unverkaufte Wagen standen auf angemieteten Park-, Spiel- und Fußballplätzen; der Bau des Werkes Saarlouis wurde abrupt gestoppt.

Kenner haben ohnehin den Verdacht, für Ford-Detroit sei Ford-England der Europa-Favorit und Ford-Deutschland ein ungeliebtes Kind, das zudem mit einem Buckel auf die Welt gekommen ist: »Ford-Deutschland ist für uns ebenso wichtig wie die Niederlassung in Luxemburg oder Liechtenstein«, ließ im Frühjahr 1993 Roger Hayer, Ford-Vizepräsident, die Katze aus dem Sack und beleidigte seine deutschen Kollegen tödlich. »Eine Verkaufsniederlassung ohne jeden Einfluß.«

Mercedes-Benz, der Weltmarke aus Schwaben, konnten solche Flops nicht passieren, obwohl sie mit ihren Generaldirektoren weniger Glück hatte als mit ihren Modellen. Alle Nachkriegschefs schieden vorzeitig aus ihrem hochdotierten Amt. Im Januar 1952 starb Doktoringenieur Wilhelm Haspel, 55 Jahre alt und seit 1942 erster Mann im Vorstand, an einem Gehirnschlag, als er bei einer Neujahrsfeier eine schwäbische Bauernanekdote zum besten gab. Sein Nachfolger folgte ihm, ebenfalls erst 55 Jahre alt, 12 Monate später; von ihm ist nur das Bekenntnis überliefert, das er auf seiner ersten Pressekonferenz den Journalisten mitteilte: »Ich heiße Heinrich Wagner und lese keine Zeitungen.« Beim Wagner-Erben war sogar der Staatsanwalt Dauergast. Der Doktoringenieur Fritz Könecke wurde der aktiven Bestechung eines hohen Bonner Beamten verdächtigt. Köneckes Daimler-Benz hatte einem Assistenten des Bundeskanzlers Adenauer namens Kilb leihweise repräsentative Leihwagen überlassen. Der ehrenkäsige Könecke verkraftete den Verdacht nicht. Als auch noch sein einziger Sohn ertrank, erkannte er: »Jetzt hat doch alles keinen Zweck mehr« – und ging vorzeitig in Pension.

Ihm folgte ein vierschrötiger, immer schwitzender Österreicher, der auch im hohen Sommer schweinslederne Handschuhe trug und selbst von seinen selbstbewußten Vorstandskollegen verlangte, mit »Herr Generaldirektor« angesprochen zu werden. Walter Hitzinger hieß dieser Mann, den Friedrich Flick aus Gründen, die er später nicht mehr nennen wollte, erfunden hatte. In Untertürkheim gerieten die Vorstandssitzungen im Hochhaus mit dem drehenden Mercedes-Stern zum niederösterreichischen Bauerntheater – aber nur einen Sommer lang.

Dann übernahm ein zartgliedriger Jurist mit zerhacktem Gesicht das Steuer, von dem man nicht sagen konnte, was bei ihm ausgeprägter war, seine Rechenkünste oder sein Zynismus gegenüber Mitarbeitern: Dr. Joachim Zahn.

Zahn verstand, diese Feststellung wird ihn nicht eine Minute kränken, vom Autobauen so gut wie nichts. Mit Geld aber ging er so meisterlich um, daß für seine Forscher, Entwickler und Ingenieure immer volle Kasse war – und für Kauf, Pacht und Beteiligung an fremden Firmen. Zahn expandierte die Untertürkheimer zum Konzern und hielt durch seine anhaltenden Erfolge selbst die anspruchsvollen Großaktionäre Flick, Quandt und Deutsche Bank bei Laune, wenn er von seinen Taten berichtete: »Auf diese Weise wurde die zur Verfügung stehende Fläche seit 1958 auf über 7 Millionen Quadratmeter nahezu verdoppelt.« Unter Zahn wurde Daimler-Benz eine riesige Geldmaschine, die ihre Aktionäre mit Superdividenden und Gratisaktien verwöhnte wie Dagobert Duck. Die Pkw-Gruppe zählte bald 42 000, der Lkw-Bereich 27 000 Mitarbeiter. Sein Geschick als schlitzohriger Taktiker bewies Zahn, als er im November 1964 die marode Auto Union, die ihm der Großaktionär Flick eingebrockt hatte, für 300 Millionen Mark dem Volkswagen-Werk andrehte (die daraus freilich eine Perle, die heutige Audi AG, machte).

1948 ging in Untertürkheim das Autobauen wieder so richtig los.

Der Vorkriegs-170 V und der ebenfalls betagte 230 6 fanden sofort Käufer, die sich drängten und mehr verlangten und mit dem 220er und einem 300er befriedigt wurden. Das 300-S-Modell (S für Super), 1951 auf der Pariser Motormesse ausgestellt, avancierte schnell zum deutschen Topwagen, zum Pflichtfahrzeug für die Spitzen in Politik und Wirtschaft. Mit ihm wurde der erste Schritt zu alten Taten und großem Ruhm gewagt, denn mit dem 300er SL (Super Leicht) kehrte Mercedes zum internationalen Rennsport zurück. Der sagenhafte 300er SL – 6 Zylinder, 215 PS bei 6200 Umdrehungen in der Minute, nach oben aufschwingende Türen, für Insider »Möwenflügel« – schaffte eine Höchstgeschwindigkeit von 265 km/h. Argentinische Geier zerstörten zwar seine Frontscheibe, konnten ihn aber nicht stoppen. Von 5 internationalen Rennen gewann der 300er SL vier: Große Fahrer wie »Carratsch« Caracciola saßen aufs neue am Volant (und das Jungtalent Karl Kling). Betreut und zum Sieg dirigiert wurden sie wieder von jenem kugelrunden Mann, der eine Rennlegende auf zwei Beinen war, »Herr Rennen persönlich«: Alfred Neubauer. Wenn der 300er SL, zieht *Geschichte · Schönheit · Technik – Deutsche Automobile* Bilanz, »auch nicht der schnellste Sportwagen seiner Tage [war], so konnte er doch für sich in Anspruch nehmen, der zuverlässigste und bestunterstützte zu sein, ein Wegbereiter für kommende, größere Dinge«.

Die größeren Dinge passierten an ein und demselben Tag, am 4. Juli 1954.

Kein Datum in der deutschen Nachkriegsgeschichte hat größeren historischen Wert, denn an diesem Tag schafften die Deutschen zwei Wunder auf einen Streich und hatten wieder Grund, stolz auf ihre Leistungen zu sein. Mit einem »Doppel-Wunder«, wie die Zeitungen schrieben, sicherten sie sich erneut Weltgeltung: Im Grand Prix, der Krone des Motorsports, siegten sie, und sie holten sich zugleich die Krone des Fußballsports, die Weltmeisterschaft. Doch kein Hurrajubel kam auf, keiner sang »Deutschland, Deutschland über alles in der Welt!« Ans eigentliche Werk machten sie sich, ihr Wirtschaftswunder zu vollenden, das die Welt noch mehr in Erstaunen versetzen sollte als die Siege ihrer Rennfahrer und Kicker.

In Bern hatte das Spiel gegen die tapferen Ungarn bis kurz vor Schluß 2:2 unentschieden gestanden. Da erwischte Helmut Rahn das Leder – und die Deutschen waren Weltmeister. »Der goldene Sieg!« schrie das Düsseldorfer Boulevardblatt *Der Mittag* die Freude unters Volk. »Den Massenschrei beim dritten deutschen Tor, das der Siegestreffer sein sollte, werden auch die Nichtsportler so bald nicht vergessen.« Nach einem »würdigen Endspiel« heiße »Deutschland Weltmeister 1954!« Die Deutschen jubelten nicht nur ihren großen Kickern wie Helmut Rahn und Fritz Walter zu, auch ihrem großen Trainer Sepp Herberger.

In Reims beim Großen Preis von Frankreich dirigierte Alfred Neubauer die Fahrer der Marke Mercedes-Benz, die nach dem Krieg die Möglichkeit einer Rückkehr in den Grand-Prix-Sport nur testen wollte, und gewann das Rennen. Eingesetzt waren erstmals die beiden neuen Silberpfeile, die schon, wie wir uns erinnern, eine große Vergangenheit hinter sich hatten. W 25 war das werksinterne Kürzel gewesen, unter dem die ersten Silberpfeile konstruiert und ab 1934 auf die Prestigepisten der Autowelt geschickt worden waren, wo Piloten wie Rudolf Caracciola, Manfred von Brauchitsch und Hermann Lang sie von Sieg zu Sieg gesteuert hatten. Jetzt hieß ihr Kürzel W 196, auf dem die Hoffnungen von Mercedes – und dem motorsportbegeisterten Deutschland – ruhten.

Der rennerfahrene Juan Manuel Fangio (Startnummer 18) und das Jungtalent Karl Kling (20) hatten in Reims vom Start weg die Führung übernommen und amüsierten die Zuschauer auf ihre Weise, wie der Autojournalist Michael Riedner in seiner Geschichte der Silberpfeile festhielt: »Fangio und Kling scheinen Katz und Maus zu spielen. Sie fahren dicht hintereinander, manchmal auch nebeneinander, keiner weiß, wer am Ende die Nase vorn haben wird.« Unklar sei nur noch, wer von den beiden als erster die Ziellinie durchrase. Riedner reportiert: »Beide treten das Gaspedal bis ganz nach unten auf das Bodenblech. Zentimeter auf Zentimeter schiebt sich Kling an Fangio heran, alle Zuschauer entlang der Start- und Zielgeraden springen auf, wollen keinen Augenblick dieses dramatischen Kampfes verpassen. Der Zielstrich rückt näher und näher, die beiden Mercedes scheinen förmlich auf ihn zuzufliegen. Kling hängt schon neben Fangio, das Geschrei übertönt die kreischenden Motoren – das Rennen ist zu Ende.« Erster Platz für Fangio auf Mercedes, zweiter für Kling auf Mercedes. Neben ihnen stand bei der Ehrung, massiv wie er war, Alfred Neubauer, ihr Regisseur.

Der Spiegel ehrte den Regisseur mit einer Titelgeschichte und fand, Neubauer habe »das Spiel mit der Monster-Maschine gewonnen, und sein Falstaffbauch wird zukunftsgewisser denn je über den Streckenrand ragen«.

Daimler-Benz selbst bewies, was solche Siege für das Geschäft bedeuteten. In ganzseitigen Zeitungsanzeigen wurden die Kunden angesprochen: »Der Gewinner sind Sie – als Käufer eines Mercedes-Fahrzeuges, in dem alle Erfahrungen aus diesen harten Zerreißproben verwertet werden.«

Für die Kommentatoren der großen Rennen gab es jetzt eine neue Ära: Die Zeit der Silberpfeile begann. Sie kamen, fuhren und triumphierten:

Am 1. August 1954 siegte beim Großen Preis von Europa auf dem Nürburgring Juan Manuel Fangio auf Mercedes.

Am 22. August 1954 siegte beim Großen Preis der Schweiz in Bremgarten Fangio auf Mercedes.

Am 5. September 1954 siegte beim Großen Preis von Italien in Monza Fangio auf Mercedes.

Und Fangio, der Mercedes-Star, wurde mit 40 Punkten Weltmeister des Jahres 1954.

Und 1955? Da gewann Mercedes-Fangio die Großen Preise von Argentinien, Belgien, England und Italien – wieder wurde Fangio Grand-Prix-Weltmeister.

Und 1956? Auch 1956 wieder.

Und 1957? Auch 1957 wieder.

Die Siege der Deutschen auf den Pisten des Grand-Prix-Sports zahlten sich aus. Mercedes avancierte zur berühmtesten Automarke der Welt.

Da sie im internationalen Renngeschäft die Weltmeister in Serie stellten, wundert es kaum, daß die Deutschen auch im Exportgeschäft für Automobile Weltmeister wurden. Mehr als die Hälfte aller in Deutschland gebauten Automobile wurde exportiert, vor allem die Amerikaner konnten nicht genug Autos aus Germany kriegen. VW zum Beispiel verkaufte ihnen jahrelang mehr als eine halbe Million Volkswagen. Heinrich Nordhoff, der Mann, der Porsches Käfer zum Weltauto puschte, amüsierte sich auch später noch bei der Erinnerung an seinen ersten Versuch, in Amerika überhaupt Interessenten für sein Auto zu finden. Die Zöllner auf dem New Yorker Flughafen ließen seine Prospekte vom Volkswagen nicht als Geschäftsunterlagen gelten, sondern deklarierten sie als Kunst – und verlangten dafür Extrazoll.

Der schlimmste Unfall in der Geschichte des Motorsports tat den Exportsiegen keinen Abbruch. Am 11. Juni 1955 karambolierte in Le Mans der Mercedes-Fahrer Pierre Levegh vor den Boxen mit einem langsameren Wagen und raste in die vollbesetzten Zuschauerterrassen: 80 Tote, darunter Levegh. »Aus Respekt vor den Opfern«, so lautete die sofortige Order aus Stuttgart, seien alle Mercedes-Wagen aus dem Rennen zu nehmen.

Noch einmal gingen die Untertürkheimer ins Rennen, bei der Targa Florio auf Sizilien belegten Peter Collins und Stirling Moss die ersten Plätze. Dann hieß es: »Aus und vorbei für Mercedes.« – »Kein Name in der Autoindustrie«, bilanziert *Geschichte · Schönheit · Technik – Deutsche Automobile* die große Zeit der Silberpfeile, »verlangte mehr Respekt, kein Markenzeichen wurde höher angesehen als der Dreizackstern. Die Mission war erfüllt.« Doch auf den Weltmärkten siegten sie weiter.

»Der Wagen hat so viele Fehler wie ein Hund Flöhe«, schüttelte sich der Ingenieur Heinrich Nordhoff, als er im Herbst 1947 die Leitung des Volkswagen-Werks in Wolfsburg übernahm. Da er selbst nicht den mindesten Ehrgeiz hatte, als großer Konstrukteur in die Geschichte des Automobils einzugehen, wurde er der große Vollender der genialen Konstruktion des Ferdinand Porsche. Unentwegt verbesserte er den Käfer (1965 beispielsweise glänzte VW auf der Automobilausstellung mit 65 Neuerungen). 1950 lief der 100 000. Käfer vom Band, 1955 der 1 000 000. Der Journalist Wilhelm Bittorf, der heute im *Spiegel* das Auto verdammt und die Autofahrer für »hirnlose Raser« hält, widmete damals dem Käfer-Erfolg eine Laudatio, die selbst dem Egomanen Nordhoff zuviel war. »Die Zündkerze Europas« sei die »deutsche Autoindustrie«, attestierte Alfred P. Sloan jr., Präsident von General Motors.

Von allen als Wirtschaftswunder-Macher gerühmt, traf Nordhoff die folgenreiche Entscheidung, nur ein einziges Modell, den Käfer, zu bauen. Ein zweites oder drittes, bei allen Autofabriken zur Abdeckung des Marktrisikos gang und gäbe, sollte es nicht geben. Nordhoffs Monokultur brachte Produktionsrekorde ungeahnter Dimension. In Wolfsburg liefen gleichsam die Bänder heiß: Bis zu 7400 Käfer am Tag wurden montiert. Mit dem Starrsinn des niedersächsischen Landsmannes lehnte der unumschränkte Herrscher jede konstruktive Änderung ab, es gab keine vier Türen. »Luft gefriert nicht«, erklärte Nordhoff, und es blieb beim luftgekühlten Motor.

Heimlich jedoch ließ er Käfer-Nachfolger entwerfen und basteln, aber niemandem, schon gar keinem Journalisten, zeigte er sie. Erst als in Wolfsburg die Käfer-Produktion auf einmal gefährlich absackte und der bayrische Politiker Franz Josef Strauß auf der ersten Seite der *Bild*-Zeitung polterte: »VW hat geschlafen«, öffnete »König Heinrich«, tief verletzt, die Türen »seines Mausoleums«, seines geheimen Bastelbetriebs, in dem alle Entwürfe bewacht wurden wie Amerikas Goldschätze in Fort Knox, den *Spiegel*-Redakteuren Rudolf Glismann und Ferdinand Simoneit. Die fällten ein vernichtendes Urteil über Nordhoffs Kreationen in eigener Amtszeit: »Gut, daß die nie gebaut wurden.« Nordhoff konterte clever: »Die Entwürfe sollten nur nachweisen, daß es kein besseres Auto als den Käfer gibt.«

Nachfolger für das deutsche Weltauto zu suchen war die undankbare Aufgabe eines Mannes, der von Autos nichts verstand: des ehemaligen Polizeioffiziers Kurt Lotz. Lotz, nordhessischer Bauernsohn, 1,92 Meter groß und ein Manager wie aus dem Bilderbuch, hatte als Polizist angefangen, es zum Generalstabsmajor gebracht und nach dem Krieg seine Karriere als Generaldirektor des Mannheimer Anlagebaukonzerns Brown, Boveri & Cie. fortgesetzt, als ihn Mitte 1967 der Ruf als Nordhoff-Nachfolger ereilte. Seine Kräfte verzehrte der Bauernjunge im Einsammeln akademischer Titel und in der Rundumverteidigung gegen Aufsichtsrat, Vorstandskollegen und Gewerkschaft. Doch der verbliebene Rest an Energie reichte noch, den Nachfolger des Käfers wenigstens in Auftrag zu geben. Bevor sein Käfer-Erbe in ersten Strichen auf dem Zeichenbrett zu sehen war, hatten seine vielen Gegner ihn gestürzt – der Wendekreis des Käfers aber war vorgezeichnet.

Lotz-Nachfolger Rudolf Leiding, ein rundschädliger Ingenieur aus der Altmark, machte seinem Fabriknamen »der Schleifer« alle Ehre und puschte den Käfer von morgen weiter – doch um welchen Preis? Weil der alte Käfer out und der neue, Golf genannt, noch nicht in Massen lieferbar war, waren Wolfsburgs Kassen leer. Der größte deutsche Autobauer war so gut wie pleite.

Unter Leidings Nachfolger Toni Schmücker kam der Golf endlich auf den Markt. Doch der finanzielle Erfolg wurde durch zwei Fabrikobjekte in Amerika, die sich als milliardenschwere Flops erwiesen, gemindert. Und dann brachte Carl Horst Hahn das Volkswagen-Werk wieder auf Touren. Er war ein richtiger Automann von der Pike auf, und schon sein Vater war ein Großer im Geschäft gewesen.

Ende der sechziger Jahre fuhr die deutsche Automobilindustrie nur Vollgas. 1969 hatte sie 3 604 567 Autos gebaut, und die Deutschen hatten sich motorisiert (1950, 2 Jahre nach der Währungsreform, waren in der Bundesrepublik erst 540 000 Personenwagen zugelassen, 1960 schon 4,5 Millionen; 1970 fast 20 Millionen). In 20 Jahren hatte sich die Pkw-Dichte in der Republik von 11 Autos je 1000 Bewohner (1950) auf 230 (1970) vergrößert. Und ab 1980, konstatiert Olaf von Fersen in seinem Standardwerk *Ein Jahrhundert Automobiltechnik*, war ein deutscher Europarekord zu melden: »Somit hatte die Bundesrepublik die höchste durchschnittliche Personenwagendichte in Westeuropa und lag unter den europäischen Industrieländern an der Spitze. Nur die Vereinigten Staaten waren in den sechziger Jahren besser motorisiert: 1000 Amerikaner mußten sich statistisch nur etwa 550 Autos teilen.«

Die schönen Siege, Ausweis des neuen Lebensstandards in Deutschland, waren nicht allein durch den Verkauf neuer Wagen zustande gekommen. Ein zweiter Zweig im Autogeschäft hatte sich zu höchster Blüte entwickelt: der Handel mit Gebrauchtwagen. Schon 1961 waren in Hinterhöfen und auf offener Straße rund 1,1 Millionen Gebrauchte ver- und gekauft worden, 100 000 mehr als Fabrikneue. Den Umsatz von fast 3 Milliarden Mark teilten sich 5000 Gebrauchtwagenprofis.

Ihr Pionier war der baumlange Sohn eines armen Weinbauern von der Mosel, bei dem Kaiser Wilhelm II., wie bei jedem 7. Kind in einer deutschen Familie, die Patenschaft übernommen und den Vornamen geliefert hatte: Wilhelm Becker in Düsseldorf, »Auto Becker«, Schöpfer der »zweiten Hand«, des Markenzeichens der Gebrauchten. *Der Spiegel* widmete »dem Mann mit dem Vornamen Auto« eine Titelgeschichte, die den Gebrauchtwagen in Deutschland gesellschaftsfähig machte; einen Gebrauchten zu kaufen war bald kein Makel mehr.

Auto Becker führte seine Branche weg vom schlechten Ruf des Pferdetauschers und Eckenstehers, deren Kniffe er am Anfang seines Handels, Ende 1947, noch selbst angewendet hatte. In seinen knöchellangen Militärmantel gehüllt, empfing er einen seiner ersten Kunden preisend mit vielen schönen Reden wie »unfallfrei... perfekter Zustand« und drehte ihm ein Wanderer-Cabrio aus dem Baujahr 1937 an. Doch die Jungfernfahrt des stolzen Käufers endete schon im Düsseldorfer Vorort Benrath; dort mußte er zur ersten Reparatur einkehren, und die Untersuchung brachte eindrucksvolle Erkenntnisse, was das feine Händchen eines Kraftfahrzeugmechanikers so alles hinkriegen kann. Im Getriebe war mit Sägemehl nicht gespart worden, denn Sägemehl machte alte Getriebe für kurze Zeit schaltbar; der mehrfache Rahmenbruch war dagegen ein wirklicher Klacks. Und als der genervte Besitzer nach einer Reihe weiterer Reparaturen das Vorkriegsmodell endlich verschrotten ließ, bereitete ihm die Kripo noch eine letzte Überraschung: Das Auto war geklaut. Auto Becker hatte es ahnungslos von einem Autodieb erworben und weitervermittelt.

Tauschhändler Becker zog aus seinen Schmerzensjahren als Gebrauchtwagenhändler die Konsequenz: »Um weiter bestehen zu können, mußte ich als Gebrauchtwagenhändler seriös werden, meine Wagen attraktiv anbieten und für ihren einwandfreien technischen Zustand bürgen.« Gutdotierte Experten, die »Springer«, prüften fortan jedes Angebot auf Herz und Nieren: tatsächlicher Kilometerstand, wirkliche Zahl der Vorbesitzer, Unfallwagen oder nicht, Zustand des Wagens. Bald schon attestierte ihm die renommierte Schweizer *Automobil Revue*: »Er hat einen sechsten Sinn für gebrauchte Wagen und ermittelt binnen kurzem, ob in einem angebotenen Fahrzeug ein Wurm drinsteckt oder nicht.« Bald auch kehrten in seine marktgroßen Schauhallen am Rande der Düsseldorfer City, die ein riesiger Schornstein mit dem Signet »2« (für »zweite Hand«) überragt, sparsame Reiche ein und fuhren mit einem geprüften und garantierten Gebrauchten wieder heraus. Die Mitglieder des Neusser Industriellen-Clans Werhahn wurden so Gebrauchtwagenfahrer, die Filmschaudame Elisabeth Flickenschildt und Werner Höfer vom Westdeutschen Fernsehen.

Otto Normalverbraucher kauft Gebrauchte indes weniger, um Geld zu sparen, sondern um sich aufzuwerten. Das ganze Geheimnis dieses Milliardengeschäfts liegt darin, daß im neuen Deutschland die altpreußische Parole, mehr zu sein als zu scheinen, nicht mehr gilt. Hier kann sich der Neo-Deutsche sein Auto auf unverdächtige Art zwei Nummern zu groß kaufen und seinen Status in der Gesellschaft, die den schönen Schein liebt, selbst bestimmen. Auch für den Frieden im Land ist der Wert dieses Gewerbes nicht hoch genug anzusetzen: Weil niemand weiß, wer hinter dem Steuer wirklich sitzt, ist der Gebrauchte der große Gleichmacher, der deutsche Demokratisierungskatalysator. So mancher findet dabei auch noch sein Traumauto (und wie es unter der Motorhaube aussieht, geht niemanden etwas an).

Nach dem Vorbild Auto Becker in Düsseldorf brachte sich das bis dahin nicht gerade angesehene Gewerbe mit einem Ruck ins seriöse Licht, da zudem auch die Autoproduzenten erkannt hatten, ein zügiger Absatz neuer Wagen setze ein florierendes Geschäft mit Altwagen voraus. Ein Vergleich zeigte bald, daß diese Kalkulation aufging. Verkauft wurden

- 1957 530 303 neue und 554 561 gebrauchte
- 1958 639 483 neue und 693 225 gebrauchte
- 1959 772 342 neue und 820 424 gebrauchte
- 1960 913 915 neue und 1 026 817 gebrauchte Pkw.

Die Deutschen hatten den Gebrauchtwagen akzeptiert. Und bald schon hatte sich die noch heute gültige Struktur – von Schwankungen abgesehen – des deutschen Automarktes herauskristallisiert: In Deutschland werden jährlich rund 2,5 Millionen neue Autos gekauft (insgesamt jedoch rund 5 Millionen Autos gebaut), und 2,5 Millionen gebrauchte wechseln den Besitzer.

Wer in der Mitte der sechziger Jahre einen Blick auf die Produktionsstatistiken der Autofirmen in der Welt warf, sah natürlich die USA, die Heimat der Massenmotorisierung, mit mehr als 10 Millionen Autos an der Spitze (1966: 10 396 298). An zweiter Stelle stand die Bundesrepublik mit 3 050 708, und an dritter Stelle fuhr ein Neuling im Autobau: Japan. Japan produzierte 1966 2 286 399 Automobile. Doch schon ein Jahr später war hinter den immer noch führenden Amerikanern ein dramatischer Wechsel zu melden: Die Japaner (3 146 486) hatten die Deutschen (2 482 319) glatt abgehängt. Seitdem wurde den traditionellen Automachern in Europa und Amerika klar, daß sie in ihrer Welt nicht mehr unter sich waren.

»Die gelbe Gefahr« sahen jetzt täglich die Autobosse in Untertürkheim, Turin, Paris und Detroit. Manch einem von ihnen war jeder miese Trick heilig, die Newcomer aus dem Land der aufgehenden Sonne auszubremsen. In Italien beispielsweise setzte des Landes un-heimlicher Herrscher, Agnelli-Fiat, durch, jährlich dürften hier nur 2000 japanische Wagen verkauft werden. Renault und Peugeot ließen Schiffe mit japanischen Autos wochenlang vor ihren Häfen schmoren mit der Begründung, ihrem Zoll seien die Importformulare ausgegangen. Die Deutschen reagierten, zunächst zumindest, gelassen auf die japanische Herausforderung. (Und waren peinlich berührt, daß ihr damaliger Wirtschaftsminister Martin Bangemann mit dem Charme eines Mannes von der hintersten Schwäbischen Alb den Kauf japanischer Autos zu einer Sache der Moral machte, wie an dieser Stelle wiederholt werden muß: »Ein anständiger Mensch fährt keinen japanischen Wagen.« Dennoch gab es genügend »unanständige« Deutsche.) Niemand im Land dachte daran, auf die Wagen aus Nippon zu reagieren wie Amerikas Autowerker in Flint im Staate Michigan: Mit Äxten zertrümmerten sie, von ihrer Automobil-Gewerkschaft dazu aufgerufen, alles Japanische auf vier Rädern. »Japan-Bashing« hieß der neue Sport.

Im Land, in dem das Automobil erfunden worden war, wurde mit Staunen und Bewunderung rekonstruiert, wie die Japaner auf ihrer abgeschlossenen Insel zum Automobil gekommen waren. Im Zweiten Weltkrieg hatten sie wie die Deutschen eine unrühmliche Rolle gespielt, und von ihrer Industrie war nichts Nennenswertes übriggeblieben. Ohne Verluste hatte ihre Autoindustrie den Krieg überstanden, denn Japan besaß, genau betrachtet, überhaupt keine; Fahrräder waren das Fortbewegungsmittel. 1952 hatte das allmächtige MITI, das Ministerium für Handel und Industrie, die Wirtschaft aufgefordert, sich bei ausländischen Automobilfirmen um technische Zusammenarbeit zu bemühen. Nissan sog Know-how bei der englischen Austin Motor Co. ab, Hino machte sich an Renault heran, Isuzu erwarb eine Lizenz für das Rootes-Modell Hillmann, Mitsubishi von Willys Overland für den Robust-Car Jeep. Kopieren hieß in der ersten Stunde die Devise; dann hatten sie es kapiert.

Ganz so unbeleckt vom Autobau waren die Japaner indes nicht, nur hatten sie ihn lieblos betrieben und ihm keine besondere Chance eingeräumt, als sie 1901 die ersten Importe ins Land holten, 30 Motorwagen, bestellt von reichen Privatleuten, die damit auf der ersten Autoschau angeben wollten. Kaiser Mutsuhito, unter dem die Industrialisierung des Inselstaates einsetzte, ließ sich »zum Zeichen seiner Weltoffenheit« ein Auto schenken. 1902 lief das erste in Japan gebaute Auto, ein 12-PS-Dampfwagen, zusammenmontiert aus importierten Teilen. Rikschas schienen immer noch das passendere Transportmittel als Autos zu sein. 1911, als einige Unentwegte mit 37 Wagen die erste japanische Auto-Rallye wagten, betrug der gesamte Bestand an Pkw und Lastwagen 235 Stück. Die Amerikaner drangen als Autobauer ins Land. Ford baute in Yokohama ein Montagewerk, General Motors nahm 1927 in Osaka die Produktion auf. Weil sie jedoch alle Werkstoffe und Materialien aus Amerika mitbrachten, entwickelte sich in Japan keine Zuliefererindustrie. Irgendwie kamen die Japaner nicht auf die Räder, mit denen sie, viel später, alle Welt das Fürchten lehren sollten.

Alle großen Japaner, die heute längst Weltmarken sind, konnten ihre Entwürfe nicht vom Zeichenbrett auf die Straße bringen. Mitsubishi, der Krake mit dem Zeichen der »drei Diamanten«, hatte 1870 als Reederei angefangen und ein paar Luxuslimousinen gebastelt, 1921 die ganze Autobauerei jedoch »wegen zu hoher Kosten« aufgesteckt. Kiichiro Toyoda, ein Webstuhlfabrikant, schraubte einen Prototyp zusammen, der, als er 1935 als Toyota herauskam, keine Käufer fand, ebenso wie der Wagen, den 1940 Mazda als viertürige Zwerglimousine anbot. Selbst die japanischen Militärs schafften die Massenherstellung nicht, die sie 1931 gefordert hatten, weil sie nur gut motorisiert die Mandschurei überrollen konnten. So setzten sie, notgedrungen, auf eine Forcierung des Flugzeugbaus. Todesbomber wie der Kamikaze-Typ Zero entstanden.

»Little boy« auf Hiroshima und »Fat man« auf Nagasaki, die Atombomben, machten die Japaner wach. Weil die amerikanischen Sieger ihnen jede Art von Flugzeugbau untersagt hatten, suchten die beschäftigungslosen Konstrukteure nach Arbeit und fanden sie bei den Autowerken, die sich langsam entwickelten. Mitsubishi brachte 1946 ein Dreirad heraus, dann den Motorroller Silver Pigeon (Silbermöwe).

Jetzt drängte das allmächtige MITI, endlich »Volksmodelle« mit zwei bis vier Sitzen, Zweitaktmotoren mit einem Benzinverbrauch von 3,4 Liter auf 100 Kilometer und zudem äußerst billig zu entwickeln. Minicars purzelten vom Fließband wie in Deutschland das winzige Goggomobil. Als sie es wagten, 1954 in Tokio die etablierte Autowelt zur ersten japanischen Autoshow einzuladen, nahm sie in Wolfsburg, Turin und Detroit niemand zur Kenntnis.

Aus dem Abkupfern fremder Konstruktionen machten sie keinen Hehl; Soichiro Honda verteidigte das hemmungslose Kopieren so: »Japaner sind Fanatiker der Information. Unsere Firmen wollen alles wissen, und zwar sehr schnell. Kein Markt darf uns entgehen, wenn wir gute Kaufleute sein wollen. Und wir müssen auch die Entwicklung von Technik und Forschung kennen.«

Mazda griff zu, als der Ingenieur Felix Wankel seinen revolutionären Kreiskolbenmotor fertig hatte, und baute ihn in seinen Sportwagen RX-7 ein (und unterbot den Porsche 924, den Modellkonkurrenten, um 7000 Mark). Nissan lehnte sich an Alfa Romeo an, gemeinsam bauten sie den Typ Arna; Nissan lieferte die Rohkarosserie. Nissan baute eine Fabrik in England, Toyota wagte den Sprung in die USA. 1972 meldeten die Japaner schon 4 022 289 gebaute Pkw, 1984 bereits 7 073 173; mit ihren Lastwagen und Bussen kamen sie sogar auf 11 464 920 Einheiten. Sie klotzten mit Stückzahlen, die die Alte wie die Neue Welt das Schlimmste befürchten ließ:

- Toyota mit 3 429 249 Pkw
- Nissan mit 2 481 686 Pkw
- Mazda mit 1 133 321 Pkw
- Mitsubishi mit 1 095 156 Pkw und
- Honda mit 989 036 (und mit seinen Motorrädern eroberte Honda den gesamten Motorrad-Weltmarkt und ließ in der Formel 1 alle hinter sich).

Angst ist an die Stelle des Belächelns getreten. Was haben die deutschen Autobauer doch gelacht, wenn Japans Bosse – verrückte Welt – die deutschen Fachjournalisten interviewten, wie Japans Autos aussehen müßten, wenn sie diese Aussagen wie Schulkinder Wort für Wort mitschrieben und hinterher mit den Medienleuten schunkelten und sangen: »Sah ein Knab ein Löslein stehn.« Jetzt machten sie ihre Devise wahr: »Wakou-yosai« (westliche Technik und japanischer Geist). Früher hatten sie sich mit dem fürchterlichen »Banzai« auf feindliche Kriegsschiffe gestürzt, jetzt riefen sie »Dai-Ichi«, wir wollen den ersten Platz. Der rote Punkt in ihrer weißen Flagge wurde zum Symbol des Sonnenaufgangs, und diese Sonne war japanisch.

Alle konnten – und mußten – von den Japanern lernen, was rationelle Fertigung und Kostenmanagement betraf. »Just in time« etwa. Die Deutschen unterhalten kostspielige Lager direkt am Fließband, die Japaner lassen sich die Teile »genau zur rechten Zeit« ans Band liefern. Oder die »lean production«. Die Deutschen bauen Autos aufwendig an langen Fließbändern, die Japaner in kleinen Gruppen, die wie Mini-Unternehmer in eigener Verantwortung agieren.

Japans Autos, so zeigte sich bald, waren genauso solide gebaut wie die aus dem Westen, genauso zuverlässig, oftmals noch weniger pannenanfällig – und stets wesentlich billiger. Und weil sich dieser Vorteil – gute Qualität, günstige Preise – über viele Jahre hielt, änderte sich das Image der Japaner, die längst nicht mehr »Gurken« genannt wurden. Überall wurden sie so gefürchtet, daß das MITI seine Landsleute energisch aufforderte, das Exportgeschäft nach Westeuropa zu überdenken.

Flugs entwickelten die Europäer, allen voran die Deutschen, ihre Strategie zur Abwehr der gelben Gefahr, die bis zur Stunde naiv anmutet. Die Japaner sollten sich mit ihren Exporten drastische Selbstbeschränkungen auferlegen; mehr als 5 Millionen Autos jährlich in die Länder der EG sollten es, bitteschön, nicht werden, und in diesem Schutz wollen die Europäer sich wappnen, den Japanern Paroli zu bieten.

Eberhard von Kuenheim wurde ins Land der aufgehenden Sonne entsandt und warnte »vor Marktverwerfungen« bei ungebremster Einfuhr. Auf gut deutsch: Die Japaner sollen Deutschlands Autobauer nicht an die Wand drücken. Helmut Schäfer, von Kuenheims Vorstand für Einkauf und Logistik, zeigte, wie es geht, nachdem er zuvor für Deutschlands unterlegene Autobauer eine Art Ehrenerklärung abgegeben hatte: Der japanische Erfolg sei »keineswegs das Resultat einer überlegenen Managementleistung«, sondern rücksichtsloser Ausbeutung. Schäfers Originalton in einem Gespräch mit dem Düsseldorfer *Handelsblatt*: »Wenn Arbeiter und Angestellte bei den großen Autoherstellern mit 55 ausscheiden, verdingen sie sich bei den Lieferanten der nächsten Stufe zu deutlich geringeren Löhnen. In der untersten Stufe wird ein Salär gezahlt, das weniger als der Hälfte des bei den eigentlichen großen Autoherstellern üblichen Niveaus entspricht.« Dort gebe es »keine Gewerkschaften, Tariflöhne sind ein Fremdwort, und die Arbeitszeiten richten sich nach dem Arbeitsanfall«. Schäfers Zielgruppe war hinter Japans Erfolgsgeheimnis gekommen: Sozialdumping.

Da Deutschland nicht so ein Paradies für Ausbeuter sei, müsse man der »japanischen Herausforderung« auf deutsche Art begegnen. Nach dem Motto: Von den Japanern das übernehmen, was für die Deutschen und ihre Arbeitsmentalität paßt:

- die Produktion solle »in kleinen, aber dauernden Verbesserungsschritten« optimiert werden;
- kleine Gruppen sollten in Zukunft Autos in eigener Verantwortung bauen;
- die Zusammenarbeit mit der Heerschar von Zulieferern solle durch »Optimierung der Fertigung und Entwicklungspartnerschaften mit gemeinsamer Kostenoptimierung« verbessert werden.

Für von Kuenheim und Schäfer ging es bei dem schnellen Anpassungsprozeß um Leben und Tod. Ihren eigenen Kollegen raten sie zu der Einsicht: »Manche sind der Ansicht, Nobelwagenhersteller wie Mercedes-Benz oder BMW könnten zumindest auf dem deutschen Markt für ein Auto mit gleichen Kosten... allein auf Grund ihres Prestigewerts höhere Preise durchsetzen«, was in all den Jahren vorher kein Kunststück gewesen war.

Mercedes-Benz ging als erster deutscher Hersteller daran, nach japanischen Prinzipien eine Autofabrik in den Rheinauen von Rastatt zu bauen. Sie gilt, so Werksleiter Eberhard Haller, »als modernstes Automobilwerk der Welt«. Alles ist hier anders als in den Mercedes-Betrieben Untertürkheim und Sindelfingen, wo schon seit 100 Jahren Autos gebaut werden. Gruppenarbeit ist »das durchgängige Organisationsprinzip« (Haller).

Hier ist das Fließband verschwunden. In einer riesigen Halle, die einer großen Reparaturwerkstatt ähnelt, montiert jeweils eine Gruppe von 12 Mann ein Auto der Mittelklasse. Während am alten Band in starrem Minutentakt gearbeitet werden mußte, erhält hier nun jede Gruppe eine pauschale Vorgabezeit, die sie unter ihren Mitgliedern selbst aufteilt; so sind für den Kabeleinbau 40 Minuten angesagt.

In Rastatt ist die alte Hierarchie abgebaut, es gibt nur noch drei Stufen: Werksleiter, Meister und Gruppensprecher. Jede Gruppe wählt ihren Sprecher, der für seine Funktion einen Zuschlag von 70 Pfennigen je Stunde bekommt und jederzeit abgesetzt werden kann. Die Gruppe diszipliniert sich selbst; wenn einer zu säumig wird, muß er die Frage »Kaascht net oder willscht net?« schon beantworten. Wer in eine der Rastatter Gruppen will, muß sich eine Prüfung auf Gruppentauglichkeit gefallen lassen; ein Facharbeiterbrief allein genügt nicht. »Wir achten sehr auf Teamfähigkeit«, berichtet Produktionschef Walter Schweiker. »Das Fachwissen können wir jedem beibringen.« Und wer eingestellt ist, wird auf einer besonderen Lerninsel im Werk 4 Wochen lang auf Gruppenarbeit eingestimmt.

Auch die Qualität ist Sache der Gruppe. Jeder ist ein kleiner Unternehmer und, sozusagen, Gesellschafter in einer Gesellschaft mit beschränkter Haftung. »Wären wie früher amtliche Kontrolleure da«, gesteht ein Arbeiter, »paßte man weniger auf.« Die Werksleitung begnügt sich mit Stichproben. Für Mercedes-Benz ist das »Experiment Rastatt« gelungen; so beträgt beispielsweise der kostspielige Krankenstand, im Mercedes-Traditionswerk Sindelfingen liegt er bei 10 Prozent, in Rastatt nur 4 Prozent. »Wir brauchen«, zog Matthias Kleinert, Daimlers Public-Relations-Chef, seine schnelle Bilanz, »keine Angst vor den Japanern zu haben.«

Ob die Gruppenarbeit, das »durchgängige Organisationsprinzip« der Japaner, das Allheilmittel gegen die fernöstliche Konkurrenz wird, muß allerdings bezweifelt werden. Auch wenn Opel im neuen Werk Eisenach das Fließband abgeschafft hat (Gruppenarbeit läßt sich, organisationstechnisch gesehen, nur in neuen Werken einführen), in 100 Jahre alten Betrieben wie Rüsselsheim gibt das schöne Prinzip nur Stückwerk her.

Doch wie auch immer, überall müssen Produktion und Produktionsabläufe schneller und flexibler werden, denn allerorts arbeiten mehr Menschen, als benötigt werden. »20 000 Beschäftigte sind bei Daimler in Deutschland zuviel an Bord«, warnte Edzard Reuter, praktizierender Sozialdemokrat, seine Mitarbeiter vor (wenig später waren es bereits 27 500 und 40 000 weltweit). »Die Japaner stellen ein vergleichbares Auto 35 oder sogar 40 Prozent billiger her.« Von den Japanern zu lernen, so die unausgesprochene Devise, heißt, siegen und überleben zu lernen. Längst war in der behäbig gewordenen deutschen Automobilindustrie ein massiver Entwicklungsschub in der Produktion überfällig.

Doch der Friedensschluß mit Japans aggressiven Autoexporteuren und die Übernahme ihrer Produktionskniffe allein würden nicht ausreichen, die deutsche Autotradition fürs 3. Jahrtausend zu sichern. Reuter, der in Untertürkheim vom Chef der strategischen

Unternehmensplanung zum Chef des Konzerns aufgestiegen ist, erinnerte sich seiner alten Profession der Strategie und bot dem Wirtschaftsriesen Mitsubishi »strategische Allianzen«, Zusammenarbeit mit dem neuen Erzfeind auf allen Geschäftsfeldern an. Mit dem großen Gelben wolle man »Global Player« werden, der auf allen Märkten der Welt mitspielt. PR-Chef Kleinert verkaufte die »Kooperation« so: »Wir wollen mit den Japanern nicht nur ins Gespräch kommen, sondern auch Kooperationen anpeilen ... Wir sträuben uns gegen Protektionismus, weil dies dazu führen würde, daß die Welt in Egoismus zerfällt und hinter Schutzwällen die Wettbewerbsfähigkeit verlorengeht.« Erste Erfolge zeigten sich, als Mercedes 1991 mit 34100 verkauften Wagen in Japan Importeur Nummer eins wurde. Andere wollten noch weitergehen, doch ihre großen Worte beachtete niemand: Daniel Goeudevert, Markenvorstand bei VW, verlangte für Europa ein eigenes MITI. Während das japanische MITI die Autoexporte nach Europa dirigiert, solle ein europäisches MITI sie abweisen.

Auf dem Genfer Autosalon 1991, der ersten Autoshow jeden Jahres, dominierten noch die europäischen Autos, berichtete das *Handelsblatt*, »doch die Japaner holen auf«. In der Schweiz, die keine eigene Autoindustrie zu schützen hat, keine Handelsbeschränkungen kennt und daher als »Europas Testmarkt« gilt, hatten die Japaner wieder zugelegt, und mit 95119 Verkäufen war ihr »Marktanteil höher als jener aller Europäer, ausgenommen die Deutschen«. Alle Importeure hatten an Fahrt verloren.

In Deutschland wurden, abgesehen von den aggressiv-erfolgreichen Japanern, die Importe aus allen anderen Ländern mit Gelassenheit betrachtet, vielleicht, weil sie von Anbeginn des Autogeschäfts in Deutschland ihre feste Kundschaft besaßen, vielleicht auch, weil einige von ihnen, obwohl auf ansehnlichem Verkaufsniveau, von ihrem technischen Stand her doch nicht besonders ernstgenommen wurden. Die Italiener, hieß es etwa lange Zeit, rosteten sogar schon im Katalog.

Die Engländer und auch die Schweden waren auf den Status von Exoten zurückgefallen. Rolls-Royce nennt jeder deutsche Autojournalist fast immer bedenkenlos *die* Nobelmarke – »Die exklusivste Automarke der Welt« *(Stuttgarter Nachrichten)* –, ohne erklären zu können, was an ihr außer den horrenden Preisen bis zu 500 000 Pfund nobel ist. Denn, so urteilt die Londoner *Times* erbarmungslos, »selbst die Qualität hinkt doch weit hinter der deutschen und japanischen Konkurrenz her«. Jaguar, der preiswertere von der Insel, hat es nicht geschafft, bei Deutschlands soliden Reichen Kunden zu gewinnen, versucht es aber mit schwachen Werbespäßchen immer wieder aufs neue. Frage: »Ist ein Jaguar der Himmel auf Erden, der Gipfel des Glücks oder das Höchste der Gefühle?« Antwort: »Schon, aber wie wollen Sie das Ihrer Frau erklären?« Sprüche dieser Art mögen in Amerika funktionieren, tatsächlich kommen sie auch von dort, denn der Jaguar lebt längst im Zoo mit der Aufschrift »Ford Company Detroit«.

Wer fährt in Deutschland einen Jaguar? Nach der firmeneigenen Fahrertypologie ist der Käufer »Anfang 40« und von Beruf »Freiberufler/Künstler«. Auch seine Macken sind bekannt: »Hat Erfolg bei Frauen, liebt sein Auto, Mann von Welt.« 1990 gaben sich 2353 Deutsche als »Mann von Welt« zu erkennen; zur gleichen Zeit entschieden sich für die von Jaguar selbst bezeichneten Konkurrenten Mercedes-S-Klasse und BMW 7er und 8er Reihe 20 496 beziehungsweise 18 936 Käufer.

Den wenigen Versuchen, mit einem neuen Rover 800 »mit dezentem Luxus, Chromgrill, Leder und Wurzelholz« Einlaß ins automobile Oberhaus zu finden, wurde selbst auf der Insel keine Chance gegeben.

So wunderte sich dort auch kein Autokenner, daß Prinzessin Diana »lange Zeit von einem Mercedes träumte, rot metallic«. Zwei Jahre lang, verbürgte *Die Zeit*, habe sie ihren Gatten Charles vergeblich »angebettelt«, dann einfach gekauft. Und Englands Boulevardpresse führte sich auf, als seien aus dem Tower die Kronjuwelen geklaut worden. »Wie kann die Prinzessin von Wales nur einen Mercedes fahren?« faßte sich der *Daily Telegraph* an den Kopf, weil dieser Frevel ausgerechnet noch mit dem 40. Thronjubiläum Ihrer Majestät Elizabeth zusammenfiel. Ironisch, wie man es der autofeindlichen *Zeit* gar nicht zugetraut hätte, erhielt Mercedes-Diana einen teutonischen Rat: »Stern ab, Typenschild entfernen. Dann sieht er aus wie ein Jaguar, fast jedenfalls.« Doch Lady Di, ohnehin vom Glück verlassen, mußte vor der Hatz der Landsleute kapitulieren und auf ein englisches Produkt umsteigen, dessen Name nicht einmal überliefert ist.

Auf der Insel, einst Werkstatt hartgefederter, offener Sportwagen, wurden die Japaner als Autobauer mit offenen Armen empfangen, denn längst war alles ruiniert, was einstmals glänzte. In wenigen Worten ist der Niedergang beschrieben: Aus British Leyland, dem Autoriesen, wurde »British Elend«, nichts also. Und selbst Britanniens Autokrone sei nur durch Fremde zu retten; für Englands hellhörige Presse gibt es nur einen Retter, wie der *Sunday Express* wissen wollte: »Rolls-Royce ist auf der Intensivstation. Und es sieht immer stärker danach aus, als werde das berühmte Autowerk in ein besseres ›Krankenhaus‹ verlegt – wahrscheinlich in ein deutsches.« Gerüchte, BMW werde »die exklusivste Automarke der Welt« sanieren, halten sich zäh, obwohl die Münchner ebenso hartnäckig dementieren.

Die Nordlichter waren, was das Autobauen betrifft, schlafmützige Spätstarter. Die Dänen hatten es 1887 mit einem Modell Hammel versucht, hergestellt von einem Kopenhagener Fabrikanten gleichen Namens; er gab auf. Genauso die Finnen mit ihrem Finlandia, »lediglich ein Kuriosum«, konstatierte ein Kenner. Und die Norweger waren vernünftig und probierten es nach dem ersten Versuch nicht wieder.

Nur die Schweden konnten es nicht lassen, obwohl ihr erstes Modell Jakob zwar rollte und damit den Firmennamen Volvo (lat. rollen) bestätigte; doch Jakob rollte, wie wir wissen, nur rückwärts. Als die Techniker in Göteborg endlich den Vorwärtsgang drinhatten, ging es gut voran. Die Volvos ließen zwar keinen Autofreund am Steuer eine Arie auf ihren Konstrukteur anstimmen, doch sie waren robust und ziemlich unverwüstlich und versprachen »Sicherheit aus Schwedenstahl« (Werbung). Auf einen grünen Zweig aber kamen sie nie, immer mußte Volvo nach einem Retter Ausschau halten. Mal ließ sich Volvo von einem einheimischen Lebensmittelfabrikanten ins Schlepp nehmen, kaufte dann plötzlich den holländischen Mini-

Autobauer DAF, stieg in den Bootsbau für Freizeitkapitäne ein und erschreckte bei Rallyes im afrikanischen Busch mit Getöse die Eingeborenen, obwohl Umweltschutz doch das höchste Ziel war. Wen sprechen die Göteborger mit ihren Volvos, die Wikingerkoggen ähneln, eigentlich an?

Der verstorbene SPD-Fraktionsvorsitzende Herbert Wehner zum Beispiel, der im Krieg im schwedischen Exil gelebt hatte, rühmte sich, mit seinem Volvo von Bonn nach Schweden kutschiert und »nicht schneller als 100« gefahren zu sein. Mit solchen Sprüchen ließen und lassen sich im Autoland Deutschland jedoch keine Autos verkaufen. Käufer sind »Selbständige und leitende Angestellte, Hobbys: naturverbunden wie Wandern, Reisen, Camping, Gartenarbeit... Mundpropaganda spielt beim Kauf eine Rolle... Die Eroberungsrate [anderen Marken Kunden wegzunehmen] ist niedrig.« 1990 fanden sich nur 17 586 Deutsche zu einem Volvo-Kauf bereit. Erneut hatte sich der Marktanteil verringert.

Saab, die *S*venska *A*eroplan *A*ktie*b*olaget, hatte 1937, auf Geheiß der Regierung, mit dem Bau von Flugzeugen angefangen und einen Ruf als Hersteller leistungsfähiger Militärmaschinen erlangt (die besonders in Ländern mit demonstrativer Neutralität Käufer fanden). 1941 folgte der Lastwagenbau mit der Marke Scania, heute ebenfalls ein schwedischer Exportschlager. 1950 war der erste Pkw fertig, der Saab 92. Daß er von Flugzeugdesignern entworfen worden war, zeigte sein buckelartig abfallendes Heck. Die eigenwilligen Saab-Formen fanden Anbeter, immer aber zu wenig Käufer; in 42 Jahren Autobau wurden nur 2,5 Millionen Saabs hergestellt, in Deutschland in 20 Jahren ganze 60 000 verkauft. Wenn Erik-Karl Nilsson, der langjährige Deutschland-Chef, nach seinem Befinden gefragt wurde, verzog sich sein langes Gesicht vor Schmerz: »Mehr Verkäufe täten gut.« 1991 setzte Saab-Deutschland knapp 5800 Autos ab, die Verluste waren auf 13 Millionen Mark angestiegen. Hoffnung kam auf, als General Motors bei Saab einstieg. Doch bald erwies sich der vermeintlich reiche Onkel aus Amerika als bitterarm.

Und die Franzosen, der größte Autoexporteur ins Autoland Deutschland? Peugeot, Citroën und Renault, die – Werbebotschaften sind schmerzfrei – »Autos fürs Leben« bauen? Schon im Dezember

1896 war in Paris der erste (Rad- und) Automobilsalon eröffnet worden. Die Gebrüder Michelin brachten den ersten Luftreifen heraus; Louis Renault hatte sich einen kleinen vierrädrigen Wagen konstruiert und am Weihnachtsabend 1898 die erste öffentliche Ausfahrt gewagt, worauf es erste Bestellungen gab; Ettore Bugatti hatte, 1912, für die Familie Peugeot sein »bébé Peugeot« entworfen, unter dem Zeichen des Löwen entstand die Marke Peugeot. Nur André Citroën fehlte noch unter den großen Franzosen, weil er, wie Olaf von Fersen ironisch reportiert, »damals sein Unternehmen durch die Produktion von Granaten über Wasser hielt«. Erst im April 1919, die Grande Nation hatte gerade den Krieg gegen die Boches gewonnen, forderte er mit lauter Werbung seine Landsleute auf, seinen Citroën 10 PS zum Preis von 7950 Franc zu kaufen. Von Fersen: »Es sollte das erste in großer Serie gebaute französische Automobil werden.« Leider aber sei der Visionär Citroën erfolgreicher als der Fabrikherr gewesen, denn statt der geplanten 100 Wagen am Tag brachte er es nur auf 20: seinen alten Kampfpreis mußte er auf 11 000 Franc erhöhen, was den Verkauf nicht gerade beschleunigte.

André Citroën sei »immer der erste« gewesen, »wenn es darum ging, neue, ja sogar revolutionäre Ideen oder Techniken zu verwirklichen. Er war ein Draufgänger, aber auch ein ungeduldiger Spieler, der oft verlor.« Und heute noch hält sich in seiner Firma der heimliche Wunsch, in einem Auto Citroëns Ideen und Mercedes-Qualität zu verbinden und so die Autowelt aus den Angeln zu heben.

Renault, der Staatsbetrieb Régie Nationale des Usines Renault, ist in Deutschland seit 1907 im wortwörtlichen Sinne zu Hause. Stets teilten sich ein Franzose und ein Deutscher die Leitung des deutschen Geschäfts, das zunächst von Berlin aus gesteuert wurde und nach dem Zweiten Weltkrieg in Brühl bei Köln sein Zentrum fand. Mit 588 Händlern und 977 Service-Stationen besitzt Renault heute das viertgrößte Autonetz in Deutschland. Die werbetüchtigen Manager in Brühl setzten früh auf den Rennsport (während die Mutter in Paris sich jahrelang vergeblich bemühte, in der Formel 1 die Weltmeisterschaft zu erringen), sponsorten 17 Jahre lang die Nachwuchsfahrer und das Jugendtennis; an ihren Matches nahmen auch die späteren Tennis-Asse Steffi Graf, Boris Becker und Eric Jelen teil.

In der Bilanz zahlte sich das aus. Im Jahre 1990 kletterte der deutsche Renault-Umsatz auf 2,56 Milliarden Mark, der Marktanteil auf 3,52 Prozent und wurden 127 787 Neufahrzeuge – 23 162 mehr als im Vorjahr – verkauft. In den neuen Bundesländern war Renault blitzschnell präsent und erkämpfte sich den 4. Platz in der Zulassungsstatistik mit einem Marktanteil von 12 Prozent. Renault-Erfolgsmeldung: »Wie im Jahr zuvor erwies sich der Renault 19 als meistverkauftes Importauto aller Klassen.«

Peugeot, Frankreichs ältester Autobauer, kann sich mit Renault nicht vergleichen, obwohl Armand Peugeot, der Gründer, in der Technik oft der Zeit voraus war. 1931 bereits wurden alle Wagen mit unabhängig aufgehängten Vorderrädern ausgerüstet. 1934 wurde das erste elektrisch versenkbare Coupédach vorgestellt. 1976 schluckte Peugeot dann den Konkurrenten Citroën, der Autokonzern PSA entstand. Auf dem deutschen Markt brachte es PSA 1990 auf 84 830 Verkäufe. Seit Anfang 1990 werden alle Benziner-Modelle ausnahmslos mit geregeltem Dreiwegekatalysator angeboten. Selbst in der umkämpften Oberklasse, in der sich Renault mit dem ansehnlichen Renault 25 versucht, habe sich Peugeot mit 5084 Verkäufen »auf Anhieb etabliert«. Auch im PSA-Konzern bleibt Citroën der kleine, aber sympathische Außenseiter. André Citroëns Vermächtnis wirkt nach:

»Ich, André Citroën.
L'auto, c'est moi.«

Gottlieb Daimlers Prinzip »Das Beste oder nichts« erwies sich als machbar, Citroëns Anspruch dagegen als die Quadratur des Kreises, ein Anspruch, der über seinen Nachfolgern noch wie ein Fluch kreist. Benz und Daimler waren Autonarren, Citroën war ein Autoverrückter. Nachdem am 28. Mai 1919 der erste Citroën, Typ A-10 CV, das Werk am Quai de Javel verlassen hatte, hagelte es binnen kurzem 16 000 verbindliche Bestellungen. Er war eine Sensation: Das erste komplett in Serie gebaute Auto Europas besaß einen elektrischen Anlasser, Lichtmaschine, Reserverad, Dreischichtlackierung – alles auf einem Rollenprüfstand kontrolliert. Immer neue Wagen, Premieren am Fließband, Werbespektakel ohne Ende. Als 1927 der mutige Amerikaner Charles Lindbergh als erster Mensch mit einer einmotorigen Maschine, getauft auf Spirit of St. Louis, im Nonstopflug den Atlantik überquert hatte, lotste ihn vom Pariser Flughafen ganz selbstverständlich ein Konvoi Citroën-Wagen in die Stadt. Ebenso selbstverständlich sprach er vor den Autowerkern des Reklamekünstlers Citroën.

15 Jahre Hektik blieben dem Feuerkopf am Quai de Javel, um das Scheitern seiner Wut, ununterbrochen Autos mit Neuerungen zu bauen, zu erleben: Am 21. Dezember 1924 wurde durch Richterspruch die Société A. Citroën liquidiert. Einige Monate später erlosch der unruhige Geist. Die wirtschaftliche Talfahrt war trotz neuer Entwicklungen, die auch den Nachfolgern gelangen, nicht aufzuhalten. 1940, bei Kriegsbeginn, wurden die Fließbänder stillgelegt.

Daß der alte André zwar tot, seine Innovationskraft aber ungebrochen weiterlebte, zeigte sich 1948, als der Fachwelt ein Citroën präsentiert wurde, die »wegen seines merkwürdigen Aussehens, seiner einfallsreichen Technik und seiner Sparsamkeit« in Entzücken ausbrach. »Die häßliche Ente«, der 2 CV watschelte auf die Straße. Ein einziger Scheinwerfer genügte ihr für die Dunkelheit. 1955 gelang André Citroëns Erben mit dem DS 19 wieder ein großer Wurf. »DS 19 – die Göttin« fand *Der Spiegel* und fiel anbetend auf die Knie. Der DS 19 war mit seiner hydropneumatischen Federung an allen vier Rädern, die ihm bei jeder Belastung konstante Bodenfreiheit sicherten, eine rollende Revolution. 1976 machte der Prestige, das neue Flaggschiff der berühmten CX-Reihe, Furore, weil er, so die Firmenreklame, »alle Vorstellungen von Raumangebot für Fondpassagiere sprengt. Die Ausstattung ist komplett«. Und dann? 1976 war Citroën – »L'auto, c'est moi!« – erneut am Ende. Diesmal hielt Peugeot das Auffangnetz hin; der Autokonzern PSA entstand; PSA kann es sich leisten, Citroën mitzuziehen.

Wer sind nun die Deutschen, die jährlich 50 000 Citroën kaufen? »Eine junge Frau«, einmal, »30 Jahre, ledig«, sie wohne in Köln und werde später eine »executive woman« sein. Er, der ZX-Käufer, sei »35 bis 40 Jahre, verheiratet, ein Kind, wohnt in einem kleinen Haus in Köln, von Zeit zu Zeit nimmt er seinen Wagen, um ein bißchen zu reisen«. Der BX-Käufer »liebt das einfache Leben, fühlt sich durch Umweltprobleme betroffen, bastelt, gärtnert, besitzt ein Häuschen in Rösrath [bei Köln]«. Und der XM-Break-Fahrer, der einen »Meister der Straße« steuert, diesen »Freund im Alltag«, diesen »Souverän der Oberklasse«? Er sei Rechtsanwalt, schiebe jeden Monat 10 000 Mark auf sein Konto, besitze ein »stilvolles, altes Haus in Rodenkirchen [bei Köln]«, sei »ein Beispiel der Konsumgesellschaft, aber moderat«. Alles sympathische Kölner. Aber die ebenso sympathische deutsche Niederlassung des André Citroën kann von ihnen weder leben noch sterben. Citroën, Peugeot und Renault bringen es zusammen immerhin auf 250 000 Verkäufe in Deutschland.

Fiat, schon einmal Importeur Nummer eins, meldet, die Marken Lancia und Alfa eingeschlossen, 150 000 Käufer im Jahr, von denen sich allein 125 000 für die Muttermarke entscheiden. Immer hatten die Agnellis, Fiats Herren und Italiens Herrscher, Autos nach der Devise konstruiert: »Klein und vernünftig.« Als einmal ein Ingenieur mehr aus Fiat machen und einen ganz Großen bauen wollte, stoppte ihn der Patriarch schon am Zeichenbrett: »Der ist zu gut für uns. Lassen wir ihn der Konkurrenz, um sie zu ruinieren.«

Die *F*abbrica *I*taliana *A*utomobili *T*orino beließ es zwar fast immer bei Winzlingen, wurde mit ihren Massen aber groß. Selbst die Chefs der Zeitungsgruppe *La Stampa* und die Millionärskicker von Juventus Turin hören auf Agnellis Pfiff. Als zum Beispiel Mexikos Präsident Salinas Italiens Präsident Cossiga besuchte, hatte er zuvor Giovanni Agnelli seine Aufwartung gemacht.

Typisch für Fiats Auto-Denke war der kleine Fiat 500 Topolino aus dem Jahre 1936; sein Vierzylinder machte aus 569 ccm niedliche 13 PS.

Immer mußte Fiat, auf Bitten der Regierung, als Retter einspringen, wenn eine italienische Marke am Ende war. Lancia wurde übernommen, Autobianchi auch, dann Alfa Romeo, natürlich gehört auch »das springende Pferd« Ferrari mit seinem Traummodell Testarossa mit seinem Zwölfzylindermotor, seinen 4,9 Litern und seiner Höchstgeschwindigkeit von 300 km/h zum Fiat-Stall.

Fiat-Deutschland ist seit mehr als 60 Jahren mit den Deutschen im Geschäft. 1922 in München als reine Verkaufsgesellschaft gegründet und bald nach Berlin verlegt, wurde bereits 1932 Heilbronn Betriebsstätte. 1968 waren 1 000 000 Fiat-Wagen in Deutschland verkauft – und Fiat als erste nichtdeutsche Marke Verkaufsmilliardär.

1990, als die deutschen Marken den Verkauf von 2,1 Millionen Autos im eigenen Land meldeten, brachten es alle Ausländer auf mehr als 900000, von denen allein die Japaner 482000 an sich gerissen hatten. Unter den Importeuren waren nicht nur Riesen, auch sympathische Zwerge, wie der russische Lada aus Togliatti an der Wolga, der seit 1970 ein abgelegtes Fiat-Modell so preiswert anbot, daß er sich schon bei 40000 Verkäufen im Jahr sah, allerdings 1990 dann bei 12836 steckenblieb. Auch mit dem neuen Modell, von Porsche in der Denkfabrik Weissach entwickelt, konnten die roten Automalocher nicht mehr abheben.

Doch die Japaner, die Italiener und Franzosen machen den deutschen Autobauern nicht nur mit ihren ansprechenden Fahrzeugen zu schaffen, sondern auch mit ihren aggressiven Verkaufspreisen. Immer wieder wird in ungezählten Varianten und bei jeder Gelegenheit der zu teuer gewordene Industriestandort Deutschland beklagt, wie Erika Emmerich, die eloquente Präsidentin des Verbandes der deutschen Automobilindustrie (VDA), es im Januar 1992 in einem Pressegespräch tat. Überall in der Welt seien die Löhne niedriger: Die Japaner bauten ihre Autos »um nahezu ein Drittel billiger«, die Spanier sogar um 50 Prozent. (Wobei sie nicht anmerkte, daß der »spanische Produktionsstandort« so gut wie allein von VW mit der Marke Seat und von Ford betrieben wird.)

Doch während Anfang 1992 die Genfer Autoschau unter dem stolzen Motto »Automobil – Motor der Wirtschaft« auf höchsten Touren lief, waren für Deutschlands höchste Autodame erste Bremsspuren, »Sättigungstendenzen«, erkennbar: »Die Zahl der täglich je Einwohner zurückgelegten Wege – sie liegt knapp unter drei – wird kaum noch zunehmen. Somit stellt sich das künftige Mobilitätspotential als eine im wesentlichen von der Bevölkerungszahl und der Länge der jeweils unternommenen Fahrten abhängige Größe dar.« Da war »die Wende«, mit der über Nacht 16 Millionen untermotorisierte Deutsche die Chance hatten, ein richtiges Auto zu kaufen, mehr als ein warmer Regen, eher schon ein Gottesgeschenk.

Frau Emmerich bleibt Realistin: »Gesättigt« sei der deutsche Markt, wenn 46 Millionen Autos zugelassen seien, gleichsam jeder Erwachsene ein Auto besitze. Kann man dann aber in Deutschland noch autofahren? Oder wird man autostauen? Der Stau, heißt es doch schon längst, ist nicht der Stau, der Stau ist der Autofahrer selbst.

»Fährt das Auto in die Sackgasse?« fragte die *Badische Zeitung* und, da zur Autofeindschaft verpflichtet, prophezeite: »Die Engstirnigkeit der Automanager verheißt nichts Gutes. So steuert die Branche langfristig in die Sackgasse. Und so pokert man nicht nur mit einer Million Arbeitsplätzen, sondern auch mit der Umwelt und der Lebensqualität.« Und auch die dem Auto ansonsten zugetane *Frankfurter Allgemeine Zeitung* stieß mit der zweispaltigen Schlagzeile »Die Lust am Autofahren schwindet« ins selbe Horn: »Autofahren ist keine reine Freude mehr.« Denn die unermüdlichen Attacken der Autofeinde gegen die Autofreunde, diese »hirnlosen Raser« mit ihren »lackierten Kampfhunden«, haben Spuren hinterlassen. In der deutschen Gesellschaft, die sich durch den »Wertewandel« quält, ist das Auto auf dem Weg, ein negativer Wert zu werden.

Auch die IG Metall, Heimat der organisierten Autowerker, zeigte erstmals Besorgnis, ohne eigene Pläne für die schweren Zeiten mitzuteilen. Ein gnadenloser Konkurrenzkampf Autofirma gegen Autofirma könne, so ihr Vorsitzender Franz Steinkühler vor seinem Sturz im Mai 1993, »bitter für die Arbeitnehmer enden: Rückgang der Produktion bedeutet weniger Arbeitnehmer, und Überkapazität kann sogar zur Schließung ganzer Standorte führen«. Der Gewerkschaftsboß kannte die Branche und sagte voraus: »Die deutsche Autoindustrie wird in ihrer Fertigungstechnologie ein paar auch für die Arbeitnehmer schmerzliche Einschnitte machen müssen.«

PSA-Präsident Jacques Calvet konnte es schon gar nicht mehr abwarten, bis auch die deutsche Konkurrenz »zu einem normalen Absatzniveau zurückkehrt«.

Die ersten Anzeichen zeigten sich bald, aber niemand verstand sie als Alarmsignale. Mahle in Stuttgart, ein großer Zulieferer, kündigte zum Beispiel an, bis Ende 1992 im Werk Cannstatt von 480 Beschäftigten 330 entlassen zu müssen; für den Sozialplan seien 7 Millionen Mark bereitgestellt. Weitere Zubehörfabrikanten suchten ihr Heil im Verkauf an einen Starken, so die Boge-Gruppe aus dem Siegerland und der Kugellagerhersteller Fichtel & Sachs an den Mannesmann-Konzern in Düsseldorf; die Goetze-Werke warfen sich in die Arme eines Engländers. Was die Autokonzerne selbst planten, wurde nur kolportiert; Opel wolle sich von 6000 Mitarbeitern trennen. Nur Edzard Reuter wurde konkret: 20000 Beschäftigte seien wohl überflüssig.

Was alles passieren könnte, konnten die Deutschen durch einen Blick über die Grenzen erfahren: Fiat gehe »schwierigen Zeiten entgegen«, berichteten die *Stuttgarter Nachrichten*, denn der offene Markt der Europäischen Gemeinschaft werde das »Turiner Monopolunternehmen in noch erstere Schwierigkeiten bringen«.

Geradezu trostlos zeigte sich die Situation beim Welt-Branchenführer General Motors. 1991 schon mußte GM einen Verlust von 4,45 Milliarden Dollar hinnehmen, wobei anzumerken ist, daß Opel, GMs reichverdienende Tochter in Deutschland, der bleichen Mutter in Detroit mit 2,1 Milliarden Dollar unter die Arme gegriffen hatte. GM-Boß Robert Stempel, nebenbei ein geachteter Eishockeytrainer, stöhnte auf: »Kein Unternehmen, auch keines von der Größe General Motors', kann auf die Dauer Verluste dieses Ausmaßes verkraften.« Stempel kündigte an, 12 Werke zu schließen und 74000 Automobilarbeiter zu entlassen. »Wie ein Stein« sei GM, »der kranke Riese« *(Frankfurter Allgemeine Zeitung)*, abgestürzt. Und die Aktionäre reagierten auf amerikanische Art, getreu der Devise von Alfred P. Sloan, der einst GM groß gemacht hatte: »Ich betrachte die Größe eines Unternehmens nicht als Schranke. Für mich ist lediglich das Management ein Problem.« Geschlossen feuerten sie die Konzernleitung, Robert Stempel zuerst. John F. Smith, der neue Boß des Detroiter Riesen, schreckte vor nichts zurück. Als erstes strich er die Arbeiten am Cadillac-Cabrio Allant, obwohl es eine GM-Geheimwaffe werden sollte. »Der Weg bis zur Sanierung ist lang und steinig«, prophezeite der New Yorker Reporter Jens Eckhardt im *Handelsblatt*. Auch beim Branchendritten, Chrysler, mußten sich, da die Zahlen nicht stimmten, die Gesichter der Chefs ändern. Chrysler hatte bei einem Umsatz von 29,4 Milliarden Dollar 795 Millionen Miese gemacht. Was bedeutete da schon der vollmundige Abschiedsgruß von Lee Iacocca, als er zum Abschied tönte: »Chrysler ist in besserer Form denn je«? Und Ford? Der zweite im Land hatte für 88,3 Milliarden Dollar Autos verkauft und dabei 795 Millionen Dollar zugesetzt. Für Exporte nach Deutschland taugen alle drei nicht; nur mit ihren Geländewagen rollen sie auf der Erfolgsspur.

Das sind, erkannten die Europäer, trostlose Aussichten, und alle üblichen Mittel - Kurzarbeit, Entlassungen, Schließung - würden die fatale Lage nicht grundlegend verbessern. In der aufkommenden Not fiel den Bossen als Heiler wieder nur der Doktor Eisenbart ein - Konzentration, Fusion, Aufkauf der Konkurrenten.

Nichts ist spannender als die Antwort auf die Frage aller Fragen: Wer wird die Krise überleben? Spekuliert wird, wie viele Autofirmen der europäische Großmarkt verträgt. Höchstens 4 bis 5, will Gianni Agnelli wissen; er ist natürlich dabei. Wer sind die anderen? Bleibt VW allein, geht Mercedes mit BMW zusammen, Renault mit Peugeot? Wollen jetzt die Haie Haie fressen, nachdem sie früher, solange es sie gab, die kleinen Fische geschluckt hatten? Weit haben alle ihre Mäuler aufgerissen, denn das große Fressen war nach dem Autobauen schon immer die liebste Beschäftigung der Branche.

Da hatten irgendwann die wieder zu Kräften gekommenen Bayern Lust auf den kleinen Hans Glas bekommen, der im hinterbayrischen Dingolfing mit quälendem Erfolg sein Goggomobil zusammenschraubte. BMW selbst hatte Ende der fünfziger Jahre, als das Management die Firma vor die Wand gefahren hatte, den heißen Atem der Untertürkheimer im Nacken gespürt. VW, der Hai aus Wolfsburg, hatte sich Audi aus Ingolstadt geschnappt; dann bekam Audi Appetit auf den Neckarsulmer Zwerg NSU, der mit großen Ideen, aber ohne Fortune durch die Nachkriegszeit gekurvt war. NSU hatte es gewagt, den revolutionären Kreiskolbenmotor des Felix Wankel in ein Auto einzubauen, den RO 80, der zum Kultauto avancierte (*Frankfurter Allgemeine Zeitung*: »Für immer schön«). Wahrscheinlich aber war Audi nur dem Chrysler, dem drittgrößten US-Automacher, zuvorgekommen, dem auch der kleine Fisch vom Neckar geschmeckt hätte.

Amerikas Autokonzerne, obwohl angeschlagen, aber immer noch Riesen, sahen sich als erste um. Ford in Detroit zähmte

Jaguar-England (und verbrauchte seine Kräfte bei des Widerspenstigen Zähmung). General Motors fand Gefallen an Saab-Schweden (ohne für den viel zu kleinen Schweden ein Konzept zu haben) und griff zu. »Schwedens Autoindustrie kämpft ums Überleben«, ließen sich die *Stuttgarter Nachrichten* von ihrem schwedischen Autokorrespondenten berichten. Gemeint war Volvo, und berichtet wurde auch, wie Volvo sich die Rettung denke: Fusion mit Renault-Frankreich. Doch die Fachwelt fragte sich, was die Franzosen bewegen sollte, Volvo vor dem Untergang zu retten. Jedenfalls war Volvo-Chef Per Gyllenhammar, der an jedem Handgelenk eine Armbanduhr trägt, die einmal Göteborger und zum anderen die Zeit seines jeweiligen Aufenthaltsortes in der Welt zeigt, klar, daß für Volvo die Stunde geschlagen hatte. Im Sommer 1993, plant Renault, wollen sie Volvo ins Schlepp nehmen.

Eine andere Frage ist jedoch für Deutschlands Autofreunde ungleich spannender: Was wird aus Porsche? Porsche ist der kleinste Zwerg. Die Zahl der Sportwagen, die jährlich die buntbemalten Hallen in Zuffenhausen verlassen – knapp 30 000 –, geht seit Jahren zurück, wertvolle Fachkräfte mußten gefeuert werden. Wer wird Porsche schlucken? War Daniel Goeudeverts Offerte, VW stehe zum Auffangen bereit, nur die wichtigtuerische Geste des Wolfsburger Show-Vorstandes? Oder greift Mercedes zu, die schon jetzt ihre SL-Typen in Zuffenhausen bauen lassen? Wird Porsche, aus Österreich stammend, ein deutsches Trauerspiel?

»Mir blutet das Herz«, bekannte Ferry Porsche 1992, der 83jährige Senior des Porsche-Clans, in einem Interview mit der *Bild*-Zeitung, wenn er daran denke, »was man aus einem Auto, aus einem Werk macht«. Zum erstenmal schüttete der Alte mit dem Benzin im Blut einem Journalisten sein Herz aus. Und so sei hier diese ansehnliche journalistische Leistung als Dokument der Zeitgeschichte im Auszug wiedergegeben:

Bild: »Wer hat denn die Fehler gemacht?«

Porsche: »Wir nicht.«

Bild: »Wer denn?«

Porsche: »Die Welt. Überall krankt es doch. Der Dollar fällt, die Fabriken gehen ein.«

Bild: »Und Herr Bohn, Ihr Vorstand? Er ist doch entlassen worden?«

Porsche: »Ja. Aber dazu sag' ich nichts.«

Bild: »Auch 1000 Porsche-Leute müssen gehen. Gibt es denn noch eine Rettung?«

Porsche schweigt.

Bild: »Sie haben doch beste Beziehungen zu Audi, zu VW?«

Porsche: »Ja, aber ich sage Ihnen…« Er bricht ab.

Bild: »Diese Konzerne könnten doch rettend einsteigen.«

Porsche, seine Stimme wird laut, erregt: »Nein. Nie. Porsche bleibt frei, auch unabhängig…«

Bild: »Ihr Werk ist seit Tagen eine Geisterstadt. Das Geisterschiff von Zuffenhausen.«

Wieder Schweigen.

Dann die Stimme Porsches. Kräftig: »Nein. Solange ich der Käpten an Bord bin, nein. Und morgen fahre ich wieder in mein Büro und arbeite.«

Der alte Mann macht eine Pause. Die Stimme sagt: »Ich bin jetzt 83…« Es klingt, als ob Ferry Porsche weint…

Erzählen wir hier die Geschichte von Kabale und Liebe, Intrigen, Siegen und Niederlagen im Hause Porsche mit der Verdichtung, zu der sich der Reporter zwingen muß, obwohl sie doch einen dicken Tatsachenroman hergeben würde, gegen den selbst die fabelhaften amerikanischen Seifenopern *Dallas* und *Denver* blutleeres Geschreibsel bleiben würden.

Erhellen wir die Lage in Zuffenhausen, den Geschwisterstreit im Hause Porsche, mit einem Psychologischen Gutachten.

Die Familien-Bande
Porsche & Piëch

Als der Alte 1951 im Alter von 75 Jahren starb, verließ er die Welt mit Bedauern: »Ich müßte 100 Jahre werden. So viele Ideen habe ich noch.«

Zeit seines Lebens hatte er nur Motoren im Sinn gehabt, Motoren für Autos, dann Autos für seine Motoren. Großartige Konstruktionen – nehmen wir nur sein Weltauto, unseren VW-Käfer – hinterließ er und zwei Kinder, vom Vater zu gleichberechtigten Erben bestimmt und so verbunden wie siamesische Zwillinge. Damit war der Lauf der Ereignisse im reichen Hause Porsche, von der Komödie über das Drama zur Tragödie, vorgeschrieben. Den Vornamen des Altvaters Ferdinand Porsche bekamen alle mit, die mit Porsche-Autos zu tun haben – Ferdinand Porsche, genannt Ferry, Ferdinand Alexander Porsche, genannt »Butzi«, Ferdinand Piëch aus dem Hause Porsche. Schon die vielen Ferdinands und die Möglichkeit, sie zu verwechseln, versprachen zumindest am Anfang des Stücks eine erstklassige Komödie.

Ferdinand Porsche, 1875 im böhmischen Maffersdorf geboren, gab 1904 seinem ersten Kind den Namen Louise; das 5 Jahre später geborene wurde Ferdinand getauft, den alle nur Ferdy riefen, bis sein Wiener Kindermädchen befand: »Ferdy heißt bei uns jeder Schusterbub!« Ferry hieß er fortan und fuhr mit 11 Jahren den »ersten Porsche«, den sein Vater, Generaldirektor von Austro-Daimler in Österreich, eigens für ihn gebaut hatte. Später war er der Schatten neben dem Alten, wenn der Autos entwarf. Auch als Louise den Anwalt Anton Piëch ehelichte, blieb sie eine Porsche. Louise und Ferry setzten je vier Kinder in die Welt, womit die Stämme Porsche und Piëch gleich stark wurden und sich die Macht auch in der 3. Generation gleichmäßig verteilte. Eine Konstellation, die jedes Drama zur Tragödie werden läßt: Diese zwei gleich mächtigen Stämme würden, sollten sie einmal über Kreuz geraten und die familiären Bande als lästig empfinden, so ahnten Menschenkenner, dem idyllischen Begriff Familien-Bande eine völlig neue Bedeutung geben.

1951, in Deutschland rauchten noch die Trümmer, brachten die Porsches, Vater Ferdinand und Sohn Ferry, ihren ersten Porsche, den 356 Roadster, heraus. Gebaut hatten sie ihn in der gemeinsamen Schmiede, die sie nach Österreicher Art umständlich und titelsüchtig Dr.-Ing. E. h. Ferdinand Porsche nannten. Die Porsches und die Piëchs teilten sich das aufblühende Geschäft: Louises Sohn Ferdinand, Automane wie der Großvater, war für das Autobauen verantwortlich, Ferry Porsche machte in Zuffenhausen den Firmenchef. So weit, so gut. Porsches siegten auf allen Rennstrecken der Welt, und ein Bericht sagte mit einem Satz alles: »Vom Start weg übernahm Porsche die Führung und gab sie nicht mehr ab.«

Porsche-Autos fanden in aller Welt immer mehr Käufer, besonders seit Sohn Ferdinand Alexander, ein begnadeter Designer, Spitzname »Butzi«, mit dem Porsche 911, dem Elfer, ein Welthit gelungen war. Was bedeutete es da schon, daß die Flachen aus Zuffenhausen immer teurer wurden und die Werber, die großen Verführer, die verzweifelte Aufgabe bekamen zu erklären, was denn ein Porsche sei? »Einen Porsche braucht niemand«, stellten sie ehrlicherweise fest, »doch viele wollen einen.« Das war auch die gängige Definition für Luxus – ein Porsche war Luxus in seiner schönsten Form. Und daß der amerikanische Filmrebell James Dean *(Jenseits von Eden)* in einem Porsche zu Tode gekommen war und danach zur Kultfigur der Jugend avancierte, war die schlechteste Werbung nicht für die Autos mit dem Rößle im Wappen, Porsches Markenzeichen.

So gut, und doch so schlecht: Streit im untereinander eifersüchtigen Clan kam auf, Ferdinand Piëch baue die Autos zu teuer, die Rendite erreiche nicht einmal ein Prozent, Ferry Porsche führe zu lasch. 1972 schieden alle Porsches und Piëchs – einzige Sternstunde des Clans – aus dem Management aus: Ferry Porsche wurde im Aufsichtsrat Vorsitzender, Louise Piëch, gebliebene Porsche, sein Vize. Sohn Ferdinand Piëch verdingte sich als Konstrukteur und landete schließlich bei der angeschlagenen Audi AG in Ingolstadt, die er mit ansehnlichen Modellen und überlegener Technik zur Marke puschte. Jeder im zehnköpfigen Clan, Ferry Porsche und seine vier Söhne sowie Louise mit ihren vieren, erhielt einen Anteil von 10 Prozent. Als dann einer aber seinen Anteil versilbern und einem reichen Scheich überlassen wollte, griff der Clan zu, wandelte die Firma in eine Aktiengesellschaft um, ging mit den Aktien an die Börse, an der der Porsche-Kurs mit Leichtigkeit höher als 1000 Punkte schoß, und behielt doch die Herrschaft über die Firma. Über Nacht war jeder, jeder Porsche und jeder Piëch, ein mehrhundertfacher Millionär geworden.

Porsche-Chef wurde ein Wiener Grantler namens Ernst Fuhrmann, der einem fachkundigen Kritiker vom *Spiegel* einmal sogar eine Ohrfeige angeboten hatte. Vom Elfer, dem sechszylindrigen Erfolgsauto aus »Butzi«-Hand, hielt er nichts; er wollte ihn von unten durch einen Vierzylinder mit Audi-Motor (zum Nachsprechen dieser Ungeheuerlichkeit: ein Porsche mit einem Motor von Audi), den Porsche 924, und von oben durch einen Achtzylinder, den Porsche 928, aus dem Programm drücken.

»Fuhrmanns Ferrari« nannten die Piëchs mit Wiener Schmäh den Ferrari-Verschnitt, den Onkel Ferry erlaubt hatte. Als Fuhrmann auch noch ein Langzeitauto propagierte, das die Firma, die vom Wechsel der Modelle lebte, ruiniert hätte, wurde er gekippt. Fuhrmann also hieß der erste Porsche-Chef, der nicht den Namen Porsche trug.

Peter W. Schutz, ein Amerikaner, wurde sein Nachfolger, nachdem er Porsches Bedingung, sein Privatleben in Ordnung zu bringen, nachgekommen war, indem er seine Lebensgefährtin zur Ehefrau machte. Von Sportwagen verstand er nichts, nie zuvor hatte er in einem Porsche gesessen. Doch er, ein Sonntagskind, wurde für den Clan zum Glücksfall: Der Dollar schoß auf über 3,50 Mark, in Zuffenhausen standen die Bänder nicht mehr still, um zwei Drittel der Jahresproduktion rissen sich die Amerikaner. Porsche, der Zwerg von Zuffenhausen, wurde Umsatzmilliardär. Der Clan war beschäftigt, die Dollars zu zählen und zu stapeln. Doch dann, nach nur zweijährigem Dollarregen, stürzte Amerikas Zahlungsmittel auf unter 2 Mark und Peter W. Schutz noch tiefer.

Heinz Branitzki, die ehrliche Haut aus dem Finanzressort des Hauses, mußte jetzt ran. Denn so schnell, wie Schutz gestürzt war, war ein geeigneter Nachfolger nicht zu finden. Branitzki hielt das Geld zusammen, wie es einem überzeugten Geldmenschen zukommt; ein Automann war er auch nicht. Nach 2 Jahren mußte er gehen; er war »nur eine Übergangslösung«, rief ihm Ferry Porsche, Mann ohne Dankbarkeit, nach.

Da überraschte Wolfgang Porsche, ohne rechte Beschäftigung und von Beruf Vaters Sohn, mit dem Vorschlag, der arbeitslose Computerverkäufer Arno Bohn vom glücklosen Computerbauer Nixdorf solle bei Porsche das Steuer übernehmen. »Dritte Wahl«, urteilte die Wirtschaftspresse. Die Ära Bohn wurde zum Glanzstück im Porsche-Theater, in dem jetzt die Komödie langsam ins Drama überging.

Nach nur 2 Jahren wollten die Aufsichtsräte, Aktionäre wie Belegschaftsvertreter, Bohn kippen. Unter ihm war weder das Amerika-Geschäft neu belebt worden, noch hatte er die Produktion halten können; 200 Millionen soll der von ihm favorisierte Viertürer 989 verschlungen haben, bevor die Arbeit eingestellt wurde.

Jetzt betrat »Butzi« Porsche die Szene für eine Doppelrolle: Mit dem unglücklichen Bohn einigte er sich über eine Verlängerung des Bohn-Vertrages; zugleich versuchte er aber, das Talent Reitzle von BMW für die Bohn-Nachfolge zu gewinnen.

Nach Porsche-Art meldeten das Geheimnis, wie immer, Zeitungen, Funk und Fernsehen. Als BMW-Reitzle abwinkte, erhielt der düpierte Bohn das Angebot – und zierte sich öffentlich: Er müsse sich schon überlegen, ob er Porsche-Boß bleiben wolle. Im Aufsichtsrat schaffte er sich eine Hausmacht mit dem Versprechen, auch in schweren Zeiten keinen Porsche-Mitarbeiter zu entlassen; die Arbeiter hoben ihn auf ihren Schild. Widerstrebend nahmen die Eignerfamilien Porsche und Piëch Bohns Vertragsverlängerung hin, doch der stellte seine Forderung: Alle Eigentümer hätten aus dem Aufsichtsrat von Porsche zu verschwinden. Als er nach nur wenigen Monaten dann doch die Entlassung von 1800 Porsche-Werkern bekanntgab, jagten ihn alle, die Arbeiter, die Porsches und die Piëchs, zum Teufel.

Ferry Porsche, mittlerweile ein Greis, verzichtete auf den Vorsitz im Aufsichtsrat. Schon in den Jahren zuvor war er nicht mehr imstande gewesen, die Hauptversammlungen der Aktionäre zu leiten. Vorher aber noch bewies er Schwester Louise, was für ihn Familien-Bande bedeuteten: Mit der schlitzohrigen Behauptung, an der Spitze der Autofirma Porsche müsse immer einer mit dem Namen Porsche stehen, verhinderte er, daß Louises autobegnadeter Sohn Ferdinand Piëch zum Vorsitzenden des Aufsichtsrats aufrückte – und ließ seinen ältesten, Ferdinand Alexander, auf den höchsten Posten hieven, den der Clan zu vergeben hat. Nur mühsam verwand Ferdinand Piëch, dessen größter Kummer es sein soll, nicht mit dem Namen Porsche geboren zu sein, Onkel Ferrys Kränkung.

Wendelin Wiedeking bekam das Steuer in die Hand gedrückt, und das Fachmagazin *auto motor und sport* avancierte zu *auto motor und spott*: »Häufiger als mit neuen Autos überrascht Porsche mit neuen Männern an der Spitze.« Wiedeking wurde nur *Sprecher* des Vorstandes und nicht mehr, wie seine Vorgänger, *Vorsitzender* (die bei ihren Stürzen stets mit teuren Abfindungen ruhiggestellt werden mußten). Porsche-Sprecher Wiedeking setzte sich auf einen heißen Stuhl: 64,5 Millionen Mark Verlust hatte die kleinste Autofirma der Welt im Geschäftsjahr zu verkraften, die Jahresproduktion, einst 50 000, war auf 22 000 Wagen gesunken. Und Wiedeking konnte nicht einmal versprechen, daß nur 1800 Werker, die Elite der Facharbeiter, entlassen würden. Eingeklemmt zwischen dem kümmerlichen Nachlaß seines Vorgängers Bohn und dem einstürzenden Markt, kann Wiedeking nicht wählerisch sein und muß Porsches Schicksal wie ein Spieler auf eine Karte setzen, auf den 986, der nicht mehr als 70 000 Mark kosten darf und ab 1995 junge Leute zum Porsche-Käufer machen soll, damit sie, wie ihre Väter, beim »Fahren in seiner schönsten Form« auf andere, bessere Gedanken kommen.

Porsche gegen Piëch. »Wer schützt«, fragte sich ratlos das *Handelsblatt*, »Porsche vor seinen Eigentümern?« Gibt es für Porsche überhaupt einen Schutz? Ferdinand Piëch, seit Anfang 1993 Chef des Volkswagen-Konzerns in Wolfsburg, werde die kleine Familienschmiede, die seines Großvaters Namen trage, auffangen, wollen Insider wissen. Andere fragen, was der ebenfalls angeschlagene VW-Konzern – neben der Marke Audi und dem kostspieligen Erwerb von Seat und Škoda – mit dem humpelnden Zwerg aus Zuffenhausen noch anfangen könne. So werde nur ein reicher Japaner als Retter übrigbleiben, meinen Pessimisten (und denken daran, daß ein reicher Japaner auch van Goghs Gemälde *Dr. Gachet*, mit 78,1 Millionen Dollar das teuerste Bild der Welt, kaufte, einfach, um es zu besitzen).

Wäre es um Porsche schade, wenn Porsche als selbständiger Autobauer verschwinden würde? Wäre es schade, wenn Porsche als Autobauer ganz und gar verschwinden würde? »Ohne fremde Hilfe«, behauptet *auto motor und sport*, »scheint für Porsche eine Rückkehr auf den alten Erfolgskurs kaum mehr möglich.« Doch auf dem Höhepunkt der geschäftsschädigenden Diskussion machte Ferdinand Piëch sich mit einem Ehrenwort stark, das alle Welt und selbst den greisen Ferry Porsche überraschte: »Solange ich lebe, wird Porsche selbständig sein.«

Immer noch bauen Ferdinand Porsches zerstrittene Erben, folgen wir den kundigen Lesern von *auto motor und sport*, »die besten Autos der Welt« – eine Aktion des Blattes seit 1976, die Jahr für Jahr Porsche auf Platz eins sieht. 125 000 Leser können sich nicht irren: Sie wählen als Sieger für die acht Disziplinen, vom Geländewagen bis zum schönsten Cabrio, 8 deutsche Modelle. Da kommt nicht nur Freude auf, auch Stolz, auch die nationale Leidenschaft für das deutsche Automobil. Als jedoch, nach langen fetten Jahren, die deutsche Autokonjunktur zu lahmen begann und sich Autofirmen und -freunde von Konkurrenten und Feinden umgeben sahen, ließ das Fachmagazin Experten die lebenswichtige Frage beantworten: »Ist die deutsche Autoindustrie für die Zukunft gerüstet?«

»Die Lage war noch nie so ernst«, stellte das Blatt als Basis für die Untersuchung fest. »Weltweit sind die Verkaufszahlen für Autos rückläufig. Die amerikanische Automobilindustrie steckt schon in einer Krise... Die Prognosen für die europäische Automobilwirtschaft drohen mit verschärftem Wettbewerb... In den nächsten Jahren entscheidet mehr denn je die Konkurrenzfähigkeit deutscher Autos auf dem Weltmarkt über den Wohlstand. Wie aber stehen die Chancen deutscher Firmen, ihre Marktanteile vor allem gegen die Konkurrenz aus Japan zu verteidigen, die in allen Disziplinen des Automobilbaus mit scheinbar unaufhaltsamem Erfolg nur nach besten Noten strebt?«

Dieses Gutachten mit 6 Disziplinen – Modellpolitik, Technik, Umwelt, passive Sicherheit, Qualität und Produktivität –, angelegt von einem Fachmagazin, bewies einmal mehr den Auftrag der Presse, für den Leser da zu sein und seine Interessen gegen die Mächtigen in Wirtschaft und Politik zu vertreten. Die Rolle des Gutachters steht dem Fachjournalisten, ob nun Gerold Lingnau von der *Frankfurter Allgemeinen Zeitung*, Heinz Horrmann von der *Welt* oder den Redakteuren von *auto motor und sport*, *Auto Bild* oder der *Auto Zeitung* gut zu Gesicht. Über die Autoindustrie besitzen sie Insiderkenntnisse, reden selbst den Bossen einer Weltmarke nicht nach dem Mund und besitzen das Vertrauen ihrer Leser, die schnell merken würden, wenn sich ihr Blatt, auch nur versteckt, Herstellerinteressen zu eigen machte. Nehmen wir die Ergebnisse unter die Lupe:

• Modellpolitik, die richtige, bei der die Zielgruppe vor Glück in die Hände klatscht, wird BMW, Opel und VW bescheinigt. BMW pflege »ein Image, das weltweit mehr denn je beneidet wird«, und strebe »nach modellpolitischer Eigenständigkeit«. Opel kultiviere »die Politik des soliden Gegenwerts«, Opel-Autos seien »vielleicht wenig spektakulär, dafür aber zunehmend populär, was marktstrategisch vorzuziehen sei«. Volkswagen, dessen Brot-und-Butter-Modell Golf eine »bedenkliche Monokultur« sei, beweise jedoch mit dem Golf III, auf »der richtigen Linie zu liegen«. Audi und Mercedes seien in der Modellpolitik »nur Mittelmaß«. Bei Audi lägen die Modelle 80 und 90 zu dicht beieinander. Mercedes habe »die Zeichen der Zeit falsch beurteilt«. Die S-Klasse sei zu groß, zu teuer und zu verschwenderisch. Ford bleibe der traditionelle Hinterherhinker und gehöre im »modellpolitischen Poker zu den Verlierern«; Neuentwicklungen kämen zu spät, den überlebenswichtigen Escort habe man »in den Sand gesetzt«. Und Porsche, aller Autofreunde Sorgenkind? Modellpolitik sei »kaum feststellbar, gängige Modelle entstammen dem Zufallsprinzip, künftige Entwicklungen sind zumindest fragwürdig«.
• Technik, bisher die Stärke deutscher Autobauer, zwinge die besorgte Frage auf: »Werden die Deutschen von der Konkurrenz überholt?« Die feineren Automarken, Audi, BMW und Mercedes, setzten »immer noch Maßstäbe«, die Massenhersteller Opel und VW müßten sich jedoch sputen, Ford habe »den Anschluß verloren«. Und Porsche, das Symbol für deutsche Spitzentechnik? »Reif für eine Frischzellen-Injektion«, urteilt *auto motor und sport.*
• Umwelt, die Sorge um die Welt, in der wir leben müssen, ist bei den deutschen Herstellern als wichtigste Botschaft für ihr Geschäft angekommen. Deutsche Autos seien »sauberer als die übrigen europäischen, sparsamer als die amerikanischen und Vorreiter beim Recycling«. Sie führten weltweit mit ihren »beispiellosen Bemühungen um eine recyclinggerechte Bauweise und die möglichst umweltschonende Entsorgung schrottreifer Autos«. Doch: »Für die Zukunft ist das immer noch nicht genug.«
• Passive Sicherheit, die Frage über Leben und Tod im Falle eines Falles, läßt die Deutschen glänzen, in dieser Disziplin machten »sie mehr als der Rest der Welt«. »Zu den sichersten Autos der Welt«

gehörten BMW, Mercedes, der Audi 100, aber auch der neue Golf III sowie der Opel Astra. Ford habe »den Stellenwert des Insassenschutzes nicht besonders hoch eingeschätzt« und lasse »wenig Zuversicht aufkommen«. Und Porsche? »Durchschnitt«, lautet das Urteil der Fachpresse.

- Qualität, deutsche Wertarbeit, sichert Audi, Mercedes und Porsche immer noch die erwartet guten Noten; BMW, Ford, Opel und VW gelten als Mittelmaß. Qualitätsspitze sei jedoch Audi, hochgepuscht von Ferdinand Piëch, dem Qualitätsfanatiker.
- Produktivität, der Maßstab, ob sich Autobauen wirtschaftlich auch lohnt, läßt alle Deutschen schlecht aussehen. Die Japaner geben hier den Ton an, »weltweit ist keiner produktiver«, und in dieser Disziplin müßten sich die Deutschen »größte Sorgen um ihre Zukunft machen«. Bei Massenherstellern wie VW baue ein Mitarbeiter im Jahr 13 Autos, bei Honda doppelt so viele. Bei Mercedes lägen, nach einer Studie des Lohnkosten-Fetischisten McKinsey, die Kosten »um mehr als ein Drittel höher als etwa bei Nissan in Großbritannien«. Auch BMW müsse sich anstrengen, weil jeder Mitarbeiter im Jahr ganze 8 Fahrzeuge vom Band hole. Und Porsche? Hier herrsche immer noch die teure Handarbeit vor, und »für eine moderne, effiziente Autofabrik fehlten der Platz und das Geld«.

»Die deutsche Frage«, die Überlebenschancen der deutschen Hersteller, haben die Zukunftsforscher von *auto motor und sport* als Orientierungshilfe für ihre Leser in Schlagzeilen beantwortet:

- »Audi im Aufwind«
- »BMW gut im Trend«
- »Opel im Vorwärtsgang«
- »Mercedes bleibt Spitze«
- »VW mit Kompetenz«.

Diese fünf »verlängern die Tradition typisch deutschen Automobilbaus, deren Herausforderungen sie mit technischer Kompetenz annehmen«.

Gnadenlos nüchtern fiel das Urteil über die beiden deutschen Verlierer aus:

- »Ford droht das technische Management in England (das das Kommando über Ford-Deutschland hat) zum Problem zu werden.«

- »Porsche scheint ohne fremde Hilfe eine Rückkehr auf den Erfolgskurs kaum möglich.«

Wie werden es die Nachkommen von Daimler, Benz, Maybach, Otto und Diesel schaffen? Bleiben nur Massenentlassungen (von den Verharmlosern »Gesundschrumpfen« genannt) oder Konzentration (zu Lasten der Modellvielfalt) oder das Auswandern ins Ausland (weil der Industriestandort Deutschland zu teuer geworden ist) oder die sogenannte Diversifikation, der Drang in neue Geschäftsfelder, also weg vom Auto?

Mit der modischen »schlanken Produktion«, von den Japanern übernommen, versuchen alle, ihre Produktivität zu steigern. Das Ergebnis ist bei Mercedes in Rastatt und Opel in Eisenach zu sehen. Doch einigen täte es genauso gut, sich auch noch ein »schlankes Management« zu verordnen und die Bürokratie abzubauen. Allein beim Traditionalisten Daimler-Benz gibt es sieben Stufen der Hierarchie, sogar »rote« und »schwarze« Direktoren, deren Existenzberechtigung auch Altgediente nicht plausibel erklären können.

Daimler-Benz sieht – frei nach der Devise von Gottlieb Daimler »Das Beste oder nichts« – seine Zukunft in klotziger Diversifikation, der Suche nach neuen Geschäftsfeldern. In einem Kaufrausch, der in der deutschen Wirtschaftsgeschichte wohl ohne Parallele ist, rafften die finanzstarken Stuttgarter zusammen, was sich ihnen bot, wenn es nur dem Zweck dienlich schien, in eine sichere Zukunft »weg vom Auto« zu führen. Daimler kaufte den maroden Elektrokonzern AEG mit den Bereichen Automatisierung, elektronische Anlagen und Komponenten, Bahnsysteme sowie Hausgeräte, dazu die DASA (Deutsche Aerospace) mit Luft- und Raumfahrtaktivitäten und stieg über den Rüstungskonzern MBB tief ins Waffengeschäft ein. Zugleich wurde die Daimler-Benz InterService für Dienstleistungen aller Art ausgebaut; der Flugzeughersteller Dornier ging so nebenbei ins Stuttgarter Netz.

Da nutzte auch nicht die Erinnerung an ähnliche Vorstöße der Autobosse in völlig neue Geschäftsbereiche, die allesamt mit peinlichen Flops und Milliardenverlusten geendet hatten. Volkswagen etwa hatte sich die Schreibmaschinenfirma Triumph-Adler zugelegt, um bei Computern mitzuverdienen; 2 Milliarden Miese ließ dieser

Ausflug auf neues Land zurück. In Brasilien war VW schon Anfang der siebziger Jahre im Amazonas-Gebiet unter die Großgrundbesitzer gegangen, um auf der 140000 Hektar großen Farm Companhia Vale de Rio Cristalino, dreimal so groß wie West-Berlin, mit 20000 Rindern ins Züchtergeschäft einzusteigen. Heute wird in Wolfsburg die Brasilien-Blamage nicht einmal mehr hinter vorgehaltener Hand erwähnt. Anlaß zu solchen Abenteuern war immer eine zu volle Kasse, die bekanntlich nicht nur sinnlich, sondern die Besitzer auch leichtsinnig macht.

Auch beim guten Stern verlangten die vollen Kassen nach Anlage in autofremden Bereichen, versteht sich, denn die Herren von Untertürkheim hatten Anfang der siebziger Jahre zum erstenmal gespürt, daß die Politik in Bonn – hier regierte die sozial-liberale Koalition mit Willy Brandt (SPD) und Walter Scheel (FDP) – dem Auto und der freien Fahrt der Deutschen nicht wohlgesonnen war. Daimlers damaliger Chef Joachim Zahn hatte, argwöhnisch wie er war, die Bonner Tendenzen als »Ausdruck des langfristigen, auf eine Beschränkung des Individualverkehrs abzielenden regierungsamtlichen Konzepts« ausgemacht. Edzard Reuter, damals oberster Unternehmensplaner, wurde, so die spröde Prosa des Vorstandsprotokolls, mit der »Behandlung der Frage der langfristigen Planung, insbesondere hinsichtlich möglicher Produktionssubstitutionen und Diversifikationen« beauftragt (und ahnte nicht, daß er schon bald seine Planung als neuer Daimler-Boß auch in die Tat umsetzen müßte).

»Diversifikation – das Stichwort war gefallen!« beschreibt Hans Otto Eglau in seiner Biographie *Edzard Reuter* minutiös Reuters Aktivitäten mit seinem »Arbeitskreis zur langfristigen Unternehmensplanung«. Das große Ziel hieß, obwohl nie ausgesprochen, »weg vom Auto«. Untersucht wurde der Einstieg ins Computergeschäft (wo VW noch seine Wunden leckte), in den Landmaschinenbau, ins Baggerbauen. Heraus kam ein unübersichtliches Konglomerat, und als nach dem Zusammenbruch der Sowjetunion und des Warschauer Pakts in der Welt auch noch der Frieden ausgebrochen war, wurde Reuters Strategie vollends in Frage gestellt: Die Rüstung wurde nicht mehr gebraucht, der milliardenteure Auftrag Jäger 90 gestrichen.

Selbst der Erwerb von Dornier, der High-Tech-Fabrik am Bodensee, erwies sich nicht als Goldgrube; ihr hochgelobter Nierensteinzertrümmerer brachte Ruhm, aber kein Geld in die Kasse. Und als der »Stratege mit dem Griff nach den Sternen« *(Frankfurter Allgemeine Zeitung)* Mitte Februar 1993 seinen 65. Geburtstag feierte, mußte er sich von der skeptischen *Frankfurter Rundschau* nachsagen lassen, wohl danebengegriffen zu haben. Kein noch so kostspieliger Erwerb hatte sich schnell ausgezahlt und die hochgetriebenen Erwartungen der Daimler-Aktionäre erfüllt.

AEG vor allem blieb das schwarze Schaf, das zudem die stolze Mutter in Stuttgart weltweit in arge Peinlichkeit brachte: Um ihre Elektrogeräte auf den Märkten der Dritten Welt attraktiv zu machen, hatten fernöstliche AEG-Firmen heimlich ihre Staubsauger und Kühlschränke mit dem guten Stern aus Untertürkheim geadelt. So hatte Reuter, der Globalstratege, die Diversifikation nicht verstanden. Wütend unterband er die Entweihung des kostbaren Markenzeichens: Nur Mercedes-Wagen sei der Stern vorbehalten.

An anderer Stelle zeigte sich ebenfalls, daß sein Zug »weg vom Auto«, wenn auch dementiert, böse Folgen für das Ur-Geschäft, das Auto, hatte: BMW, der ewige Konkurrent, hängte erstmals in der Autoproduktion Mercedes ab. 1992 baute Mercedes 528 000 Autos, BMW 588 000 (1986 zum Vergleich: BMW 446 000, Mercedes 594 000). Reuters Reaktion auf die unglücklichen Firmenkäufe war so abrupt, daß der Branche nur Kopfschütteln übrigblieb: Aus dem lange und kostspielig geplanten Wiedereinstieg in die Formel 1 stieg er über Nacht aus – mühsam mit »gesellschaftspolitischen und ökologischen Gründen« getarnt. Eine Entscheidung, für die der Konzern seinen enttäuschten Partnern ein Schmerzensgeld in Höhe von 30 Millionen Mark zahlen mußte.

Auch der Konkurrent aus München diversifizierte, doch das konnte er der Öffentlichkeit als Rückkehr zu den Wurzeln verkaufen: BMW engagierte sich erneut im Flugmotorenbau durch die Beteiligung an Rolls-Royce Motors Plc (die mit der Autofirma Rolls-Royce nichts zu tun hat); 750 Millionen Mark soll die Münchner der Deal gekostet haben.

BMW, jetzt der Marktführer in der Auto-Oberklasse, machte auch noch wahr, was Daimler bis Mitte 1993 nicht einmal anzudenken wagte: den Bau einer BMW-Fabrik im Ausland. Seit Jahren schon hatte sich der arbeitsversessene Eberhard von Kuenheim lauthals gegrämt, daß es im Wohlstandsland Bundesrepublik zu viele Feiertage gebe und er ein Land suche, dessen Werktätige ihre Schrauben mehr lieben als ihre Muttern. Er wünschte sich in Amerika eine große BMW-Fabrik. Doch immer drohte Bayerns Herrscher Franz Josef Strauß mit dem Entzug seiner Gunst; vor Straußens Nachfolgern Max Streibl und Edmund Stoiber fürchtet sich Eberhard von Kuenheim allerdings nicht. In Spartanburg im US-Staat South Carolina sollen ab 1995 die ersten Amerika-BMW vom Band laufen; 250 Standorte im Land des Kapitalismus hatte von Kuenheim prüfen lassen. Starten wolle er mit 2000 Beschäftigten, die täglich 400 Autos bauen sollen; 500 Millionen Dollar werden investiert. Von Kuenheim, wegen seiner Republikflucht von allen gescholten – die Stadt Schweinfurt beispielsweise wies darauf hin, daß sie »dringend neue Arbeitsplätze« brauche – verteidigte sich trotzig: In Amerika seien Bau- und Produktionskosten 30 Prozent niedriger als in Bayern, in Bayern hätte das Genehmigungsverfahren 2 Jahre, in South Carolina 2 Monate gedauert. Von Kuenheim ist sicher, in Amerika seine deutsche Success-Story fortschreiben zu können: 60 000 verkaufte BMW pro Jahr, aus München geliefert, vertragen eine eigene Fabrikation in den USA.

Von Kuenheims Mut machte umgehend auch andere mutig. Audi gab bekannt, in der Donaustadt Györ in Ungarn für 320 Millionen Mark eine neue Motorenfabrik zu bauen – »nach streckenweise recht hitzigen Debatten«, wie Audis Betriebsrat Adolf Hochrein enthüllte, denn die Gewerkschaften merkten nun, daß die Autobauer den Industriestandort Deutschland fliehen. Und aus Wolfsburg sickerte durch, der neue Chef Ferdinand Piëch denke daran, in Amerika wieder eine Fabrik für eine US-Version vom Golf zu errichten. Plötzlich wurde auch Daimler wach und verriet, daß man in den Vereinigten Staaten eine Fabrik zur Montage von jährlich 60 000 Geländewagen bauen wolle.

Die Japaner produzieren längst in anderen Ländern, sie sind wie der Igel, der vor dem Hasen am Ziel ist. In Amerika haben sie mit

Autos aus eigenen Fabriken die Amerikaner ja schon das Fürchten gelehrt. Jetzt führen sie mit Einzelbeispielen vor, wie sie die Strategie der Europäischen Gemeinschaft, die Einfuhren aus Japan, wenn sie denn nicht zu verhindern sind, so doch durch Quoten streng zu reglementieren, ad absurdum führen wollen: durch »Transplants«, eigene Fabriken in der EG, sozusagen Japans Trojanische Pferde in der Festung Europa. »Mit dem Eintritt der Japaner«, stellte *auto motor und sport* lapidar fest, »ist es mit dem automobilistischen Weltfrieden eben vorbei.«

Der Einbruch in die Festung Europa gelang den Kämpfern mit dem Mut von Kamikaze-Fliegern am schwächsten Punkt, in England. Toyota, Japans Autonummer eins, investierte umgerechnet 2,5 Milliarden Mark in ein Montagewerk in Burnaston und in eine Motorenfabrik in Nord-Wales. Ab Ende 1995 sollen hier jährlich 200 000 Wagen die Bänder verlassen. Die Bewerber für einen Arbeitsplatz wurden von Japanern auf Herz und Zuverlässigkeit geprüft, ohne daß eine Gewerkschaft Alarm schlug. »Wir glauben daran«, erklärten die Bosse aus Japan den Untertanen Ihrer Majestät, »daß der Mensch unser wichtigstes Gut ist. Deshalb suchen wir nur die Besten aus.« Ein 15 Mann starkes Expertenteam durchstreifte den Kontinent und siebte aus 2000 potentiellen Lieferanten die gewünschten 400 aus.

Auch Nissan hat sich, in Sunderland, eine Autofabrik gebaut. Honda ist mit Rover, der Traditionsmarke ohne Glanz, verbandelt und hofft, wie alle Japaner, in der europäischen Festung »auf ein kaum zu bremsendes Wachstum«, meldete die *Frankfurter Allgemeine*; sie alle strebten Fahrzeuge an, »die als ›europäisch‹ gelten«.

Jetzt scheint Deutschland gleichfalls reif für eine große japanische Autofabrik. Mazda hat in der Schublade fertige Pläne für ein Werk im Saarland, und Ford will sich beteiligen. Mazda aus Hiroshima, drittgrößter des Landes, könnte in der Bundesrepublik mehr Autos verkaufen, wenn die Quoten der EG das nur zuließen. Der Mazda-Chef von Deutschland, Albert Hogreve: »110 000 durften wir verkaufen, 130 000 wären möglich gewesen; alle Japaner zusammen hätten allein 1991 100 000 Autos mehr absetzen können.« Die 1000 Vertragshändler verlangen mehr Mazdas, woher sie kommen, ist ihnen egal. Da trifft es sich gut, daß Ford-Amerika an Mazda-Japan beteiligt ist und Ford-Deutschland an der Saar schon eine eigene Fabrik betreibt. Ein solches Zusammengehen ist ganz nach dem Geschmack der Strategen in Japan, und so lockt denn auch Takao Tominaga, Chef der japanischen Autolobby JAMA: »Kooperationen bieten neue Perspektiven für die Automobilindustrie, vor allem für die deutsche.«

Doch bevor sich die Umworbenen noch auf Abwehr oder Umarmung der cleveren Japaner einrichten konnten, ist aus Fernost ein neuer, noch gefährlicherer Konkurrent im Anmarsch: »Koreas Hersteller wenden sich dem europäischen Markt zu«, berichtete das *Handelsblatt*. Die ansonsten humorlose *Frankfurter Allgemeine Zeitung* übte sich sogar in schwarzem Humor: »Westeuropa macht Koreas Autoherstellern die größte Freude.« Ehrgeizige Pläne hat KAICA, die *K*orea *A*uto *I*ndustry *C*ooperation *A*ssociation, entwickelt und, sozusagen als bewaffneten Spähtrupp, die Marke Hyundai vorgeschickt, die sich in Heilbronn ansiedelte und auf Anhieb mit Hilfe der Schwabengarage AG in Stuttgart, dem größten deutschen Ford-Händler, in den Importmarkt einbrach.

Von allen Seiten, das wurde den deutschen Autobossen Anfang 1993 deutlich, nähern sich die Gegner und Feinde, Europäer aus Europa, Japaner aus Europa, Japaner aus Deutschland. Die Politiker planen immer höhere finanzielle Belastungen des Autofahrers. An manchen Tagen lesen sich die Zeitungen wie die gesammelten Rezepte zum Abgewöhnen der Freude am Autofahren. Und die Attacken der Autofeinde im eigenen Land werden heftiger. Entscheiden müßten sich die Deutschen, so der CDU-MdB Wolfgang von Geldern vor Waldbesitzern: »Wald oder Auto.«

Die Autofeinde, organisiert wie die terroristische RAF (Auto Bild), haben sich mit den Waldbesitzern verbündet, und das ZDF stellte ihnen Sendezeit zur Verfügung. Originalton des Reporters Matthias Welp: »Ich gehe davon aus, daß der Waldspaziergang, wie man ihn heute pflegen kann, in wenigen Jahren beendet sein wird. Die Nadelbäume werden meiner Erwartung nach in 10 bis 15 Jahren das Zeitliche gesegnet haben, die Laubbäume werden in etwa 15 bis 20

Jahren hinüber sein, danach wird eine Strauchvegetation kommen... Danach wird nichts übrigbleiben.« Und in der autofeindlichen *Frankfurter Rundschau* schauderte es Rosemarie Bölts vor Vergnügen: »Ein Horrorszenario... nicht von ungefähr mit Kriegsvokabular gespickt.« Parole: »Weg mit dem Auto.« Und: »Auch ohne Auto mobil.«

»Raus mit dem Auto aus der City«, kündigen hingegen 6 Großstädte an – Frankfurt, Dresden, Stuttgart, München, Düsseldorf und Berlin. Die »Stinker«, so die nicht gerade autofreundliche *Süddeutsche Zeitung*, sollen aus den Zentren verbannt werden. Jahr für Jahr solle die Mineralölsteuer bis zu 15 Pfennige steigen, verlangten Bonner Umweltexperten; die dabei den Autofahrern abgezwickten 35 Milliarden Mark sollen »für Bahn und Bus« zur Verfügung gestellt werden. Die niedersächsische Umweltministerin Monika Griefahn will die Mineralölsteuer auf einen Schlag um 50 Pfennige erhöhen.

»Hohe Kosten sollen Verkehr verhindern«, überschrieb *Die Welt am Sonntag* ein Interview mit Karel van Miert, in der EG verantwortlich für die Verkehrspolitik. »Im Januar 1994« komme die Autobahngebühr, bis zu 400 Mark im Jahr teuer. Und ungesagt, aber gedacht blieb bei van Miert, dem konsequenten Gegner der freien Fahrt auf deutschen Autobahnen, die Einführung des Tempolimits, die Begrenzung der Höchstgeschwindigkeit auf 120 km/h.

Und wenn den Autofeinden unter den Politikern einmal nichts gegen den »mobilen Wahnsinn« *(Der Spiegel)* einfällt, treiben die links-grünen Autofeinde in den Medien Politik auf ihre Art – sie mischen ausgesuchte Tatsachen mit ihrer persönlichen Meinung, ein krasser Verstoß gegen die journalistische Grundregel, nach der Tatsache und Meinung voneinander zu trennen sind. Dabei treten sie auch noch als Stichwortgeber auf, eine weitere Todsünde, die sie aber für ihr Ziel gerne begehen: nämlich das Automobil zu verteufeln. So erlebt in der Sendung »Leute« des Süddeutschen Rundfunks (Frequenz 92.2), als ein Moderator namens Bernhard Groß den Präsidenten des Umweltbundesamtes aus Berlin, Heinrich Freiherr von Lersner, zu einer Fachattacke aufs Auto und die Autofahrer bewegen wollte. Dem Autor dieses Buches blieb sie so in Erinnerung:

Frage: »Sollte der Liter Benzin nicht 5 Mark kosten? Jetzt ist Benzin doch eindeutig zu billig.«

Antwort: »Das ist zu schlicht gedacht. Sie vergessen die Auswirkungen für den kleinen Mann. Aber das Doppelte [des damaligen Benzinpreises von 1,40 Mark je Liter] sollte Benzin schon kosten.«

Dazwischen, die Regie klappte, Staumeldungen von den Autobahnen.

Frage: »In der Ex-DDR sollen neue Straßen gebaut werden, und die Bürger befinden sich in einem Taumel. Müssen dort Straßen gebaut werden? Ist es nicht so, daß da, wo es keine Straßen gibt, auch kein Verkehr möglich ist?«

Experte von Lersner widerspricht, doch seine Einwände gehen in eingespielten Staumeldungen unter.

Kein Zweifel: Die Lage ist so ernst wie nie. Sind bei Beginn des 2. Auto-Jahrhunderts die Aussichten für die Industrie im Land, in dem das Automobil erfunden worden ist, und für den Autofahrer mit seiner Leidenschaft fürs Fahren trostlos? Bleiben sie als »hirnlose Raser« mit ihren »lackierten Kampfhunden« auf der Strecke ihrer Feinde, die keine Gnade kennen? Stehen sie jetzt, da sich die »Autobranche auf Talfahrt« *(Stuttgarter Nachrichten)* befindet, schon vor ihrem Ziel, dem verhaßten Automobil den Garaus zu machen? Ist es nicht das erste Eingeständnis einer Kapitulation, wenn sich die Autohersteller bis 1995 von einem Drittel ihrer Händler trennen und ihr Vertriebsnetz drastisch kappen wollen?

»Das Auto«, beschreibt Dankwart Grube lakonisch die Lage, »ist der am schwersten beschuldigte Buhmann, seit sie den Massenmörder Haarmann [der in den zwanziger Jahren in Hannover wütete und dem linke Hannoveraner Anfang der neunziger Jahre auf Kosten der Steuerzahler ein Denkmal errichteten] dingfest machten... Das Auto ist mega-out: Waldsterben, Fischsterben, Heuschreckenplagen, vermehrtes Auftreten von Allergien und Hammerzehen – alles Schuld der Autos.« Ständig wird es öffentlich angeprangert von Politikern, die danach in ihr Auto steigen »und, womöglich von Blaulicht geleitet, ein bißchen die Verkehrsregeln mißachten, aber das dürfen sie, denn sie sind im Dienst und haben es eilig, zum nächsten Veranstaltungsort zu kommen, wo sie dann erneut das Auto anklagen, so ziemlich an allem Elend dieser Welt Schuld zu tragen«.

Wie, wenn überhaupt, kann die Freiheit bewahrt werden? Denn

die Deutschen wollen ungebremst ins »Zeitalter der Massenfreizeit«, das Forscher voraussehen, reisen. Sie, die ohnehin schon Reiseweltmeister sind, das ist das Ergebnis einer Studie des BAT-Freizeitforschungsinstituts in Hamburg, haben nichts als Mobilität im Sinn: »Nach dem Jahr 2000 wird etwa ein Drittel der Bevölkerung ständig irgendwo auf Kurzurlaub oder Wochenendurlaub unterwegs sein. Die populärste Form von Glück wird auch nach dem Jahr 2000 das Reisen sein«, denn, so ergänzt Armin Ziegler in seinem Buch *Deutschland 2000*, »der Stellenwert beruflicher Arbeit sinkt zugunsten der Freizeit«. Zweideutig, immerhin aber drohend genug, bleibt da die Prophetie von Gerd Gerken, dem Guru der deutschen Trendforscher: »Nichts bleibt, wie es ist.«

Für die autofeindliche *Zeit* ist der Freiheitsdrang die »Geißel Verkehr« und nur mit planwirtschaftlicher Bürokratie in den Griff zu kriegen. In den Rathäusern sollten »Mobilitätszentralen« eingerichtet werden, und wer irgendwohin reisen wolle, müsse sich für seine Fahrt anmelden. Dann blieben die mobilitätsfreudigen Deutschen auch »ohne Auto mobil«. Wenn das nicht so klappe, empfiehlt die als liberal-tolerant eingestufte *Zeit*, müßten eben Mutige »den Verkehr lahmlegen«.

Reicht es zur Abwehr dieser autofahrerfeindlichen Pläne, daß beispielsweise BMW und Bosch seit Jahren, aus welchen Gründen auch immer, dem *Spiegel* ihre Anzeigen verweigern, jenem autofeindlichen Nachrichtenmagazin aus Hamburg, in dessen Garage sich Dankwart Grube umsah: »Voll war sie, prächtige Autos, kein Platz mehr frei und nicht ein einziges Elektrofahrzeug.«

Die Hoffnung des Autofreundes könnte, wir schließen es nicht aus, eine Autopartei werden. Die »Autofahrer-Partei Deutschlands« (AFP), 1988 in Heilbronn mit dem Ziel gegründet, Deutschlands Autofahrer »im Europaparlament und im Bundestag zu vertreten«, hat vorerst nur sektiererische Bedeutung.

Doch in der Schweiz haben die Autofahrer bewiesen, daß sie eine mächtige Interessenvertretung sein können. Dort hat die »Autopartei« 10 Prozent der Wählerstimmen eingesammelt und dafür gesorgt, daß im Sommer 1992 auf Schweizer Autobahnen die Höchstgeschwindigkeit für Personenwagen nicht wieder auf 100 km/h gesenkt wurde, weil die Drosselung, so gestand die Bundesregierung in Bern, »so gut wie nichts zu einer Verringerung der bodennahen Ozonwerte beigetragen« habe.

Was, bleiben wir bei dem Gedanken, wenn die Republikaner mit Franz Schönhuber an der Spitze ihr Herz für den deutschen Autofahrer entdeckten? Wenn sie nicht nur propagierten, »Deutschland den Deutschen«, sondern auch noch »Freie Fahrt für Deutsche«? Wenn sich die Reps zum Sprachrohr und Sachwalter für die nationale Leidenschaft Auto machten? Hitler hat die Leidenschaft mit seinem Volkswagen und seinen Autobahnen ja entfacht. Warum sollten die neuen Braunen sie nicht verteidigen? Gerade weil die Linken so konsequent dagegen sind, könnten die Rechten doch für das Auto und die Autobahnen sein.

Der logische Gedanke bringt uns zu unserer Frage zurück, die in diesem Buch immer wieder gestellt wurde, sozusagen die Frage aller Fragen:

Warum ist in Deutschland, in dem das Automobil erfunden wurde und Autofahren eine nationale Leidenschaft ist, die Autofeindschaft entstanden und eine mächtige Bewegung, die das Automobil nicht gelten läßt, obwohl es jeden 7. Deutschen ernährt und es zu ihm, wenn überhaupt, keine Alternative gibt? Warum sind die Parolen so feindselig? Warum denken die Autofeinde nicht mit, wie ein »vernünftiges Auto« aussehen könnte, immerhin für die Hälfte der Bürger das Fortbewegungsmittel Nummer eins?

Die Gründe müssen im Unterbewußten liegen. Niemand, schon gar kein Autofeind, spricht sie offen aus. Vielleicht wissen die Feinde des Autos, wenn sie mit der modischen Verteufelung des Autos nicht gerade ihr politisches und journalistisches Süppchen kochen wollen, selbst nicht, warum sie so unbeirrbar gegen das Vergnügen von Millionen Deutschen sind.

Doch wir hier wagen eine Begründung. Immer schon hatten uns Aussagen der Autofeinde, oft nebenbei gesagt oder nebenher geschrieben, wach werden lassen. Als Reporter mit dem Talent eines Trüffelschweins, das seine Nase in die Sache steckt und findet, was zu suchen seine Aufgabe ist, haben wir nach den Ursachen gesucht. Und dabei stets von neuem die Fragen gestellt:

Warum heißt es so oft, wenn vom Käfer die Rede ist, »Hitlers Volkswagen«? Warum »Hitlers Autobahnen«? Warum zum Beispiel behauptet die *taz* aus Berlin, »Hallenser Autobahnen« würden »nach den Plänen der Nazis« gebaut? Oder: »Nach Hitlers Verkehrsplänen sollen in Sachsen-Anhalt neue Autobahnen im Raum Halle gebaut werden.« Warum bezeichnet *Die Zeit* die Autobahnen, die die Bundesrepublik Deutschland in den 5 neuen Bundesländern baut, immer noch als »neue Reichsautobahnen«? Die Wortwahl verrät die Feinde des Autos und der Autofreunde. Wer so oft, wenn es gegen das Auto geht, Hitler ins Spiel bringt, will nicht nur den deutschen Wald vor dem Auto retten, er führt anderes im Schilde.

Unsere Antwort: Die Autogegner im Land bekriegen das Automobil und verdammen die Autobahnen, Hitlers Geschenk an die Deutschen und von ihnen als Leistung anerkannt, weil sie 1933, als Hitler an die Macht im Reich strebte, seine Machtübernahme nicht verhindert, sondern versagt haben. Vielleicht, weil ihnen das eigene Leben wichtiger als die Freiheit der Nation war? Für sie, die geschlagenen Hitler-Feinde, ist das Auto und die Autobahn identisch mit dem großen Verderber. Rufen wir als unseren Kronzeugen *Die Zeit* auf, neben dem *Spiegel* anerkannter Hauptfeind der Autofreunde:

»Wie Führer und Volk dem Automobilrausch verfielen«, versprach ein großflächiger Aufsatz eines Till Bastian unter der Überschrift »Die deutsche Lust am Kraftwagen« – pünktlich zur Internationalen Automobil-Ausstellung (IAA) im Herbst 1991. Als sich, wie alle 2 Jahre, eine Million Deutsche nach Frankfurt aufmachte, neue Autos zu sehen, wurde den Autobegeisterten bescheinigt, »mit wahrem Furor teutonicus auf Landstraßen und den famosen neuen Reichsautobahnen einherzurasen«. Mit Sorgfalt hat der *Zeit*-Genosse Bastian alle Beweise zusammengetragen, daß Hitler tatsächlich der Urheber der »Motorisierung Deutschlands« ist:

»Es ist kein Zweifel«, hatte Adolf Hitler 1933 auf der Automobil-Ausstellung Berlin behauptet, »daß die Sehnsucht nach der Maschine und besonders nach dem Motor bei vielen Millionen Volksgenossen vorhanden ist. Sorgen wir also dafür, daß durch eine gewaltige Zahl billiger deutscher Volkswägen in der Zukunft der

Wunsch jener befriedigt wird, die aus Liebe, Lust zum Kraftwagen bereit sind, einen Teil ihres Einkommens anzulegen. Damit wird vor allem der Kraftwagen als solcher aufhören, das Kennzeichen einer bestimmten Schicht von Einkommensträgern zu sein; er wird immer mehr zu einem allgemeinen Verkehrsmittel des ganzen deutschen Volkes.«

Und weiter 1934: »Solange das Automobil lediglich ein Verkehrsmittel für besonders bevorzugte Kreise bleibt, ist es ein bitteres Gefühl, von vorne herein Millionen braver, fleißiger und tüchtiger Mitmenschen, denen das Leben ohnehin nur begrenzte Möglichkeiten einräumt, sich von der Benutzung eines Verkehrsmittels ausgeschlossen zu wissen, das ihnen vor allem an Sonn- und Feiertagen zur Quelle eines bisher unbekannten, freudigen Glücks würde.«

Und 1938: »Die Jugend vor allem erliegt diesem Zauber. Sie erlebt den Triumph des Motors mit dem ganzen Temperament ihres noch ausdrucksfähigen heißen Herzens. Es ist auch dies ein Zeichen der frischen Kraft unseres eigenen Volkes, daß es sich in richtigem Fanatismus jenen Erfindungen hingibt … die unserem heutigen Verkehr die Grundlagen und Gestaltung geben.«

»Liebe, Lust zum Kraftwagen«, »Verkehrsmittel des ganzen deutschen Volkes«, »an Sonn- und Feiertagen Quelle eines bisher unbekannten, freudigen Gefühls«, »vor allem die Jugend wird diesem Zauber erliegen« – das Auto für alle. Der Diktator Hitler hat in Deutschland das Auto demokratisiert.

»Diese irrwitzige Liebe der Deutschen zum Automobil«, diese »Motorisierung der Volksgemeinschaft«, interpretiert die Redaktion im Vorspann der Story ihren *Zeit*-Zeugen Bastian, sei »nach Meinung unseres Autors ein später Triumph des Verkehrspolitikers Adolf Hitler«, der auch die Autobahnen in Auftrag gab und seinen Generalinspekteur für den deutschen Straßenbau, Fritz Todt, bekennen ließ: »Für die Straßen des Führers ist uns keine deutsche Landschaft zu schade.«

Ziehen wir hier, fast 60 Jahre nach Hitlers Kommando an die Autobahnbauer »Deutsche Arbeiter, fanget an!«, die notwendige Bilanz, um die drängende Frage: »Warum konnte – und mußte – im Autoland Deutschland die Autofeindschaft entstehen und zu einer mächtigen Bewegung werden?« abschließend zu beantworten:

Hitler hat den Volks-Wagen erdacht und die Deutschen zu einem Volk von Autofahrern gemacht. Seine Autobahnen durchschneiden das Land und nehmen selbst auf den schönsten Wald keine Rücksicht. Die Deutschen nutzen ihre Freiheit. Ohne Hitler wäre das alles nicht passiert, die Autofahrer könnten nicht »hirnlose Raser« genannt werden, vor deren »lackierten Kampfhunden« die Bürger geschützt werden müßten.

Jetzt erklärt sich auch die Leidenschaft der Links-Grünen in den Medien und in der Politik, die nationale Leidenschaft Auto zu verdammen und zu verteufeln:

Sie schlagen das Auto –

und meinen Hitler.

Es ist ihre späte Rache für den Januar 1933.

Doch lassen wir ihnen den Triumph – und danken wir ihnen. Ohne ihre blindwütigen – aber oftmals berechtigten – Attacken wären wir alle nicht so umweltbewußt geworden und hätten die Autobosse ihre Autos, wie gehabt, weitergebaut: verschwenderisch, gefährlich, umweltschädigend, unsere Städte verstopfend. Ihre Angriffe haben die Bosse wachgerüttelt, die Tradition des Landes, das das Auto erfunden hat, als Verpflichtung zu begreifen. Neue Autos braucht das Land, das »Auto von morgen«.

3 Die Verteidigung: Wie das Auto neu erfunden wird

DIE ANKLÄGER vermiesen dem freien Bürger die Freude am Fahren und verteufeln das Auto als Umweltsünder. Die Autofreunde werden nachdenklich: Am Waldsterben wollen sie nicht schuld sein, auf ihre Autofreiheit aber auch nicht verzichten.

DIE VERTEIDIGER in den Konstruktionsbüros der Autofirmen haben erkannt, was die neue Zeit verlangt: Das »Auto von morgen« soll eine gesunde Umwelt und zugleich die Freude am Fahren sichern.

Hundert Jahre nach der Erfindung des Automobils durch Benz und Daimler wird überall das Auto neu erfunden: Das »Auto von morgen« wird sparsamer, sicherer, bequemer und umweltfreundlicher sein. Gebaut wird es so, daß es auch wieder zerlegt werden kann: Auto-Demontagefabriken stehen künftig neben Autofabriken. Mit einer einzigen Tankfüllung kann das neue Automobil einmal quer durch die Republik fahren. Alle Hersteller basteln an »Nobel-Minis« mit ABS, Servolenkung, Zentralverriegelung, Klimaanlage. Airbags gehören zur Standardausrüstung.

Die Feinde des Automobils erwiesen sich als die besten Förderer für die Neuerfindung des Autos, ihre Kritiken liefern den Konstrukteuren die besten Anregungen.

Ins 2. Auto-Jahrhundert reist der deutsche Freizeitmensch im farbenfrohen Cabrio, individuelles Styling erfreut den Autofreund, das »Auto von morgen« wird ein Spaßmobil.

Wie das deutsche »Auto von morgen« aussehen soll, ist für den alternativen »Verkehrsclub der Bundesrepublik e.V.« mit Sitz in Bonn keinen einzigen Gedanken wert. Doch wie mit dem Automobil umgegangen werden soll, läßt der Club in Pressemitteilungen und seiner Zeitschrift *Fairkehr* die Deutschen gerne wissen, wie die Agenturen verbreiteten:

»Einen gesetzlich vorgeschriebenen Warnhinweis fordert der Verkehrsclub Deutschland für jegliche Autowerbung. Wie bei der Zigarettenreklame sollte ein obligatorischer Aufdruck durch den Bundesumwelt- und Bundesgesundheitsminister erfolgen.« Der Text sollte den Hinweis enthalten: »Autofahren gefährdet Ihre Gesundheit und schädigt die Umwelt.« Außerdem sollten die Autofirmen verpflichtet werden, auf ihren Verkaufsanzeigen – »deutlich sichtbar für den Verbraucher« – die »Emissionswerte des Fahrzeugs für krebserregende Kohlenwasserstoffe, für Stickoxide und Kohlendioxid« abzudrucken. Doch das ist längst nicht alles, versichert Rainer Craichen, der Clubvorsitzende: »Eine ähnliche Debatte wie beim Rauchen« wolle der Club in Gang setzen »mit dem Ziel, die Werbung für Autos – solange diese umwelt- und gesundheitsschädlich sind – grundsätzlich zu verbieten«. Dabei kann sich der Club auf die Meinungsmacher in der Presse beziehen: »Waffenscheinpflichtige Geschosse« sind für die *taz* Autos; für den *Spiegel* das »Sammelbecken niederer Instinkte«; jeder Autofahrer, behauptet Norbert Kostede in der *Zeit*, sei ein potentieller »Mörder. Vernünftige Minderheiten verzichten auf das eigene Auto«.

Andere Autogegner zeigen so unverblümt ihre wahre Absicht nicht, sie formulieren nur kommoder, wie sie dem Autofahrer an den Kragen wollen. Tempo 130 auf den Autobahnen sofort einzuführen, verlangt Roman Herzog, als Präsident des Bundesverfassungsgerichts der zweite Mann im Staat. Für ihn sind »130 km/h verfassungsrechtlich drin«. Der Staat solle »mit strengen Kontrollen das Geschwindigkeitslimit durchsetzen«, auch wenn »jedes 50. Auto auf den Autobahnen ein Polizeiauto ist«. Eine »deutliche, spürbare und sofort wirksam werdende Erhöhung der Mineralölsteuer« fordert Bundesumweltminister Klaus Töpfer im Namen der Umweltminister der Bundesländer. »Bonns neues Feindbild Autoindustrie«, entsetzte sich die *Wirtschaftswoche* über Töpfers »extrem scharfes Vorgehen«. Ex-Verkehrsminister Günther Krause wollte, damit die Deutschen weniger Autobahn fahren, eine Autobahngebühr bis zu 400 DM jährlich durchsetzen, auch wenn die Autofahrer dann auf die Bundesstraßen ausweichen oder, so prophezeit SPD-Politiker Christoph Zöpel, »die Leute dann mehr Auto fahren, um die Kosten hereinzuholen«. Sein SPD-Kollege Ingomar Hauchler will die Gebühr nicht nur auf 600 Mark angehoben sehen, sondern so bald wie möglich »alle Zweitwagen verbieten«; keine Familie in Deutschland dürfe mehr als ein Auto besitzen. »Sofort verboten werden sollten Dritt- und Viertwagen.«

Auch der erste Mann im Staat, Bundespräsident Richard von

Weizsäcker, »plädiert für höhere Benzinpreise«, berichtete die Nachrichtenagentur ap vom Deutschen Umwelttag im Herbst 1992 aus Frankfurt. Niemand habe »bislang nachgewiesen, daß steigende Energiepreise nachteilig für eine Volkswirtschaft« seien, behauptete der Bundespräsident. Daß sich das deutsche Staatsoberhaupt in so irdische Dinge wie den Spritpreis einmischt und dabei seine Autorität verschwendet, ist schon erstaunlich genug, daß er aber den kleinen Mann, die Masse seiner Mitbürger, ignoriert, für den »steigende Energiepreise« von erheblichem Nachteil sind, zeigt ein Übermaß imperialer Weltfremdheit; zumal der teure Vorschlag von einem Mann stammt, der sein Gehalt als Bundespräsident – 1993: 364000 Mark – so lange bezieht, wie er lebt, und der, genauso lange, seinen gepanzerten Dienst-Mercedes mitsamt Chauffeur auch privat kostenlos benutzen darf.

Daß andere Autogegner mit geöffnetem Visier gegen das Auto sogar militant vorgehen, zeigt sich wieder einmal beim Versuch von Daimler-Benz, im Papenburger Moor die Teststrecke zu bauen, die Mercedes dringend braucht. Der erste Versuch, in Boxberg zwischen Heilbronn und Würzburg, seine Autoentwicklungen zu erproben, war nach jahrelangem Streit gescheitert. Obwohl Bauern und Bürger der Gegend dafür waren, setzten sich Autofeinde aus fremden Gegenden an die Spitze. Angeführt wurde die Anti-Boxberg-»Kampfgruppe Bundschuh« von einem Bundeswehrhauptmann außer Diensten aus dem Pfälzischen. Entnervt versucht es Daimler seitdem im Papenburger Moor, doch mehr als 4000 Einwendungen bei der Bezirksregierung Oldenburg – der »Arbeitskreis Teststrecke« sieht in diesem Gebiet 14 Pflanzen- und 93 Tierarten gefährdet – blockieren die Anlage, die über die Zukunft der Automobilfirma Mercedes entscheidet.

Da verwundert es nicht, daß zum Beispiel in München das Anlegen einer 4 Meter breiten, zum »Stadtbach« deklarierten Betonrinne im Münchner Hofgarten so wichtig war, daß dafür von den 5 Bahnen einer Autostraße 2 geopfert wurden, obwohl nur sie den Fluß des Autoverkehrs garantierten. Worüber sich Roswin Finkenzeller, Korrespondent der *Frankfurter Allgemeinen Zeitung*, keineswegs überrascht zeigte: »Es gehört zur Münchner Kommunalpolitik, die

Autofahrer so lange zu ärgern, bis sie lieber mit der U-Bahn fahren.« Und was er dort erleben kann, fragte Dankwart Grube die Förderer des kommunalen Nahverkehrs:

»Mal in der S-Bahn gesessen, neben einem Anmacher, der – ›Eh, Alter‹ – eine Mark haben wollte und immer bösartiger wurde? Oder in der U-Bahn einem gegenüber, der ersichtlich seit 4 Wochen kein Stück Seife mehr sah und, sagen wir mal, sehr streng roch? Mal ein paar Minuten lang ein Abteil mit einer gröhlenden Rockerbande geteilt, die Putz wollte?«

Feinde ringsum, für die das Automobil Umweltverschmutzer, Massenmörder und Zeitverschwender ist, die es abschaffen und den Autofahrer ausnehmen wollen wie eine Weihnachtsgans. Da muß jemand schon ein überzeugter Autofreund sein, wenn er sich hinsetzt, sich seine Gedanken über das »Auto von morgen« macht und sie dann der Öffentlichkeit – als Leserbrief in der *Frankfurter Allgemeinen Zeitung* – mitteilt. »An die deutschen Automobilhersteller« sandte Diplomingenieur Carl W. Voltz aus Lindenfels diese Vorschläge:

Die Hersteller, »und zwar alle, sollten mit Elan und Tatkraft keine verkappten Straßenrenner, sondern hochkomfortable, bequeme und umweltfreundliche ›fahrende Räume‹ entwickeln. Dazu gehören leise Motoren, optimale Geräuschdämmung, serienmäßige Klimaanlage mit Umluftschaltung, viel Platz im Innenraum, mehr Ablagen und bequeme, verstellbare Sitze für Leute mit langen und kurzen Beinen... Auch mit kleinen Hubräumen lassen sich Vier- und Fünfsitzer herstellen, in denen man sich in jeder Verkehrssituation aufhalten möchte, sogar in einer Stauung und im Unwetter. Und an den so beliebten Extras bräuchte es auch nicht zu fehlen: anstelle von Spoilern und Tieferlegen des Fahrwerks könnten Isolierfenster, Telefon, Kaffeekocher und Kühlbox angeboten werden«.

»Auf welchem Stern«, fragte Leser Volker Kamm aus Hamburg in derselben Zeitung, »leben eigentlich die Vorstände und Marketingfachleute der Automobilhersteller?« Leser Kamm schüttelt es, wenn er immer »mehr Leistung, schneller, schwerer« und Autos »mit mehr als 200 PS und Spitzengeschwindigkeiten von 250 Kilometern pro Stunde« sieht. »Ein technischer Skandal erster Güte« sei, liest er ihnen weiter die Leviten, »wenn der Golf III die gleichen Verbrauchswerte aufweist wie das Vorgängermodell vor 10 Jahren. Die Flottenverbräuche bei Otto-Kraftstoff sind im letzten Jahrzehnt um lächerliche 2,7 Prozent gesenkt worden.« Der Zorn des Vernunftmenschen Kamm war zu verstehen, denn er sah, daß die neue S-Klasse von Mercedes, hämisch »Schwäbisches Dickschiff« genannt, alle Grenzen sprengte, die der Zeitgeist dem Auto gesetzt hatte: zu groß, zu verschwenderisch, zu teuer. Nackt kostet die magerste Version der S-Klasse an die 100 000 Mark. Und Porsche schockt den Zeitgeist mit seinem 911 T Turbo S: 381 PS, in 4,7 Sekunden von null auf 100, 290 km/h schnell und 295 000 Mark teuer. Wer so ein Auto baue, rüffelte ein ansonsten wohlgesonnener Kritiker die Zuffenhausener, werde mit dem Renner »eine Menge Spaß haben«. Aber: »Von der Zukunft des Autos hat er nichts verstanden.«

»Flotte Kerlchen« sollten die »Autos von morgen« sein, verlangte Thomas Wagner im Feuilleton der *Zeitung für Deutschland* und tat kund, wie er sich künftig den »schönen Schein des Autos« wünscht: »lustig, farbig, praktisch, gut«. »Es soll alles haben und alles können. Aber es soll nicht danach aussehen... Schnell – ja, aber weniger auffällig; luxuriös – ja, aber im verborgenen; sparsam im Verbrauch – ja, aber ohne Abstriche in der Leistung; auffällig im Design – ja, aber bitte nicht protzig. Das Auto soll Genuß bereiten, sei es beim Beschleunigen, beim Offen-Fahren in der ach so reinen Luft; es soll sicher sein, damit man noch immer schnell fahren kann; es soll das Umweltgewissen beruhigen, weil es nicht mehr ganz so viel verbraucht.« Die Quadratur des Kreises ist dagegen nur ein kleines Einmaleins.

»Das Auto, unser Feind?« Autofreund Wagner versteht die Welt nicht mehr. Unser Feind? »Aber wo denken Sie hin, es ist ein kleiner Freund, gutgelaunt und voll kindlichem Bewegungsdrang.« Einen Kleinwagen für die Familie, beispielsweise, »kauft man nicht, man adoptiert ihn. Er will geliebt werden wie ein Kind, und bei ihm fragt man ja auch nicht nach Größe, Muskelkraft, Hautfarbe, Herzleistung und Breiverbrauch«. Das »Auto von morgen« solle »eine Ode an die Freude sein, ein Jubilieren jenseits des Alltäglichen verkörpern« – womit die Autobosse, unprosaisch wie sie sind, glatt überfordert sein dürften. Sie behalten ihre Bodenhaftung und beweisen, daß sie die Zeichen der Zeit verstanden haben und selbst mit dem Teufel sprechen müssen, wenn es das Geschäft verlangt. Die Autoindustrie wird in Politik und Gesellschaft offensiv.

Eberhard von Kuenheim, der Oberste bei BMW, verblüffte im Sommer 1992 die Öffentlichkeit mit der Meldung, Horst M. Teltschik, früher Bundeskanzler Kohls »Außenpolitischer Berater«, werde von der Bertelsmann Stiftung in den Vorstand der weißblauen Autofirma eintreten und hier die sensiblen Bereiche »Politik und Wirtschaft« pflegen. Kurz vorher schon war Professor Ulrich Steger von seiner rheinischen Business-School nach Wolfsburg als »Umweltvorstand« gewechselt; vordem hatte der erste Umweltvorstand der deutschen Industrie als Umweltminister in der rot-grünen Regierung Hessens amtiert. »Was macht ein Autohersteller«, fragte das Stuttgarter Fachblatt *mot*, »der sich ein umweltfreundliches Profil zulegen will?«, und bescheinigte den Wolfsburgern Cleverneß: »Er steckt einen Wirtschaftsprofi mit politischer Vergangenheit in die grüne Rolle des Umweltvorstands und schafft – wie Volkswagen – damit ein Novum.« Und Steger, der neue Grüne in der Spitze des Wolfsburger Autokonzerns, konnte sich umgehend gegenüber seinen alten Gesinnungsgenossen diese Wahrheit leisten und sie auf den Teppich der Realität holen: »Alles was der Fortbewegung dient, ist ein Eingriff in die Umwelt. Auch wenn Menschen sich per Pferd fortbewegen würden, müßte man riesige Weiden anlegen. Und das würde die Umwelt auch verändern.«

Vorbei scheint es mit der Defensive der Autobauer, vorbei mit den Zeiten – so der selbstbewußte Bernd Pischetsrieder vom BMW-Vorstand, seit Mitte 1993 Nachfolger von Kuenheims –, als es »publizitätsbewußten Minderheiten« gelang, den Eindruck zu erwecken, »für Mehrheiten zu sprechen und zu versuchen, technikfeindliche Strömungen vor allem auf das Automobil zu lenken«. Vorbei auch die Zeiten, als das »einzelne Fahrzeug Zielscheibe war, um ein Fundament unseres Wohlstandes, ja unserer Lebenskultur in Frage zu stellen: nämlich die freie Beweglichkeit des einzelnen«, auch wenn Bürgermeister immer noch Freude an »einem edlen Wettstreit um die wirksamsten Verekelungsmaßnahmen« hätten. Selbstbewußtsein ist bei jenen angesagt, deren Vorfahren vor 100 Jahren das Automobil erfunden haben.

»Umwelt, Auto, Politik, Wirtschaft«, Edzard Reuter, Daimler-Chef und einer der politischen Köpfe unter den Auto-Herren, sieht eine große konzertierte Aktion, um die Probleme zu lösen. »Die Intensivierung des Dialogs zwischen Politik und Wirtschaft« werde den »nationalen, europäischen und globalen Herausforderungen« allerdings nur dann gerecht, »wenn das gegenseitige Verständnis und das jeweilige Begreifen der Entscheidungsprozesse vorhanden« seien.

Mit der Berufung des rot-grünen Pragmatikers Steger zum »Vorstandsmitglied für Umweltfragen« und des Polittalents Teltschik zum Pfleger des Autoumfelds »Politik und Wirtschaft« offenbarte sich eine neue Strategie der deutschen Autoindustrie: die Kritiker, woher sie auch kommen und was sie auch monieren, nicht mehr einfach zu übersehen oder auf ihre Kritiken nur beleidigt zu reagieren, sondern auf sie zuzugehen, sie möglichst zu umarmen – und ihre Kritiken, sofern verwendbar, als Anregung für das »Auto von morgen« zu verstehen. Kritiker mit Sachverstand (auch einem Schuß Bosheit), wenn sie schon nicht zum Schweigen zu bringen waren, könnten, so wurde den Bossen klar, ihre besten Förderer werden. Dabei scheuten die mächtigen Bosse nicht davor zurück, ihre Feinde, die ihnen gestern noch ans Leder wollten, über Nacht in den Status des Ratgebers zu erheben und sie auch noch zu finanzieren, damit sie gegen Bares – Lebensweisheit: Alles hat seinen Preis – ihre wertvollen Kritiken in aller Ruhe und Ausführlichkeit zu Papier bringen konnten. Behandeln auch wir, die Autofreunde, die wir unsere Freude am Fahren gesichert haben wollen, sie fortan als unsere heimlichen Freunde.

Frederic Vester, Professor, Biochemiker und Wirtschaftswissenschaftler in München, nahm den Auftrag der Ford Company aus Dearborn bei Detroit für seine »Studiengruppe Biologie und Umwelt GmbH« an, in einer »Ford-Systemstudie« unter dem Endlos-Titel die *Entwicklungsmöglichkeiten eines Unternehmens der Automobilindustrie unter einer funktionsorientierten Unternehmensstrategie. Eine kybernetische Systemuntersuchung im Hinblick auf zukunftsorientierte Verkehrsformen und Fahrzeuge* zu untersuchen und seine Vorschläge zu machen. Die Ergebnisse durfte Vester, angeregt von Daniel Goeudevert, dem Chef der Automarke VW im Wolfsburger Volkswagen-Konzern (und Erfinder des grünen VW-Umweltvorstandes Steger), in einem 496 Seiten starken Buch mit dem Titel *Ausfahrt Zukunft* publizieren. Und die Lektüre bewies spontan, daß Goeudevert mit Vester die Autorität gefunden hatte, das Auto und seine Umweltfolgen so zu kritisieren, daß seine Zukunft gesichert und der befürchtete Verkehrsinfarkt vermieden werden kann.

Vester, der Kenntnisreiche, ließ zuerst einmal Dampf ab. Für ihn sind Autohersteller und -fahrer auf dem besten Wege, »die Erde für uns Menschen unbewohnbar zu machen«. Und die Hersteller selbst verstünden »jede Kritik am bestehenden Produkt als Lästerung«. Vester erweiterte seinen Auftrag, nur »die Funktion des Automobils im Rahmen eines zukünftigen Verkehrsgeschehens im Systemzusammenhang zu untersuchen«. Daß er »konsequenterweise… außer Verkehr und Fahrzeug auch die Funktion und Evolutionsmöglichkeiten der Automobilindustrie selber« erforschen müsse, war ihm schnell klar geworden.

Vesters Eröffnungsbilanz über den Status quo »Autoverkehr heute« zeigt, was der Mensch, seit ihm der Schöpfer gleichsam nebenbei den Rat gab, sich diese Erde untertan zu machen, angerichtet hat – eine Wüstenei, ein Jammertal, die Hölle auf Erden:

Verheerende Dürren, Klimakatastrophen durch den Anstieg von CO_2, Gifte in Luft, Wasser und Boden mit den daraus folgenden Gefahren für die menschliche Gesundheit, Verkehrschaos und Lärm, nicht mehr zu bewältigende Abfall-Lawinen, zerstörte Regenerationsräume, radioaktive Verseuchung – Apokalypse ringsum. Vesters Zustandsbericht »Erde«: »Die Grenze der Belastbarkeit unserer Erde scheint in vielen, für die menschliche Existenz wichtigen Bereichen erreicht.«

Für die Rettung aus diesem Elend sei die Industrie, »produzierendes Teilsystem gegenüber solchen äußeren Einflüssen und Strömungen«, konstatiert Forscher Vester, »in der Tat wenig gewappnet«. Das »heutige Individualfahrzeug, das auf einem überalterten Konzept beruht«, in seiner derzeitigen Form, mit den herkömmlichen Antriebsarten und Treibstoffen, der aufwendigen Infrastruktur und »den zum Teil pervertierten Funktionen« werde »schon den heutigen

Verkehrsbedürfnissen nicht mehr gerecht, geschweige denn zukünftigen. Kurz: Es ist für die Vergangenheit und nicht für die Zukunft gedacht.«

Vernichtend ist Vesters Analyse des Autos und des Verkehrs. Doch was soll geschehen, Professor Vester?

Die Zeit des Individualverkehrs ist für Vester vorüber. Es müsse »vor allem von dem heute verbreiteten Tourenwagenkonzept als anscheinend unabänderlichem Kriterium unserer Individualfahrzeuge abgegangen« werden. Auch müsse man »weg von der ›autogerechten‹ Stadt hin zur ›lebensgerechten Stadt«. Aus dieser Forderung ergebe sich »das ideale Individualfahrzeug«. Laut Vester muß – Beginn der Originalzitate – das »Auto von morgen«

- bequem, hoch und kurz sein;
- lautlos fahren;
- keine Abgase erzeugen;
- voll recyclingfähig sein;
- Fehler verzeihen und sicheres Fahren garantieren.

Vesters »Auto der Zukunft« darf

- schön, elegant und luxuriös sein;
- eine raffinierte Elektronik haben;
- durch automatische Leitsysteme bestechen;
- variabel und vielseitig kombinierbar sein;
- als Statussymbol von spottbillig bis sündhaft teuer reichen.

Und vor allem als Stadtmobil sollte es

- extrem leicht sein (durch superleichte Werkstoffe);
- voll wendig sein (Räder bis zu 90 Grad lenkbar);
- steuerbare Hinterräder haben (zum seitwärts Einparken);
- nicht schneller als 50 km/h fahren;
- für die schnelle Überbrückung von Langstrecken zur Querverladung auf der Bahn geeignet sein. (Ende der Originalzitate)

Der Bedarf an solchen Fahrzeugen – »Autos der zweiten Generation« nennt Vester sie treffend – werde in der gesamten Europäischen Gemeinschaft mit ihren 350 Millionen Konsumenten für die nächsten 5 Jahre auf eine Million beziffert. Eine Größenordnung, für die sich, salopp gesagt, kein von der Massenherstellung existierender Autobauer aus dem Fenster hängen wird. Dennoch: »Eine kluge

Unternehmensführung« solle »umgehend mit der Entwicklung anfangen, um rechtzeitig am Ball zu sein«, verlangt der Zukunftsforscher von den Autofirmen, die sich »bisher nicht um diesen Markt gekümmert haben und somit riskieren, eine wichtige Entwicklung zu verschlafen«. Erste Ansätze sieht Vester in Fahrzeugen mit Elektroantrieb, oft mit Solarzellen gekoppelt, meist als reine Citycars gedacht.

Den Konstrukteuren in den Autofabriken empfiehlt Professor Vester »integrale Lösungen, deren Randbedingungen kurze Reichweiten und minimales Gewicht und somit geringe Motorleistungen erlauben«, Forderungen, die hier, gekürzt als Originalzitate, wiedergegeben werden:

- keine Reibungsverluste beim Anfahren, daher auch keine Kupplung als Verschleißteil;
- im Stand kein Energieverbrauch, bei Solarfahrzeugen sogar Aufladung des Speichers;
- Wegfall der mechanischen Kraftübertragung (Schaltung, Differential, Kardanwelle), die hohes Gewicht und Energieverluste verursacht;
- bei Elektromotoren Wegfall von Zündkerzen und Verteilern, Vergasern, Ventilen und Auspuff;
- einfachere Handhabung: Vor- und Rückwärtsfahrt können mit einem Hebel, wie bei Bahn und Flugzeug, und nicht wie heute mit drei Pedalen und einem Schalthebel gesteuert werden;
- keine oder nur minimale Emissionen;
- bei Elektromotoren lautloser Antrieb. (Ende der Originalzitate)

Vesters Schlußfolgerung für sein »Auto der zweiten Generation« klingt schlüssig: »Die aufgezeigten Entwicklungen erfüllen damit die wichtigsten für die Zukunft geforderten Hauptkriterien wie Abgasfreiheit, Wegfall des Lärms und hohe Energieeffizienz.« Zu lösen habe sich die Industrie allerdings von den »eingefahrenen Vorstellungen über Karosserie, Fahrgestell und Motor«, mahnt Frederic Vester und prophezeit, daß sich »mit der Umsetzung von Teilaspekten allein kein Durchbruch erzielen« lasse. Dann kam seine Warnung an die Hersteller wie ein Schuß vor den Bug: »Das Auto, wie es heute existiert, basiert auf Rohstoffausbeutung und Lebensraumzerstörung. Wir haben mit ungedeckten Schecks gezahlt. Irgendwann ist damit Schluß.«

Nicht alle Autobauer fühlen sich angesprochen. Professor Fritz Indra, Leiter der Vorentwicklung bei Opel und dort sozusagen der Chefdenker, wehrt ab: »Das Auto von heute ist ja kein Hirngespinst von irgendeinem Techniker, sondern das Produkt von Millionen Ingenieuren, die so clever waren, wie wir es heute sind. Ich halte die Wahrscheinlichkeit, daß morgen einer die zündende Idee hat, wie man die jetzigen Probleme alle löst, für unglaublich gering.«

Doch Vester, der Kritiker, der sein »Auto der zweiten Generation« beschrieben hat, und die Leser, die ihre Vorstellungen vom »Auto von morgen« den Automobilherstellern berichtet haben, haben ihre Energie und Kreativität nicht verschwendet. Eberhard von Kuenheim bekannte gleichsam für alle deutschen Hersteller: »Die Industrie muß ihren eigenen Verantwortungsbereich überschreiten und neue, alternative Techniken aufspüren, erproben und anwenden.« Die Industrie, ob in Wolfsburg, Rüsselsheim, Untertürkheim, Ingolstadt oder in München, hat begriffen, daß ihr Auto von heute nicht das von Autofreunden und -kritikern geforderte »Auto von morgen« ist.

IRVW-Futura ist die Bezeichnung der Wolfsburger Forschungsingenieure für ihr »Auto von morgen«. Dieser Privatwagen »wird ein Mehrzweckmobil sein mit hohem Dach, variablem Innenraum und Schiebetüren«, träumt Volkswagen-Querdenker Goeudevert. Es werde ein »2/2-Sitzer, gespickt mit technischen Neuerungen, die in den nächsten 10 bis 15 Jahren Einzug in die Autos halten könnten«. Die sehr rundliche Karosserie »mit neuartigem Isolierglas, das 60 Prozent der Wärme speichert, ohne die Durchsicht zu behindern«, werde im sogenannten One-box-Design gestaltet, das heißt, die Motorhaube soll übergangslos in die Windschutzscheibe übergehen. Seine Flügeltüren reichen bis ins Dach und können herausgenommen werden. Wenn die gläserne Heckkuppel ausgebaut sei, werde der Futura zum offenen Freizeitfahrzeug. Genauso revolutionär werde auch der Antrieb ausfallen: Der 1,7-Liter-Benzinmotor arbeite mit neuartiger Direkteinspritzung, sei so sparsam wie ein Diesel und so komfortabel wie ein Benziner. Die Kohlenwasserstoff-Emissionen sollen durch Heißkühlung und einen Oxydationskatalysator unter die strengen Grenzwerte sinken, die in Nordamerika bereits 1983 festgelegt wurden und weltweit als vorbildlich gelten.

Doch was die bekehrten deutschen Hersteller erstmals im Frühjahr 1992 auf dem Genfer Automobilsalon an neuen Modellen präsentierten, hinterließ bei den Herren der veröffentlichten Meinung zwiespältige Eindrücke. »Sodom für Ökologen«, entsetzte sich die links-grüne *Badische Zeitung*. Verhalten optimistisch zeigten sich die *Stuttgarter Nachrichten*: »Die Autohersteller zeigen, wohin die Reise geht – weniger Glamour und mehr Technik.«

»Mehr Technik« plus Selbstbewußtsein heißt die aktuelle Parole der Forscher und Entwickler in den Konstruktionsbüros. »Mehr Technik in Germany« soll das Auto für ein 2. Jahrhundert bringen, wie vor 100 Jahren, als Carl Benz seinen Patent-Motorwagen erfunden hat. Denn »die irrwitzige Liebe der Deutschen zum Automobil« hat nicht nur »eine lange Tradition«, wie Till Bastian in der *Zeit* beklagte, sondern auch eine lange Zukunft. Alle Anklagen gegen das Auto will die Industrie dadurch widerlegen, daß ihr »Auto der zweiten Generation« Gottlieb Daimlers Prinzip wahr macht: »Das Beste oder nichts.«

Gehen wir alle Anklagepunkte gegen das Automobil noch einmal penibel durch und zeigen auf, was die Autobauer dagegen tun oder an Plänen zur Verteidigung des Autos in ihren Schubladen liegen haben:

Anklagepunkt: Das Auto verschwendet knappe Energien.

Der Rohstoff Öl werde vom Kraftfahrzeug in unverantwortlicher Weise vergeudet, die Vorräte näherten sich der Erschöpfung, die Abhängigkeit vom Öl unberechenbarer Scheichs sei ein Sicherheitsrisiko für die Republik.

Den Autofeinden schien der Beweis gelungen, als im Herbst 1973 die Araber im Krieg gegen Israel erstmals ihr Öl als Waffe einsetzten. Wer sich nicht gegen Israel wende, dem würden seine Lieferungen drastisch gekürzt. In Bonn geriet die sozial-liberale Regierung Brandt/Scheel in Panik und setzte ein Fahrverbot für 4 Sonntage durch, für die Autofreunde ein Fest.

Doch der Rohstoff Öl wurde zu keiner Stunde knapp, die Scheichs waren zu klug, ihre Drohung, von deren Verwirklichung sie selbst den größten Schaden gehabt hätten, in die Tat umzusetzen. Wenn auch die Autofeinde falsch, aber genüßlich von einer »Ölkrise« sprechen, so müssen sie doch zugeben, daß Öl niemals knapp und der Schock nur eine »Ölpreiskrise« war. Und: Immer noch wird täglich mehr neues Öl gefunden als verbraucht, lautet eine anerkannte Öl-explorer-Weisheit.

Verteidigung: Um Benzin zu sparen, reduzierten die Autofirmen bei ihren neuen Wagen die Gewichte, weil sie – neben der Fahrgeschwindigkeit – den Verbrauch bestimmen. Sie wendeten sich neuen Leichtwerkstoffen, wie Aluminium, für die Karosserien zu.

Audi beispielsweise arbeitete verstärkt an der Aluminium-Technologie, die Verbrauchswerte von 3 bis 4 Litern je 100 Kilometer garantiert. Das Ziel: mit einer Tankfüllung einmal quer durch die ganze Republik fahren zu können. Audi will seine Devise »Vorsprung durch Technik« mit der Alu-Revolution forcieren, sozusagen seinen Autos eine Diät verordnen. Ohne Verluste an Komfort und Sicherheit soll das Gewicht des Fahrzeugs »durch intelligenten Einsatz des Materials Aluminium« reduziert werden, wie es der für Ende 1993 angekündigte Audi V8 beweisen kann, der als erstes Auto der Welt mit völlig neuartiger Karosseriestruktur aus Aluminiumteilen in die Geschichte eingehen soll. In Zusammenarbeit mit dem US-Konzern Alcoa, einem der größten Alu-Hersteller und -verarbeiter überhaupt, soll Aluminium – das immerhin 67 Prozent leichter als der herkömmliche Stahl ist – die 200 Teile der neuen Karosserie stabil machen, wofür bei der alten Bauweise 300 Teile benötigt wurden. Audis Entwickler rühmen, daß ihr Rohbau aus Alu »rund 35 Prozent leichter als die Stahlbauweise« sein und das geringere Gewicht den Kraftstoffverbrauch senken werde. Audis Marktstrategen wittern bereits das große Geschäft. Auf 100000 Audis pro Jahr ist die Kapazität der neuen Fabrik von Alcoa im westfälischen Soest angelegt.

Wenn auch der Luftwiderstandswert c_W, abhängig von der Größe der angeblasenen Frontfläche des Autos, der Luftgeschwindigkeit, der Luftdichte und der Karosserieform, wohl nicht weiter als 0,28 sinken wird, so verbraucht der neue Audi 80 mit Diesel-Einspritzung allein im sogenannten DIN-Drittelmix 5,1 Liter auf 100 Kilometer. »Je 100 Kilogramm Mindergewicht«, rechnete Audis ehemaliger Cheftechniker Ferdinand Piëch in einem Interview mit der *Frankfurter Allgemeinen Zeitung* vor, »sind nach heutigem Stand der Technik 0,6 Liter Minderverbrauch je 100 Kilometer zu erreichen.« Forscherziel fürs Jahr 2000: 3 Liter. Die Verbesserungen in der Motortechnik sparen jährlich, so wird schon errechnet, etwa 5,4 Milliarden Liter Benzin ein. Dabei waren die deutschen Autofahrer im internationalen Vergleich nicht gerade als Spritverschwender bekannt. Verbrauchen deutsche Personenwagen jährlich 1175 Liter, bringen es die Amerikaner leicht auf 2887 Liter.

Anklagepunkt: Ausrangierte Autos belasten die Umwelt und verschwenden wertvolle Rohstoffe.

Lange schob das gesamte Gewerbe, Hersteller ebenso wie Händler, das Ärgernis mit den Schrottautos vor sich her. Gebrauchtwagenverkäufer zwangen Kunden sogar eine Sondergebühr für ihre Altwagen ab, die nicht mehr instand gesetzt werden konnten und ihren letzten Parkplatz auf dem Autofriedhof finden sollten. Eine umweltfreundlich zu nennende Lösung war das nicht. Ein besseres Verfahren mußte her, sollten die ordnungsbewußten Deutschen ihre Rostlauben nicht einfach in den nächsten Straßengraben fahren. Umweltminister Klaus Töpfer versprach, sich in das Thema »Auto-Wiederverwertung« nicht einzumischen und seinen »Knüppel an der Wand« zu lassen, wenn die Industrie das Problem selbst löse. Und der Verband der Automobilhersteller versprach artig, daß es »keiner Verordnung bedarf«. Flugs gründeten die deutschen Fabrikanten »Pravda«, ihre *P*rojektgruppe *R*ecycling *A*ltfahrzeuge *V*erband *d*eutscher *A*utomobilhersteller.

Als erster Hersteller entschloß sich Volkswagen für den Aufbau eines flächendeckenden Netzes für die Wiederverwertung von Altautos, das Mitte der neunziger Jahre Deutschland überziehen soll. Eberhard von Kuenheim erhob das Umweltthema »Recycling« sogar zum Weltthema: »Neue Wege zur Verwertung alter Autos zu finden«, verlangte er Anfang 1990 von den in Detroit versammelten Repräsentanten der Autofirmen aus aller Welt. Zwar würden bereits 75 Prozent eines Autos wiederverwertet, die restlichen 25 Prozent jedoch seien ein besonders hartnäckiges Problem. Denn bei den 2 Millionen Autos, die in Deutschland jährlich endgültig stillgelegt werden, fallen unter anderem 400 000 Tonnen Metallschrott an, in denen Schadstoffe wie polychlorierte Biphenyle (PCBV) bis zu 150 Milligramm pro Kilogramm enthalten seien.

Von Kuenheims Zuhörer, vor allem Amerikas Autobosse, die beim Autorecycling am liebsten fünfe gerade sein lassen, waren baff, von einem Deutschen gesagt zu bekommen, daß es für die Hersteller künftig nicht mehr allein darauf ankomme, Autos zu bauen (»construction«), sondern auch zu zerstören (»destruction«). Die Konstrukteure fragte von Kuenheim: »Warum sollte es nicht möglich sein, Automobile so zu bauen, daß eine vollständige Verwertbarkeit nach ihrer Nutzung mitberücksichtigt ist?« Seitdem haben die Ingenieure in den Entwicklungsabteilungen eine Aufgabe, die vor wenigen Jahren noch als schizophren bezeichnet worden wäre: Sie sollen bei der Konstruktion eines Wagens zugleich mit einplanen, wie er später wieder zerlegt werden kann.

Und bei Opel in Rüsselsheim wird der Gedanke sogar weitergedacht: Solange es derartige auf Demontage angelegte Autos noch nicht gibt, sollten direkt neben den Automontage- auch Autodemontagefabriken angelegt werden, weil es am einfachsten ist, das selbstgebaute Modell auch selbst zu zerlegen. Rohstoffe werden dabei geschont, denn Materialien wie Kunststoffteile, Glas, Schaumstoffe, Gummi, Nichteisenmetalle, Textilien und Flüssigkeiten für Motor-, Brems- und Kühlanlagen gehen in die Wiederaufbereitung. Für Klaus Vornberger, bei BMW Leiter der Demontage-Pilotanlage, »ist die demontagegerechte Konstruktion ein elementarer Bestandteil der recyclinggerechten Fahrzeugkonstruktion«.

BMW, Peugeot und Renault haben mit der gemeinsamen Verwertung ihres Autoschrotts begonnen. Mercedes-Benz will mit dem österreichischen Partner Alpine Stahl AG in Linz zunächst alle weiterverwendbaren Teile entnehmen, die Restkarosse in Paketform pressen und in einem Schmelzofen zu wiederverwertbarem Stahl umschmelzen. Stolz verkündete Klaus Vöhringen vom Mercedes-Benz-Vorstand: »Das Verfahren stellt die endgültige Lösung des

Themas Recycling dar.« Fiat in Italien hofft, in seinen Demontageanlagen jährlich bis zu 25 000 Autos zerlegen und wiederaufbereiten zu können. Fast alle Hersteller, voran Opel und Volkswagen, geben längst den Käufern ihrer Neuwagen eine Rücknahmegarantie für ihre Altwagen.

Anklagepunkt: Umweltsünder Nummer eins ist das Auto.

Alle, auch die Autofreunde, lieben den deutschen Wald, alle wollen gesunde Luft und nachts ihre Ruhe vor dem Straßenlärm haben. Weil dem nicht so ist, ist das Auto der große Sünder. Selbst wenn in Schleswig-Holstein in den Dörfern Vorrade und Neu Wulmstorf die Hühner husten sollten und das Korn auf den Feldern schon nach Dieselöl stinken sollte, kann nur das Auto schuld daran sein. Und so demonstrierten dort im Frühjahr 1992 die Bauern gegen die geplante A 20, die sogenannte Ostsee-Autobahn. 500 Mecklenburg-Vorpommerer zogen mit ihren Pferdewagen vors Rathaus von Lübeck, tranken Punsch und verteilten Infos gegen die A 20. Denn, wußte Bauer Jochen Thorn, dessen Vorfahren hier seit 1520 bauern: »Kommt die Autobahn, kann ich dichtmachen.« Dann sangen sie ihr Anti-Autobahnlied für ihr Land:

»Macht das nicht kaputt,
sonst geht die Welt in Dutt.«

Alle sangen mit, alle schimpften – und viele Demonstranten fuhren mit ihren Autos nach Hause. Ein Phänomen, das selbst Verhaltensforschern immer wieder Rätsel aufgibt: Im Hochschwarzwald beispielsweise erklärten 3000 Gäste, »in den Kurorten wie auch in der Landschaft« hätten Autos nichts zu suchen. Doch – kommentierte der *Hochschwarzwald-Kurier* – »immer noch reisen die meisten Gäste mit dem Auto an und benutzen es hier am Urlaubsort«. Im ZDF plädierte Matthias Welp für den »Patient Wald – Die Fieberkurve steigt« und »reiste«, so wurde beobachtet, »im dicken Mercedes der S-Klasse an, obwohl zwischen Tübingen und Welps Wohnort Kassel« sehr schnelle Bahnverbindungen bestünden. Michael Müller, umweltpolitischer Sprecher der SPD-Bundestagsfraktion, wunderte sich über nichts: Da machten »abends Leute bei Greenpeace mit, die tagsüber schädliche Produkte herstellen«.

Verteidigung: Umweltfreundliche Motoren wurden eine Aufgabe für die Konstrukteure von Motoren, als Ende der sechziger Jahre die ersten Vorwürfe gegen das Auto als Umweltsünder laut wurden. Ob nun das Auto oder andere Sünder wie Industrie oder private Haushalte – wahrscheinlich sie alle zusammen – schuld am Waldsterben sind: Die Emissionen aus dem Straßenverkehr sind nicht zu leugnen, seit sich seit 1970 der Pkw-Bestand allein in den alten Bundesländern auf 31 Millionen verdoppelt hat; zusätzlich verdoppelte sich auch die Pkw-Gesamtfahrleistung.

Als erste erkannten die Deutschen, ihr Wald sei bedroht, als erster Hersteller setzte Opel das bis dahin probateste Gegenmittel ein, den Katalysator. Jährlich befragen die Rüsselsheimer per Telefon 80000 Bürger nach ihren Sorgen und Wünschen und hörten 1989, ihre größte Sorge sei die bedrohte Umwelt. Postwendend baute Opel den Katalysator ein. 97 Prozent der neuzugelassenen Wagen in Deutschland kommen heute mit einem geregelten Dreiwegekatalysator auf die Straße. Doch dieser Umwelterfolg reicht nicht aus, wenn bis zum Jahre 2010 die Zahl der Autos im vereinigten Deutschland auf über 45 Millionen steigen und den gefürchteten Treibhauseffekt erhöhen wird.

Doch bald, wen wundert es, geriet der umweltfreundliche Kat ins Gerede, und die links-grünen Autofeinde bezeichneten ihn als Bluff und Ablenkungsmanöver der Industrie. Eine TÜV-Untersuchung Anfang 1992 hatte ergeben, daß die Hälfte der Katalysatorenwagen »früher oder später« die Grenzwerte überschreiten, »vor allem bei hoher Geschwindigkeit«. Die Erkenntnis, so das Autofahrerblatt *mot* umgehend, war wieder nur »ein willkommenes Argument, ein allgemeines Tempolimit auf den Autobahnen zu fordern«. Gerold Lingnau machte in der *Frankfurter Allgemeinen Zeitung* deutlich: Klar sei immer gewesen, »daß die Katalysatorregelung bei Vollast [populär gesagt: bei Vollgas] an verschiedenen Autotypen außer Funktion« gerate. Bei der TÜV-Untersuchung habe sich aber ergeben, daß für alle 23 getesteten Autos »immer noch eine Schadstoffreduzierung um 70 bis 90 Prozent« festgestellt worden sei. Lingnaus nüchternes Fazit: »Nach alledem zu verbreiten, die ganze Katalysatortechnik tauge letztlich nichts, wäre falsch und unredlich.« Eine restlose Lösung des Schadstoffproblems, »etwas Entscheidendes«, wäre jedoch erst erreicht, vermerkt *mot*, »wenn die Hersteller zu Garantie und Haftung verpflichtet werden«. Die Fachleute von *mot* stellen fest: »Der geregelte Dreiwegekatalysator ist derzeit das effektivste Mittel zur Abgasreinigung bei Ottomotoren. Denn nur er ist in der Lage, die Schadstoffe Kohlenmonoxid (CO), Kohlenwasserstoff (CH) und Stickoxide (NO_x) zu mehr als 90 Prozent in ungiftige Stoffe umzuwandeln.«

Auch andernorts, direkt an der Quelle, wird die Luft sauberer werden: an der Tankstelle. Die Rückführung der Benzindämpfe an der Tanksäule hatten die Gerätehersteller früh im Griff, doch niemand verpflichtete sie zur Emissionslosigkeit. Baden-Württemberg machte den Vorreiter. Seit Anfang 1993 müssen in der Republik alle neuen Tankstellen mit den entsprechenden »Saugrüsseln« an den Zapfpistolen ausgerüstet sein. Bestehende Tankstellen erhalten für ihre Umrüstung eine Übergangsfrist von bis zu 5 Jahren. 60 000 Mark kostet die Umrüstung einer Tankstelle. Die Mineralölkonzerne rechnen mit Gesamtkosten bis zu 150 Millionen Mark – eine gute Investition, denn die Luftverpestung rund um die Tankstellen und in deren Umgebung ist bedenklich: 50 000 Tonnen giftige Gase entweichen in die Atmosphäre (und in die Lungen der Benzinverkäufer und Selbsttanker). Umweltminister Klaus Töpfer lobt die deutschen Saugrüssel: »Zu dieser Technik gibt es keine Alternative« (und wartet darauf, daß ihn auch die übrigen Länder der Europäischen Gemeinschaft, bei denen 500 000 Tonnen Benzingase jährlich in die Luft fliegen, zur Pflicht machen).

Umweltfreundliche Benzinmotoren, umweltfreundliches Tanken – die große Lösung des deutschen Mega-Problems »umweltfreundliches Automobil« scheinen sie nicht zu sein. Favorit ist das Elektroauto mit seinen scheinbar unschlagbaren Eigenschaften: kein Spritverbrauch, kein Schadstoffausstoß, lautlos und langsam. So leise Dahinschnurrer werden in idyllischen Feriengebieten wie auf der Nordseeinsel Langeoog seit Jahren eingesetzt. Amerikas Regierung, die sich für ihre umweltgefährdeten Regionen wie Kalifornien als umweltsensibel erweist, hat ihre Autoindustrie bereits verpflichtet, von Mitte der neunziger Jahre an steigend sogenannte Zero-

Emissions-Vehicles anzubieten. Auch die deutschen Hersteller zeigten bereits auf der Frankfurter Automobilschau im Herbst 1991 gleich mehrere Studien elektrisch angetriebener Fahrzeuge (auf die wir später eingehen, wenn wir uns ausführlich mit den Zukunftsautos beschäftigen werden, die wir alle ja als die Antwort auf die Angriffe der Autogegner verstehen).

An dieser Stelle sollen zur Frage, ob das Elektroauto unsere Probleme von der Luftverschmutzung über das Umweltsterben und den Verbrauch unserer Rohstoffe bis zur freien Fahrt für freie Bürger lösen wird, lediglich erste Auskünfte gegeben werden: »Das Elektroauto ist kein Ausweg aus der Abgasfalle«, will die *Süddeutsche Zeitung* wissen. »Das Elektroauto wird ein Nischenprodukt bleiben«, sagt Professor Fritz Indra, Opels Vorausdenker, voraus. Und die Experten von Mazda machen sich für die Prognose stark: »Elektroautos werden sich in den nächsten 100 Jahren nicht durchsetzen.«

Anklagepunkt: Die Autos sind allesamt Sicherheitsrisiken.

Lebensgefährlich sei heutzutage das Autofahren, die Autobahnen seien in Ferienzeiten und an manchen Wochenenden »Schlachtfelder«, auf denen die dem Delirium furiosum verfallenen »hirnlosen Raser« mit ihren »lackierten Kampfhunden Ersatzkriege« führten und »Leichenberge« zurückließen.

Tatsächlich starben 1989 im damaligen Gebiet der Bundesrepublik auf den Straßen 7995 Menschen, 449 397 wurden verletzt. Doch die Zahl der Verkehrstoten geht seit 1970 (19 193 Tote) Jahr für Jahr zurück, obwohl der Autoverkehr stark zugenommen hat. In 559 537 »Unfälle mit Personenschaden« waren 471 116 Pkw und Kombifahrzeuge verwickelt, in »Unfälle mit Sachschäden« von insgesamt 534 687 Unfällen 427 288mal der Pkw. Bei 90 Prozent aller 83 500 Führerscheinentzüge war Alkohol im Spiel, 75 687mal »nicht angepaßte Geschwindigkeit«. »Niedrigste Zahl der Verkehrstoten seit 40 Jahren«, berichtete die *Rheinische Post* Ende Februar 1992 auf der Titelseite und meldete zugleich, Nordrhein-Westfalens Innenminister Herbert Schnoor sei von der Disziplin der Autofahrer völlig unbeeindruckt: »Der SPD-Politiker erneuerte seine Forderung nach einem allgemeinen Tempolimit auf Autobahnen.«

1991 hatte die Unfallbilanz auf den Autobahnen der Republik ein zwiespältiges Bild ergeben: Im Osten waren die Unfälle und die Zahl der Verletzten wie die der Getöteten gestiegen, im Westen wurden 6,3 Prozent weniger Unfälle und 4,9 Prozent weniger Verkehrstote registriert: 7515, der niedrigste Wert seit 1953, als die nationale Verkehrsstatistik eingeführt wurde.

1992, so die Agentur ap, sei »die Zahl der Verkehrstoten im Westen so niedrig wie nie« gewesen: 7200. ap weiter: »Auch in den neuen Ländern wird es nach Einschätzung des Statistischen Bundesamtes in Wiesbaden erstmals wieder weniger Straßenverkehrsopfer geben.« Zweifelsohne ist jeder Verletzte oder Tote auf der Straße einer zuviel, doch die Zahl könnte noch weiter verringert werden, wenn die Politiker endlich ihre Aufgabe darin sehen würden, nicht das Auto zu verteufeln und den Autofahrer zu schikanieren, sondern für die Sicherheit auf der Straße alles zu tun, was möglich ist.

»Der Gesetzgeber«, verlangt der Rennfahrer Klaus Ludwig, dreimal Sieger des 24-Stunden-Rennens von Le Mans, »sollte für jeden Autofahrer ein Sicherheitstraining vorschreiben. Nicht, um schnelles Fahren zu ermöglichen, sondern wegen der Sicherheit. Jeder Führerscheininhaber glaubt von sich, Auto fahren zu können. Aber richtig bremsen kann keiner.«

Erika Emmerich, Präsidentin des Verbandes der Automobilindustrie, beklagt, daß seit Anfang 1991 jeder Neuwagenkäufer einen Gutschein für ein kostenloses Sicherheitstraining erhält. 1991 seien 50000 Gutscheine ausgegeben, aber nur 167 eingelöst worden. Der Grund sei, daß allein die Führerscheinprüfung ausreiche, ein Auto zu fahren. Warum die Politiker dem Anfänger kein Sicherheitstraining verordnen, erhellt sich, wenn man sich das Hickhack um eine andere lebenswichtige Einrichtung am Auto in Erinnerung ruft: um den Sicherheitsgurt.

Seit das Sicherheitsinstrument »Haltegurt« erfunden worden war, wurde diskutiert, ob die dafür logischerweise notwendige Anschnallpflicht nicht das »Persönlichkeitsrecht« einschränken oder sogar beseitigen werde. Die physische Sicherheit der Autofahrer rückte im öffentlichen Streit der Politiker an die zweite Stelle. Dabei hatte schon früh Professor Max Danner, als Leiter des Allianz-Forschungszentrums für Technik in der ganzen Welt als Sicherheitsexperte um Rat gefragt, erklärt: »Würden sich 90 Prozent aller Autoinsassen anschnallen, hätten wir jährlich 40 500 Leichtverletzte, etwa 17 800 Schwerverletzte und 1700 Tote weniger zu beklagen.« Der Unfallforscher hatte 15 000 schwere Karambolagen mit Akribie analysiert und seinen Computer mit 45 Millionen Einzeldaten gefüttert, als er seine Gurtforderung – »grundsätzlich auch für die Rücksitze, auf den Rücksitzen Kindersitze oder Gurte« – aufstellte und zugleich verlangte, Gurtsünder mit einem Bußgeld zu bestrafen. Wieder stritten sich die Politiker um Rechtsfragen, obwohl sie vom Nutzen von Danners Forderung überzeugt waren. Erst Jahre später wurden sie einig: Anschnallen wurde für Autofahrer Pflicht, doch kaum einem Fahrer ist es jemals passiert, daß die Polizei kontrollierte, ob in seinem Auto die gesetzlich vorgeschriebenen Gurte tatsächlich auch vorhanden sind. Nach wie vor gilt, da die Gurtanlege-»Pflicht« immer noch lasch gehandhabt wird, die Erkenntnis des Verbandes der Haftpflichtversicherer: »Bei einer hundertprozentigen Anlegequote in allen Personenwagen würde jeder zweite bisher tödlich Verunglückte noch leben«, als in den Wind gesprochen. Ungerührt vom öffentlichen Streit um den Gurt hatte Mercedes bereits 1961 den Sicherheitsgurt serienmäßig eingeführt. Ein Beweis dafür, daß bei neuen technischen Fortschritten die Industrie nicht immer warten muß, bis der Gesetzgeber kommandiert. Und die »Sicherungspflicht für Kinder auf Rücksitzen unter 12 Jahren oder kleiner als 1,50 Meter« wurde zu spät für viele eingeführt: am 1. April 1993.

Das »sichere Auto« war immer schon eine Forderung der Autofahrer an die Autohersteller. Niemals aber war sie mächtiger als heute, denn Sicherheit für Fahrer und Mitfahrer ist längst das schlagkräftigste Verkaufsargument. Doch in Sachen »passive Sicherheit« gibt es noch viel zu tun. Pionierarbeit in dieser lebenswichtigen Sache hat Béla Barényi geleistet, einer der vielen Österreicher in der deutschen Autoindustrie, den seine Hüftversteifung von Jugend an über eine eigene sichere Art der Fortbewegung nachdenken ließ. Barényi, geboren 1908, gilt als »Sicherheitspapst« des Automobilbaus und hat mehr als 2500 Erfindungen gemacht (Thomas Alva Edison, das amerikanische Genie, brachte es nur auf 1000). 1939, nachdem er 8 Jahre in Ferdinand Porsches Entwicklungsteam zugebracht hatte, heuerte er bei Mercedes an, wo Generaldirektor Wilhelm Haspel ihm die Order gab: »Herr Barényi, denken Sie 15 bis 20 Jahre voraus. Was Sie erfinden, geht direkt an die Patentabteilung... Ein Haus wie Daimler-Benz kann nicht von der Hand in den Mund leben.« Barényi wurde der erste Automann, der angestellt war, durch Nachdenken vorauszudenken. Seinen Erfindungen verdanken unzählige Autofahrer ihr Leben.

Beispiel Insassenschutz. Barényi verlangte von den Konstrukteuren: »Der Fahrgastraum ist so zu gestalten, daß die Belastung der Insassen bei einer Kollision unter den zulässigen Werten bleibt.« Konsequent setzte er das »Prinzip der Energieabsorption von außen nach innen« um. Seine »Knautschzonen« außerhalb des Passagierraumes nehmen bei einem Unfall während des ersten Aufpralls die Bewegungsenergie des Fahrzeugs durch ihre Deformation auf; bei der zweiten Kollision, wenn die Insassen gegen innere Teile des Autos geschleudert werden, braucht man eine zweite Knautschzone, um die Bewegungsenergie des menschlichen Körpers aufzufangen: eben den Luftsack vor dem menschlichen Körper, den Airbag. 1974 beschloß Mercedes, den Barényi-Airbag unabhängig vom Stand der Diskussion über die Sicherheitstechnik serienreif zu machen.

Streit gab es sofort, weil es hieß, nur die Reichen könnten sich den mit Aufpreis erhältlichen Lebensretter leisten. Tatsächlich sind sie bei der Einführung einer kostspieligen Innovation allein in der Lage, die Mehrkosten aufzubringen. Doch wie immer in der Technik: Andere Autobauer zogen nach, wodurch sich die Kosten reduzierten. Heute kann sich selbst der weniger betuchte Käufer eines kleinen Modells den Airbag leisten. Volkswagen zum Beispiel baut in den Vento, den Nachfolger des Jetta, einen Luftsack ein, der im Lenkrad steckt und sich bei einem Aufprall verläßlich aufbläst, gegen einen Aufpreis von weniger als 1000 Mark. Die Altmodelle Golf und Passat werden folgen. Ford zog nach, 1993 Opel. BMW bietet den Airbag ab 1650 Mark an, Mercedes ab 1710 und Audi ab 2544 Mark. Saab, der alte Schwede, ging 1992 dazu über, seine gesamte Modellpalette nur noch mit Airbag anzubieten. »Die kleinen Airbags«, konstatierte das Fachblatt *mot*, »bringen in jedem Fall eine wichtige Sicherheitstechnik zum Durchbruch.«

Barényis Sicherheitsdenken wird jedoch erst deutlich, wenn man alte Autos studiert. Mitten ins Herz des Autofahrers hatte die lange Lenksäule gezielt, mit der Ferdinand Porsche seinen vielgelobten Volkswagen versehen hatte. Béla Barényi sorgte damals schon für Stoßschutz und Sicherheitslenkung, indem er die Funktion der Lenksäule unabhängig von der Aufprallrichtung machte: sein sogenannter Deformationskörper gab allseitig nach.

1953 hatte Mercedes Barényis selbsttragende Karosserie mit ihrer gestaltfesten Fahrgastzelle vorgestellt, die als eine Art Büchse den Insassen umhüllt. Und selbst 1975 noch glaubte sich der Sicherheitsfanatiker nicht am Ziel seines »sicheren Autos«: »Das Studium von Statistiken belegt die fatale, weil verletzungsfördernde Wirkung bestimmter, noch lange nicht dem Stand der Technik entsprechend entschärfter Innenräume von Personenwagen neuer und selbst neuester Bauart.« *mot* entschlüsselte die Sprache des Ingenieurs: Der »Lufti-Kuss« der Zukunft müsse nicht nur durch Stoß von vorn, sondern auch von der Seite wirksam werden. Auch die Insassen auf dem Rücksitz sind bald gesichert: Nissan bietet den Airbag für den Fond an.

Längst kontrolliert – und kritisiert – in Sachen Sicherheit die deutsche Fachpresse die Autokonstrukteure im Auftrag der Autofahrer, bei denen der eigene Lebensschutz noch vor dem Schutz der Umwelt rangiert. Seit in den siebziger Jahren die Hersteller den Aufprallversuch, den spektakulären Crashtest, in ihre Versuchsreihen aufnahmen, prüfen die großen Automagazine mit eigenen aufwendigen Aktionen die Industrie. 1990 verwickelte *auto motor und sport* beispielsweise Fahrzeuge der oberen Mittelklasse in einen frontalen Zusammenstoß, bei dem der Wagen mit der linken Hälfte ein Hindernis traf. Untersucht wurde auch, was geschieht, wenn – zum Beispiel bei Stadttempo 50 – zwei Mercedes crashen. Anfang 1992 fuhren dann 7 Modelle der Kompaktklasse gegen eine Betonwand.

Umgehend tauchte die Frage auf, warum die Fachpresse solche Spektakel (außer zur Steigerung ihrer verkauften Auflage) veranstalte und was der Autofahrer davon habe. Die Antwort muß überzeugen: Die Hersteller publizieren die Ergebnisse ihrer eigenen Crashtests nicht; negative Resultate verschwinden auf Nummer Sicher in den Panzerschränken. Nur die zugleich kompetenten und unabhängigen Journalisten können hart und glaubwürdig urteilen. Und ihre Urteile sind hart:

Drei Wagen der unteren Mittelklasse – VW Golf, Opel Astra und Renault 19 – schnitten »auf der sicheren Seite mit niedrigem Verletzungsrisiko« ab. Citroën ZX und Seat Toledo (aus dem Haus VW) wurde »erhebliches Verletzungsrisiko« angekreidet; dem Citroën ZX wurde attestiert: »Da der Gurt den Körper sehr spät auffängt, kommt es zu einem massiven Kopfaufprall. Das Verletzungsrisiko ist... erheblich.« Bei den Modellen Ford Escort und Fiat Tipo müsse der Fahrer »mit lebensgefährlichen Verletzungen rechnen«. Dem Ford Escort wurde bescheinigt: »Zusätzliches Risiko: die nur von innen zu öffnende Fahrertür.« Verrissen geradezu wurde Fiats Tipo: »Von einer Sicherheitszelle kann bei der Karosserie des Tipo nicht die Rede sein. Durch starke, unkontrollierte Verformung sind die Insassen einem hohen Verletzungsrisiko ausgesetzt. Der Überlebensraum ist eingeschränkt. Zusätzliche Risiken sind... die Schwierigkeit, [nach dem Unfall] die Fahrertür zu öffnen.«

Härter noch gingen die Tester eines europäischen Crashtests, sozusagen internationale Gutachter, im Frühjahr 1992 mit den Herstellern, die ihre neuen Modelle in puncto »passive Sicherheit« über den grünen Klee gelobt hatten, zu Gericht: Drei Opel gegen drei VW Golf. Jeweils zwei Wagen fuhren mit einer Geschwindigkeit von 50 km/h aufeinander zu und markierten einen halbseitigen Frontalzusammenstoß. Veranstalter waren, der hohen Kosten wegen, die *ADAC Motorwelt*, die Verbandszeitschrift des Allgemeinen Deutschen Automobilclubs (ADAC) mit einer Auflage von fast 12 Millionen Exemplaren, *Auto Bild* mit einer wöchentlichen Auflage von rund 750000 Exemplaren sowie Fachjournale aus Österreich, der Schweiz, England, Frankreich, Holland und Italien. 27 Millionen Autofahrer-Leser waren auf die Ergebnisse gespannt und die Produzenten Volkswagen und Opel nicht minder.

Golf contra Astra – Aufregung genug, denn, so eine Befragung, mindestens 6 Millionen würden sich in den nächsten 5 Jahren eines dieser Modelle kaufen und ihr Leben und das ihrer Mitfahrer einem VW Golf oder Opel Astra anvertrauen. Was lag da näher, dachten sich die journalistischen Tester, »als einen realen Frontalcrash ›Auto gegen Auto‹ zu machen«?

Die Journalisten wollten zugleich die Hersteller bei ihrem großen Wort nehmen, die immer mächtig getönt hatten: »Sicherheitsmaßstäbe im Fahrzeugbau« setze der neue Golf, hatte der seinerzeitige VW-Boß Carl H. Hahn behauptet, und seine Werbung hatte den Käufern versprochen: »Für Ihre Sicherheit ist soviel getan worden, wie es für ein Auto dieser Klasse machbar ist.« Konkurrent Opel hatte sein »Rundum-Schutzsystem« für den Kompaktwagen Astra in Anzeigen imaginären Interessenten gezeigt, und die hatten erklärt: »Ihr könnt uns kein Auto verkaufen, wenn ihr nicht unsere Forderungen erfüllt.« Geht in Ordnung, hatte ihnen Opel versichert.

Bisher schon hatte der Gigant ADAC 22 Wagen per Crash auf Herz und Stoßstange geprüft und dabei stets den sogenannten Offset-Test angewendet, bei dem das Fahrzeug mit der ganzen Front prall gegen eine Wand fährt. »Aber was geschieht«, fragten sich die Redakteure der *ADAC Motorwelt* und von *Auto Bild* in ihrem neuartigen internationalen Test, »wenn der Gegner mal keine starre Barriere, sondern ein Auto ist, wie es ja auf unseren Straßen jeden Tag passiert?«

Beim ersten Zusammenstoß in der Crashtest-Anlage der Bundesanstalt für Straßenbau (BASt) in Bergisch Gladbach bei Köln bohrten sich die linken Frontseiten von Golf und Astra ineinander, Autoteile flogen wie in einem Actionfilm durch die Luft. Das Protokoll hielt fest: »Der Test war härter als der Aufprall gegen die Barriere, weil die energieverzehrenden Längsträger zunächst keinen Halt fanden und tief in den Motorraum des Gegners eindrangen… Beim Golf riß der Querträger ab.« Beim VW-Produkt wurden Schwachstellen deutlich: »Die Motorhaube faltet sich kaum… bildet eine aggressive Kante. Der Fußraum verkleinert sich etwas mehr als beim Astra.« Schwächen beim Opel Astra: »Der linke Längsträger riß ab, der Lenkungsquerträger löste sich von der A-Säule. Das Lenkrad drang vertikal etwas weiter in den Innenraum ein als beim Golf.« Abschlußurteil der europäischen Fachjournalisten: Beide Modelle haben den Frontalcrash bestanden, »nicht aber den Euro-Seitencrash«: »Bei beiden Fahrzeugen liegen die Belastungen der Rippen und des Unterleibes deutlich über den Grenzwerten. Die Mittelsäule [der Wagen] und die Türen wurden zu stark eingedrückt.«

VW und Opel reagierten prompt. Wolfsburgs Forschungs- und Entwicklungsvorstand, Professor Dr. Ulrich Seiffert, versprach Besserung: »Die Euro-Norm ist unser nächstes Entwicklungsziel.« Für Opel beeilte sich Diplomingenieur Ulrich Catt, verantwortlich für Sicherheitsversuche, zu versichern: »Wir machen uns an die Arbeit.« Die *ADAC Motorwelt* stieß nach und kündigte umgehend die nächste Überprüfung der Hersteller an: Künftig werde ein »Testwagen gegen eine verformbare Barriere fahren, die das Crashverhalten eines Personenwagens hat«. Und schrieb den Autobauern ins Pflichtenheft: »Bei der ›passiven Sicherheit‹ wurde viel Zeit verschenkt. Jetzt darf die Technik nicht stehenbleiben.«

Immer streiten sich beim modernen Autobauen die Aerodynamiker mit den Sicherheitsingenieuren. Tatsächlich ist manche Form besonders schnittig (und verkaufsfördernd), zugleich aber ein Risiko. Umgekehrt sind manche Sicherheitseinrichtungen den Designern ein Greuel. Wenn sie jedoch einen Kompromiß finden, ist eine überzeugende Lösung für den Autofahrer möglich. Ein Beispiel: Der von der Motorhauben-Vorderkante verdeckte Scheibenwischer ist ebenso ein Erfolg der Aerodynamiker wie die versenkten Türgriffe und die klappbaren Außenspiegel der Sicherheitsexperten.

Gibt es denn schon Automobile, die alle bereits möglichen Sicherheitsbestandteile enthalten und auf dem Stand der Technik sind? Überall bei den Fabrikanten laufen Experimentierfahrzeuge als Prototypen und Technologieträger. Die Amerikaner hatten es mit den Experimental Safety Vehicles (ESV) der American Machine and Foundry Corp. (AMF) früh versucht und waren gescheitert. Sie bauten 5,6 Meter lange und 2,03 Meter breite Fahrzeuge mit hydraulisch arbeitenden Stoßfängersystemen und Periskopen wie beim U-Boot zur Beobachtung des nachfolgenden Verkehrs statt der Rückspiegel.

Die absonderlich anmutenden Forschungswagen, die aussahen, als sei ein Unterseeboot durch einen Navigationsfehler auf den Sunset Boulevard geraten, legten jedoch die Grundlage für zügige Arbeiten an Sicherheitsautos in Japan und in Deutschland, wo sich Mercedes-Benz mit seinem weltweit beachteten C 111, einem »multinationalen Forschungslabor auf Rädern«, hervortat. Angetrieben wurde der flunderflache C 111 von einem Wankelmotor mit drei Scheiben. Er leistete 300 PS und hätte, 1969 auf der IAA in Frankfurt präsentiert, ein Weltbestseller werden können, wäre er für Playboys, die schon alles hatten, zu kaufen gewesen. 10 Jahre lang bewährte er sich in 4 Versionen, die – wie Weltrekordfahrten auf der süditalienischen Teststrecke Nardo zeigten – immer schneller wurden: 400 km/h erreichte der C 111 am 5. Mai 1979, eine Leistung, die der Bauherr Mercedes-Benz »nicht als Selbstzweck« gedacht hatte, sondern als realistisches Studienmaterial für Motoren, in der Aerodynamik, im Leichtbau und in der Sicherheitstechnik.

Auch die Autofirmen selbst haben erkannt, wie sie die Kunde von ihren sicheren Automobilen am besten unter die Autofahrer bringen können – wenn Autofahrer als Werksfahrer fungieren und unter öffentlicher Aufsicht ihre Produkte testen. Denn in jedem deutschen Autofahrer steckt nicht nur ein verkappter Konstrukteur, sondern auch ein unbestechlicher Experte.

Im Frühjahr 1992 stellte Saab-Deutschland 500 nagelneue Saab 9000 CS, davon 250 mit Turbomotor, kundigen Lesern der Zeitschriften *Auto Bild* und *Hörzu* für ein Jahr kostenlos zur Verfügung: die Leser-Tester mußten lediglich die Benzinkosten übernehmen. Ihre Er-Fahrungen mußten sie regelmäßig protokollieren und einen Fragebogen ausfüllen, der dann wissenschaftlich ausgewertet wurde. Zwei Fachleute auf ihrem Gebiet, Professor Dr.-Ing. Wolfram Seibert vom Fachbereich Maschinenbau der Fachhochschule des Saarlandes und der Hamburger Freizeitforscher Professor Dr. Horst W. Opaschowski, begleiteten den Massentest mit einem Forschungsprogramm. Ziel: »Erstmals auf breiter Basis und unter gleichen Voraussetzungen wissenschaftlich [zu] ermitteln und aus[zu]werten, wie das Auto genutzt wird, welche Rolle es in der Familie spielt und welche Akzeptanz es in der Gesellschaft besitzt«, erklärte Ulrich F. Heyl, Geschäftsführer von Saab-Deutschland. Alle Forschungsergebnisse der Aktion »Saab im Härtetest« sollten fortlaufend veröffentlicht werden.

Der deutsche Autofahrer ist ein Genießer, für den zwar das »Gefühl der Sicherheit« am wichtigsten ist, dann jedoch folgt schon sein Bekenntnis, für ihn sei sein Auto »Spaß und Hobby« zugleich; selbst das samstägliche Waschen des Autos hat für ihn noch »Freizeitcharakter«. Für ihn ist das Auto eine »Oase der Entspannung« und vermittelt ihm dann ein »völlig neues Fahrgefühl«, wenn er dabei Radio hört – jedoch nach System: Im Stadtverkehr bevorzugt er Pop- und Discomusik, auf Landstraßen Volksmusik und deutsche Schlager, bei Fahrten auf der Autobahn ist Klassik sein Favorit; Radiowerbung jedoch wird »von den meisten als lästig empfunden« (Opaschowski). Kein Wort vom »hirnlosen Raser«. Der größte Fahrspaß des deutschen Mannes: bei Sonnenschein durch eine schöne Gegend zu fahren ...

Vom Leser, dem wahren Dauertester der Autos, die Qualität im Alltagsbetrieb prüfen zu lassen, erweist sich freilich oft als zweischneidiges Schwert oder als der berüchtigte Schuß in den Ofen, wie eine Dokumentation von *auto motor und sport* im Frühjahr 1992 erhellte. Da hatte der Kronberger Diplomingenieur Ronald Laßhof solchen Ärger mit zwei VW Passat Synchro (Brummgeräusche, Vibrationen, extremer Reifenverschleiß), daß auf seine Proteste das Volkswagen-Werk ihm anbot, für »700 Mark Minderbetrag« die Sache zu vergessen. Enzio Guratzsch aus Kelheim, Freund der weißblauen Marke, notierte bei seinem BMW 524td eine defekte Heizung, quietschende Türen und eine »verrückt spielende Elektronik«. Und Norbert Bosold aus Egelsbach südlich von Frankfurt verfügt bei seinem Opel über eigenes erlittenes Know-how in Sachen Sicherheit: Mitten auf der Autobahn fiel mit einem Schlag die Servofunktion der Bremse aus. Der Omega-3000-Pilot erschrickt noch nachträglich: »Das hätte für mich fast einen Unfall bedeutet.«

»Sicherheit«, genauer: passive Sicherheit, ist heute jedoch kaum noch ein Kritikpunkt der Autofahrer. Ihre Mängelliste weist mit großem Abstand Ärger mit Motor und Getriebe auf, gefolgt von Malaisen mit Heizung, Lüftung, Bremsen, Fahrwerk und Zündung. Am wenigsten kritisiert wird die Lenkung. Ärgernisspitze aber ist die Elektrik, bekannt unter dem modischen Begriff Elektronik.

Ziehen wir hier eine erste Bilanz im Verfahren gegen das Automobil. Doch würdigen wir dabei auch, wie es sich für ein faires Verfahren in einem Rechtsstaat geziemt, die Argumente des Angeklagten Auto und seiner Verteidigung: Das »Auto von morgen« ist kein Benzinsäufer mehr, manche werden nur noch 3 Liter auf 100 Kilometer verbrauchen, und mit einer einzigen Tankfüllung wird man einmal quer durch die Republik fahren können. Ausrangierte Fahrzeuge werden sinnvoll zerlegt, teures Material wird wieder in neue Automobile eingebaut. Sicherheit für Fahrer, Mitfahrer und Verkehrsteilnehmer ist zu einem so starken Verkaufsargument geworden, daß die Hersteller schon aus Profitgründen die Sicherheit ihrer Produkte in den Vordergrund ihrer Werbung stellen. Und wenn wir, die Autofahrer, den Herstellern mißtrauisch auf ihre Konstruktionscomputer gucken und die Presse, unser Interessenvertreter gegenüber den Mächtigen, bei jedem Nachlassen Lärm schlägt, ist das »Auto von morgen« auf dem richtigen Weg in die Zukunft.

Doch ein wichtiges Mittel zur Sicherung unserer Zukunft bedarf noch der ausführlichen Untersuchung. Vielen gilt es geradezu als Allheilmittel für unseren Wald, für unsere Luft, für unsere Städte – als klassische Problemlösung für unser Leben und unser Überleben überhaupt – das Elektroauto. Viele fordern es, doch industriell kommt es nicht recht voran, und so scheint es dringend angebracht, das Elektromobil in die Anklage gegen das Benzinauto einzubeziehen.

Anklagepunkt: Das Elektromobil wird von der Autoindustrie aus egoistischen Gründen sabotiert, und wenn sie sich damit befasse, dann nur, um das Elektroauto als chancenlose Illusion abzutun.

Tatsächlich kennen wir die skeptischen bis ablehnenden Kommentare der großen Köpfe in den Autofirmen: »Das Elektroauto wird ein Nischenprodukt bleiben«, hatte Opels Zukunftsdenker Fritz Indra behauptet. »Elektroautos werden sich auch in den nächsten 100 Jahren nicht durchsetzen«, hatte Michinori Yamanouci, Senior Managing Director der Mazda Motor Corp. in Hiroshima, die weltweite Hoffnung abgekühlt (obwohl seine Firma ansonsten innovationsmutig ist und heute, als einziges Werk der Welt, den umweltfreundlichen Wankelmotor aus Deutschland in ihre Sportwagen einbaut).

Warum Elektroautos, die in vielen Versionen doch schon durchs Land fahren und sich so putzig ausnehmen – eines nennt sich sogar

»Hotzenblitz« –, nicht zum Durchbruch kommen, scheint Kritikern der Industrie klar: Die Autofirmen wollten mit ihren Benzinmotoren im Geschäft bleiben und nicht zig Milliarden für Elektroautos ausgeben; die Mineralölindustrie blockiere das Elektroauto, weil es eben kein Mineralöl benötige und ihr der Eintritt ins Elektrogeschäft zu teuer sei. »Batterie marsch!« kommandierte zwar *Die Zeit*, aber niemand rührte sich. Dabei besitzt die Autoindustrie, wie kaum eine andere Branche, 100 Jahre Know-how in Sachen Elektrizität.

Zuerst schien das Auto ja ohne elektrischen Strom auszukommen. Thomas Alva Edison (1847-1931), der ehemalige Zeitungsjunge, der der Vater der Menschheitserfindung »Elektrizität« wurde, hatte zwar schon 1882 in New York die ersten 400 elektrischen Lampen aufleuchten lassen. Doch erst 1912 – Benzens Motorwagen machte immerhin schon seit 26 Jahren die Straßen unsicher – wurde der britische Lanchester als erstes Serienauto mit elektrischer Beleuchtung ausgerüstet; die Lampen thronten majestätisch auf den Kotflügeln. Aus demselben Jahr stammt der elektrische Anlasser, und zwar aus Amerika, weil, so erläutert das Handbuch *Das moderne Automobil* 1914, »dort die Mehrheit der Automobilbesitzer infolge der hohen Arbeitslöhne zu Selbstfahrern«, die sich einen Chauffeur nicht mehr leisten konnten, geworden war. Elektrisches Licht wurde auch benötigt, weil die Polizei die Beleuchtung des rückwärtigen Nummernschildes verlangte. Erst in der ersten Hälfte der zwanziger Jahre floß elektrischer Strom reichlich ins Auto: für den Scheibenwischer, das Horn (seinerzeit noch »Huppe« genannt), die Innenbeleuchtung, als Stopplicht – und als Zigarettenanzünder. Das Autoradio verlangte danach zu Beginn der dreißiger Jahre nach elektrischem Strom und auch das Telefon, das ab 1933 autoreif wurde. Und schließlich war da noch das deutsche Elektrizitätsgenie Robert Bosch, der schon 1897 mit seinem Niederspannungsmagnetzünder das Auto gezündet hatte.

Verteidigung: Unschlagbar, selbst die Motoreningenieure der Autoindustrie wagen keinen Zweifel, ist das Elektroauto, wenn von Benzinsparen, Luftverschmutzung, Verkehrsberuhigung und von Lärmvermeidung die Rede ist. Elektromobile müßten, warnt bereits Berlins Polizeipräsident Hagen Saberschinsky, »wegen ihrer äußerst geringen Fahrgeräusche unter ständiger Abgabe eines akustischen Warnsignals betrieben werden«.

Alle Hersteller, selbst die Abonnenten des sportlichen Images, weisen ihre Elektromobile umgehend und oft reißerisch vor, sobald diese auf eigenen Rädern stehen können. BMW zum Beispiel spricht von seinem E 1 als einem »reinrassigen Elektro-Mini«. Ford hat an ausgewählte Firmen 100 Elektroautos als leichte Nutzfahrzeuge für den Alltagsbetrieb ausgeliehen.

Wollen mit solchen Show-Mobilen die professionellen Autobauer den kleinen Avantgardisten nur die Luft wegnehmen? Beispielsweise dem Schokoladenfabrikanten Alfred Ritter, der mit einem Investment von nur 800000 Mark seinen El Sport, »Hotzenblitz« genannt, konstruierte und der Presse präsentierte? Ritter sucht für sein Wägelchen einen »Partner in der Automobilindustrie, damit wir große Stückzahlen produzieren können«. Dann werde der Preis »unter 30000 Mark sinken«. Doch kein Großer meldete sich zur Lösung aller Probleme, die das traditionelle Auto den Menschen und der Umwelt bereitet. »Bei Autos solcher Art, superleicht und einfach gebaut«, sagt Fritz Indra voraus, »haben bei einem Crash die Insassen bei auch nur 30 km/h nicht die mindeste Chance zu überleben.«

Die Frage aller Fragen taucht auf und muß beantwortet werden: Gibt es für Elektroautos, die, in großer Stückzahl fabriziert, an die 40000 Mark kosten werden, ein ausreichendes Käuferpotential, rechnet sich die Rieseninvestition für einen Hersteller? Noch einmal gefragt: Ist für Elektroautos in Deutschland – und in Europa – überhaupt ein Markt da?

auto motor und sport startete eine Umfrage, und mehr als 125000 Leser gaben Antwort: 86 Prozent erklärten die Entwicklung alternativer Antriebsarten für »wichtig«, »sehr wichtig« sagten 53 Prozent. Dann aufgerufen, auch noch zwischen einem Auto mit reinem Elektroantrieb – typisch der BMW E 1 – und einem Elektro- und Benzinmotor, dem Hybridantrieb – typisch VW Chico –, zu wählen, konnten sich nur 22 Prozent für einen reinrassigen Elektrowagen entscheiden, obwohl sein Preis mit 15000 Mark geschönt war. Bei einem realistischen Preis von 40000 Mark sank das Interesse der Elektroanhänger rapide auf 6 Prozent.

Warum das reine Elektroauto im wortwörtlichen Sinn auf der Strecke blieb? Weil die technisch versierten Leser des Autojournals dem hochgelobten Elektromobil ankreideten, kein wirklicher Umweltfreund, vielmehr ein getarnter Umweltfeind zu sein: Es beziehe seinen Strom entweder aus Kernkraftwerken, die weitgehend abgelehnt werden, oder aus einem Kohlekraftwerk mit seinem berüchtigten Schadstoffausstoß. Elektroautos, merken wir, werden immer nur von Laien verlangt. Für Energiefachleute sind sie ein Horror und, wie selbst die *Süddeutsche Zeitung* uns mitteilte, »kein Ausweg aus der Abgasfalle«.

Nie hatte das elektrische Auto einen guten Ruf, obwohl sein erstes Modell mit 33 Versionen schon 1900 auf einer Ausstellung in Chicago vorgestellt worden war. In die Geschichte ist es als Unglücksmobil eingegangen: Vittorio Emanuele III. und seine Gemahlin Elena erlebten ihr blaues Wunder, als sie im königlichen Park das erste elektrische Auto persönlich testeten. Ruckartig fuhr der Wagen rückwärts gegen einen Baum, die Hoheiten knallten aufs Pflaster, der Knöchel der Königin wurde lädiert.

Nur die gelbe Post ließ elektrische Autos schnurren und ein paar Inseln wie Langeoog, weil die Fahrziele kurz waren; denn das Elektroauto weist nicht nur das geschäftsschädigende Handicap auf, als Kraftquelle eine mörderisch schwere Batterie mit sich herumschleppen zu müssen, die schweren Batterien erlauben zudem nur einen extrem kurzen Fahrradius.

Im Frühsommer 1973, als das Wort Umwelt für viele das »Wort des Jahres« und die Diskussion um die Gefährdung der Umwelt durch das benzingetriebene Auto heftiger wurden, experimentierte Daimler-Benz gerade mit dem Elektrotransporter LE 306. Der Stromkonzern RWE und seine Gesellschaft für elektrischen Straßenverkehr hatten ihr Elektro-Know-how zur Verfügung gestellt. Da sich Daimler mit RWE verbündet hatte, kam massiver Optimismus auf: Bis zum Jahre 1985 könnten »vielleicht schon 10 Prozent von den bis dahin in Deutschland zu erwartenden 20 Millionen Personenwagen auf Elektroantrieb umgestellt sein«. Doch Daimlers LE 306 kam bei einer Höchstgeschwindigkeit von 80 km/h nur auf eine 40minütige Reichweite. Immer noch seien, hielten die Historiker von Frankenberg und

Matteucci für die Nachwelt fest, die Batterien zu schwer und die Reichweiten zu kurz, so daß ein »behender, schneller Wagen« eine Illusion bleibe. Ernüchternd war für die große Hoffnung ihre Schlußbemerkung: »Am Elektroantrieb wird gearbeitet – mehr zu sagen, wäre auch auf diesem Feld eine Utopie.« Auch Opels tüchtige Ingenieure schafften mit ihrer 400 Kilogramm schweren Batterie im umgebauten Kadett nur eine Distanz von 80 Kilometern. Dann mußte ihr Elektroauto wieder für Stunden an seine Kraftquelle, die normale Steckdose.

»Das Elektroauto hat den Durchbruch geschafft«, frohlockte da im Frühjahr 1992 der Geschäftsführer der ABB Hochleistungsbatterie GmbH, Dr. Manfred Mack, und kündigte an, ABB (der Konzern Asea Brown Boveri in Mannheim) werde »nach 20 Jahren Entwicklung in absehbarer Zeit eine Hochleistungsbatterie in Serie produzieren«. Bevor sie angeboten war, warnte Soichiro Toyoda, Präsident der Toyota Motor Corp., der »Gebrauchsnutzen weist noch einen deutlichen Abstand zwischen Otto/Diesel- und Elektromotoren auf«, der E-Batterie müsse er nach wie vor »mangelnde Einsatzreife« nachsagen.

Doch in der Industrie gehen die Arbeiten weiter. BMW, mit dem E 1 selbst für Insider ein Clou, sagt dem Elektro-Mini immer noch »gute Anlagen für eine Serienproduktion« nach. Der Wagen bezieht seine Kraft von hinten, denn beim E 1 ist der Antrieb praktisch Bestandteil der Hinterachse; zu den einzeln aufgehängten Rädern bilden zwei Antriebswellen die direkte Verbindung. Das Herzstück, eine Natrium/Schwefel-Batterie von ABB, ist unterhalb der Wagenfront untergebracht. *mot*-Tester Klaus-Ulrich Blumenstock fuhr den ersten BMW E 1 und erkannte an: »Keine Sekunde der vergnüglichen E-1-Probefahrt durch München ließ den Verdacht aufkommen, Insasse eines Entbehrungsmobils zu sein.« Die alles entscheidende Batterie werde, wenn die Serie einmal angelaufen sei, etwa 5000 Mark kosten, versprach Dr. Klaus Faust, Geschäftsführer der BMW Technik GmbH. Aber die Lebensdauer, hakte Tester Blumenstock nach, bleibe »eine kritische Größe«. Er bezweifelte, »ob die Lebensdauer-Erwartung bis 1998 vom Hersteller ABB einzuhalten ist«.

Batterien sollen Ford-Köln mit der Hybrid-Konzeptstudie *ams*

(»*A*uto *m*aximaler *S*parsamkeit«) keine Kopfschmerzen mehr bereiten. *ams* hat die Ausmaße des konventionellen Fiesta: 3750 Millimeter lang, 1700 Millimeter breit, Radstand 2560 Millimeter. Als Antriebsquelle kommt ein kompakter Zweitaktmotor »modernster Auslegung« zum Einsatz (der allerdings noch in der Entwicklung steckt). Beim Treibstoffkonsum sei der Zweitakter »schon heute den bisher üblichen Ottomotoren überlegen«. Die relativ kleine Natrium/Schwefel-Pufferbatterie mit 6 kWh, 10 KW maximaler Leistung und 60 Kilogramm Gewicht könne die überschüssige Leistung des Verbrennungsmotors aufnehmen; auch beim Bremsen während der Fahrt werde Energie zurückgewonnen. Im Innenstadtverkehr werde *ams* eine Reichweite von 60 Kilometern schaffen, bei Konstantfahrten mit einer Geschwindigkeit bis zu 85 km/h werde der Wagen immerhin noch »mindestens 36 Kilometer weit« kommen.

PSA, Frankreichs zweiter Autobauer nach Renault, wagt sich mit dem Versprechen weit vor, das eigene Land und auch die Bundesrepublik mit einem Netz von Kundendienststützpunkten überziehen zu wollen, um mit dem Electri-City den Stadtverkehr der Zukunft zu sichern. Einziges verfügbares Fahrzeug ist derzeit der Peugeot J 5 Electrique, ein Transporter für 800 Kilogramm Zuladung und mit einem Satz Bleibatterien, die eine Reichweite von 70 Kilometer aufweisen. 120 Anwender in Frankreich, meist Kommunen, erproben seit Herbst 1991 den J 5 kostenlos. Später sollen sie den motorisierten Umweltfreund leasen können. Für den Herbst 1993 sollen weitere Wagen mit Elektroantrieb erprobt werden; ab 1995 ist an die Serienproduktion gedacht.

Hat da der mutige Pionier noch eine reelle Chance, wenn die etablierten Autogiganten die Sache mit dem Elektromobil so energisch an sich reißen? Und bleiben sie nur so lange bei der Sache, bis ihre kleinen Konkurrenten ermattet aufgegeben haben (um sie dann aus den bekannten egoistischen Gründen abzuwürgen)? Der Schokoladenfabrikant Alfred Ritter mit seinem »Hotzenblitz« ist ein solcher Pionier.

»Ei! Ei! Ei!« jubelte *Bild*, als Volkes Stimme bekannt. Denn rund wie ein Ei mutet der nur 2,70 Meter lange und 1,48 Meter breite, 600 Kilogramm schwere Winzling an, der 4 Personen mit einer Geschwindigkeit bis zu 120 km/h 200 Kilometer weit befördern soll. Angetrieben wird er wahlweise von einem 6- oder 12-Kilowatt-Asynchronmotor, und seine Kraft bezieht er aus einer wartungsfreien Zink/Brom-Batterie (15 kWh, 144 Volt). Sie könne, versicherte der Konstrukteur, »über Nacht an jeder normalen Steckdose aufgeladen werden«. Im thüringischen Suhl, Sitz der MZ-Motorräder und Heimat tüchtiger Handwerker, solle der »Hotzenblitz« gebaut werden, dem sogar der Chefkritiker aller herkömmlichen Autos, Frederic Vester, seinen höchsten Segen gab. Sponsor Ritter, der im Jahr rund 500 Millionen seiner quadratischen Schokoladetafeln herstellt, hält selbst »gar nichts von ökologischen Verzichtsmobilen« und bleibt Realist: »Das Elektroauto wird sich nur durchsetzen, wenn es den Leuten Spaß macht, damit zu fahren.« Sein elektrischer »Hotzenblitz« habe »das Zeug zum Publikumsliebling«, behauptet Ritter mit der Zuversicht, die jedem Erfinder gut steht.

Doch mit der öffentlichen Anerkennung tun sich die Besitzer dieser Elektrofahrzeuge schwer. Der Stuttgarter Kunstlehrer Maximilian Imkamp kann ein Lied davon singen, seit er von einem normalen Benziner auf seinen mini-el City umgestiegen ist. Sein Batteriekraftwagen – 50 solcher Gefährte sollen in Stuttgart, Heimatstadt von Daimler-Benz, laufen – mit den drei Rädern ist ein Einsitzer, der in Dänemark gebastelt wird und 16 200 Mark gekostet hat. Auf 100 Kilometer frißt Imkamps Mobil Energie für ganze 1,50 Mark; 22 Mark macht die jährliche Kfz-Steuer aus, nur die Versicherung kennt keine Gnade und verlangt die normale Prämie: 230 Mark im Jahr. Über seinen Elektroeinsitzer kann der Lehrer nicht klagen. Daß ihm die Kinder hinterherlachen, erträgt er auch noch. Nur die Frage der Kollegen schmerzt, wenn sie aus dem Schulfenster auf den Parkplatz weisen und fragen: »Wem gehört eigentlich die Gurke da unten?« Doch dann denkt Maximilian Imkamp, daß das nur sein Zweitwagen ist und Vater Staat ihm für das Experiment »Elektroauto im Stadtverkehr« im Jahr 4000 Mark Zuschuß zahlt und er nur einen Fragebogen ausfüllen muß, den das Land Baden-Württemberg später wissenschaftlich auswerten will.

»Niemand weiß heute mit Sicherheit zu sagen, ob Elektroautos die Mobile der Zukunft oder eine technische Sackgasse sind«, schrieb Bernd-Wilfried Kießler, Autoexperte von *Sonntag aktuell*. Und in der *ADAC Motorwelt* merkte Robert Sauer an: »Eine Marktnische, von der keiner weiß, ob es eine ist: E-Autos.«

»Ohne staatliche Anstöße«, hatte früh das *Handelsblatt* erkannt, gehe in Sachen Elektroauto gar nichts, und »die Serien werden zu klein und die Preise zu hoch bleiben«. Schon einmal, wir erinnern uns an den steuerlich geförderten Katalysator, hatte der Staat eine sinnvolle Sache ins Laufen gebracht.

Soll der Staat, wir Steuerzahler also, Geld für eine so umstrittene Sache wie das Elektromobil ausgeben? Überall ist doch die Ernüchterung eingekehrt. Selbst der französische Batteriehersteller Saft S.A., einer der führenden Akkumulatorenhersteller der Welt und Tochterfirma des Konzerns Alcatel Alsthom, bremst und schlägt vor, von großen Erwartungen in nächster Zeit Abstand zu nehmen, Elektroautos vorerst nur als Zweitwagen zu betrachten und lediglich auf Kurzstrecken zu verwenden. Denn, gesteht der Batteriefranzose, »die Akkumulatoren, oft ungenau auch als Batterien bezeichnet, erfüllen bei weitem noch nicht alle Anforderungen für Konkurrenzfähigkeit: gute Speicherleistung bei kleinem Gewicht und Volumen, hohe Leistungsabgabe, kurze Aufladezeit, hohe Lebensdauer und umweltfreundliche Wiederverwendbarkeit bei geringen Produktionskosten«.

Doch Bonn stellte 22 Millionen Mark für einen Großversuch auf der für abgeschirmte Versuche geeigneten Insel Rügen bereit. 60 Elektrofahrzeuge sollen rollen, jedes kommt mit seinen Batterien nur knappe 100 Kilometer weit, dann muß es an die Tankstelle »Steckdose« zurück. Bis 1996 will das Bundesministerium für Forschung und Technologie (BMFT) in das Rügen-Projekt 172 Millionen Mark investieren – rausgeschmissenes Geld wie bei dem Projekt, Autos in Deutschland per Sonnenenergie zu betreiben? Initiator Heinz Riesenhuber, damals Forschungsminister, versicherte, es gehe auf Rügen nicht um einen schönen Versuch, sondern es wird »der Beginn einer neuen Technik angestrebt«. Kritiker jedoch sehen in dem chancenlosen Inselexperiment den Versuch, die bisher glücklichen Anhänger alternativer Energien wie Solar, Schilfgras und Wind ruhigzustellen. Vielleicht verschwindet in der Kreide von

Rügen eine Umwelthoffnung. »Auf Rügen nichts als Lügen?« zwang Robert Sauer seine Skepsis in einen Reim.

Die Steuergelder seien besser in der forcierten Fortentwicklung der Dieseltechnik angelegt, ist eine Erkenntnis, wenn man Manfred Fortnagel, dem Motorenversuchs-Chef des Diesel-Marktführers Mercedes-Benz, folgt. Denn überall würden sich die Ingenieure wieder verstärkt dem umweltfreundlichen Dieselmotor widmen, und hier seien »weitere Fortschritte möglich«. Der Versuchsingenieur sieht in der Erfindung Rudolf Diesels »noch ein signifikantes Entwicklungspotential«: durch innermotorische Maßnahmen, das heißt in der Gemischbildung und Verbrennung (Einspritztechnik, Strömungsvorgänge im Brennraum), durch Einsatz von Mehrventiltechnik (Dreiventiler sind bereits auf dem Markt), durch Weiterentwicklung der Aufladetechniken (Abgasturbolader werden noch leichter, kompakter und besser im Wirkungsgrad), durch den Einsatz von Elektronik und durch weitere Bemühungen um den Einsatz von direkteinspritzenden Dieselmotoren, wo »nochmals sehr deutliche Verbrauchsverbesserungen gegenüber dem Kammermotor realisiert« werden könnten. Die Diesel-Zukunfts-Bilanz laut Fortnagel: Neben seiner Robustheit und seiner Sparsamkeit sei er »nach wie vor die Antriebsquelle mit dem besten Wirkungsgrad, also dem geringsten Energieverbrauch«, der Diesel erfülle die »heute sehr anspruchsvollen Emissionslimits«.

Für den Wasserstoffantrieb plädiert dagegen Mazda-Japan, für technische Experimente immer gut, seit sie mit ihrem HR-X die Fachwelt verblüfft haben. Mazdas Forschungsauto, Kreiskolbenmotor plus Wasserstoffantrieb, bewies allen die Zukunft der Wasserstoffverbrennung, denn die sei »nahezu schadstofffrei«, so daß der Mazda HR-X ohne aufwendige Abgasnachbehandlung und Katalysator auskomme, wie das Fachblatt *mot* feststellt. Schlußtestat: »Sollte es irgendwann einmal Wasserstoff als Benzinersatz geben – Mazda ist gerüstet.«

Alternative Kraftstoffe, ob nun Wasserstoff, Methanol, Ethanol, Pflanzenöl, Auto- oder Erdgas, überall ist die Suche nach neuen Motorkonzepten in vollem Gang, um die Ölreserven zu schonen, den Ölscheichs ihre lästige Drohwaffe fortgesetzter Preiserhöhungen aus der Hand zu schlagen, die Umwelt zu schonen – das »Auto von morgen« zu bauen. (Und dabei, so nebenher, ein paar kleine Sicherheitsrisiken zu beseitigen wie den »toten Winkel«, der ein nachfolgendes Auto verdeckt, obwohl es längst neben einem fährt.)

Allerdings taucht bei allen Versuchen mit alternativen Kraftstoffen sofort die Frage auf, ob der Autofahrer solche Experimente auch mitmachen wird. Ulrich Steger bleibt ganz nüchtern: »Ob der Verbraucher beispielsweise die 1000 Mark in Energietechnologie investiert, obwohl das Geld durch verminderte Betriebskosten wieder hereinkommt, ist noch eine offene Frage.« Stegers Volkswagen-Werk, das die Produktion nicht nur auf wasserlösliche Lacke umgestellt, sondern im Sommer 1992 auch das Werk Hannover zur FCKW-freien Zone erklärt hat, ist sich der Umweltverantwortung bewußt: »Wir werden daran gemessen, welche Produkte wir auf den Markt bringen. Es geht doch ganz konkret darum: Wie können wir eine Verbrauchssenkung erreichen, zum Beispiel beim neuen Golf?« Schon jetzt sei ein sogenannter Öko-Golf fertig, bei dem der Motor immer dann automatisch abgestellt werde, wenn der Fuß vom Gas genommen wird. Steger: »Dieses Auto verbraucht bei unseren Testfahrten nicht mehr als 3,8 Liter auf 100 Kilometer.«

Wie es beim »Auto von morgen« unter der Haube aussehen wird, haben wir nun ausführlich genug dargestellt: Sparsamkeit ist das Ziel, Sicherheit das große Verkaufsargument, Umweltfreundlichkeit lebensnotwendig. Doch wie sieht das »Auto von morgen« selbst aus?

In jedem Autofreund verbirgt sich ein ebenso begnadeter Stylist wie in dem Schweiz-Amerikaner Bobby Lutz, der als Generaldirektor der Ford-Werke in Köln bei jeder Gelegenheit, besonders bei langweiligen Tischreden, auf alle erreichbaren Servietten Autoentwürfe kritzelte (die dann eifrige Journalisten einsammelten in der Hoffnung, damit als erste das nächste Ford-Modell erwischt zu haben; selbst Kellner wurden als Spione unter Honorar genommen). Und wenn die Autopresse wieder einmal einen Auflagenknüller benötigt, muß sie ihre Leser nur auffordern, den Nachfolger ihrer Lieblingsmodelle zu entwerfen.

Dabei scheinen die deutschen Autokonzerne die Rolle ihrer

Schneidermeister nicht besonders hoch einzuschätzen. Denn bei keinem Unternehmen – anders als in Amerika und Japan – hat der Stylist im Vorstand Sitz und Stimme, worüber sich Albrecht Graf Goertz, der Zeichner des legendären BMW 507, zu ärgern nicht müde wird.

Alles war ja schon da, die Stromlinie, die Pontonform, die Tropfenform. Dann wurde beklagt, der Windkanal mit seinen c_W-Werten mache alle Automobile uniform. General Motors funktionierte die alte Styling-Division sogar in eine Art & Color Section um, deren jährliche Karosserieänderungen in der sogenannten Planned Obsolescense mündeten, im »beabsichtigten Veralten«. Noch Mitte der zwanziger Jahre hatten etwa 30 große und nochmals doppelt so viele mittlere und kleinere Karosserieschneider ihr Auskommen. Für Opel wie für Mercedes entwarf in Stuttgart-Zuffenhausen die Firma Reutter (die Porsche sich nach dem Zweiten Weltkrieg einverleibte). Amerikas Verwirrungen des guten Geschmacks fanden sogar in seriösen deutschen Stylingstudios ihre Nachahmer: etwa der Mercedes mit Heckflossen (worüber sich heute noch der greise Entwicklungschef Hans Scherenberg in Grund und Boden schämt).

»Ästhetisches Empfinden und Formgefühl spielten von Anfang an bei der Karosserieentwicklung eine große Rolle«, erinnert Olaf von Fersen an die frühen Jahre des Automobils. Den Amerikanern sei es jedoch vorbehalten geblieben, »das ›Styling‹ zum Götzen zu erheben und daraus eine Wissenschaft zu entwickeln, die nicht der Technik, sondern dem Marketing untergeordnet war«. »Abstruse bis grundhäßliche Show- oder Dream-Cars« seien die Folge des jährlichen Modellwechsels gewesen (während in Deutschland eine Modellform etwa 6 bis 8 Jahre hält). Der amerikanische Way of Drive: der Straßenkreuzer, das Wüstenschiff. Mancher Designer wie der General-Motors-Star Mitchell setzten ihren Schöpfungen – beim guten Stern von Untertürkheim abgekupfert – sternähnliche Kreationen auf die Kühlerhaube.

Wie nun sieht unser »Auto von morgen« aus? Sind die kritischen Anregungen der engagierten Autofahrer-Leser wie Carl W. Voltz (»keine verkappten Straßenrenner, sondern hochkomfortable, bequeme und umweltfreundliche ›fahrende Räume‹«), Volker Kamm

(»ein erstklassiger Skandal, wenn der Golf III die gleichen Verbrauchswerte aufbringt wie sein Vorgänger vor 10 Jahren«) und Thomas Wagner (»Flotte Kerlchen... Das Auto, unser Feind? Aber wo denken Sie hin, es ist unser kleiner Freund, gutgelaunt und voller Tatendrang... eine Ode an die Freude«) bei den Autofirmen auf fruchtbaren Boden gefallen? Wir werden sehen.

»Small is beautiful«, behauptet *mot* und sagt voraus: »Die ganz kleinen Autos haben eine große Zukunft.« Und stellt beim Anblick der vielen kommenden Auto-Zwerge verzweifelt die Frage: »Wieviel Auto braucht der Mensch wirklich?« *mot* gibt selbst die Antwort: »Eigentlich recht wenig, wenn das wenige nur gut ist.«

Der Cinquecento von Fiat ist ein solches Auto. Die Italiener, immer schon Weltmeister im Bau kleiner Flitzer, haben nach einer ärgerlichen Serie gesichtsloser Fahrzeuge ihr Talent wieder entdeckt: 3,23 Meter ist der neue Cinquecento lang, ganze 1,49 Meter hoch, und er kommt mit einem Radstand von 2,20 Meter aus. Der neue Fiat 500, der Topolino, eröffne »die gute neue Zeit«, meldete in 12 Millionen Exemplaren die *ADAC Motorwelt*, und man sieht die Augen des Fachjournalisten leuchten wie Scheinwerfer. Während Mercedes-Benz seinen Patent-Motorwagen der S-Klasse so mächtig auslegte, daß er auf keinen Autoreisezug der Bundesbahn paßte – schon der Geländewagen war so hoch geraten, daß er als »nicht garagenfähig« galt –, als hätte jeder Mercedes-Eigner seine eigene Ölquelle, demonstrieren alle anderen Hersteller, daß sie die Zeichen der Zeit verstanden haben. Die neuen Auto-Zwerge sehen »oft wie ein Ufo im Tiefflug« aus, wie Renaults futuristische Studie Laguna beschrieben wird; andere »ultraleichte Sparmobile« haben den »Drang zum Ei« *(Der Spiegel)*. Mit Kleinwagen wie dem Cinquecento (und dem 19-PS-Elektromobil Eltra) will Fiat, macht sich Generaldirektor Paolo Cantarella stark, »wieder Importeur Nummer eins« in Deutschland werden, eine Position, die Frankreichs Spitzenmarke Renault besetzt hält.

Twingo, die eingängige Komposition aus »Swing«, »Tango« und »Twist«, heißt das Zukunftsauto von Renault, von der Presse spontan gelobt: »Der Frechste der Frechen«, der rechtzeitig vor der Frankfurter Automobil-Ausstellung auf die Straßen gerollt ist.

»Wirklich niedlich, der Kleine lacht ja«, befand Werner Niefer, der ehemalige Mercedes-Benz-Boß, beim Anblick der Frontpartie, und der Reporter stimmte ein: »Er zeigt mit seinen halbkreisförmigen, an Augen mit dichten Brauen erinnernden Scheinwerfern endlich wieder das, was den meisten modernen Autos abhanden gekommen ist: ein Gesicht.«

3,43 Meter ist der Hochgelobte lang, aber 1,63 Meter breit und 1,42 Meter hoch. Seine Rückwand ist um 20 Zentimeter so verschiebbar, daß sich seine Sitze zur Schlafstätte legen lassen. Geliefert wird er nur mit einem 55 PS leistenden 1,3-Liter-Motor, und seine Inneneinrichtung ist poppig, wobei viel hochwertiges Plastik verwendet wird. »Im Innenraum«, erläuterte Patrick Le Quément, Renaults Design-Chef und Schöpfer des Twingo, »wurde nicht versucht, Technik darzustellen, sondern rücksichtslos Lebensqualität zu gewinnen. Wo am Twingo Technik gezeigt wird, ist sie optisch vertrauenerweckend dargestellt.«

Auto-Bild-Tester prüften den kleinen Franzosen in Manhattan und fanden es »erstaunlich, wie die Federung mit den Put-holes, New Yorks Schlaglöchern, fertig wird. Der 790 Kilogramm leichte Wagen fällt nicht so plump rein, wie man es erwartet. Lob! Den Ingenieuren ist eine prima Fahrwerksabstimmung gelungen.« Ganze 5,1 Liter Super bleifrei hätten bei Tempo 90 für 100 Kilometer gereicht. Die Kritiker von *mot* kriegten sich überhaupt nicht mehr ein: »Kürze mit Würze gegen die Langeweile im Kleinwagenbau.« Doch der Preis des pfiffig gestylten Twingo Renault beim Debüt in der zweiten Juni-Hälfte 1993 übertraf alles: knappe 17 000 Mark.

»Einen Kleinwagen ohne originelles Design zu bauen«, erläuterte Le Quément seinen meisterlichen Wurf, »ist ein Verbrechen.« Daß Renault mit dem Twingo nicht kriminell geworden ist, bescheinigte selbst die Konkurrenz: »Mit viel Spaß, Wärme und Herz gemacht«, erklärte Uwe Bahnsen, früher Spitzendesigner bei Ford in Köln und heute Leiter des Art Center College of Design in der Schweiz.

Und die Deutschen? »Die neue deutsche Welle rollt«, freute sich bereits im Winter *Auto Bild*: »1993 geht es Schlag auf Schlag. Kaum ein Monat, in dem nicht ein neues deutsches Modell auf den Markt rollt.« 1993 sollen 120 Neuheiten auf den Markt kommen, »ungeachtet des Konjunkturknicks in der Automobilbranche eine Rekordzahl«, hat Stephan Grühsem im *Handelsblatt* ausgerechnet.

Wohin die Reise geht, war bereits auf dem Genfer Automobilsalon im März 1993 erkennbar: »Kleinere Fahrzeuge mit relativ hohem Komfort«, versprach Rainer Nistl vom Ford-Vorstand; »Sicherheit, Komfort, viel Platz und erstklassige Qualität«, Jürgen Hubbert, Vorstand bei Mercedes-Benz; »Golf mit Sechszylindermotor, Getriebeautomatik, Klimaanlage und manchen anderen Extras für viele verwöhnte Führerscheinbesitzer«, Hubert Schuster, der Leiter des VW-Versuchs. Stephan Grühsem erkannte bei allen Herstellern eine durchgehende Linie: »Trend zum Understatement.«

Ford-Deutschland will mit seinem Modell Mondeo, das im Frühjahr 1993 vorgestellt wurde, in die Zukunft fahren. Mondeo löst das Erfolgsmodell Sierra (in 2,8 Millionen Exemplaren gebaut) ab und ist »als erster Vertreter seiner Klasse« (Ford-Mitteilung) serienmäßig mit Airbag ausgerüstet, wodurch sich die Kölner, die vor Jahren als erste eine Langfristgarantie gegen den Rost vergaben, an die Spitze des Fortschritts stellen. Der Neue wird ausschließlich mit Vierventilmotoren von 90 bis 136 PS geliefert und im belgischen Werk Genk mit 2000 Stück am Tag gebaut, 30 Prozent mehr als in den besten Zeiten des Sierra. »Der neue Hoffnungsträger« *(Handelsblatt)* hat 3 Milliarden Mark Entwicklungskosten verschlungen und solle »ohne Kinderkrankheiten« starten, versprachen die Kölner, die ihren Mondeo zum Welt-Auto machen und damit ihren Marktanteil verbessern wollen: Bis Ende 1993 soll Ford 3 Prozent zugelegt und sich insgesamt 13 Prozent vom Markt gesichert haben. Die Experten überschlagen sich vor Lob: »Die neue Nummer eins in der Mittelklasse«, bescheinigt *Auto Bild.*

Opel, »der Zuverlässige«, klotzt 1993 mit zwei Weltpremieren: Neben dem neuen Corsa als Drei- und Fünftürer kam auch der offene Astra heraus, ein 115 PS starkes Cabrio mit Überrollbügel, ABS, elektrischen Fensterhebern vorn und hinten, einem Pollenfilter für die Lüftung und einem Umluftschalter für die geschlossene Corsa-Version, dazu Seitenschutz und, ab Herbst 1993, Airbag gegen Aufpreis.

Opel hat den »Lächel-Corsa« *(Auto Bild)* herausgebracht, der vom

Zeichenbrett eines Designers aus dem Land des Lächelns stammt: kleine schräge Scheinwerfer wie Schlitzaugen, drei- und fünftürig, mit sechs Motoren von 45 bis 109 PS, Grundpreis rund 18 000 Mark. Opels »Kleinster liebäugelt mit den Autofahrerinnen«, verriet das *Handelsblatt* das Rüsselsheimer Marketingkonzept. Schon vom alten Corsa (3 Millionen) wurden zwei Drittel an Frauen verkauft. »Die neue Stadt-Klasse« nennte *Auto Bild* denn auch Opels Jüngsten.

Audi bleibt Audi, solange der alte Audi-Retter Ferdinand Piëch Chef in Wolfsburg bleibt, auch wenn in Ingolstadt seit Anfang 1993 Franz-Josef Kortüm seinen Vorsitzendensessel besetzt hält. Die Ingolstädter fühlen sich sogar so bärig, daß sie ihr neues Spitzenprodukt, einen Audi Spyder, beim armen Porsche in Stuttgart fertigen lassen (was Insider fragen läßt: Hat Porsche den Auftrag nur bekommen, weil VW-Chef Piëch die Firma Porsche, an der er führend beteiligt ist, vor dem Schlimmsten bewahren will?) Daß Kortüms Ära auch nur annähernd so erfolgreich verlaufen wird wie die seines Vorgängers, glaubt niemand. Skeptiker meinen, der instinktsichere Siegertyp Piëch habe Ingolstadt rechtzeitig vor dem erwarteten Niedergang verlassen: Schon 1993 werde die Audi-Produktion auf 414 000 (1992: 473 000) Autos sinken.

Porsche will sich mit einem neuen Sportwagen für Einsteiger aus dem Familiensumpf ziehen und hält den Preis für einsteigergerecht: 70 000 Mark. Nirgendwo ist ein Nachfolger für den wirklichen Porsche, den 911, den Elfer, der bereits seit 30 Jahren gebaut wird, in Sicht. Der Einsteiger-Wagen, »Boxster« genannt, soll 1995 angeboten werden, ist ein Zweisitzer und erinnert stark an den alten Porsche 550 Spyder (mit dem James Dean in den Tod raste). Ansonsten – Trauer muß der große Ferdinand Porsche tragen – hoffen die Zuffenhausener innig, daß ihnen Fremdaufträge wie der Audi Spyder, der Mercedes 400 E und der Sportwagen 500 SL (der allerdings immer weniger Freunde findet) erhalten bleiben. Wenn auch Fremdorders dieser Art für eine High-Tech-Firma wie Porsche eigentlich doch eine Kränkung sind. Was sich Porsche von einer Version mit 360 PS (und Ferrari mit einem 320 km/h schnellen Superwagen) verspricht, bleibt freilich Geschäftsgeheimnis. Porsches neuer Chef, Wendelin Wiedeking, will nicht hören, Porsche stecke

»in einer Krise«. Mutig pfeift er im dunklen Wald: »Porsche befindet sich im Wandel.«

BMW setzt weiter auf Sportlichkeit, schert sich nicht sonderlich um den launischen Zeitgeist (der von allen die neue Bescheidenheit verlangt) und hat den besten Karosserieschneider unter Vertrag genommen: Girogetto (»Giorgio«) Giugiaro, weltberühmt als Designer des ersten Golfs. Columbus heißt der neue weißblaue Kraft-Wagen. Er habe mit dieser Schöpfung im modernen Automobilbau »das Ei des Columbus« entdeckt, behauptet der italienische Schneidermeister ohne jede Bescheidenheit. Sein Zwölfzylinder mit 5 Litern Hubraum bringt 300 PS auf die Antriebsachse. Die ersten Tester lobten den Columbus, wie alles, was aus München-Milbertshofen kommt: Das »Ei des Columbus« besitzt zum Rangieren und präzisen Einlenken ein Lenksystem, das auf alle 4 Räder wirkt. Auf alle 4 Räder wirkt auch der Allradantrieb. Das Armaturenbrett ist mit Analoginstrumenten und einem Bordcomputer ausgerüstet; zwei Instrumente sichern die Tempokontrolle. Im Wagen, mit Platz für 6 Personen, sitzt der Fahrer räumlich getrennt von den Passagieren wie im Cockpit eines Flugzeugs; Giugiaros Geschoß erreicht eine Geschwindigkeit, bei der ein Jumbo abhebt: 230 km/h. Bleibt die Sehnsucht des Sportwagenfahrers die furiose Raserei?

BMWs Herr von Kuenheim hat aber doch begriffen, daß kleine Autos groß in Mode kommen. Nur so ist seine BMW-Studie Z 13 zu kommentieren, ein Kleiner mit 4 Zylindern und 85 PS. Das Fahrzeug ist speziell auf den Normaltyp im deutschen Auto ausgelegt, auf den »Allein-Fahrer«. Beim Z 13 ist der Fahrersitz zentral angeordnet, die Mitfahrer sitzen auf vollwertigen Sitzen halb neben, halb hinter dem Fahrer. Der nur 3,44 Meter lange und ganze 1,64 Meter schmale Wagen mit kraftstoffsparender Aluminiumkarosserie ist auch beim Spritkonsum ein Zwerg: 5 bis 6 Liter bleifrei für 100 Kilometer.

BMW mit einem Kleinwagen, der im nächsten Jahr kommen und »die Golf-Klasse durcheinanderwirbeln« soll? Obwohl noch Anfang 1993 Eberhard von Kuenheim versicherte: »Der Dreier bleibt unser Kleinster?« *Auto Bild* setzt dagegen: »BMW fährt in die Kompaktklasse.« Den kleinen Bayern haben die Reporter bei geheimen Testfahrten im Schnee fotografiert und enttarnt: Schrägheck wie der

Golf, Preis wie der Golf: etwa 30000 Mark. Der Kleine habe »alle Chancen, ein Riesenerfolg zu werden«, glaubt *Auto-Bild*-Chefreporter Jürgen von Gosen. »Weil er genau zur rechten Zeit kommt und das hohe BMW-Prestige viele neue Käufer von unten zur Marke locken wird.«

Mercedes, der Hersteller schwerer Wagen – was hat Mercedes in seinen Schubladen? Die Fachjournalisten mit ihren funktionierenden Kontakten zu den unteren Ebenen der Firmen, den Versuchsingenieuren und Testfahrern, wollen Geheimes entdeckt haben: »Mini von Mercedes«, ein umweltfreundlicher Winzling für die Stadt mit 2 Türen und Frontantrieb, kleiner als der Golf; 1996 komme er heraus und koste rund 30000 Mark. »Nobel-Mini« nennt ihn *auto motor und sport.* Mercedes-Chefdesigner Bruno Sacco gab immerhin zu, seit geraumer Zeit – »schon immer«, sagte er wörtlich – einen Kleinwagen zu planen, unter 3,5 Meter, kürzer noch als Renaults Twingo, ausgestattet mit zwei Airbags. »Microcar« nennt Bruno Sacco die geheime Kommandosache.

Mercedes-Chef Helmut Werner schweigt zu allen Geheimnissen wie ein Trappist (und läßt in aller Stille heimlich prüfen, wie klein eigentlich Kleinwagen sein können). Können sie auch zu Kleinstwagen werden, so winzig wie der Mazda 121, Japans Zwerg? Die Reporter der Agenturen dpa und Reuters wollen jedenfalls schon auf dem Genfer Automobilsalon im Frühjahr »einen Trend zum Kleinstwagen« erkannt haben.

Offizielle Projekte der Untertürkheimer werden von den ortsnahen *Stuttgarter Nachrichten* als »Paukenschlag« bezeichnet, eine »Revolution bei Mercedes« will die *Wirtschaftswoche* ausgemacht haben. Tatsache ist, daß Mercedes seine Produktpalette in so mutiger Weise erweitert, wie es bei dem mehr als 100jährigen Erfinder des Autos nicht mehr zu erwarten war: der neue 190er, jetzt C-Klasse genannt, ist der erste neue Mercedes, der ohne Preiserhöhung auf den Markt fährt; eine Großraumlimousine ist geplant, ein Stadtfahrzeug und ein sogenanntes Freizeitauto.

Die traditionelle, streng nach Hubraumklassen definierte vertikale Marktstruktur – bei Mercedes bisher: Kompakt-, Mittel- und S-Klasse – sei »durch eine horizontale Marktstruktur verdrängt«, erklärte Helmut Werner, mehr Marketing- denn Technikfan. Die alte Dreiteilung habe »unter dem Einfluß steigender verkehrs- und umweltpolitischer Anforderungen und einer zunehmenden Emotionalisierung der Automobilnutzung« an Bedeutung verloren. Selbst einen Mercedes-Mini schließt Werner, wie bekannt wurde, ja nicht mehr aus: »Mercedes bleibt Mercedes, auch als Mini.«

Bleibt noch Volkswagen? Was haben die Wolfsburger, die Marktführer bei Minis für das Volk, vor? Eigentlich dürfte es den Bossen des größten Autokonzerns in Europa überhaupt keine Schwierigkeiten bereiten, ein Massenauto unterhalb des Golfs zu bauen. Mehr als 10 000 Ingenieure und Arbeiter bevölkern Wolfsburgs Entwicklungsfabriken, der Forschungs- und Entwicklungsetat der Volkswagen-Gruppe wird mit 10 Milliarden Mark jährlich angegeben. Die Wirklichkeit aber sieht anders aus.

»Ein Auto wie eine Swatch-Uhr«, jubelte *Bild* Mitte 1992. »Bunt, originell, zuverlässig. Vor allem preiswert. Höchstens 15 000 Mark.« Gebaut werden solle »ab 1995... [ein] Zweisitzer, mit Platz für eine Kiste Bier. Aber sicher: mit Knautschzonen, Flankenschutz, zwei Airbags. Elektroantrieb für die Stadt. Supersparsamer Dieselantrieb für längere Fahrten.« Selbst »eine gut angezogene Frau wird mit der größten Freude damit fahren«. Und die VW-Fahrer waren spontan angetan: »Höchste Zeit« werde es, daß sich in Wolfsburg »einiges tut«, meinte *auto-motor-und-sport*-Leser Christoph Koch aus Bielefeld. »Das Swatch-Auto ist ein richtiger Schritt in die richtige Richtung – hoffentlich rechtzeitig«, mahnte ein anderer und erinnerte daran, daß hinter dem Berg auch noch Leute wohnen, die Automobile gut und billiger bauen können – die Japaner zum Beispiel. Und jetzt das Swatch-Mobil, Deutschlands Antwort.

Erdacht und konstruiert von den Tausenden von Ingenieuren in Wolfsburg, über deren Entwurfscomputern oft noch das vergilbte Foto des Käfer-Erfinders Ferdinand Porsche, ihres Urherrn, hängt? Zu schön, nur falsch: Der Schweizer Nicolas G. Hayek, Macher auch der Swatch-Uhr, war Vater des Swatch-Mobils, weil, ließ er alle Welt wissen, »den etablierten Autokonstrukteuren die Ideen fehlen«.

2,95 Meter war der »Zwerg Nase« *(auto motor und sport)* lang. Vier Antriebsvarianten zeigte Hayeks Konzept: Stufe eins der Swatch-

Motorisierung ein kleiner Verbrennungsmotor, Stufe zwei ein rein elektrischer Antrieb, für Stufe drei und vier ein Hybridkonzept, das heißt: die Verbindung von Benzinmotor mit Elektroantrieb. Weitere Daten des Zweizylinder-Viertaktmotors: 250 ccm Hubraum und Leistung von 20 PS, die ausreicht, die Batterie zu laden. Daniel Goeudevert, der grüne Querdenker, der am Auto als desinteressiert gilt, hatte Hayek den offiziellen Auftrag erteilt.

Damit hat er alle Volkswagen-Ingenieure gedemütigt, die es doch immerhin geschafft hatten, Ferdinand Porsches Käfer zum Weltmeister aller Klassen und seinen Nachfolger Golf zum Vizeweltmeister zu puschen. Dabei wirkten sie selbst an einem Kleinen, am Chico, den sie als ihre Antwort auf die ausländischen Konkurrenten, Renaults Twingo und Fiats Cinquecento, verstanden: 3,15 Meter lang, 1,60 breit, 1,48 Meter hoch, mit »zahlreichen avantgardistischen Detaillösungen« *(Sonntag aktuell)*: Schiebe-/Flügeltüren mit Vier-Gelenk-Scharnieren, Head-up-Display für Zielführungsinformationen, um 180 Grad drehbarer Beifahrersitz (auch als Sicherheitssitze für Kinder nutzbar), Antrieb als Kombination von Benzin- und Elektromotor (Hybrid). »Mehr als ein bloßes Stadtfahrzeug«, urteilte die Fachpresse. Doch wann und ob er gebaut werde, »das wissen nur die Götter [von Wolfsburg]«. Mindestens so gut wie Hayeks Swatch, behaupteten selbstbewußt Volkswagens Entwicklungsingenieure, wahrscheinlich aber besser. Doch, spendeten sie sich selbst Trost, der Prophet gilt ja nichts im deutschen Land. Und sie hofften auf Ferdinand Piëch, der aus Ingolstadt bereits im Anmarsch auf Wolfsburg war. Ihr Chico war jedenfalls da.

Das »Auto von morgen« ist also da, ausgestattet mit neuer Technik, die sparsamer, umweltfreundlicher und sicherer ist, als es Opas Automobil jemals war. Doch wer wird die deutschen Autofirmen führen? Jede ist nur so gut wie ihr Obermanager, die unentbehrliche Klasse, die SWPs, die *S*ehr *W*ichtigen *P*ersonen, die nicht nur über Leben und Brot entscheiden, sondern auch für Mißerfolg und Erfolg einzustehen haben und für ihre komfortable Verantwortung mit bis zu 2 Millionen Mark im Jahr entlöhnt werden.

Bei Ford, so lehrt die Geschichte, muß man sich den Namen des jeweiligen Chefs von Detroits Gnaden gar nicht erst merken, hier wechseln Bosse schneller als die Trainer beim 1. FC Köln. Opel ist mehr Beständigkeit zu attestieren; seit einiger Zeit sprechen seine amerikanischen Chefs sogar Deutsch, wie der derzeitige GM-Statthalter David J. Herman (wobei keiner die Hand dafür ins Feuer legen wird, daß er bei Erscheinen dieses Buches noch im Amt oder im weltumspannenden Imperium von General Motors auf einen anderen Job abkommandiert ist). Bei Audi ist Franz-Josef Kortüm Nachfolger des Vor-Fahrers Piëch (und darf, wollen Auguren gesehen haben, keine einzige Schraube drehen, bevor Piëch genickt hat). Porsche steuert Wendelin Wiedeking durch den Dschungel von Markt und Macht der Familie Porsche/Piëch. Wenn er nur ein wenig kritisch ist, versteht er sein Gehalt als Schmerzensgeld.

BMW steht, nicht nur was die Spitze betrifft, da wie eine Eins. In der Produktion haben die Münchner ja erstmals den alten Konkurrenten Mercedes abgehängt. Geschafft hat das BMWs erster Mann, der dienstälteste Autoboß der Welt: Eberhard von Kuenheim. Seinen Vertrag hat er Anfang 1990 auf unbekannte Frist verlängert (»Das wissen nur mein Aufsichtsratsvorsitzender, meine Frau und ich«). Wer ihm dann im obersten Stockwerk des »Vierzylinders«, des BMW-Hauptquartiers am Mittleren Ring in München, folgen wird, war lange Zeit nicht klar.

Doch im Frühjahr 1993 gab, überraschend für alle, von Kuenheim seinen Austritt aus dem BMW-Vorstand und seinen Übertritt in den Aufsichtsrat bekannt. Nachfolger wurde nicht, wie immer spekuliert, Entwicklungschef Wolfgang Reitzle, sondern Bernd Pischetsrieder, der Produktionsboß mit deutlichen Neigungen zum Umweltschutz. Kühl erklärte von Kuenheim die verblüffende Personalie: Er habe sich »nicht für den Besten, sondern für den Geeigneten« entschieden. Insider-Kommentar: Der Pragmatiker habe sich für einen Kostendrücker und Umweltfreund entschieden und nicht für einen modischen Blechschneider; er, von Kuenheim, habe eben die Zeichen der Zeit begriffen.

Auch bei den beiden Größten der Branche, bei Mercedes-Benz und Volkswagen, änderten sich Anfang 1993 die Gesichter der obersten Chefs. In Wolfsburg folgte auf Carl Horst Hahn der oft erwähnte

Ferdinand Piëch, Enkel von Ferdinand Porsche, des Mannes mit Benzin im Blut. In Untertürkheim übernahm – nach Werner Niefer, der gern las, wenn ihn die Lobhudelgazetten »Mister Mercedes« titulierten – Helmut Werner das Mercedes-Steuer, kein Automensch von Geburt, aber dem PS-Gewerbe verwandt. Werner lernte das Geschäft bei der Reifenfirma Continental und ist ein Pneu-Matiker. Ferdinand Piëch und Helmut Werner sind um ihre hochdotierten Jobs nicht zu beneiden. Volkswagen beendete das Geschäftsjahr 1992 mit Kurzarbeit, einem Betriebsverlust von einer Milliarde Mark und mußte die Dividende kürzen, worauf der VW-Börsenkurs durch die Kellerdecke stürzte.

Bei Mercedes fand Helmut Werner in seiner 1992er Inventurliste 125 000 unverkaufte Motorwagen vor und ging in sein erstes Amtsjahr, 1993, mit »der längsten Zwangspause in der Nachkriegsgeschichte« *(Stuttgarter Nachrichten)*: 180 000 inländische Mitarbeiter mußten zu Jahresbeginn monatelang die Daumen drehen – traurige Hinterlassenschaft des Werner Niefer, den zum Schluß nicht nur das Glück verlassen, sondern der sein Unglück selbst zu verantworten hat.

Die schlimmste aller denkbaren Demütigungen widerfuhr Niefer, als er sich in den Ruhestand begeben wollte, mit Pomp und Prunk, wie es seine unbescheidene Art war. Ausgerechnet im letzten seiner 50 Mercedes-Jahre fügte ihm sein lebenslanger Gegner die blamabelste Niederlage zu: Erstmals hatte BMW mehr Automobile gebaut als er. »Selten ist ein deutscher Manager so wenig elegant vom Pferd gekommen wie er«, höhnte ihm ein Radioreporter hinterher. »Trauriges Ende einer Dienstfahrt«, winkte ihm *Bild am Sonntag* ohne Abschiedsschmerz nach.

Dabei hatte er die schönsten aller denkbaren Karrieren geschafft. Vom Lehrling war er aufgestiegen zum Generaldirektor, zum Chef des Auto-Traditionskonzerns Mercedes-Benz, dessen Gründer Carl Benz und Gottlieb Daimler als Erfinder des Automobils sogar in den Schulbüchern stehen. Der gute Stern auf allen Straßen leuchtete, bei Licht betrachtet, ganz persönlich für ihn und schaltete nicht einmal bei Untaten ab, die natürlich auch einer wie er, der ganz nach oben will, begehen muß: Im rücksichtslosen Bund mit seinem Finanzkollegen Edzard Reuter sägte er seinem höchsten Chef, dem feinsinnigen Forschungsprofessor Werner Breitschwerdt, die Beine seines Thronsessels weg. Reuter wurde Breitschwerdt-Nachfolger und Chef des Konzerns Daimler-Benz, Mitsäger Niefer Chef des Daimler-Unterkonzerns Mercedes-Benz. Der Lehrling Niefer war »Mister Mercedes« geworden.

Doch seit geraumer Zeit waren die Schatten, die ihn in all den vielen Jahren nicht erreicht hatten, näher gekommen, und die Journaille, jahrzehntelang sein verläßlicher Herold, schrieb Lästerliches: »Die Autofertigung bei Mercedes-Benz bereitet dem Daimler-Konzern zunehmend Sorgen.« 100 Jahre war Daimler stolz auf seine Mercedes-Autos gewesen und auf deren Gewinne. Jetzt aber, in seinem letzten Mercedes-Jahr, war er dem stolzen Mutterhaus, dieser ehrenwerten Gesellschaft von Untertürkheim, nur noch ein Klotz am Bein: Der Gewinn war um 41,65 Prozent zurückgegangen, der Börsenkurs hatte sich halbiert.

Von Werner Niefer ist hier die Rede, dem Gastwirtsbuben aus Schwaben, der nichts als Schaffen, Schaffen im Sinn hatte und dem dafür auch, so der Schwabenglaube, der höchste Lohn zusteht. Die Mächtigen im Land duzte er, der Ministerpräsident war sein Freund, Ehrendoktor wurde er, Ehrenprofessor auch, seiner Frau Vera, der zweiten, liefen die Fotografen zu, wenn sie mit ihren Hüten auf dem Tennisparcours erschien. Auf dem Platz zauberte Freund Boris, nach dem Match lunchte man mit Freund Franz Beckenbauer, Freund Tiriac bat um einen Spieltermin. Einer wie er, auf den die Sonne so lange und warm scheint, hatte natürlich seine Neider, die nur auf ihre Chance warteten. Und Chancen bekamen sie plötzlich zuhauf. Er selbst spielte sie ihnen zu:

Da hatte er sich in Rom, nach viel Wein und Gesang, ans Steuer eines Mercedes-Busses gesetzt, eine Landsmännin aus Stuttgart schwer verletzt und Fahrerflucht begangen. Jahre unter schlimmem Verdacht, dann der 80 000-Mark-Strafbefehl. Dann kam auch noch der Staatsanwalt ins Untertürkheimer Hochhaus mit dem Stern, der selbst des Nachts leuchtet: »Mister Mercedes« solle – ein Anonymus aus den eigenen Reihen hatte ihn verpfiffen – trotz UNO-Embargos an den irakischen Bösewicht Saddam Hussein Speziallaster für seine

Raketen gegen Israel geliefert haben. Danach tauchten die Steuerfahnder auf: Schmiergelder, Steuerbetrug. »Jeder weitere Niefer-Tag bringt der Firma irreparablen Schaden«, mahnte ihn das Geldblatt *Finanzen.* »Treten Sie zurück. Bringen Sie das Opfer, Herr Niefer.«

Niefer, schwäbisch ehrenkäsig-stur, blieb, und jetzt kannte die Geschichte keine Gnade mehr: BMW, der alte Gegner in München, überholte erstmals Mercedes und damit Niefer. Und als er auch noch die mächtige Lkw-Fabrik in Ahrensdorf in der ehemaligen DDR, bei deren Spatenstich er sich als Wohltäter der brandenburgischen Region feiern ließ, klammheimlich strich, wurde er zum »schwäbischen Großmaul«, das sein Wort nicht hält. Paul Simsa, der Stuttgarter Autohistoriker, hielt »Mister Mercedes« Niefer für den Stern sogar »für ein Unglück«.

Zum Schluß nur noch Schmach: Die teuren Fließbänder stehen still, Kurzarbeit, jeder 4. Mercedes findet keinen Käufer, die Aktionäre haben Vermögen verloren, BMW hängt Mercedes glatt ab. Wäre er, als die ersten Schatten warnten, dem Rat gefolgt und einfach nach Hause gegangen, er wäre geblieben, was er immer sein wollte: der große Niefer.

Und wäre auch Carl Horst Hahn, der Erste in Wolfsburg, rechtzeitig gegangen, wären ihm in seinem letzten Dienstjahr bei Volkswagen die Kränkungen erspart geblieben: Kurzarbeit überall, Senkung der Dividende, der Kurs der Volkswagen-Aktie halbiert, das Werk Mosel in der früheren DDR von Fachleuten als Fehlinvestition eingestuft. »Mit Vollgas in den Stau«, grüßte ihn zum Abschied die ansonsten Hahn-freundliche *Frankfurter Allgemeine Zeitung* und vermied, die ganze Wahrheit zu sagen: Carl H. Hahn hat das Volkswagen-Werk, das Symbol des deutschen Wirtschaftswunders, gegen die Wand gefahren. Denn in seinem »Kerngeschäft, dem Bau und Verkauf von Automobilen«, kreidete ihm die *Frankfurter Allgemeine Zeitung* immerhin an, verdiene Volkswagen »kein Geld mehr«.

Schon lange vorher fühlten sich Finanzanalysten um ihren Schlaf gebracht, wenn sie an Wolfsburg dachten. Da liefen in Hahns weltweitem Imperium die Fließbänder heiß, und die Käufer standen Schlange, doch das Ergebnis der weltweiten Schufterei waren Verluste in Milliardenhöhe. Allein im ersten Quartal 1993 habe VW, wollte der *Spiegel* wissen, Miese »von mehr als einer Milliarde Mark« gemacht. »Ein schlechter Witz«, urteilten die *Stuttgarter Nachrichten*; was geschähe erst mit Wolfsburg, wenn die Produktionskapazitäten nicht mehr voll ausgelastet seien?

Hahn hinterließ einen Sanierungsfall, und sein Erbe Piëch stand vor einem gigantischen Schutthaufen, aber auch vor der einmaligen Chance wie sein Großvater Ferdinand Porsche, als er für Adolf Hitler den Käfer konstruieren mußte: in die Geschichte der Autoindustrie als ein ganz Großer einzuziehen – oder unterzugehen.

Wer ist dieser Ferdinand Piëch, der Automensch, der Volkswagen, Europas größten Autobauer, retten muß? Versuchen wir mit einem Gutachten eine Antwort zu finden.

Einer räumt auf
Piëch & VW

»Er kann niemandem in die Augen sehen«, behauptet Bolko Behrens, als Chefreporter der Düsseldorfer *Wirtschaftswoche* ausgewiesener Managerkenner, und »spricht mit einem starren Lächeln entnervend langsam, fast stockend«. Geistreiche Aperçus seien »seine Sache nicht. Von dem mittelgroßen, hageren Mann geht keinerlei Charisma aus – ihn umgibt eine Aura der Verklemmtheit«. Behrens bricht den Stab: »Jegliche Spur des Weltmännischen fehlt ihm.«

»Ein linkischer, introvertierter Österreicher«, nennt ihn ein Peter Lutz in dem Hamburger Blatt *Die Woche*, »der Mißtrauen zur Maxime seines Lebens gemacht hat, ein Sonderling ohne Teamgeist.«

Das sind keine psychiatrischen Expertisen über einen Hinterwäldler, der sich im niederbayrischen Deppenhausen um eine Hausmeisterstelle bei der Allgemeinen Ortskrankenkasse beworben hatte. Die Rede ist nicht von Kaspar Hauser. Das waren – im Frühjahr 1993 – schwarz auf weiß gedruckte Urteile über den neuen Mann an der Spitze des größten deutschen (und zugleich größten europäischen) Autokonzerns. Ferdinand Piëch war gemeint.

Jetzt könne er, noch einmal Behrens, »endlich den Frust kompensieren, im Kreis der deutschen Topmanager zwar als begabter

Techniker aus der Provinz zu gelten, nicht jedoch als begnadete Führungspersönlichkeit von globalem Zuschnitt«.

Armes Volkswagen-Werk. Sein neuer Chef ein verklemmter Sonderling aus der Provinz, ohne Charisma und Teamgeist, zudem linkisch, introvertiert und auch noch Österreicher. Mein Gott, was soll aus Wolfsburg werden?

Aus Sorge um ihr Geld hätten da doch die aufmerksamen Aktionäre des Volkswagen-Werks reihenweise ihre Aktien auf den Markt schmeißen und flüchten müssen. Doch im Sommer 1992, als Piëch für den Topjob in Wolfsburg nominiert war, war an einem Tag der Börsenkurs vor Freude um 10,10 Mark hochgesprungen. Mehr Vertrauen kann das Kapital, immer scheu wie ein Reh, einem neuen Mann an der Spitze nicht gewähren.

Warum, fragen wir ernsthaft, machen Journalisten, die Herren der öffentlichen Meinung, einen Neuen fast einstimmig zur Schnecke mit der Aura eines Triebtäters, so daß er eigentlich gar keine Chance mehr hat, sich zu beweisen? Weil er aus Österreich kommt und es bei ihm, Piëch-Psychiater Behrens kennt keine Gnade, auch noch »mit dem Englischen hapert«? Und warum schreiben sie, fast ebenso einstimmig, seinen Vorgänger Hahn in den Himmel, der VW, »Europas Marktführer, als Sanierungsfall« (Fachblatt *mot*) hinterlassen hat? Zugegeben, bei Hahn haperte es nicht mit dem Englischen, das und Französisch und Italienisch parlierte er perfekt, und auch sein Gewand war stets von erlesener Eleganz, eben Weltklasse. Weil er ein Meister der Selbstinszenierung war, ist unsere kenntnisreiche Auskunft das schöne Bild seiner PR-Maler.

Auf welche Ideen einer kommt, der seine Mit- und Unter-Menschen für Nieten in Nadelstreifen hält und als Über-Größe in die Geschichte eingehen will – und selbst seinen Vater, der 1931 immerhin einer der Mitbegründer der ruhmreichen Auto Union war, übertrumpfen möchte –, erhellt exemplarisch dieser Vorfall:

DER HERR VON WOLFSBURG hieß im Herbst 1984 die doppelseitige Überschrift in Großbuchstaben in der (mittlerweile eingestellten) Münchner Illustrierten *Quick*. Gemeint war Carl Horst Hahn, »VW-Chef Nummer eins in Europas größter Autofabrik«. *Quick*-Reporter Armin Zipser kriegte vor lauter Bewunderung seinen Mund nicht mehr zu und staunte, als habe er gerade, persönlich und exklusiv, die unverhoffte Ankunft des Messias in der niedersächsischen Einöde erlebt: Hahn »hat die Ausstrahlung eines erfolgreichen Regierungschefs. Sein Gesicht verrät Disziplin, Scharfsinn, Gemüt.« Sein »Büro ohne den Schimmer von Repräsentationslust, obwohl er Boß von weltweit 240 000 Beschäftigten ist«.

Und so bescheiden. Samstags, wenn im Werk die Arbeit ruht, begleite er seine italoamerikanische Gattin auf den Wochenmarkt, um preiswert Gutes einzukaufen. Er, »DER HERR VON WOLFSBURG, mag die Wälder der Umgebung... Und wenn mal wieder eine neue Brille fällig ist, kauft er sie nicht etwa während einer Geschäftsreise in New York oder Paris, sondern gleich um die Ecke, in der 4 Jahre alten Fußgängerzone von Wolfsburg«.

Die Wirklichkeit, decken wir unseren Kollegen Zipser nicht gänzlich mit dem Mantel der Nächstenliebe zu, sah anders aus. Am Wochenende fliegt Herr Doktor Hahn mit dem Konzernjet von Braunschweig aus in 140 Minuten nach Olbia auf Sardinien und tankt in seinem mächtigen Kastell in Porto Rotondo Kraft für die nächste Wolfsburger Woche. Mit dem Motorboot fährt er rüber zum Fünf-Sterne-Hotel Cala di Volpe, der »Bucht der kleinen Füchse«, und schlendert dann durch die Hafengasse von Porto Cervo; Karim Aga Khan kommt vorbei, Henry Ford in seinem Cowboygang, Rudolf Augstein...

Die Schnulze DER HERR VON WOLFSBURG war bestellt und geliefert von der Münchner Agentur Ferency, um, so die vertragliche Abrede, »in den für ihn zugänglichen Medien die Standorte aufzuwerten, an denen VW produziert«. PR, Public Relations, war schon immer Schönfärberei als Beruf; Ferencys »atmosphärische PR« übertraf sich im Fall noch: Carl Horst Hahn, DER HERR VON WOLFSBURG, war neugeschaffene Wirklichkeit.

Zur Hoffart in Person war Hahn schon geworden, als ihn, erst 33, sein Gönner Heinrich Nordhoff, der erste Nachkriegschef des Volkswagen-Werks, nach Nordamerika schickte, um dort für den Käfer aus Deutschland das große Geschäft aufzubauen. Und hier lief der Käfer, lief und lief und lief: Mehr als eine halbe Million »Beetles« verkaufte der junge Hahn Jahr für Jahr im Autoland Amerika. Bald konnte er sich zu Recht mit dem karrierefördernden Titel schmücken, auf dem größten Automarkt der Welt »Deutschlands erfolgreichster Autoverkäufer« zu sein. Niemand, er selbst wohl am wenigsten, zweifelte daran, daß er auch in der Heimat Nordhoff, den Helden des deutschen Wirtschaftswunders, als Nachfolger beerben würde.

Doch Hahns Karriereplan geriet durcheinander. Auf Nordhoff folgte der unglückliche Expolizist Kurt Lotz (deswegen heimlich »Tschako« genannt), ihm Rudolf Leiding (als gnadenloser Sanierungsexperte unter dem Angstnamen »Der Schleifer« bekannt). In Wolfsburg, im Reich der Käfer, sah Hahn für sich keine Perspektive mehr, wechselte nach Hannover zur Reifenfirma Continental und bekam erst die Kurve zum Wolfsburger Chefsessel, nachdem auch der Leiding-Nachfolger Toni Schmücker sein kurzes Gastspiel bei VW beendet hatte.

VW-Chef Hahn klotzte und baute sich ein Autoreich, in dem die Sonne nicht unterging und das bald von Mexiko über Brasilien und Südafrika bis nach China und über Spanien bis in die Slowakei reichte. Im Eifer des Geschäfts unterliefen ihm peinliche Fehlentscheidungen: Seine Finanzleute spielten Bankiers und büßten in einem jahrelangen Devisenskandal mehr als 500 Millionen Mark ein. Nach einem Verlust von 2 Milliarden Mark wurde der ehrgeizige Versuch, über die Schreibmaschinenfirma Triumph-Adler ins Computergeschäft einzusteigen, abgebrochen; vorschnell schloß er das neugebaute VW-Werk Westmoreland in den USA, gerade als die Japaner anfingen, dort eigene Werke zu bauen und so den amerikanischen Supermarkt aufzurollen.

Der Preis der Hahnschen Gigantomanie war teuer. Volkswagen verdiente, gemessen an seinem imponierenden Weltumsatz, niemals ausreichend Geld. Eine »Dividendenvernichtungsmaschine«, murrte das Geldblatt *Finanzen*, sei VW unter Hahn. Widerwillig räumte Hahn, der an sich selbst gescheitert war, Ende 1992 sein Amt – »ein Jahr später als nötig, um eine monatelange Lähmung des Konzerns vor seinem Wechsel zu vermeiden«, kreidete ihm *auto motor und sport* an; dabei wäre er selbst gern noch länger geblieben.

Sein Vermächtnis fiel mager genug aus: Kurzarbeit für die Arbeiter, Senkung der Dividende für die Aktionäre, die durch Kursstürze ohnehin schon gebeutelt worden waren, Investitionsstopps in den alten und neuen Bundesländern.

Ferdinand Piëch habe Carl Horst Hahn verdrängt, wollten Insider wissen. Für Wolfsburger Arbeiter und Angestellte aber waren harte Zeiten angebrochen, für Manager begann die Stunde der Wahrheit ihres Könnens. Denn: »Ich bin sehr unverträglich mit Menschen, die in hohen Positionen nicht bringen, wofür sie bezahlt werden.« Und bei seinem Dienstantritt: »Mit 15 Prozent von Ihnen bin ich zufrieden, mit 40 kann ich zusammenarbeiten. Vom Rest werde ich mich trennen müssen.«

Endlich aber war Ferdinand Piëch da angelangt, wo er – nach seinen Talenten – auch hingehörte und endlich beweisen konnte, was in ihm, Ferdinand Porsches Enkel, alles steckte.

Ferdinand Piëch versteht keinen Spaß, und er ist terrierhaft verbissen, wenn und wann immer es um Autos und ihre Qualität geht. Als junger Fabrikmanager postierte er sich vor den Toiletten seiner Arbeiter, um festzustellen, wie lange einer braucht, seines Leibes Notdurft zu verrichten. Als Autochef von Audi zwang er seine Tester täglich durch 1000 glühend heiße Kilometer in der algerischen Sahara und verweigerte einen kleinen Umweg, auf dem sie uralte Felsmalereien besichtigen wollten; abends, nach zwölfstündiger Schinderei am Steuer, ließ er in der Oase El Golea das auf 8 Uhr bestellte Kuskus kalt werden, weil ihm die Kritik am Testtag in der Sandwüste wichtiger als warmes Essen war.

Piëchs Ingolstädter Audi-Bilanz: Aus der Hosenträger-Marke Audi machte er ein marktgängiges Sportmodell. Er führte die Allradtechnik ein, mit der Audis Rallye-Weltmeister wurden, er machte das Fünfganggetriebe hoffähig – und seine Audi AG aus der niederbayerischen Provinz zur Nobel-Division des bieder-deutschen Konzerns Volkswagen. »Vorsprung durch Technik« hieß dort sein Wahlspruch, und er hielt Wort.

Ferdinand Piëch, ein Sonderling? Eher ein Autofanatiker, den Autos und nichts als Autos – und Menschen nur als Lenker eines Automobils – interessieren; »ohne Teamgeist«? Hätte sein kreativer Geist mit seinen oft fixen Ideen ein Team von Konstrukteuren, Ingenieuren, Mechanikern und Testfahrern nicht begeistern können, wäre Audi heute nicht Audi.

Mit Kleinigkeiten (als Fabrik- oder Testchef, eher die Aufgabe eines

Feldwebels), kann Piëch seine Jahre als erster Mann von VW nicht verbringen. Lean production, die schlanke, kostengünstige Fertigung der Volkswagen, ist sein Job rund um die Uhr; um ein Drittel billiger, heißt es ja, bauen Japaner ihre Autos. Doch »schlank beginnt ganz oben«, hatte ihn der Betriebsrat aufgeklärt, nachdem Vorgänger Hahn seine letzten Mißmanagement-Taten verkündet hatte und glanzlos gegangen war.

Noch bevor entschieden worden war, ob Ferdinand Piëch Wolfsburgs neuer Chef würde (*Welt*: »Piëch greift nach VW-Lenkrad – Porsche-Enkel überraschend als Kandidat für Hahn-Nachfolge im Gespräch«), wurde in der Presse spekuliert, wen er von der alten Spitzenmannschaft um Hahn über die Klinge springen lassen werde. »In Wolfsburg steigt jetzt die Spannung«, meldete die *Süddeutsche Zeitung* vor der außerordentlichen Aufsichtsratssitzung am 13. Januar 1993. Selbst für das sonst jeder Sensation abholde *Handelsblatt* war klar: »Natürlich rollen Köpfe.« Doch nichts geschah, und das *Handelsblatt*, das seinen Abonnenten in den Chefetagen saftige Exekutionen versprochen hatte, schien enttäuscht, daß Piëch »kein Blutbad unter den bisherigen Vorstandsmitgliedern« angerichtet habe.

Als alle schon glaubten, Ferdinand, der Wolf von Wolfsburg, habe Kreide gefressen und sei zum Vegetarier mutiert, biß er Ende Februar 1993 so herzhaft-blutig zu, wie man ihn aus seinen hungrigsten Tagen kannte. *Bild* jubelte auf Seite eins: »VW: Jetzt fliegen die weißen Kragen.« Und wie sie flogen:

Wolfgang Linke, seit Januar 1991 Entwicklungsvorstand, wurde, erst 58jährig, in den Ruhestand geschickt. Auch der langjährige Forschungschef Heiko Barske erhielt seine Kündigung. Peter Frerk (Recht, Revision, Volkswirtschaft), ein Gewerkschaftsprotegé, von dem viele nicht wußten, womit er seine 20 Jahre im Vorstand verbracht hatte, bekam die Papiere. Ulrich Seiffert, der Oberste für Forschung und Entwicklung, wurde zum Entwickler der Marke VW zurückgestuft. Produktionschef Günter Hartwich verlor seine Vorstandswürden und wurde ins ferne Mexiko versetzt, um die dortige VW-Fabrik auf Vordermann zu bringen. Werner P. Schmidt, der alte Chefverkäufer, sollte zuerst zu VW-China verbannt werden, erhielt dann aber das Finanzressort zugeteilt, dessen bisheriger Inhaber Dieter Ullsperger das Haus verlassen mußte; sein Nebenamt als Controller, der Steuerung des Konzerns durch Finanzmanagement, übernahm Piëch in Personalunion zu seinem Vorsitz. Martin Posth, der Personalvorstand, wurde fürs China-Geschäft zuständig und hoffte Mitte 1993 inständig, sein neuer Dienstsitz werde nicht Peking, sondern Hongkong sein. Gehen mußte auch Volkswagens grüner Vorstand Ulrich Steger; seinem Killer schrieb er zum Abschied ins Stammbuch: »Umweltschutz ist kein Luxus für die Zeiten des Wohlstands«, ohne damit auf den Technokraten an der Konzernspitze Eindruck zu machen. Nur Daniel Goeudevert, der Querdenker, blieb vorerst ungeschoren, obwohl er (*manager magazin*: »Gaukler. Mehr Schein als Sein. Hat verspielt«) als VW-Markenvorstand die miese Situation von Volkswagen zu verantworten hat. Volkswagen, rechnete *auto motor und sport* nach, dürfte 1992 im Autogeschäft einen Verlust von 2 Milliarden Mark gemacht haben; 1991 war es auch schon 1 Milliarde gewesen. Täglich mag sich Goeudevert Piëchs Warnung vorsagen, »sehr unverträglich mit Menschen zu sein, die in hohen Positionen nicht bringen, wofür sie bezahlt werden«. Schon nach wenigen Wochen Amtszeit fühlte sich der Neue so stark, daß er dem massiven Versuch der mächtigen Metall-Gewerkschaft, einen aus ihren Reihen als Arbeitsdirektor in die Spitze zu drücken, widerstehen konnte.

Gunnar Larsson, ein Piëch-Vertrauter aus Ingolstädter Tagen, wurde Steger-Nachfolger, Jens Neumann, auch aus der Audi-Seilschaft, als Frerk-Nachfolger höchster Konzernrevisor. Aus Ingolstadt kam auch VWs neuer Designer Hartmut Warkuß, der mit Piëch allen Audis ein modernes Gesicht gegeben hatte; der alte VW-Styler Herbert Schäfer wurde in den verdienten Ruhestand geschickt. Der Umfang dieses Wolfsburger Revirements, erklärte die managementkundige *Frankfurter Allgemeine Zeitung* nicht ohne Anerkennung, habe »wenig Beispiele in der deutschen Unternehmensgeschichte«.

Seinen größten Hammer behielt der Neue jedoch noch in der Hinterhand: den »unbeliebtesten Mann der amerikanischen Automobilindustrie« *(Frankfurter Allgemeine Zeitung)* als Chefeinkäufer in seinen Wolfsburger Vorstand zu holen, um die Produktionskosten drastisch zu senken: den Spanier José Ignacio López de Arriortúa. Dem gebürtigen Basken, promovierter Ingenieur der Universität Bilbao, geht der Ruf eines »spanischen Großinquisitors« voraus, der henkergleich die Arbeiter zu Produktionsrekorden und die Zulieferer hinsichtlich der Preisgestaltung wie überreife Zitronen auspreßt, so daß ihn viele »als schon fast existenzvernichtend empfanden«; selbst gültige Verträge waren für López kein Grund, sie nicht zu revidieren.

Der beinharte Baske, dem auch in deutschen Autowerken ein Ruf wie Donnerhall vorauseilte, seit er Mitte der achtziger Jahre als Chefeinkäufer der Adam Opel AG Rüsselsheim allgemein Angst und Schrecken verbreitete, weiß, wie die Steigerung von Produktivität aussehen könnte: Ein Wolfsburger Werker erwirtschaftet im Jahr einen Umsatz von 300 000 Mark, ein Opel-Arbeiter bringt es leicht auf 400 000. López sollte Wolfsburgs oberster Sparkommissar werden, denn als Chef aller Einkäufer kauft er im Jahr Material und Geräte im Wert von weit mehr als 20 Milliarden Mark. Drückt er die Zulieferer nur um 5 Prozent, hat Volkswagen auf einen Schlag eine Milliarde Kosten gespart. López/Piëch wissen: Im Einkauf liegt der Segen.

Doch López, noch in Diensten von General Motors in Detroit, winkte verärgert ab; durch eine Indiskretion waren seine Gespräche mit Piëch publik geworden. »Wer ist der Verräter?« wollte Piëch von seinen Vorstandskollegen, die er alle geduckt hatte, wissen. Hatte Piëch den Rivalen Goeudevert in Verdacht? War es die Rache eines der gefeuerten Manager? Piëch werde, so *Die Woche*, »nicht ruhen, bis er den Täter gefunden hat«.

Doch López, der »Einkaufsschraubstock«, wie Betroffene ihn mit Schaudern nennen, sagte zu, für Piëch einzukaufen, die Autoproduktion zu leiten und ihre Kosten auf den gewünschten Stand – auf Japan-Niveau – zu drücken. Niemals zuvor war die Verpflichtung eines Industriedirektors so querbeet durch die Presse gegangen und mit Vorschuß bedacht worden: »López kommt nun doch« *(Frankfurter Allgemeine Zeitung)*; »Kosten-Killer zu VW *(Bild)*; einen »beinharten Kurs aus der Misere«, kündigte *Die Welt* an: Piëchs »Härte ist die einzige Chance«. dpa versprach pauschal: »Neue Besen kehren bei VW.«

Und, schönste Grausamkeit des neuen Herrn in Wolfsburg, der die Chance spürt, in die Geschichte des Automobils gleichberechtigt neben seinen Großvater Ferdinand Porsche zu treten: Piëch kippte das hochgelobte Swatch-Mobil des Schweizers Nicolas G. Hayek, das Daniel Goeudevert bestellt hatte – ein schwerer Gesichtsverlust für den Mann, der an Piëchs Stelle Wolfsburgs Chef werden wollte; im Sommer 1993 feuerte Piëch den Widersacher. Und zugleich sicherte sich Piëch die Sympathie aller Wolfsburger Entwicklungsingenieure und Konstrukteure: Der Chico, der von Goeudevert verworfene VW-Eigenentwurf, allein werde gebaut. Als »Opfer einer neuen Nüchternheit« bezeichnete die *Frankfurter Allgemeine Zeitung* Piëchs Kommando »Swatch off«.

Reicht der Chico, um Wolfsburgs Zukunft zu sichern? Experten halten ihn für »einen konservativen Kleinwagen«, typisches Gewächs der norddeutschen Tiefebene, dem pfiffigen Swatch-Mobil nicht vergleichbar. Also müssen neue Volks-Wagen her. Hoffnung ist berechtigt, Piëch habe in seinem Konstrukteurskopf schon die neuen Modelle, die von ihm erwartet werden. Denn selbst wenn Ferdinand Piëch ohne Hände auf die Autowelt gekommen wäre, hätte es der Enkel des Ferdinand Porsche zum großen Automenschen gebracht.

Die Weichen für die Zukunft sind gestellt, das »Auto von morgen« kann starten. Jetzt muß es nur noch gekauft werden – in größtmöglichen Stückzahlen, damit die Autoindustrie wieder das wird, was sie war und sein kann: »Motor der Volkswirtschaft«, der jedem 7. Arbeitnehmer Lohn und Brot sichert (wenn in der großen Sparwelle auch viele beides verloren haben).

Jetzt muß die Werbung ran, von der schon Ford sagte, bei jedem Dollar, den er in ein neues Auto stecke, lege er zugleich für Werbung einen weiteren hinzu; er wisse zwar, »daß die Hälfte der Reklame rausgeschmissenes Geld ist, nur nicht, welche Hälfte«.

So vertrauen wir auf die Kreativen in den Agenturen, weil sie aus jeder Mücke einen Elefanten machen können. »Ohne Werbung Geschäfte zu machen«, wissen wir von Steward H. Britt, sei so, »als winke man einem Mädchen im Dunkeln nach. Man weiß, was man will – nur das Mädchen merkt es nicht.« »Die geheimen Verführer« schwatzen uns alles auf, »Das weißeste Weiß meines Lebens« und »Da weiß man, was man hat«, was immer das auch sein mag. Früher wurden nur die Männer umworben, von denen der Motivforscher Ernest Dichter behauptete, sie rasten dann schon in die Showräume, »wenn sie Cabriolets im Fenster sehen«. Heutzutage aber – vor Gott und der Ladenkasse sind alle Menschen gleich – sind natürlich auch Frauen als Autokäufer erwünscht.

Carl Benz, der Autoerfinder, brauchte nur mitzuteilen: »BENZ. Ersatz für Pferde.« Gottlieb Daimler, Miterfinder, mußte sein Fahrzeug schon in Reime zwingen lassen:

»Ein Daimler ist ein gutes Thier,
Zieht wie ein Ochs, du siehst's allhier;
Er frißt nichts, wenn im Stall er steht,
Und sauft nur, wenn die Arbeit geht...
Er nimmt im Zorn dich nicht aufs Horn,
Verzehrt dir nicht dein letztes Korn,
Drum kaufe nur ein solches Thier,
Dann bist versorgt du für und für.«

Sprüchemacher waren den Autofabrikanten immer nützlich. »Viel Auto für Ihr Geld«, »Fahren in seiner schönsten Form«, »Nur fliegen ist schöner«, »Und läuft und läuft und läuft«, »Das lauteste Geräusch, das man bei 60 km/h im neuen Rolls hört, ist das Ticken der Uhr.«

45 Milliarden Mark jährlich kriegen die geheimen Verführer in die Hand. Das Fernsehen allein, in dem die Räder – anders als in Zeitungen und Zeitschriften – richtig laufen, sendet jährlich 300000 Spots, täglich 456 (vor Jahren noch 50) Minuten Werbung. Eine Sekunde Werbung zur Prime Time, vor den Abendnachrichten, muß mit 75000 Mark bezahlt werden. Mit vollen Händen gibt das Autogewerbe Geld für den »guten Stern auf allen Straßen« aus und für »die Beine Ihres Autos«. Mit 500 Millionen Mark im Jahr hält die PS-Branche einsam die Spitze aller Produktwerber in Publikumszeitschriften (die Verführ-Art Product placement, das aufdringliche Zurschaustellen eines Autos in einem kommerziellen Film oder

TV-Stück und selbst in journalistischen Sportsendungen nicht mitgerechnet) und ist damit Hauptanzeigenkunde der gedruckten Presse und deren wichtigste Geldquelle.

Ob die Autoindustrie hierzulande mit ihren Werbemillionen die freie Presse unter Druck setzt und tatsächlich die Berichterstattung über ihre Automobile in ihrem Sinn beeinflußt, wird immer wieder vermutet und vor allem von Nichtjournalisten behauptet, ist aber nirgendwo bewiesen. Bekannt geworden ist nur, daß ein hochdotierter Chefredakteur von einer Autofirma Geld nahm und zugleich deren Produkte in seinem Blatt testen ließ; er stand auf der Lohnliste von Mercedes-Benz, ließ sich das Honorar in die Schweiz überweisen und zahlte in Deutschland keine Steuern.

In der Schweiz passierte es allerdings, daß der Zürcher *Tages-Anzeiger* sich ausdauernd kritisch über die »Autolobby Schweiz« ausließ und ihm, von einem Autoimporteur zum »autofeindlichen Umfeld« erklärt, Autoanzeigen im Wert von 300 000 Franken monatlich entzogen wurden. In Deutschland ist nur bekannt, daß die Autofirma BMW und der Autoausrüster Bosch dem *Spiegel* seit Jahren jede Anzeige verweigern.

Und wo selbst massive Reklame den Käufer nicht an die Ladenkasse bringt, muß ein noch schlimmerer Verführer her. Plötzlich grämt sich Daimler-Benz über »Armut und Umwelt im Amazonasgebiet«; die Bayern-Kicker laufen mit OPEL auf ihren Leibchen herum; Boris Becker machte seinen Altersgenossen klar, die Deutsche Bank sei ihre sichere Bank; die Altbarden Genesis zwitschern für Volkswagen; und die deutsche Fußballnationalmannschaft wird mit dem Mercedes-Stern auf der Brust nur europäischer Vizemeister. Ein Sponsor ist da überall am Werk, wie im Englischen ein Pate gerufen wird, der, vom Taufwasser verpflichtet, dem Erdenbürger helfen soll, sich im Irdischen zurechtzufinden. Das Sponsoring haben sich die Public-Relations-Leute in den Konzernen ausgedacht, jene öffentliche Spezies, die um keinen Preis in der Stille Gutes tut.

Ist Werbung die Botschaft an den Käufer, wie gut ein Automobil ist (Fiat: »Panda – Die tolle Kiste«), so will Sponsoring beweisen, wie sympathisch sein Hersteller ist. Kommt beides zusammen, ist die hohe Schule der Verführungskunst gelungen. Als beispielsweise bekannt wurde, der Multi-Böse Daimler-Benz habe zur Rettung des Regenwaldes im Amazonasgebiet eine Million Mark gesponsert und stelle dort nun Armaturenbretter aus Palmblättern zusammen, knickte selbst die autofeindliche *Zeit* in schriftliche Dankbarkeit ein. Wieder einmal war die Fundamentalregel der Zyniker erfüllt, seit der Erfindung des Geldes sei die Form der Dankbarkeit kein wirkliches Problem mehr.

Was bleibt noch zu tun, im Land das Automobil wieder gesellschaftsfähig zu machen? Es ist doch gut, sagt die Werbung, sparsam, umweltfreundlich und sicher und ein rechtes Spaßmobil, oft als Cabrio gebaut, über dem nur noch der offene Himmel ist. Denn die deutsche Freizeitgesellschaft hat das Offenfahren, die alte Lust, wiederentdeckt. Bertha Benz, wir erinnern uns, hatte in einem Benz-Motorwagen oben ohne ihre erste Testfahrt absolviert; alle sind richtige »flotte Kerlchen«, und seine Hersteller, versichern sie als Sponsoren, sind Menschenfreunde. Alle können sich, zufrieden mit sich selbst, befriedigt zurücklehnen. In der freien Republik ist für freie Bürger die freie Fahrt doch wohl gesichert. Oder?

War da nicht doch etwas, von dem lange nicht mehr die Rede war und das ad acta gelegt schien, weil Deutschlands Autofreunde von morgen nicht mehr »hirnlose Raser« und ihr »Auto von morgen« nicht mehr »lackierter Kampfhund« genannt werden können? Hatten die Autofreunde verdrängt, was sie mit ihrer Freude am Fahren in Stadt und Land anrichten und wie sie ausgebremst werden sollten von den Links-Grünen in den Medien und in der Politik, die das Auto schlagen, in Wahrheit aber den »Verkehrspolitiker Hitler« *(Die Zeit)* treffen wollen, der die Deutschen motorisierte und ihnen auf seinen Reichsautobahnen den Spaß an der Geschwindigkeit bescherte? Längst waren die Autofreunde doch reuig und bekehrt und hatten sich gebessert. Gerade darum hatten sie auch geglaubt, bei den Autofeinden habe sich ebenfalls Vernunft breitgemacht und die hätten es aufgegeben, das Auto auf Dauer-Rot zu stellen. Vielleicht hätten wir uns mehr an Jean-Paul Sartre halten sollen, der uns mitgeteilt hat, daß »ein großer Teil unserer Sorgen aus unbegründeter Furcht besteht«.

»Wann rechnen Sie mit der Einführung eines allgemeinen Tempolimits?« brach es spontan aus einem Autofahrer heraus, als er während einer Telefonaktion der *Welt am Sonntag* Jürgen Hubbert vom Vorstand der Mercedes-Benz AG an den Draht bekommen hatte. Schlagartig wurde damit deutlich, was die Autofreunde im Land nach wie vor wirklich bewegte und umtrieb:

Das verdammte Gefühl, endgültig ausgebremst zu werden und dagegen ohne faire Chance zu sein. In einem freien Land war es ja die schlechteste Parole nicht, seinen freien Bürgern auch die freie Fahrt zu erlauben.

»Mit einem allgemeinen Tempolimit rechnen wir in den nächsten Jahren nicht«, beruhigte der Herr von Mercedes seinen besorgten Kunden. »Der Vorteil, den deutsche Produkte bei Kunden in aller Welt genießen, weil sie für hohe Sicherheit bei hoher Geschwindigkeit konzipiert sind, sollten wir nicht gefährden. Sie sind ein Teil der Wettbewerbsfähigkeit deutscher Autos.«

In den nächsten Jahren also nicht.

Vielleicht überhaupt nicht mehr? Vielleicht war das Ganze nur ein Alptraum gewesen, aus dem man jetzt mit dem Gefühl der Erleichterung aufgewacht ist.

Selbst die Grünen, Autofeinde von der Wurzel her, schienen in der letzten Zeit zur Vernunft gekommen zu sein. Nicht mit Gewalt, eher freiwillig, und schon gar nicht auf einen Schlag, mehr so *peu à peu*, hatten sie im Landtag von Baden-Württemberg signalisiert, könne man sich über eine kommode Regelung einig werden: »Während einer fünfjährigen Übergangsphase« sollte, »um es den deutschen Autofahrern leichter zu machen, sich auf ein niedrigeres Geschwindigkeitsniveau im Interesse von mehr Verkehrssicherheit und des Umweltschutzes einzustellen«, auf den Autobahnen das Tempo von freier Fahrt auf 130, auf 120, auf 100 reduziert werden und auf den Landstraßen von 100 auf 80. »Gewöhnungsprogramm« nannten sie es verdächtig-fürsorglich.

Zwar wollten die Deutschen, hatte jüngst eine Befragung ergeben, allein auf dem Gebiet des größer gewordenen Deutschlands in Zukunft mehr fahren – jährlich so an die 11000 Kilometer, heute 8300. Das hatte nun aber doch nach einem Friedensangebot oder einem Kompromiß zwischen Autofeinden und -freunden gerochen. Hoffentlich, sorgte sich manch einer am Steuer, hoffentlich hat der grüne Wolf nicht nur Kreide gefressen.

Vielleicht, redeten sich da viele Freunde der freien Fahrt ein, vielleicht war das Ganze nur ein Gespenst gewesen, das Gespenst des Tempolimits, das jahrzehntelang unter Deutschlands Autofahrern umging und nun verschwunden ist.

4 Das Urteil: Teure Fahrt für freie Bürger

DIE AUTOFEINDE haben ihre Strategie offengelegt: Sie wollen das Autofahren »drastisch verteuern«, um so ihr Ziel, den »Verkehrsverzicht«, zu erreichen.

DIE AUTOFREUNDE wollen fahren und reisen, wie es ihnen beliebt. Sie vertrauen auf zeitgemäße Autos mit zeitgemäßer Technik: Verkehrsleitsysteme sichern die freie Fahrt, die jedoch ein teures Vergnügen wird.

Autofahren wird kein Streß mehr sein, nur noch bequemer Spaß. Elektronik, massiv eingesetzt, macht es möglich: Auffahrunfälle werden durch Abstandshalter verhindert, den Verkehrsfluß steuern Verkehrsleitsysteme. Niemand wird sich mehr verfahren, die Elektronik bringt ihn sicher an sein Ziel. Doch wer künftig fahren will, muß zahlen.

Elektronische Kontaktstreifen in den Straßendecken registrieren jede Bewegung eines Autos und buchen den Preis für die Benutzung der Fahrstrecke – nach dem Modell der Kreditkarte – nach gefahrenen Kilometern ab. Fortan wird es sich jeder überlegen, ob, wie oft und wie weit er Auto fahren muß. Die Geschwindigkeit eines Autos bestimmt die Elektronik, es gibt keinen Streit mehr ums Tempolimit.

Die Rechnung der Autofeinde in den links-grünen Medien und der Politik, das Auto auszubremsen und den Deutschen die Freude am Autofahren zu vermiesen, geht nicht auf. Niemand wird mehr rasen, alle reisen, sicher und komfortabel. Spaß und Vernunft haben Vorfahrt. Und die Deutschen bleiben eine Nation von Autofreunden.

»Kommt morgen Tempo 130?«

Den Autofreund riß es herum. Gerade noch war er sicher gewesen, der Schrecken des Tempolimits sei vorüber. *Bild*, bekannt auch als der Deutschen Kummerkasten, hatte exklusiv auf Seite eins mit dieser Schreckensnachricht aufgemacht. Heute werde der Vierte Senat des Bundesgerichtshofs in Karlsruhe ein Urteil fällen, das über die Beschränkung der Geschwindigkeit auf den Autobahnen oder über freie Fahrt entscheide, und damit den jahrzehntelangen Streit zwischen Autofeinden und -freunden der freien Fahrt beenden.

Es war der 17. März 1992, ein Dienstag. Es sollte der Tag werden, an dem die »hirnlosen Raser« mit ihren »lackierten Kampfhunden« endlich die Quittung für ihre Sünden an Mensch und Natur erhalten sollten. Zwar hatten die Politiker – wie immer, und niemand wundert's – bei der Zähmung der Bestie Auto versagt, doch gab es, Gott sei es gedankt, ja noch Richter in Karlsruhe, Richter am Bundesgerichtshof, der obersten Instanz in der Zivil- und Strafgerichtsbarkeit, also auch zuständig fürs rechte Verhalten auf den Straßen.

Die großen Zeitungen in der Republik hatten ihre Spalten mit Berichten über den seit langem währenden Asylantenstreit gefüllt, mit einem Putsch in Peru und dem Krieg der Türken gegen ihr eigenes Kurdenvolk unter Einsatz erst kürzlich gekaufter deutscher Panzer. In den regionalen Gazetten hatten die politisch-ehrgeizigen Redakteure ihre ländliche Leserschaft mit weltpolitischen Nebensächlichkeiten versorgt. Nur *Bild*, immer mit offenen Augen dabei, hatte öffentlich die Frage gestellt, die die Deutschen mehr als jede andere bewegte: »Kommt morgen Tempo 130?«

»Bleifuß ade!« jubilierte am nächsten Tag die *Badische Zeitung*, das Hausorgan badischer Autogegner. »Die Ära des Tempolimits auf den Autobahnen ist da... Wer sein Auto zum Geschoß macht, soll blechen, wenn das Geschoß einschlägt... Und so sollte es denn zu diesem Tempolimit kommen – möglichst bald, besser noch rasend schnell.« (Am nächsten Morgen fanden die Abonnenten in ihrem Blättli eine aufwendig gestaltete Beilage für REIFEN, LEICHTMETALLRÄDER, FAHRZEUGTIEFERLEGUNG und den Rat: »Geben Sie Ihrem Auto eine persönliche Note.«)

Ein einziger Freudenschrei war das Echo der Autofeinde in den links-grünen Medien und der Politik auf den Karlsruher Spruch:

»Tiger aus dem Tank«, rief *Der Spiegel* und verfremdete damit eine erfolgreiche Werbekampagne des Benzinmultis Esso, der Anfang der siebziger Jahre behauptet hatte, man brauche nur Esso zu tanken, und schon habe man den »Tiger im Tank«. Verkehrsminister Günther Krause habe einen »wichtigen Kampf verloren. Die freie Fahrt auf deutschen Autobahnen endet bei Tempo 130. Nur Krause und die Autolobby in der Union (CDU) wissen es noch nicht.«

»Das Ende der sportiven Tour?« fragte die *Saarbrücker Zeitung* und freute sich: »Bundesgerichtshof gegen die Raser«, bei denen die »freundliche Ermahnung... bisher soviel Erfolg wie eine Vegetarierwoche bei Kannibalen« gehabt habe.

»Ein mutiges, richtungweisendes Urteil«, lobten die *Stuttgarter Nachrichten.* Denn: »Arroganz und Selbstüberschätzung auf unseren Straßen sind hinreichend dokumentiert.«

Niedersachsens Verkehrsminister Peter Fischer (SPD), der sich per Dienstwagen zu Anti-Auto-Demos chauffieren läßt, ließ durch seinen Sprecher den Tempostopp begrüßen: »Das Urteil bringt uns dem Ziel eines generellen Tempolimits näher.« »Das ist falsch«, berichtigte ihn frohgemut Sabine Lennartz in einem *Südkurier*-Kommentar: »Das Tempolimit ist nicht näher gerückt, es ist praktisch da... Jetzt ist es nur noch eine Frage der Zeit, wann sich die Versicherungen bei den Rasern ausklinken« und sie für ihre Unfälle selbst so richtig blechen lassen.

SPD-Geschäftsführer Karlheinz Blessing ergänzte den Karlsruher Anti-Freie-Fahrt-Spruch umgehend mit einer eigenen Maßnahme: Jeder SPD-Abgeordnete, der bei einem Unfall mit höherer Geschwindigkeit als 130 erwischt werde, verliere den Schutz des Vorstandes in Bonn.

In Bonn, so wurde bekannt, wurde »in angetrunkenem Zustand« *(Der Spiegel)* ein Mann namens Karl-Ludwig Kelber geschnappt, als er mit seinem Velo an parkenden Autos vorbeifuhr und ihnen die Antennen abknickte. Kelber war Bundesvorsitzender des Allgemeinen Deutschen Fahrrad-Clubs und begründete sein Ausrasten mit »physischem Streß«, den er wohl nur an Autos in seinem Kampf für das Tempolimit abreagieren konnte.

Das Tempolimit, das ist eine unendliche deutsche Geschichte, spannend wie ein Abenteuerroman:

130 km/h als Richtgeschwindigkeit auf den Autobahnen und auf autobahnähnlich ausgebauten Straßen war im November 1978 von Kurt Gscheidle, als Sozialdemokrat Verkehrsminister in der sozialliberalen Koalition Schmidt/Genscher, als »Verordnung« eingeführt worden. Der Minister hatte damit dem Druck der links-grünen Autofeinde in seiner Fraktion freilich nur ein bißchen nachgegeben: Sie wollten ein Tempolimit 130, er setzte als Kompromiß Richtge-

schwindigkeit 130 durch. Bis dahin war auf den Autobahnen generell die freie Fahrt erlaubt gewesen. Jetzt glaubte der ideologiefreie Gscheidle, das unergiebige Hickhack zwischen der »Bewegung freie Fahrt für freie Bürger« und den hartnäckigen Verfechtern einer Geschwindigkeitsbeschränkung beenden zu können. Gscheidles »Verordnung« bestimmte:

»Den Führern von Personenkraftwagen sowie anderen Kraftfahrzeugen mit einem zulässigen Gesamtgewicht bis 2,8 Tonnen wird empfohlen, auch bei günstigen Straßen-, Verkehrs-, Sicht- und Wetterverhältnissen

1. auf Autobahnen,

2. außerhalb geschlossener Ortschaften auf anderen Straßen mit Fahrbahnen für eine Richtung, die durch Mittelstreifen oder sonstige bauliche Einrichtungen getrennt sind, und

3. außerhalb geschlossener Ortschaften auf Straßen, die mindestens zwei durch Fahrstreifenbegrenzung oder durch Leitlinien markierte Fahrstreifen für jede Richtung haben,

nicht schneller als 130 Stundenkilometer zu fahren (Autobahn-Richtgeschwindigkeit). Das gilt nicht, soweit nach der Straßenverkehrsordnung oder nach deren Zeichen Höchstgeschwindigkeiten oder niedrigere Richtgeschwindigkeiten bestehen.«

Kurt Gscheidle ließ sich auch von autofeindlichen Parteigenossen zu keiner schärferen Maßnahme drängen. Selbst als die staatliche Bundesanstalt für Straßenwesen (BASt) in Bergisch Gladbach bei Köln den Ministerauftrag, über Vor- und Nachteile der freien Fahrt ein neutrales Gutachten zu erstellen, verfälschte und intern die Parole ausgab, 130 »*muß* zur sozialen Norm werden«, blieb der Minister standhaft: »Wenn es nicht sicher ist, daß eine Geschwindigkeitsbegrenzung weder die Unfallzahlen senkt noch Benzin spart, werden wir sie nicht einführen.«

Tempo 130 als Richtgeschwindigkeit, das war für Deutschlands Autofreunde so etwas Ähnliches wie die unverbindliche Empfehlung eines Herstellers an einen Ladenbesitzer, die gelieferte Ware zu einem vom Produzenten bestimmten Preis anzubieten, wobei der endgültige Abgabepreis jedoch letztlich Sache des Verkäufers bleibt. Sie nahmen die Tempo-Empfehlung Bonns zur Kenntnis, hielten sie ein oder mißachteten sie. Jedenfalls blieb die Bundesrepublik das einzige Land der Welt, in dem – theoretisch – auf den Autobahnen freie Fahrt möglich war und ist. Den Autofeinden und ihren Verbündeten in den Medien und in der Politik war und ist sie ein Dorn im Auge. Freunde der freien Fahrt wurden dabei sogar, rügte Wolfgang Hecht als Chefredakteur des Fachblatts *mot*, »in eine potentiell kriminelle Ecke gerückt«: Heinrich von Lersner, der Präsident des Bundesumweltamtes in Berlin, hatte in einem Interview mit dem *Spiegel* behauptet, Deutschlands Autobahnen seien »derzeit noch quasi waffenfreie Zonen«. Als Indiz führte er an: Die Zahl der durch Schußwaffen in den USA tödlich Verletzten ließe sich durch die Einführung eines Waffenscheines ebenso reduzieren »wie die Zahl der Verkehrstoten auf bundesdeutschen Autobahnen per Tempolimit«.

In der Tat: In der Europäischen Gemeinschaft gibt es Geschwindigkeitsobergrenzen auf den Autobahnen. Sie reichen von 80 km/h in Belgien bis 96 km/h in Großbritannien (innerhalb geschlossener Ortschaften ist Tempo 50 verbindlich, in Luxemburg und Portugal 60). Bereits 1988 hatte die EG-Kommission angekündigt, europaweit ein einheitliches Tempo auf Autobahnen von 120 km/h einführen zu wollen. Sie wurde jedoch gebremst: Tempo 120 war für EG-Länder mit geringerem Speed zu schnell. Die Deutschen hielten dagegen, anhand langjähriger Unfalluntersuchungen könne nachgewiesen werden, daß die deutschen Autobahnen die sichersten Straßen der Welt seien; die deutschen Autobauer beriefen sich auf ihren einmaligen Wettbewerbsvorteil: Ihre Autos seien – im Gegensatz zur gesamten Weltkonkurrenz – autobahnerprobt und einzig darum in der Welt ein Verkaufsschlager. Das Ausland wolle die Beschränkung der Geschwindigkeit nur zu dem Zweck erzwingen, dem Export deutscher Autos Schaden zuzufügen.

Selbst ein erklärter Gegner der freien Fahrt der Deutschen mußte passen. Der Holländer Karel van Miert, als Kommissar für Verkehr und Umwelt in der Europäischen Gemeinschaft Verfechter von Reglementierungen jeder Art, konnte auf die Reporterfrage »Wann kommt ein generelles Tempolimit?« nur ratlos die Schulter zucken: »... steht in der EG konkret nicht auf der Tagesordnung.« Aufgeben aber werde er, der bis dahin als wichtigstes Motiv für das Tempolimit stets die seiner Meinung nach horrenden Unfallzahlen auf deutschen Autobahnen angeführt hatte, nicht. Auf den Einwand des Reporters: »Viele Länder mit Tempolimit haben viel höhere Unfallzahlen als Deutschland ohne Limit«, offenbarte sich der EG-Kommissar: »Richtig. Deshalb bringen diese Länder jetzt als weiteres Argument Umweltgründe vor. Das ist wahrscheinlich der bessere Ansatz.«

Immer schon war den Autofeinden jeder Couleur jedes Argument recht gewesen, solange es für ein Tempolimit sprach. Ob Rot oder Grün, alle wollten das Auto ausbremsen. Doch selbst in der CDU, die einst die freie Fahrt eingeführt hatte, gingen die Meinungen diametral auseinander. Hörte man beispielsweise den Christdemokraten bei ihren Verkehrsdebatten zu, ging der Autofreund durch ein Wechselbad, aus dem er klatschnaß-verwirrt und unwissend wie zuvor herauskam:

In Baden-Württemberg etwa lehnte im Landtagswahlkampf 1992 Verkehrsminister Dr. Thomas Schäuble (CDU) Tempo 130 strikt ab; die Junge Union der CDU hatte sich dafür »stark gemacht«. Umweltminister Klaus Töpfer (CDU) befürwortet 130; Ex-Verkehrsminister Krause (CDU) versicherte am 22. März 1992: »In Deutschland kommt kein Tempolimit«, und ließ am 31. März wissen: Er schließe ein Tempolimit auf Autobahnen »in dieser Legislaturperiode nicht mehr aus«. Während CDU-Verkehrsexperten glauben machten, »früher oder später werden die Deutschen durch die EG gezwungen, ein Tempolimit einzuführen«, konterte Friedrich Zimmermann (CSU), dafür besitze die EG »überhaupt keine Kompetenz«.

Tempolimit – das war ein Reizwort wie »Deutschland den Deutschen« oder »Deutsche Soldaten an die Front«. Und jetzt, an diesem 17. März 1992, werde, machte *Bild* die Autofahrer im Land wach, »Deutschlands oberstes Gericht entscheiden, ob Richtgeschwindigkeit Pflichtgeschwindigkeit wird«. *Bild*-Leser wußten an diesem Tag besser als andere Zeitungskäufer im Land, wie alles gekommen war. »Tempo 130: Der Fall Porsche« hieß die Hintergrundstory, so präzise und minutiös, daß die Herren der anspruchsvollen Presse im Vergleich zu dieser brandheißen Berichterstattung ganz alt aussahen. Der Sachverhalt (ergänzt durch eigene Informationen des Verfassers dieses Buches) laut *Bild*:

Am 19. Juli 1986 war Dr. N. abends gegen 22.30 Uhr mit seinem Porsche »mit 180 Sachen« auf der A 5 von Kassel nach Frankfurt geprescht. Plötzlich lenkte ein – bis zum Tage der Gerichtsverhandlung unbekannter – Fahrer seinen BMW von der mittleren auf die linke Spur und setzte sich vor den Porsche. Dr. N. mußte heftig in die Bremse steigen, geriet ins Schleudern und prallte gegen einen Wohnwagen. Dieser wiederum kollidierte mit einem Opel Kadett, der mit defekter Lichtmaschine auf der Standspur parkte. Dabei wurde ein Insasse des Kadett schwer verletzt. Dieser verlangte später vom Porsche-Piloten »ein angemessenes Schmerzensgeld« mit der Begründung: Dr. N. habe die Richtgeschwindigkeit von 130 km/h überschritten. Das Oberlandesgericht Frankfurt hatte die Klage abgewiesen, da es davon ausging, trotz des höheren Tempos sei der Unfall »unabwendbar« gewesen.

Alle Zutaten für einen gesellschaftspolitischen Sittenprozeß waren zusammen: Ein protzteurer Porsche 911, Fahrer Akademiker und Junior-Unternehmer aus Marburg, rast abends mit 180 km/h über die Autobahn und verwickelt einen jungen Mann aus der tristen Industriestadt Herne, der mit seinem defekten Kadett auf der Standspur verweilt, in einen fürchterlichen Unfall; der Opel-Beifahrer erleidet einen mehrfachen Beckenbruch, einen Blasenriß, ein gebrochenes Stirnbein und ist seitdem zu 30 Prozent berufsunfähig.

Der reiche Porsche-Fahrer verweigert die jeweils 100 000 Mark Schmerzensgeld für Kadett-Fahrer und -Beifahrer und jedweden Schadenersatz. Viereinhalb Jahre muß der Kadett-Eigner auf sein Recht vor Gericht warten – und, wie zu erwarten gewesen war, der BMW-Fahrer, der Verursacher des Unfalls, hatte sich feige auf und davon gemacht; von ihm, wunderte sich *Die Zeit* nicht, »fehlt bis zur Stunde jede Spur«.

Auf der Karlsruher Gerichtsbühne war alles versammelt, was die deutsche Klassengesellschaft entlarven konnte: ein rücksichtsloser Kapitalist im Porsche, ein Fahrerflucht begehender BMW-Fahrer und als Opfer ein Junge aus dem Ruhrgebiet, der sich seinen gebrauchten Kadett sicher vom Mund abgespart hatte, und sein Freund, der zum Krüppel wurde.

Weil er kein Recht bekommen hatte und auch nach dem ablehnenden Urteil des Oberlandesgerichts ohne Schadenersatz blieb, war der Kadett-Fahrer beim Bundesgerichtshof (BGH) in die Revision gegangen. Jetzt sollte der BGH entscheiden: Ist Autofahrern nicht doch ein Mitverschulden bei Unfällen vorzuhalten, wenn die Tachonadel mehr als 130 km/h anzeigt? Sollten die Richter dies bejahen, müßten fortan solche Fahrer mit Schadenersatz- und Schmerzensgeldklagen rechnen. Abschließend sagte *Bild* voraus: Mit einem »Tempolimit im Haftungsrecht« komme »rasend schnell wieder die Diskussion: Geschwindigkeitsbeschränkung auf Autobahnen!« Noch bevor der BGH zur Revision zusammengetreten war, schwante den Autofreunden bereits nichts Gutes. Schließlich hatte vorher schon der gerade pensionierte BGH-Richter Martin Hirsch lässig-flapsig angekündigt: Tempo 130 »ist drin«.

130 war drin. Der Vierte Senat sprach das Urteil. Und Hannskarl Sager, der Vorsitzende der Urteilskammer, verstand seinen Anti-Freie-Fahrt-Spruch als »einen deutlichen Hinweis, daß die Autobahnen nicht für eine höhere Geschwindigkeit geeignet sind«. Sager galt schon immer als ein Scharfer und setzte »auf die vorbeugende Wirksamkeit einer erhöhten Kontrolldichte im Verkehr, um die zu erwischen, die ›das Auto mißbrauchen‹«, berichtete das Fachblatt *mot*. Notfalls wolle er neue strafbewehrte Tatbestände wie etwa Nötigung durch Drängeln ins Verkehrsrecht bringen.

»K.o. für Autofahrer«, konstatierte *Bild*-Autoredakteur Rolf Bier. Und stellte noch einmal fest, wie er sich fühlte: »Wir werden gemolken und beschimpft, wir Raser, wir Umweltverschmutzer – wir Autofahrer.«

Doch kritische Meinungsmacher beschlich ein ungutes Gefühl, als sie sich ihren Kommentar zum Karlsruher Spruch zurechtlegten. »Tempolimit durch die Hintertür«, ärgerte sich *Die Zeit* und ließ die Frage unbeantwortet, ob ein solches Urteil vom Bürger auch als »Recht« verstanden werde. »Tempo 130 als Richterrecht«, konstatierte ein anderer Leitartikler. Nur Martin W. Huff blieb in der *Frankfurter Allgemeinen Zeitung* FAZ-cool: Das Urteil habe zwar »viel Aufsehen erregt, aber eigentlich nur den Grundsatz klargestellt: Wer schnell fährt, trägt auch ein finanzielles Risiko«.

Die Autofeinde, die frische Morgenluft aus Karlsruhe noch in der Nase, legten im Überschwang des Siegesgefühls umgehend neue

Forderungen vor. Nordrhein-Westfalens Innenminister Herbert Schnoor verlangte, um das richterlich erkämpfte Tempolimit auch lückenlos kontrollieren zu können, jetzt müsse jedes Auto mit einem Fahrtenschreiber, einem Unfalldatenspeicher (UDS), auch Blackbox genannt, ausgerüstet werden. Solche Geräte, die so groß wie ein Autoradio sind, verfolgen alle Fahrbewegungen, löschen sie, wenn nichts passiert, und halten bei einem Crash alles fest: Geschwindigkeit, Bremsungen, Blinken, Fahrstrecke, jede Bewegung des Wagens. Geräte dieser Art, zum Beispiel von der Apparatefirma Mannesmann-Kienzle in Villingen-Schwenningen bis zur Produktionsreife entwickelt, solle – alle Experten waren sich bis dahin einig – der Autoeigner nur freiwillig einbauen, und seine Ergebnisse sollten vor Gericht nur mit seiner Zustimmung verwendet werden dürfen. Schnoor, der rheinische Demokrat, aber wollte den Zwang, und der ADAC empörte sich pflichtgemäß: »Dann muß der Autofahrer ja die Beweismittel gegen sich selbst ständig bei sich haben.«

»Verbannt die Autos aus Frankfurt!« machten sich die Jungsozialisten von Frankfurt bemerkbar. Wenn sich am Main die Jusos durchsetzten, erschraken die *Stuttgarter Nachrichten*, »dann würden für die Autofahrer nicht nur in der Main-Metropole, sondern in ganz Deutschland trübe Zeiten anbrechen«. Ungerührt schoben die jungen Sozialisten nach, daß Oberbürgermeister Andreas von Schoeler seine Reisen per Fahrrad machen müsse, denn er habe »Vorbildfunktion«.

»Um jeweils 25 Pfennige« solle in den nächsten 4 Jahren die Mineralölsteuer angehoben werden, verlangte Monika Ganseforth, Umweltpolitikerin in der SPD, um anstelle der Autobahnen den Ausbau des öffentlichen Personennahverkehrs zu finanzieren. Denn »endlich müssen die Schwerpunkte in der Verkehrspolitik verlagert werden«.

Wieder einmal wurde die traurige Erkenntnis bestätigt, daß in Deutschland jemand nur einen möglichst sinnlosen Gedanken gegen das Automobil (SPD-MdB Hauchler: »Alle Zweit-, Dritt- und Viertwagen in einer Familie müssen verboten werden«) aussprechen oder eine völlig utopische Idee vertreten muß, wie die Jusos in Frankfurt mit ihrem Ansinnen, den Oberbürgermeister Fahrrad strampeln zu lassen, und schon verleihen ihm die Meinungsmacher den Rang eines bedeutenden Verkehrs- oder Umweltpolitikers.

»Höhere Versicherungsprämien für Autofahrer« sahen umgehend die Autohaftpflichtversicherer geboten. Sie würden sich die Chance nicht entgehen lassen, sagte das *Handelsblatt* voraus, und aus dem Urteil Kapital schlagen. Prompt sprach denn auch die HUK Coburg von einem »organisatorischen Mehraufwand, weil sich der Schaden auf mehr Versicherte verteilt«.

Düstere Ahnungen beschlich das Bundesaufsichtsamt für das Versicherungswesen, das seine Pappenheimer in der Assekuranz bestens kennt. Ingo Möllhoff vom Amt fürchtete, das Urteil könnte unvorstellbare Folgen heraufbeschwören. Es sei abzuwarten, ob sich die Rechtsprechung durchsetze, Geschwindigkeiten über 130 km/h als grobe Fahrlässigkeit zu werten. Das könnte bedeuten, so Möllhoff, daß Autofahrer auch in bestimmten Fällen »den Kaskoschutz verlieren«, möglicherweise könnten die Versicherungen sogar in der Haftpflicht den Fahrer »mit zur Kasse bitten«.

Das Karlsruher Verdikt gegen freie Fahrt, die Leitartikel der amtlichen Meinungsmacher und die deprimierenden Kommentare der Experten – das alles war Wasser auf die Mühlen der Autogegner. Und nun fühlten sie sich, das Recht war ja auf ihrer Seite, stark genug, dem verhaßten »lackierten Kampfhund« und den »hirnlosen Rasern« den letzten Stoß zu verpassen, den Fangschuß. Bundesverkehrsminister Krause sollte, so drängten sie, unverzüglich seine »Verordnung« für Tempo 130 als unverbindliche Richtgeschwindigkeit umwandeln in die Höchstgeschwindigkeit 130 km/h.

Doch Krause dachte gar nicht daran und bewies Ministermut vor Journalistenthronen, was ihn zwar ehrte, ihm sein Leben als Politiker aber alles andere als leicht machte. »Ich fahre viel zu gern Auto, um das Auto zu verteufeln«, wies Krause auch die massivsten Forderungen zurück. Für den *Spiegel* war er fortan »der bekennende PS-Freund«. Und wieder einmal erlebten Deutschlands Zeitungsleser das verblüffende Schauspiel des Kolonnenjournalismus: Am Montag stimmt der Hamburger Meinungsmacher das »Lied der Woche« an, und die Kolonne von Flensburg bis Füssen singt, Reihe um Reihe, die garstige Melodie nach. Eine Hetzjagd ohnegleichen wurde auf den »bekennenden PS-Freund« eröffnet, Verkehrsminister Günther Krause war zum Abschuß freigegeben.

Immer schon war die Politikerhatz eine Passion der öffentlichen Wächter gewesen, selbst wenn sie mit dem Argument, den Bürger schützen zu müssen, nicht zu rechtfertigen war. Henri Nannen als Kommandeur des »Freikorps *Stern*«, wie er sein Bilderblatt bezeichnete, hatte beispielsweise seinen Reporter Randolph Braumann – nach dessen eigenem Zeugnis – 2 Jahre lang mit dem seinerzeitigen Bundespräsidenten Heinrich Lübke reisen lassen, damit er diesen bei einer seiner sprachlichen Fehlleistungen ertappe. Dem spracharmen Sauerländer war mancher Schnitzer passiert: So hatte er die japanische Industriestadt Osaka mit dem Potenzmittel Okasa verwechselt und begeistert von seiner Visite »in Okasa« berichtet; als Beweis für seine Englischkenntnisse hatte er gesagt, »heavy on wire«, also »schwer auf Draht« zu sein, worüber sich die Arroganten in der Presse, auch Nannens *Stern*, monatelang vor Lachen bogen. Adenauer wurde in Zeitungen der Lächerlichkeit preisgegeben, indem man sein Originalkölsch wortwörtlich abdruckte und so den Anschein erweckte, Bundesdeutschlands erster Kanzler sei ein rheinischer Tünnes.

Und nun Krause, Günther, Heimat Ostdeutschland, Verkehrsminister, CDU. Weil der Ossi sich schon bei seinem Amtsantritt leichtsinnigerweise für freie Fahrt ausgesprochen hatte, hatten ihn die Besitzer der Pressefreiheit ins Visier genommen und kreideten ihm ganz schlimme Dinge an: Mal habe er eine wertvolle Lizenz für neue Raststätten im deutschen Osten weit unter Wert an eine holländische Gruppe verscherbelt, mal habe er, als »Bar-Pianist« *(Der Spiegel)*, in einer Bonner Kneipe auf dem Klavier die Nationalhymne der Deutschen verjazzt und lauthals mitgesungen (und, da er dem Alkohol im Übermaß zugesprochen und auch noch seine Stimme strapaziert hatte, am nächsten Tag mit einer faulen Ausrede eine wichtige Kabinettssitzung geschwänzt). Und dieser Unglückswurm war nicht bereit, das Auto der Deutschen zu bremsen. Nur Kanzler Kohl ließ den Ossi, der mit dem Kohl-Vertrauten Schäuble den historischen Einigungsvertrag gebastelt hatte, um keinen Preis fallen und saß die Sache Krause einfach aus, so lange es ging.

Krause begann im größer gewordenen Deutschland Verkehrspolitik auf seine pragmatisch-besserwisserische Art zu treiben. Als erstes setzte er sich dafür ein, in seiner ostdeutschen Heimat Autobahnen nach einem verkürzten Planungsverfahren zu bauen, weil seine Landsleute zwischen Elbe und Oder, Rostock und Zittau auch Auto fahren und, anders als im fortschrittsfeindlichen Westen, nicht Jahrzehnte auf eine nahe Autobahn warten wollen. Die prompt abgefeuerten Querschüsse seiner Gegner in der Politik und in den links-grünen Medien, beim abgekürzten Planungsverfahren könnten oppositionelle Bürger nicht alle ihre Bremsmöglichkeiten nutzen, waren selbst seinen Gegnern zuviel. Als Klaus Daubertshäuser, der SPD-Verkehrsexperte, alle Vorwürfe gegen Krauses Pläne in der Behauptung »Wer Straßen sät, wird CO_2 ernten« zusammenfaßte, war sein Kollege Rudolf Dreßler, Fraktionsvize in Bonn, mit seiner Geduld am Ende: »Die SPD geht den Menschen zu oft schlicht auf die Nerven.«

Mit Krauses Vorgängern im Bonner Verkehrsministerium war nicht allzuviel Staat zu machen. Manche sind wenigstens in Erinnerung geblieben, wenn auch nicht gerade wegen ihrer verkehrspolitischen Weitsicht. Da gab es unter Kanzler Adenauer den Hans-Christoph Seebohm, einen Bergassessor aus dem Sudetischen, den seine Mini-Partei DP ins Kabinett gebracht hatte und der nur zu sehen war, wenn die Kameras surrten und er, als Deutschlands Scherenschneider verulkt, per Schere ein neues Stück Autobahn freigab. Am liebsten wäre Seebohm freilich erster Generaldirektor der frisch gegründeten Deutschen Lufthansa geworden. Adenauer, seinem Kanzler, stahl er als Sprecher der Sudetendeutschen Landsmannschaft regelmäßig die Wochenendfreude durch seine berüchtigten Sonntagsreden, in denen er die Rückkehr in die Heimat verlangte.

Da gab es einen Lauritz Lauritzen, die personifizierte Hilflosigkeit im Amt, der fassungslos war, als ihm in Reaktion auf seinen Plan, auf den Autobahnen ein Tempolimit zu dekretieren, Autofreunde mit mehr als 100000 Postkarten mit dem einzigen Wort NEIN den Eingang seines Ministeriums zukippten.

Da war ein Volker Hauff, der sich bei Autofreunden anbiederte und hinterrücks das Tempolimit betrieb.

Da war dann noch der sympathische Brummbär Georg »Schorsch« Leber, der die Brummis von den Autobahnen auf die Eisenbahn umlenken wollte und versprach, bald würde kein Deutscher weiter als 25 Kilometer von einer Autobahnauffahrt entfernt wohnen.

Da gab es den CSU-Mann Friedrich Zimmermann, der den Katalysator durch Steuervorteile für den Umweltfreund am Steuer durchsetzte. Allen anderen Verkehrsministern – Ossietzky hätte sie unter seine »ehrwürdigen Nullen« eingereiht – ist kein größerer Gefallen zu tun, als sie zu vergessen.

Für den Verkehrsminister ist eine Jahrtausendaufgabe definiert, definiert von der Wirklichkeit: Um die Jahrhundertwende werden etwa 45 Millionen Deutsche ein Automobil besitzen, mit dem sie auch fahren werden, und niemand, der das Bürgerrecht der Freizügigkeit ernst nimmt, wird sie daran hindern können. Reisen werden sie, vorzugsweise mit ihrem Auto, dem bequemen »Auto von morgen«. Was sollen sie auch anders tun? An die 30 Tage bezahlten Urlaub haben sie im Jahr, arbeiten müssen sie nur noch 4,5 Tage in der Woche. So mancher, der früher lebte, um zu arbeiten, trägt sein Freizeithemd schon während der Arbeitszeit. Das heißt: Er arbeitet, um zu leben, und denkt an die nächste Reise in der Freizeit. Und dann reist er auch, zumal Reisen bildet.

Straßen braucht das Land besonders, seit 1993 die Europäische Gemeinschaft Wirklichkeit und die Bundesrepublik zum Transitland für alle freizügigen Europäer geworden sind, die von Nord nach Süd und von West nach Ost Deutschland durchqueren müssen. Und dieser Transitverkehr wird, wollen Verkehrsexperten wissen, explodieren: Bis zum Jahr 2010 werde sich allein der Güterverkehr auf der Straße verdoppeln, der Personenverkehr um 180 Prozent zunehmen. Beim Straßenverkehr in Ost-West-Richtung rechnet man mit einer Zunahme um das Siebenfache. Und die Bundesrepublik mitten in der EG werde, prophezeite Ex-Minister Krause ohne allzu großes Risiko, »die Hauptschlagader des Verkehrs« sein. Dabei komme es allein darauf an, ergänzte sein Parlamentarischer Staatssekretär Dieter Schulte, »den Verkehr intelligenter zu organisieren« und »Ja zu sagen zum Umweltschutz, sonst tut sich in Sachen Verkehr überhaupt nichts mehr«. Illusion aber sei es, im Nahverkehr auf die gute alte Eisenbahn, Lieblingskind aller Umweltschützer, zu setzen: Ihr »Systemnachteil«, immer einen Bahnhof zu benötigen und nicht direkt ans eigentliche Ziel zu führen, sei unüberwindbar. Schulte: »Eisenbahn rechnet sich erst ab 250 Kilometer Entfernung.«

»Reiseverzicht« zu fordern, wie es viele Politiker tun, um den »Verkehrsinfarkt« zu vermeiden, ist ebenso politische Praxis wie der gleichfalls verlangte »Verkehrsverzicht«, der nichts anderes als ein getarntes Verkehrsverbot wäre. »Das Ende der Freiheit?« fragte im Frühjahr 1992 die *Badische Zeitung*, nachdem in Bonn Carl Ewen (SPD) und Rolf Olderog (CDU) Sybillinisches von sich gegeben hatten: Zwar habe die »Bevölkerung ein Recht auf freies Reisen« und jeder könne »Ziel und Art der Urlaubsreise selbst bestimmen«, doch sei »Tourismusverzicht auf freiwilliger Basis« angebracht.

Ausgerechnet Bonns Politiker priesen Seßhaftigkeit als neue Tugend, obwohl sie selbst ebenso hemmungs- wie grundlos reisen, wie *Der Spiegel* just zu diesem Zeitpunkt nachwies: Allein in den Jahren 1983 bis 1991 sei bei ihren Auslandsreisen »ein Plus von 227 Prozent zu verbuchen«. Ihre »kaum kaschierten Lustreisen« *(Der Spiegel)* wollen sich die Volksvertreter jedoch nicht nehmen lassen. Sie fühlen sich als »der neue Adel« mit Sonderrechten – wie jener Chefredakteur des Unternehmerblatts *Industriekurier*, Hugo Wrietzner, der in den Jahren des Wirtschaftswunders gefordert hatte, die Autobahnen samstags für kleine Autos zu sperren, damit die Besitzer schwerer Wagen, Unternehmer und Politiker, ihre Hunderte von Pferdestärken auch einmal austoben könnten.

Heute ist nur noch mit einer konzertierten Aktion von Politikern, Autofreunden und -herstellern, Verkehrsteilnehmern und Umweltschützern das große Ziel zu erreichen: den »Verkehr von morgen«, in dem das »Auto der zweiten Generation« seine Funktion als beliebtester und leistungsstärkster Verkehrsträger erfüllen kann und aus dem »Fahrzeug kein Stehzeug« wird.

Bonns Verkehrsminister hatte sich mit seinen »Strategien gegen den Verkehrsinfarkt« jene Art Kunststück vorgenommen, das bisher in der Geschichte als die Quadratur des Kreises gilt. Mit seinem 1992 vorgelegten Bundesverkehrswegeplan wollte er »angesichts des starken und zunehmenden Verkehrswachstums« in Deutschland

- »die Mobilität umweltgerecht sichern«,
- die Bundesrepublik »als Industriestandort erhalten«, in dem der Bau von Automobilen ein bedeutender Wirtschaftszweig und der Export ein entscheidender Faktor des deutschen Wohlstandes bleibt und
- den »Ausbau aller Verkehrswege«.

Ein klares verkehrspolitisches Konzept für das vereinte Deutschland mußte Kohls Verkehrsminister auch vorlegen, um der verkehrspolitischen Opposition bei der anstehenden Bundestagswahl 1994 den Wind aus den Segeln zu nehmen.

Vor allem die Sozialdemokraten, lobte die *Badische Zeitung*, hätten »die Verkehrspolitik entdeckt«, denn nur so sei zu erklären, daß sie ihre Attacken gegen Autofahrer und freie Fahrt steigerten. Tatsächlich sind die SPD-Attacken Parteiprogramm und »die Hoffnung der SPD auf breite Zustimmung«. Für ihren Bundesgeschäftsführer Karlheinz Blessing, der die Wahlkampfparolen finden muß, mit denen die Regierung Kohl/Kinkel in Bonn ausgehebelt wird, lauten »die Themen, die die SPD jetzt dringend braucht: von Abgasdampf und Blech und Lärm befreite Innenstädte, kürzere Lastwagenkolonnen und ein Ende der kollektiven Raserei«. »Ich komm' auch ohne Auto aus«, versprachen sich Sozialdemokraten in der Parteibaracke in Bonn gegenseitig in die Hand – und nannten ihr Anti-Freie-Fahrt-Konzept »Neue Beweglichkeit«, ein Titel, der sich gut als Überschrift einer Satire vorstellen läßt.

So wundert es denn auch nicht, daß Krause, der fortschrittliche Verkehrspragmatiker, von seinen treuen Feinden vor allem in den links-grünen Medien umgehend durch den Wolf gedreht wurde. *Die Zeit* behauptete, er baue »Autobahnen statt Eisenbahnen«; für sie war der Verkehrsminister sogar ein Schwindler: Er habe »Vorfahrt für die Bahn« versprochen, »doch tatsächlich setzt er weiter auf das Auto – ohne Rücksicht auf die Umwelt«. Dann glänzte der norddeutsche Autogegner mit einem preisverdächtigen Vorschlag: Um Fahren und Rasen endgültig zu verhindern, müsse die Mineralölsteuer »jährlich um einen gleichbleibenden Betrag um insgesamt 300 Prozent heraufgesetzt werden«. Auch für die *Wirtschaftswoche*, eigentlich Verfechterin der Interessen ihrer autofahrenden Leser, war »Autofahren immer noch zu billig«, »vor einer kräftigen Verteuerung schreckt Bonn aber zurück«. Wieder bestätigte sich die traurige Erfahrung, daß Preissteigerungen und Steuererhöhungen immer nur die Mittel der Einfallslosen sind, denen die Möglichkeiten intelligenter Technik und menschlicher Phantasie böhmische Dörfer bleiben.

Daß in Magazinsendungen des Fernsehens, auch in denen des ZDF, die Hatz auf die Autofahrer die beliebteste aller Jagdveranstaltungen der Medien geworden ist, ging selbst ZDF-Moderator Michael Jungblut in seinem »Deutschland Journal« auf den Geist: Es sei »immer schön, wenn man einen hat, den man für alles verantwortlich machen kann, was uns heute im Verkehr ärgert. Deshalb wird ›der Autofahrer‹ oder ›die Autofahrerin‹ heute überall an den Pranger gestellt. Von Umweltschützern und Politikern, in Medien«.

Der Verkehrsminister aus dem Osten, einst als tumber »bekennender PS-Freund« verspottet, sah den »Verkehr von morgen« ossi-realistisch: »Die öffentlichen Verkehrsmittel werden nur dann genutzt, wenn sie Mobilität schaffen und nicht verhindern.« Krause wollte und mußte verhindern, daß viele der wenig ideenreichen Politiker in Gemeinden und Ländern den Verkehr auf so schlichte Weise regeln, wie es Karl Valentin Anfang der dreißiger Jahre vorgeschlagen hat: am Montag nur Radfahrer, am Dienstag nur Feuerwehr, am Mittwoch nur Fußgänger, am Donnerstag nur Rettungswagen und so weiter. Oder diese Alternative: im Januar nur Fußgänger, im Februar nur die Polizei, im März nur Taxis – zweifellos ein überzeugendes Verkehrskonzept, bei dem irgendwann jeder zu seinem Recht kommt. Oder wie die pfiffigen Italiener, die einen Verkehrsminister haben müssen, der Carlo Valentino heißt: abwechselndes Fahrverbot für Autos mit geraden oder ungeraden Kennzeichen.

Elektronik ist das Zaubermittel, das den »Verkehr von morgen« in Fluß hält, den Autofahrer sicher zu seinem Ziel dirigiert und ihn auch am Rasen hindert – und zugleich schröpft. Denn für alle, die Augen zum Sehen haben, ist klar, daß der Autofahrer für die Benutzung der teuren Straßen zahlen muß. Doch der Gegenwert lohnt sich für ihn: gesichertes und gleichmäßiges Reisen mit dem Auto.

Wie ein Science-fiction-Film läuft vor den Augen der Planer der

Verkehr der Zukunft ab. Zusammenstöße von Automobilen auf unseren Straßen, die häufigste Unfallursache, wird es nicht mehr geben, Auffahrunfälle ebenfalls nicht mehr. Die Elektronik mißt den Abstand zum vorausfahrenden Wagen und regelt die Geschwindigkeit. Bald, sagen Zukunftsforscher voraus, wird das moderne Automobil gehorsam auf einfache Kommandos seiner Lenker hören; »sprachgesteuert« nennen Techniker ihren nächsten Clou. Für den *Spiegel*, in ungewohntem Militärjargon, war das der Versuch, das verdammte Auto und die verdammte Autobahn »elektronisch aufzurüsten« und die Richtung für den Verkehr von morgen zu bestimmen.

Die Elektronik bestimmt das Verkehrsmanagement der Zukunft: Autos fahren selbständig und erreichen ihr Ziel auch ohne Fahrer; bei Gefahr sind sie in der Lage, schneller als jeder Mensch am Steuer zu reagieren. Sehende Maschinen können die Autos der nächsten Generation wegen ihrer geballten Elektronik, die ab 1996 auf dem Markt sein soll, genannt werden.

Seit einiger Zeit schon üben sich die Autohersteller im Umgang mit dieser Superelektronik beim Zusammenbau ihrer Automobile. Bei Volkswagen in Wolfsburg, im neuen Opel-Werk in Eisenach und in der Nissan-Fabrik im englischen Sunderland haben Elektronikroboter die Mannarbeit am Fließband, mit dem einst Henry Ford die Amerikaner motorisierte, übernommen; sie drehen, schweißen und transportieren Karosserien weiter zur nächsten Roboterstation, wo sie am Schluß – ohne jeden Einsatz von Manneskraft – umweltfreundlich lackiert werden.

Sehen wir uns also genau an, was dem rollenden Verkehr vorgeworfen wird und welche Möglichkeiten es gibt, allen Menschen, Umwelt und Autofahrern das Recht auf Freizügigkeit auf dem größtmöglichen gemeinsamen Nenner zu garantieren:

- Den Stadtzentren droht der »Verkehrsinfarkt«.

Manche Lokalpolitiker verlangen die totale Sperrung ihrer Citys, von Parkplätzen könne man mit dem öffentlichen Nahverkehr ins Zentrum reisen. Andere wollen durch Tempo 30 und Blumenkübel auf der Fahrbahn den Verkehr beruhigen. Wieder andere verlangen für die Einfahrt in die City eine Nahverkehrsabgabe, sozusagen eine

Stadtbesuchsgebühr. Nochmals andere wollen drastische Parkgebühren kassieren und sichern sich diese Finanzquelle, indem sie keine neuen Parkplätze bauen oder alte nur noch für ein paar Fahrräder reservieren (die keinen Pfennig Parkgebühren bringen), oder sogar ganz abschaffen. Der »Parkplatzklau« bringt bares Geld in die Stadtkasse, alle müssen mit dem Citybus fahren. In München beispielsweise geht der ADAC-Verkehrsexperte Eckart Dyckerhoff davon aus, »daß da nur Geld geschnitten wird«. Und als Bonn im Frühjahr 1993 – trotz zurückgegangener Unfallzahlen – drastisch verschärfte Bußgelder für »Verkehrssünder« einführte, war das dem FDP-Rechtsexperten Jörg van Essen einfach zuviel: Das Gerechtigkeitsgefühl des Bürgers werde mit Füßen getreten, in Wirklichkeit wolle »der Staat mit dem neuen Bußgeldkatalog bloß Kasse machen«.

Daß sie ihre rigorosen Maßnahmen als »Notwehr« deklarieren, läßt Gerold Lingnau in der *Frankfurter Allgemeinen Zeitung* nicht gelten. Denn: »Sie wollen die Städte vor den Folgen dessen bewahren, woran die Bürger jahrzehntelang und mit hohem finanziellem Aufwand gearbeitet haben: der privaten Motorisierung aller. Jetzt ist sie da, und schon ist sie unerwünscht.«

Daß die meisten städtischen Maßnahmen von den Verkehrsteilnehmern als amtliche Beutelschneiderei abgelehnt werden, versteht sich von selbst. So hilft es nur, wenn unabhängige Gutachter einwandfrei ermittelte und durchdachte Grundlagen für die Entscheidungen der Kommunalpolitiker schaffen.

Ob die Alternative, nicht mit dem Auto direkt, sondern von außerhalb gelegenen Park-and-Ride-Plätzen mit dem öffentlichen Nahverkehr in die City zu reisen, vom Verkehrsteilnehmer angenommen wird, hängt allein von der Leistungsfähigkeit der städtischen Verkehrsmittel ab. Bleiben die so wenig attraktiv wie der Citybus in Stuttgart, kann man sich jedes weitere Experiment – und auch die hohen Investitionen – sparen.

Ob Tempo 30 tatsächlich bessere Luft sichert, ist ebenso umstritten wie die Aufforderung vor innerstädtischen Ampeln, bei Rot den Motor ab- und bei Gelb wieder einzuschalten.

Ob die restrukturierten Straßen, in denen sich der Autofahrer zwischen Blumenkübeln im Slalomfahren üben kann, die Umwelt entlasten, muß ebenfalls bezweifelt werden. Denn die dabei erzwungene Fahrweise sorgt für höheren Kraftstoffverbrauch und höchste Schadstoffemissionen.

Ob die an verkehrsreichen Wochenenden auf lange Rotphasen geschalteten Ampeln, die fast immer zu Staus führen, Benzin sparen helfen, muß erst einmal nachgewiesen werden. Schon jetzt bescheren Staus aller Art (und die künstlichen Engpässe) der Volkswirtschaft jährlich Verluste, die auf 15 Milliarden Mark geschätzt werden.

Alle diese Punkte müssen untersucht und ihre Vorteile für Mensch und Natur dem Verkehrsteilnehmer plausibel gemacht werden. Doch deutsche Bürgermeister, die sich gern mit dem Lorbeer der Fortschrittlichkeit bekränzen lassen wollen, bevorzugen »Ordre-de-Mufti«-Schikanen nach dem Muster der belgischen Stadt Antwerpen, deren rigoroses Vorgehen gegen Autofreunde das Entzücken vieler deutscher Lokalpolitiker hervorruft, die – wie der Antwerpener Bürgermeister Ed van Thijn – von einem »wirksamen Damm gegen den privaten Autoverkehr« träumen. Van Thijns Plan A sah vor, den Autoverkehr nicht weiter zu forcieren, sondern im derzeitigen Umfang zu belassen, Plan B die drastische »Verkehrsberuhigung«, den Antwerpens fortschrittlicher Bürgermeister natürlich favorisierte. Ende März 1992 wurden die Bürger der Hafenstadt zum Referendum gebeten. Eine knappe Mehrheit, hieß es, habe »für die autofreie City« plädiert – ein etwas sparsamer Umgang mit der ganzen Wahrheit: Nur 27,1 Prozent der 590 955 Bürger waren überhaupt an die Wahlurne getreten, und von dieser Minderheit hatte sich dann »eine knappe Mehrheit« für das Autoverbot ausgesprochen. Selbst Wahlinitiator van Thijn hielt seine Veranstaltung für mißglückt, fand aber keinen Grund, nicht dennoch umgehend zu handeln: Antwerpen wurde autofrei. Beifall und Nachahmer fand er am Main, wo sich Frankfurt den Ruf der autofeindlichsten Stadt der Republik gesichert hat. Frankfurt ohne Autos am Main: Künftig soll kein Auto, in dem nur eine Person sitzt, mehr in die Stadt rollen dürfen.

Viele dieser Pläne können Wirklichkeit werden, wenn sie seriös, glaubwürdig und ohne Anti-Auto-Ideologie durchdacht sind. Und alle werden sie akzeptieren. Doch die Chancen stehen schlecht. Überall, von Aachen bis Münster, hörten die »Planer nur einen Ruf«, ermittelte *auto motor und sport*: »Autos raus aus der City.« Bei einer Umfrage der *Welt am Sonntag* unter Deutschlands Oberbürgermeistern sprachen sich alle »für die Erschwerung des Individualverkehrs« aus. Münsters Oberbürgermeister Jörg Twenhöven will seine City »an allen Tagen in der Woche, und zwar rund um die Uhr« autofrei sehen. Essens Oberbürgermeisterin Annette Jäger gibt sogar zu, »in der Innenstadt durch verkehrslenkende Maßnahmen« den Individualverkehr »zu erschweren, ihn dadurch erheblich zu reduzieren und so den öffentlichen Nahverkehr zu stärken«.

In Fulda jedoch haben die Stadtväter mit hessischer Vernunft vorgeführt, daß Autofahrer bereitwillig ihr Fahrzeug verlassen, wenn ein anderes Gefährt die Reise in die City erleichtert. Drei Transity, umgebaute Ford-Taunus-Kleinbusse und flott gestylt, befahren im 10-Minuten-Takt eine große Schleife zwischen Innenstadt und Peripheric, an der Großparkplätze und Parkplätze mit insgesamt 6000 Stellplätzen liegen. Handzeichen genügt, und der Bus hält. Die Beförderung erfolgt zum Nulltarif. Zwar, gibt Oberbürgermeister Wolfgang Hamberger zu, erhöhe das Projekt Transity das Defizit der Fuldaer Verkehrsbetriebe, »volkswirtschaftlich aber kommt doch ein Gewinn heraus«.

Insgesamt sieht es für einen Sieg der Vernunft allerdings nicht gerade gut aus. In Frankfurt wollen die Jusos nicht nur »Autos raus aus der City«, sondern auch »Parks statt Parkplätze«; gegen U-Bahnen sind sie auch, denn für die Kosten eines U-Bahn-Kilometers könnten oberirdisch 3 Kilometer Bahnstrecke entstehen. In Karlsruhe wurden die Parkgebühren an Parkuhren auf das Zehnfache des bisherigen Betrages erhöht; selbst das Anwohnerparken kostet über Nacht bis zu 100 Mark im Jahr. In Berlin wird ab 1994 das pure Autofahren 600 Mark pro Jahr kosten. Die neue Bundeshauptstadt hat damit als erste Stadt der Bundesrepublik eine Straßenbenutzungsgebühr für Autofahrer, deren Wagen keinen Katalysator besitzen, eingeführt. In Konstanz und Bremen werden Wohnheime und Siedlungen für Studenten und Mieter propagiert, die ganz aufs Auto verzichten und als »geschlossene Gesellschaft« leben wollen; Bremen rühmt sich »der ersten autofreien Siedlung Deutschlands«. Ihre Bewohner müssen dem Auto abschwören; geboten wird ihnen dafür »eine höhere Wohnqualität und das Bewußtsein«, meldete dpa, »etwas für die Umwelt getan zu haben«.

Doch der überall mehr oder weniger stark ausgeübte Zwang behagt Gerold Lingnau ganz und gar nicht. »Eine Vorherrschaft der öffentlichen Massenverkehrsmittel«, findet er, »die nicht auf Zwang, sondern auf freiwilligem Wechsel beruht, ist nach allen überschaubaren Planungen nicht in Sicht.« Das Auto und die öffentlichen Nahverkehrsmittel »hätten sich parallel entwickelt: Aber das Auto hat immer die größere Attraktivität ausgestrahlt«. Jetzt wollten Kommunalpolitiker mit der »Brechstange dem fehlenden Charme des Massentransports nachhelfen«.

Wie sinnvoll weitsichtige Verkehrspolitik selbst in Großstädten aussehen kann, dafür liefert ausgerechnet der Autohersteller BMW ein Beispiel. In der völlig überfüllten Isar-Metropole soll ein Plan der weißblauen Marke Symbolwirkung haben: Der Altstadtring, auf dem sich Tag für Tag 70 000 Autos bewegen (und stauen) und die ohnehin schon belastete Münchner Luft weiter verschlechtern, soll »in frühestens 8 bis 10 Jahren« für den Autoverkehr dichtgemacht werden, hat Eberhard von Kuenheim, der als der stärkste politische Kopf seiner Branche gilt, vorgeschlagen. Er will zeigen, wie Fortschritt machbar ist. Am Rande einer »Blauen Zone« sollen 14 Tiefgaragen mit 7000 Stellplätzen gebaut werden; auf dem Ring fahren dann nur noch Shuttle-Busse mit umweltfreundlichem Antrieb im 4-Minuten-Takt. Heißt es bei Gegnern der Freizügigkeit pauschal »Umkehr statt Verkehr« und Fahrrad »statt Auto«, so erprobt von Kuenheims »Kooperatives Verkehrsmanagement München« alle »Möglichkeiten, den Individualverkehr besser zu lenken und durch intelligente Verknüpfung mit dem System des öffentlichen Nahverkehrs zu verringern«. In der Verkehrspolitik, so habe sich nach von Kuenheims Erfahrungen gezeigt, seien »Ideologien schädlich. Das Auto ist unverzichtbar. Die Menschen brauchen es genauso wie den Ausbau anderer Verkehrsmittel«.

Ziehen wir jetzt für den Vorwurf »Den Stadtzentren droht der Verkehrsinfarkt« unsere Bilanz: Der Erstickungstod unserer

Städte am Verkehr kann vermieden werden, wenn Lösungen wie das »Kooperative Verkehrsmanagement München« Allgemeingut werden. München kann allen als Pilotprojekt dienen. Ausreden – und auch Schikanen – sind fortan nicht mehr erlaubt. Vor allem müssen die lokalen Größen von ihrer Lieblingsidee Abstand nehmen, für den Autofahrer nichts zu tun und ihn dennoch kräftig zur Kasse zu bitten.

Klopfen wir alle Möglichkeiten auf ihre Durchführbarkeit ab, um auch den nächsten Vorwurf mit der gebührenden Sachlichkeit zu untersuchen:

- Den Autobahnen und Fernstraßen droht der Verkehrsinfarkt.

Auch hier kann wieder die Elektronik helfen. Werner Niefer, bis Ende 1992 Mercedes-Benz-Chef, beschreibt die breite Palette von Lösungen so: »Künftig werden wir die Chance haben, mit Hilfe von Informations- und Verkehrsleittechnologien das Geschehen weit vor uns auf den Straßen zu überblicken – also über Staus, Verkehrsunfälle oder volle Parkhäuser frühzeitig informiert zu werden.«

Fast 60 Jahre nach dem ersten Spatenstich für Autobahnen findet Verkehrsregelung immer noch wie zu Opas Zeiten statt. »Das modernste Signalsystem auf der Autobahn«, spottet Alfred-Herwig Fischer, Projektleiter bei Mercedes-Benz, »ist der Windsack.«

Dabei hat *Der Spiegel*, der von der »elektronischen Aufrüstung« der Autobahnen spricht, die Richtung klar erkannt: »High-Tech am Straßenrand soll den zusammenbrechenden Verkehr wieder flüssig machen.« Ohne High-Tech bräche er in der Tat zusammen, denn allein auf einem Autobahnstück nördlich Frankfurts werden täglich 115 000 Fahrzeuge registriert.

Krause hatte gezeigt, daß ihm seine Rolle als Verkehrsplaner für das nächste Jahrhundert klar war: Bundesweit finanzierte er 74 neue Projekte zur »Verkehrsbeeinflussung auf Bundesautobahnen« bis zum Jahre 1995 und hatte dafür 550 Millionen Mark lockergemacht. Da er von Geschwindigkeitsbegrenzungen oder ähnlichem Dirigismus nichts hielt, erkannte er, daß nur »eine intelligente Nutzung der Straßen hilft, Staus und Gefahrenschwerpunkte abzubauen«.

Zunächst aber bieten sich Möglichkeiten an, die kein Geld kosten und bei den Behörden nur guten Willen – besser: zeitgemäße Intelligenz – voraussetzen. Immer noch ist der Status von Fahrgemeinschaften nicht exakt geklärt: Wer trägt das versicherungsrechtliche Risiko, und erkennt das Finanzamt die Kilometerpauschale, die immer nur für den einzelnen Fahrer in seinem Wagen gilt, bei den möglichen Fahrgemeinschaften an? Der Vorschlag von Baden-Württembergs Verkehrsminister Hermann Schaufler, zu den Rush-hours Fahrgemeinschaften einen »Benutzervorteil« dergestalt einzuräumen, daß für ihre Autos bestimmte Straßen oder Spuren reserviert werden, ist gutgemeint, aber ohne Überzeugungskraft für Autofahrer. Überzeugen kann immer nur – die steuerbegünstigte Einführung des Katalysators mag als Modell dienen – ein finanzieller Vorteil. Warum, bei Gott, rührt sich der Fiskus nicht und schafft Klarheit für die notwendigen Fahrgemeinschaften? Anstatt sie zu diffamieren, wie es Franz Klein als Präsident des Bundesfinanzhofes tut: »Da fahren 4 Leute in einem Auto, und jeder gibt an, er wäre selbst gefahren.« Für den obersten Finanzrichter der Republik stellt dieser Zustand »die größte Steuerhinterziehung überhaupt« dar. Mag sein, doch seit mehr als 20 Jahren läßt der Staat die Klarstellung schleifen.

Die Elektronik, die den Verkehrsinfarkt verhindern hilft, macht fast alles möglich. Bosch in Stuttgart, dieser bewährte Pionier der Motorisierung, hat ein Informationssystem entwickelt, das als Weltstandard für die Autoelektronik gilt: das Kabelnetz CAN (*C*ontroller *A*rea *N*etwork). Ein einziges Informationskabel transportiert jeden Befehl, den der Fahrer eingibt, zu seinem Ziel, das sich dann den für ihn bestimmten Code herauspickt und den Befehl ausführt. Das so bestückte Auto fährt sicher zu seinem Bestimmungsort. Doch für Boschs Futurologen ist das erst der Anfang: »In wenigen Jahren wird von der Blinkerlampe über die Fahrscheinwerfer, den Scheibenwischermotor und die Fensterheber bis zum Motormanagement, der Antriebsschlupfregelung ASR und dem Antiblockiersystem ABS alles per CAN gesteuert.«

Einen »Pfadfinder im Auto« haben formulierungsstarke Journalisten den Reisewegführer getauft, den die Toshiba Corp. in Tokio erfunden hat. Ein Farbdisplay im Cockpit zeigt einen Stadtplan mit der gegenwärtigen Position des Fahrzeugs in der Mitte. Das Display mit seinen 220 mal 820 Bildpunkten erhält fortlaufend Navigationshilfe über Satellit vom *G*lobal *P*ositioning *S*ystem (GPS). Bei der Kartenwiedergabe lassen sich durch Zoomen Einzelheiten, beispielsweise der Name einer winzigen Gasse in einer Kleinstadt, besser erkennen. Die schillernde Scheibe kann sogar auf Wunsch Hotels, Restaurants oder Kaufhäuser ansteuern.

Daimler-Benz, der integrierte Technologiekonzern, setzt – zusammen mit Hochschulen und Industrielabors von 11 Autobauern in Italien, Frankreich, Schweden und England mit insgesamt 300 Ingenieuren und Wissenschaftlern – seit 1986 auf sein Projekt PROMETHEUS. Denn als Unternehmen, das von Automobilen lebt, haben die Beteiligten das ebenso verständliche wie egoistische Interesse, den Verkauf ihrer Fahrzeuge auf hohem Niveau zu sichern. Prometheus, Sohn des Titanen Iapetos, soll, folgen wir der frommen Legende, den ersten Menschen aus Lehm geknetet haben. Auch PROMETHEUS, das »Programm für ein europäisches Transportsystem mit höchster Effizienz und unerreichter Sicherheit«, hat sich ein hehres Ziel gesetzt: das »intelligent geführte Auto«, wie *Die Zeit* treffend schrieb. PROMETHEUS führt das intelligente Auto über einen Atlas, der alle Autobahnen, Land- und Stadtstraßen enthält. Ein Rechner, dem Standort des Fahrers und sein Ziel eingegeben werden, findet dann die günstigste Fahrroute.

Doch PROMETHEUS kann mehr: Auf der Weltausstellung 2000 in Hannover wird, wenn sie denn stattfindet und mit Autos überschwemmt wird, das von Volkswagen ersonnene Parkleitkonzept dafür sorgen, daß es keine Staus gibt. Wer mit seinem Pkw von der Autobahn in die City abfahre, wird zu Park-and-Ride-Plätzen dirigiert. Dort verschwinden die Autos in automatisierten Tiefgaragen mit vielen Etagen. Ein Regalroboter fischt sich das ebenerdig abgestellte Auto und bugsiert es in ein freies Fach. Wiederfinden ist kein Problem, denn eine Chipkarte, auf der die Position des geparkten Autos gespeichert ist, holt den Wagen wieder ins Freie.

STORM, *S*tuttgart *T*ransport *O*peration by *R*egional *M*anagement, ist von Mercedes in Verbindung mit dem Land Baden-Württemberg, der Stadt Stuttgart sowie den Firmen Bosch, Siemens, IBM, Alcatel-SEL und Hewlett-Packard erdacht. Mit dem klotzigen Etat von 42 Millionen Mark ausgestattet, soll es bis 1996 in der Lage sein, den dschungelartigen Autoverkehr im Stuttgarter Umland an Staus vorbeizumanövrieren. Wer dennoch in die Stadt muß, muß eine für seine Fahrstrecke festgelegte Straßenbenutzungsgebühr zahlen, über die sich Stuttgarts inkassofreudiger Oberbürgermeister Rommel jetzt schon freut: »Da fährt einer in die City, und wenn er am Ziel ist, ist von seinem Bankkonto die Gebühr bereits abgebucht.«

Erstmals erprobt STORM die PROMETHEUS-Ideen und zeigt damit, wohin die Reise des modernen Verkehrs geht:

Baden-Württembergs Autobahnen, stets gut für schlimme Staus, sind bereits mit Sensoren bestückt, die, so schildert Horst Weise in der *Zeit* die elektronische Revolution, »jedes Fahrzeug und dessen Geschwindigkeit registrieren und per Dauerleitung dem Verkehrsleitrechner in Ludwigsburg« berichten. Der füttere dann diese Daten in seine Programme, »mit denen Staus ziemlich treffsicher vorausgesagt werden können«. Diejenigen Streckennetze, auf denen binnen einer Stunde sich der Verkehr zu stauen droht, markiere dieser dann zunehmend rot auf einer Bildschirmkarte. Erst dann »kommt der Mensch ins Spiel, nämlich als ›Verkehrsleitmanager‹. Er kann sich, wie mit einer Zoomkamera, immer kleinere Abschnitte der vermutlichen Stauzone zeigen lassen, bis hinab zur einzelnen Kreuzung«. Die ideenreichen STORM-Techniker, will Zukunftsreporter Weise wissen, dächten sogar daran, den Autofahrer »mit Hilfe von Videokameras das Geschehen auf der Straße miterleben zu lassen«.

Und wo sich ein Stau ergibt, wird die Elektronik, der »digitale Lotse«, den Fahrer um den Auto-Stillstand herumführen. »Elektronische Führungssysteme«, verspricht Hermann Franz pvom Vorstand des Elektrokonzerns Siemens, »verhindern den Verkehrsinfarkt.« Seien sie rechtzeitig installiert, müsse sich niemand vor dem Jahr 2010 fürchten, in dem, behaupten Wissenschaftler, auf einen Straßenkilometer 68 Autos kommen (heute sind es um die 40).

Auch Nebel, diese fürchterliche Autofahrergefahr, soll keine tödliche Massenfalle mehr sein. Überall sind die Forscher so weit, daß ihr Abstandsradar, der auf einem Abstandsregel-Tempomat basiert, reif für die Serienproduktion erklärt wird. Vorn an den Autos sitzen dann Infrarotsender und -empfänger, »die laufend die Entfernung zu

Objekten vor dem Fahrzeug messen«, beschreibt der Stuttgarter Fachjournalist Stefan Woltereck die lebensrettende Innovation. Die ersten Erprobungen auf der nebelfreudigen Autobahn A8 bei Ulm warnen nicht nur vor dem Nebel, sondern auch vor Glatteis. Schon bald könnten, schreibt der kundige Woltereck, »Massenkarambolagen der Vergangenheit angehören«.

Abstandsregel-Tempomate sind – die Behauptung fällt nicht schwer – neben dem Airbag eines der bedeutendsten Ergebnisse der für das Automobil eingesetzten Elektronik: Sie verhindern Auffahrunfälle, indem sie zwischen 2 Fahrzeuge einen Sicherheitsabstand legen. Wird die Distanz zum vorausfahrenden Fahrzeug zu gering, bremst der Tempomat, wird sie unnötig groß, beschleunigt er. Dieses Tempomat-Sensorsystem soll schon 1995 serienreif sein und wird zunächst soviel wie ABS bei seiner Einführung kosten: »Deutlich über 5000 Mark«, erklärt Mercedes (doch die Erfahrung lehrt, daß der Preis bald drastisch sinken wird). In Kürze, heißt es in Forscherkreisen, wird der Tachometer, der 1907 von den Deuta-Werken in Berlin zur Anzeige der Geschwindigkeit von Automobilen erfunden wurde, ein bestauntes Schmuckstück für Autotechnik-Museen sein.

Kaufmännischer Logik entspricht, daß sich an die Spitze aller Verkehrsreformer die großen Autohersteller gesetzt haben. Sie wollen ihre Absatzmärkte sichern. Kaufmännischem Kalkül entspricht, daß sie dabei Konkurrenz Konkurrenz sein lassen und zusammenarbeiten. Weil nicht jeder noch einmal für sich erfinden muß, was andere schon erfunden haben, stieg der Großkonzern Nissan 1991 beim European Technology Centre ein, um beim deutschen PROMETHEUS-Projekt gleichberechtigt mitzumachen. Anfang 1993 boten Japans Autobauer ihren deutschen Kollegen an, sich an VICS, *V*ehicle *I*nformation and *C*ommunications *S*ystems, zu beteiligen. Das System, das den Straßenverkehr der Zukunft regeln soll, stammt aus den Labors von Honda, dem Autofabrikanten, dem es 1981 gelang, Standort und Kurs eines Fahrzeuges durch ein in den Wagen eingebautes elektronisches System zu bestimmen. Eine Innovation, die so teuer war, daß sie nur für Wagen der höchsten Ausstattungs- und Preiskategorie in Frage kam und wegen dieses Handicaps kein wirtschaftlicher Erfolg wurde.

Jetzt suchen sie im Autoland Deutschland Verbündete für den ganz großen Schritt in Richtung Sicherheit. VICS soll nicht nur die Geschwindigkeit und Beschleunigung des Autos der Straßensituation anpassen, sondern sich auch »über mögliche Hindernisse auf der Reiseroute ›Gedanken machen‹«. Der Autofahrer, würde VICS überall Wirklichkeit, könnte also quasi gedankenlos fahren. Resümiert *auto motor und sport*: »Aus Forschung und Entwicklung erwachsen dem Autofahrer wertvolle Hilfssysteme, die teilweise sogar allein fahren können.«

Der Fahrer – im »Auto von morgen« im »Verkehr von morgen« – kann durch das Betätigen von Gas und Bremse die elektronische Steuerung ausschalten oder sich ihr anvertrauen. In jedem Fall kann der Tempomat überhöhte Geschwindigkeit – Grund ungezählter Unfälle, auch Furiosum teutonicum genannt – verhindern.

Rasen gehört der Vergangenheit an. Kein Zuschnellfahrer kann sich dann mehr die gängige Ausrede leisten, er habe nicht auf den Tachometer gesehen und gar nicht bemerkt, wieviel er draufgehabt habe. Dann können auch die Verkehrspolizisten, längst weder Freund noch Helfer, ihr unwürdiges Heckenschützendasein aufgeben und ihre Radarkontrollen, die meist doch nichts als Radarfallen zum Abkassieren sind, ins Verkehrsmuseum bringen. Integrierte Verkehrssysteme koordinieren die Zusammenarbeit aller Verkehrsträger, die Warnung vor dem »Verkehrsinfarkt« hat durchschlagenden Erfolg gehabt: Der Verkehr rollt.

Wie heute schon, im kleinen, in der Stadt Karlsruhe. Hier haben die Politiker mit badischem Realitätssinn ein funktionierendes Verkehrssystem geschaffen. Die Bahnen fahren häufiger, sind billig und bieten angenehmen Komfort. Die Stadtväter verstehen ihr System als Angebot: Die Besucher aus dem Umland fahren mit dem Auto zu Park-and-Ride-Plätzen an der Peripherie und von dort über das stark verbesserte Schienennetz in die City. Auch Schikanen für den Individualverkehr, sollte er dennoch notwendig sein, gibt es nicht, denn die Stadtväter wollen dem Einzelhandel nicht zumuten, die Autofahrer als Kunden zu verlieren; Kurzparker haben viele Möglichkeiten, ihr Fahrzeug stundenweise abzustellen. Das ZDF, das diesmal nicht als Überkritiker des Autos auftrat, warnte in seiner Sendung, in der die

Karlsruher Regelung ausführlich dargestellt wurde, »die Kommunen davor, mit ihrer Verkehrspolitik die Menschen aus der Stadt zu vertreiben«, und lobte: »Nicht überall wird nach jahrelangem Tiefschlaf zur Hatz auf die Autofahrer geblasen. Nicht überall muß jetzt die Weltanschauung den Mangel an Weitsicht und Ideen übertünchen.«

All das kostet Geld. Doch hatten bisher die Autofahrer von höheren Kosten und steuerlichen Belastungen gehört, weil viele Stadtväter mit der Nahverkehrsabgabe und drastisch verteuerten Parkgebühren ihre Stadtkassen sanieren wollen und auch der Staat höhere Mineralölsteuern verlangen will. Aber was will der mit dem Mehreinnahmen anfangen? Das immer teurere Benzin soll alles finanzieren: die Rettung des deutschen Waldes, die Reinhaltung der Luft, die Beseitigung des Lärms, alternative Energien wie Solar und Wasserstoff, sogar – verlangt der CDU-Abgeordnete im Europäischen Parlament, Elmar Brok – Elefantengras, Raps und Chinaschilf; und dazu die eigene Konkurrenz, den Öffentlichen Personennahverkehr (ÖPNV). Dafür solle sogar eine »Auspuffsteuer« herhalten, wie *Bild am Sonntag* herausgefunden haben will: »Wer einen dicken Wagen fährt, muß erheblich mehr bezahlen. Im Durchschnitt wird Autofahren dann um 30 Prozent teurer.« Die Autofahrer konnten nur die Hände über dem Kopf zusammenschlagen und die Hilfe des Höchsten erbitten: »Tanken teurer, Parken teurer, Versicherung teurer, Kfz-Steuer rauf, höhere Bußgelder.« 1993 – das Horrorjahr für Autofahrer. – »Die Deutschen«, stellt Jörn G. Praetorius kühl in den *Stuttgarter Nachrichten* klar, »fahren um so leidenschaftlicher Auto, je mehr man sie anfleht, es zu lassen«, und um so teurer es wird.

Daß derjenige auch das Geld aufbringen muß, der künftig zügig fahren will, ist keinen Zweifel wert. »Eigentlich«, wundert sich Ernst Fiala, früher Forschungsvorstand bei Volkswagen und heute Auto-Professor an der Technischen Universität Wien, »müßte es jedem einleuchten, daß man für das Gut ›Verkehr‹ wie für jedes andere einen Preis zahlen muß.« Im Klartext: Die freie Fahrt wird teuer, sehr teuer.

Ex-Verkehrsminister Krause wollte zwar nicht eine generelle Autobahngebühr einführen und favorisierte die sogenannte Vignettenlösung, die im Endeffekt auf dasselbe hinausläuft: Jeder deutsche

Autofahrer sollte am Jahresanfang eine bis zu 400 Mark teure Vignette kaufen. Verkehrsexperten halten Krauses Vignette aber nicht für die ideale Lösung: Werde das Autobahnfahren durch den Vignettenpreis teuer, könnten Millionen deutscher Autofahrer auf die naheliegende Idee kommen, den Preis auf jeden Fall auch abzufahren. Mehr Verkehr statt weniger sei die Folge. Oder: Personen- und Lastwagen meiden fortan die kostspielige Autobahn, benutzen Bundes- und Landstraßen und quetschen sich durch Städte und Dörfer. Dann wäre der Verkehrsinfarkt perfekt. Noch stärkere Argumente gegen Autobahngebühr wie Vignette ergab eine Modellrechnung des ADAC: »Wenn sich nur 10 Prozent des Autobahnverkehrs auf die Landstraßen verlagern würden, gäbe es jährlich 300 Tote und 9000 Verletzte mehr.« Auch der Minister räumte ein, der Verkehr auf den Landstraßen sei »dreimal gefährlicher« als der auf den Autobahnen.

Was tun? Löst die von Krause angedachte Privatisierung der deutschen Autobahnen den fatalen Dreisatz »Verkehrsfluß – Sicherheit – Kostensteigerungen«? Die private Autobahn AG ist ein faszinierender Gedanke, zumal sie ein profitables Unternehmen werden könnte: Jährlich 11 Milliarden Mark Gebühren könnte sie kassieren und somit ein guter Steuerzahler werden. Krause wußte auch: »Maut-Häuschen wird es nicht geben.«

Wieder macht es die Elektronik, der unsichtbare Helfer, möglich, elektronische Systeme, die jede Fahrt auf den Autobahnen – und wahrscheinlich auch auf den Fernstraßen der Republik – registrieren. Induktionsschleifen in der Straßendecke notieren jede Autoreise vom Start bis zum Ziel und buchen die Kosten für die Benutzung der Straßen am Monatsende ab. Im Auto müßten, schwärmt Dieter Schulte vom Bonner Verkehrsministerium, »nur kleine schwarze Kästchen installiert werden, so groß wie ein Autoradio«. Das »Road-Pricing«-Verfahren, von Bosch bis zur Produktionsreife getrieben, könnte flächendeckend eingeführt werden.

Bosch führte heute schon vor, wie freie Fahrt und Inkasso lückenlos-perfekt betrieben werden können. Zum Beispiel so: Ein Autofahrer, der die Autobahn benutzen will, kauft sich eine Benutzungskarte – ähnlich der Telefonkarte – und erwirbt damit eine bestimmte Menge Autobahnkilometer. Hat er sich verschätzt, das heißt, verfährt er mehr, als er gekauft hat, gibt ein Gerät in seinem Wagen einen unüberhörbaren Summton von sich – das Signal dafür, daß seine Karte aufgebraucht ist. Dann muß er spätestens zwei Ausfahrten später die Autobahn verlassen und kann seine Benutzungskarte neu auftanken. Wer den Summton mißachtet und liegenbleibt, ist dran wegen eines Verkehrsvergehens, vergleichbar dem, wenn einem der Sprit ausgegangen ist.

Für Amerika, auch Land der unbegrenzten Computermöglichkeiten, ist das alles längst keine Zukunftsmusik mehr. Während sich zum Beispiel in New York in der morgendlichen Rush-hour vor dem Lincoln-Tunnel zwischen New Jersey und Manhattan auf den Straßenspuren die Autos im Abgasqualm stauen, fließt der Verkehr auf einer Spur zügig: die Busse, die sie benutzen, fahren einfach durch. Das Geheimnis der staufreien Fahrt: Diese Fahrzeuge sind mit einem speziellen Identitätsausweis ausgestattet, spezielle Radioantennen am Rand der Fahrbahn lesen die Ausweise und geben die Information an einen Computer weiter, der dem Fahrzeughalter einmal im Monat eine Mautrechnung zustellt. »Maut bezahlen in voller Fahrt«, begeisterte sich Benedikt Fehr, der mit seiner Reportage in der *Frankfurter Allgemeinen Zeitung* dem deutschen Autofahrer die Welt von morgen zeigen konnte.

Fehrs Vision: »Elektronische Mautstellen eröffnen viele Möglichkeiten, die Verkehrsströme besser als bisher zu steuern.« So könnte man sogar »mit elektronischen Mautsystemen leicht die Gebühren je nach Tageszeit variieren, zum Beispiel die Gebühren während des Berufsverkehrs erhöhen, um den Pendlern einen Anreiz zu geben, wegen der für die Rush-hour hohen Gebühren später zu fahren oder öffentliche Verkehrsmittel zu benutzen«. Elektronische Geräte dieser Art könnten selbst für Gerechtigkeit im Straßenverkehr sorgen: Nur die Nutzer einer Straße müssen zahlen und nicht, wie heute, die Allgemeinheit, sieht Reporter Fehr aus dem elektronisierten Autoland Amerika Möglichkeiten für den Verkehr von morgen in der Alten Welt.

Für Fehrs Heimatredaktion am Main war die elektronische Erfassung der Autofahrt – und damit des Autofahrers – spontan ein wahres Schreckensbild, schlimmer als Orwells *1984*: Ein »Dilemma zwischen Nachprüfbarkeit der Gebührenrechnung und Datenschutz. Den unterwegs laufend überwachten Autofahrer kann man nicht wollen.«

Das alte deutsche Dilemma: Deutsch zu sein heißt ja, sich das Leben schwerzumachen. Jede Neuerung, selbst wenn sie als klarer Fortschritt zu erkennen ist, wird erst einmal durch Bedenken geehrt und dann abgeblockt. Bei der Einführung des Haltegurts war es so, auch bei der Einführung des Kinderschutzes im Wagenfond. Sicherheit hin, Sicherheit her, bremsten die bekannten Bedenkenträger: Haltegurte widerspächen dem geheiligten Prinzip der Freiwilligkeit, der körperlichen Unversehrtheit, sogar der menschlichen Würde, dem Recht auf freie Entfaltung der Persönlichkeit. Inzwischen aber starben Tausende, Hunderttausende wurden, da gurtlos, verletzt.

Doch bei der Wahl »Freie Fahrt mit elektronischer Begleitung oder Staus der schlimmsten Art« wird es keine langen Debatten unter den Autofahrern geben, weil diese Überwachung dem denkbar humansten Zweck dient, nämlich dem, Leben zu erhalten. Auch wird er sich erinnern, wo er als Bürger, ohnehin schon ein gläserner und fast nackter Mensch, überall elektronisch begleitet und gespeichert wird, und so wird er hoffentlich schnell der elektronischen Überwachung und Steuerung zustimmen.

Denn schon formieren sich, wie erwartet, die Autofeinde, an ihrer Spitze der militante Umweltschutzverein BUND: Sogenannte »intelligente Straßen«, die das Auto elegant-elektronisch in die Zukunft dirigieren, werden dort strikt abgelehnt. Verhindern will der BUND mit seinem Vorkämpfer Hubert Weinzierl, einem unversöhnlichen Feind der freien Fahrt des Automobils, vor allem, »daß Sensoren am Straßenrand Autozahlen und Luftwerte erfassen, Computer die Daten für flexible Verkehrssteuerung errechnen und an Wechselsignalanlagen weitergeben«. BUND-Grund: »Die hochgezüchtete Technik« solle lediglich »noch ein paar Jahrzehnte die Absatzchancen der Autohersteller sichern«. Indem sie »vorgaukelt, daß es auch künftig Mobilität durch das Auto gebe, seien diese Techniken ›Zukunftslügen‹«.

Auch wenn dabei der Benzinverbrauch im Land nur um 0,025 Prozent zurückginge, fordert er das radikale Tempolimit. Denn:

»Verkehr ist wie Müll eine negative Erscheinung«, findet Christoph Zöpel, Verkehrspolitiker der SPD in Bonn (die am Tag nach einer rot-grünen Regierungsbildung im Bund auf Deutschlands Straßen die längst vorbereitete Geschwindigkeitsbegrenzung für Autos dekretieren würde).

Schon haben die gierigen öffentlichen Hände mit dem Großtest »Automatische Gebührenerfassung« begonnen, der Anfang 1995 abgeschlossen sein soll. Verkehrsminister Krause ließ Ende 1992 in aller Heimlichkeit auf einem 10 Kilometer langen und stark frequentierten Autobahnteilstück zwischen Bonn und Köln für 11,2 Millionen Mark ein Pilotprojekt installieren: Eine 50 Fahrzeuge starke Flotte unterschiedlicher Wagentypen, ausgerüstet mit elektronischer Sensorik, soll im Langzeittest über die Autobahn fahren, über der die vorhandenen Schilderbrücken mit Zählvorrichtungen ausgestattet sind. Von den Testautos werden per Funk die Daten »für die streckenbezogene Erhebung von Straßenbenutzungsgebühren« an einen Computer weitergegeben. Wird das Inkasso-Modell Wirklichkeit, muß jedes Auto im Wageninnern ein Zählgerät führen, das »deutlich unter 100 Mark« zu haben sein soll.

Für den Autofahrer, der sich über die neue Beutelschneiderei ärgert, wird zugleich klar: Nur die Kombination von elektronischer Überwachung und Steuerung garantiert ihm die zügige Fahrt, die er über alles liebt.

Paradies für vier Räder? Wohl nicht.

Schöne, neue Autowelt? Vielleicht.

Neue Autowelt? Bestimmt.

Unsere Enkel jedenfalls werden es besser haben. Wir, die wir diese Welt entdeckt haben und fahrend bewundern, werden sie nicht beschädigen oder gar zerstören. Wir werden unseren Nachkommen keine kaputte Welt hinterlassen, keine Erblast, die sie erdrücken würde. Frederic Vesters schreckliche Vision – »verheerende Dürren, Klimakatastrophen durch Anstieg von CO_2, Gift in Luft, Wasser und Boden mit den daraus folgenden Gefahren für die menschliche Gesundheit, Verkehrschaos und -lärm – Apokalypse ringsum... Die Grenze der Belastbarkeit unserer Erde scheint in vielen, für die menschliche Existenz wichtigen Bereichen erreicht« – hat uns aus unseren falschen Träumen wachgerüttelt.

Niemand wird mehr rasen, niemand kann mehr rasen. Alle werden reisen, mit viel Spaß, sicher und bequem.

Und teuer. Der freie Bürger wird das Vergnügen, mit seinem Automobil jederzeit dahin zu fahren, wohin er will, teuer bezahlen müssen. *Bild* hat seine Leser bereits vorgewarnt: Das »teure Deutschland« werde bald ein Land sein, in dem sich »nur noch Millionäre« Leben, Wohnen und Autofahren leisten könnten. Denn neben einer Autobahngebühr denke man auch noch »an eine stetige Erhöhung der Mineralölsteuer« um 50 Pfennige je Liter, die nur ein deutscher Minister, der hochbezahlte Umweltentsorger Klaus Töpfer, als »maßvoll« bezeichnen kann.

Erhellen wir die Zukunft des deutschen Autofahrers – was die freie Fahrt kosten wird und wie er darauf reagiert – mit einem Gutachten.

Karnevalsschlager »Autobahngebühr«
Kohl & Krause

Hemmungslos greift der Bürgerhalsabschneider Staat zu, obwohl der deutsche Arbeitnehmer schon 2850 Mark im Jahr mehr an Abgaben als vor 3 Jahren zu zahlen hat. Böse Ahnungen überkamen den Bürger, der im Frühjahr 1993 seine Zeitung las oder Nachrichten hörte. Verkehrsminister Günther Krause kündigte an, er bastle an einem »Konzept für die Privatisierung der Autobahn«. Wer die Autobahn benutze, solle bald zahlen: eine elektronische Mautgebühr oder für eine spezielle Vignette. Zugleich drohte er eine Erhöhung der Mineralölsteuer an. (Ungeachtet der Tatsache, daß heute schon ein Mittelklasse-Pkw hoch belastet ist: Zur Versicherungssteuer von 60 Mark im Jahr, zu 238 Mark Kfz-Steuer, 928 Mark Mehrwertsteuer auf Benzin, Reparaturen und Kaufpreis sowie 1328 Mark Mineralölsteuer sollen noch 360 Mark Autobahngebühren kommen.)

Fortan, so Krause, ganz Diener seines hohen Herrn im Bundeskanzleramt, dem die finanziellen Probleme des vereinten Deutschland längst über den mächtigen Kopf gewachsen sind, solle der Unterhalt der deutschen Autobahnen nicht mehr wie bisher aus dem Bundeshaushalt finanziert werden, sondern durch »privates Kapital« – was sich schnell als neue »Steuerlüge« herausstellte: Von den 76 Milliarden Mark, die der Autofahrer Jahr für Jahr durch Kfz- und Mineralölsteuer aufbringt, gehen 30 Milliarden in Ausbau und Unterhalt der Autobahnen; 46 Milliarden steckt der Staat in den Bundeshaushalt, obwohl die Mineralölsteuer »zweckgebunden« ist, das heißt, nur für Autobahnen verwendet werden darf.

Außerdem: Bis zu 400 Mark im Jahr wollte Krause für die Fahrt auf der Autobahn kassieren, die der Autohalter als Steuerzahler ohnehin schon einmal bezahlt hat. Über die endgültige Höhe der Gebühr entscheide, machte sich Krause flugs schuldfrei, jedoch allein der Kanzler. Chefsache also.

»Nie in der Geschichte der Bundesrepublik ist mit den Finanzen solches Schindluder getrieben worden«, erzürnte sich Hans Barbier in der *Frankfurter Allgemeinen Zeitung*, die abermals bewies, daß hinter ihr ein kluger Kopf steckt. »Hauptsache ist, daß die Milliarden fließen.«

Der Autofahrer – die Kuh, die nie gefüttert, immer aber gemolken wird.

Fortwährend werden in Bonn neue Pläne erdacht, wie der Autofahrer weiter zu schröpfen ist: Einmal soll er mit seinem Geld den deutschen Wald retten, die Städte vor dem Verkehrsinfarkt bewahren oder die marode Bundesbahn wieder in die richtigen Gleise bringen. In Wirklichkeit sind das alles nur vorgeschobene Gründe, um mehr Geld für den unersättlichen Staat aufzutreiben, der nicht nach guter Hausväterart nur ausgibt, was er hat. Immer schon wurden von den Politikern Worte wie Nebelgranaten geworfen, um ihre wahren Absichten zu tarnen: Freisetzungen statt Entlassungen, Nullwachstum statt Stagnation, Einnahmeverbesserung statt Steuererhöhung.

»Warum soll ich als kleiner Autofahrer 400 Mark berappen, nur weil ich einmal im Jahr die Autobahn für eine Urlaubsfahrt benutze?« erregte sich *Bild*-Leser Brebach aus Bad Münster. »Die Autobahngebühr für die dicken Dienstwagen der Regierung zahlt natürlich der Steuerzahler«, machte sich Robert Junker aus Stuttgart Luft. Doch da irrte er sich, wie *Bild* enthüllte: »Minister zahlen nix.« Da sie als ständig im Dienst befindlich gelten, seien sie auch bei der Benutzung ihrer Privatfahrzeuge von jeder Steuer freigestellt.

Unsere obersten Volksdiener haben es besonders kommod, was ihre Fahrzeuge betrifft, worauf hier jedoch noch einmal hingewiesen werden muß. Schon Winston Churchill trauerte, nachdem er sein Amt als Englands Premier verloren hatte, dem Chauffiertwerden nach und beklagte den größten Verlust, den er als einfacher Bürger spüre: »Transportation.« Bundeskanzler Helmut Kohl fährt einen Mercedes im Wert von fast einer halben Million Mark. Bundespräsident von Weizsäcker, erster Mann im Staat und von Amts wegen unser aller Vorbild, verfügt sogar – *Bild* enthüllte es – über zwei 500 SEL mit komfortablen Spezialeinbauten: Geruchs- und Staubfilter, Klimaanlagen hinten und vorn, Fax und abhörsichere Telefonanlage. *Bild*: »Die Worte des Präsidenten werden in sinnlose Wortfetzen zerhackt, beim Empfänger erst wieder zusammengesetzt.« Wozu ein zweites Auto? »Der Erstwagen bringt von Weizsäcker zum Flughafen [zum Beispiel: Bonn], der zweite holt ihn am Zielflughafen ab.«

»Sollen nur noch Besserverdienende Auto fahren dürfen?« wollte Leser Heinrich Mönkemeier aus Derental wissen. Und *Bild*, Ratgeber in allen Lebenslagen, gab Auskunft: »Du zahlst dich grün & blau.«

Nie zuvor in der Geschichte der Bundesrepublik war die Entrüstung über Pläne der Regierung wütender als bei dem Versuch, den Autobahnfahrer zu schröpfen.

Bild schrie: NEIN
NEIN
NEIN

Und am nächsten Tag: »Autobahngebühr – Bonn gegen uns alle.«

Die *Bild*-Zeitung, die schon einmal bei einem umstrittenen Regierungsplan – nämlich die Telefongebühren drastisch zu erhöhen – so getrommelt hatte, daß mitten in den Sommerferien die Mitglieder des Deutschen Bundestags aus dem Urlaub zu einer Sondersitzung nach Bonn zurückgeholt worden waren, hatte eine Lawine losgetreten: »Proteststurm gegen Autobahngebühr«, registrierten die Agenturen ap und dpa; »Kritik an der Vignette wächst«, berichtete *Sonntag aktuell*; »Der Widerstand gegen die Vignette wächst«, das *Handelsblatt*. »Fahr nach Hause, Krause!« empfahl der Kölner *Expreß*.

Geschlossen fiel »die Boulevard-Presse, immer nah am kleinen Mann, über den Minister her«, fand *Der Spiegel* heraus und schob aktuell seine Titelstory »Kassenfüller Autobahn« an die Kioske nach (im Heftinnern, niemand wunderte es, wurde dann für eine spürbar höhere Belastung der Autofahrer plädiert). Arnold Vaatz, Sachsens Umweltminister und Krauses Parteigenosse, bescheinigte Kohls Verkehrsmann: »Ökologischer Super-GAU«.

Bild blieb an der Sache, die die Nation mehr bewegte als die Verteuerung der Bananen durch die Europäische Gemeinschaft und die ARD-Flegeleien Motzkis zusammen. »Autobahngebühr? Ich hup Euch was«, drohte die Plakette mit dem Signet des Blatts, die an 3 Millionen deutsche Autofahrer kostenlos verteilt wurde.

Die Volksvertreter fielen ob des Zorns ihrer Untertanen reihenweise um. »Immer mehr Politiker dagegen«, freute sich die Zeitung des kleinen Mannes. »Auch größter CDU-Verband kündigt Gegenwehr an«, ap/dpa. »Geschlossen gegen die Vignette« sprach sich die nordrhein-westfälische Landtagsfraktion der Christenunion, Krauses Partei, aus: »Hüftschuß.« Wieder einmal hatte sich die weise Erkenntnis Ezra Pounds bewahrheitet, regieren sei »die Kunst, Probleme zu schaffen, mit deren Lösung man das Volk in Atem hält«.

Krauses krause Lösung: Jeder Deutsche könne sich ja ein Stück Autobahn kaufen, wenn erst die derzeit staatliche Autobahnverwaltung in eine Autobahn-Aktiengesellschaft umgewandelt sei; dann könne der Autofahrer Aktien erwerben »und eines Tages sogar Gewinne« kassieren.

Es waren gerade die Tage des rheinischen Karnevals, und in der Hauptstadt vor den 7 Bergen kam närrische Fröhlichkeit auf. Wo aber spielten die Narren? Spielte die Regierung jeck, oder waren die Jecken an die Regierung gelangt? Kaum einer im verwirrten Land wußte noch, wo regiert wurde – in Bonn oder doch in Köln? Darum ist es am Rhein so schön. Nie weiß der Bürger, ob regiert oder Ulk getrieben wird: Die Autobahngebühr der Regierung war 1993 *der* Karnevalshit.

Der Papst in Rom, so hieß es, habe auf ein Stück Autobahn bereits sein Auge geworfen – auf »das Kamener Kreuz«. Die Grünen wollten alle Einfahrten zur Autobahn kaufen und sperren – dann würden sie sogar von ihrer Penetrant-Forderung Tempolimit ablassen. »Vignetten für Radfahrer und Fußgänger«, forderte in der *Zeitung für Deutschland* Wolfgang Graf von Ballestrem aus Bergisch Gladbach, und nicht nur Karnevalsfreunde fragten sich, warum denn eigentlich nicht? »Autobahngebühr nur für Ausländer«, schlagzeilte *Bild am Sonntag*; auch nicht schlecht, fand der verdutzte Deutsche.

Da wollten Frankfurts Grüne noch eins drauflegen und beantragten beim Autobahn-Privatisierer, ihnen den Elzer Berg, ein Teilstück der Autobahn Köln-Frankfurt, zu schenken, »und zwar die Seite vom Westerwald Richtung Limburg fallend«. Dort herrscht seit Jahrzehnten für Pkw Tempo 100 und für Lkw 40, überwacht von einer Radarfalle, die Temposünder fotografiert und jährlich 6 Millionen Mark Bußgeld einbringt. Auf genau diese Goldgrube reflektierten die armen Grünen und begründeten ihr Verlangen ungewohnt logisch: »Damit könnten wir einen Großteil unserer Wahlkämpfe finanzieren.«

»Narren haben Deutschland im Griff«, meldete *Sonntag aktuell* in einem aktuellen Bericht aus Bonn. Und Leser Lothar Frey aus dem schwäbischen Metzingen kartete nach: »Diese Überschrift sollte mindestens zweimal im Monat auf Seite eins gedruckt werden«, weil sie für Bonn immer stimme. Und er verlangte zudem, dabei »alle Gesichter« der Bonner Politikerjecken abzubilden.

Kanzler Kohls Krause machte sich stark, für seine Vignette zu kämpfen. Doch »Kohl will keine Vignette«, berichtete umgehend dpa. Der Minister plane einen »Neuen Schröpf-Vorschlag: Für jeden Kilometer 10 Pf.«, enthüllte *Bild*, und auch Radio und Fernsehen meldeten Bonns neuestes Stück. Krause dementierte, kaum einer glaubte ihm noch – 76 Prozent der befragten Deutschen, ergab eine Umfrage, forderten den Rücktritt des Verkehrsministers, der stets nur auf seinen mächtigen Boß im Kanzleramt wies: Chefsache.

»Der Bundeskanzler«, versicherte ein Regierungssprecher, »hat sich noch nicht auf ein Modell der künftigen Verkehrsfinanzierung festgelegt.« Dann ging der Chef auf Weltreise in den fernen Osten, ganze 12 Tage lang, und erlaubte sich damit die längste Abwesenheit eines Regierungschefs von Bonn. Dort tanzten derweil die Mäuse aller Fraktionen auf den Tischen Boogie-Woogie und sangen dazu ihr schönstes Jeckenlied, das längst zur Nationalhymne der vereinten

Deutschen geworden ist: »Wer soll das bezahlen, wer hat soviel Geld?« Dabei wußte doch jeder im Land längst die Antwort: die Autofahrer natürlich. Ihnen sollten die 8 Milliarden abgeknöpft werden, die in der Kasse in Bonn fehlten. Und dort flogen jetzt alle hehren Grundsätze über Bord, wie die Gazetten atemlos berichten mußten.

Krause setzte nicht mehr allein auf die Vignette, sondern auf Sicherheit und schlug mehrere Modellrechnungen vor, so für Autos nicht mehr 360 Mark im Jahr, nur noch 180, doch die Mineralölsteuer sollte erhöht werden. »Völlig unsinnig und schädlich«, konterte Koalitionsbruder FDP. Krause verlor die Übersicht: höhere Mineralölsteuer jetzt, Vignette später. Die FDP lehnte die Vignette ab; Krause verzichtete auf die Vignette und wollte nur noch die höhere Mineralölsteuer für Autobenzin. Ingrid Matthäus-Maier, Finanzexpertin der SPD, empörte sich: »Kopfsteuer für Autofahrer.« (Dabei hatte sie einige Jahre zuvor, als Schattenfinanzministerin des Kanzlerkandidaten Lafontaine, sogar 50 Pfennige je Liter gefordert.)

Und dann kam der Chef zurück aus Fernost, strotzend vor Kraft. In einer »Elefantenrunde der Koalition« (dpa) werde er seine Entscheidung durchdrücken. Warnungen kamen aus höchstem Bossemund: »Die Autoindustrie ist im schärfsten Abschwung seit 1945«, rief Ferdinand Piëch, der VW-Chef. »Abgaben auf den Autoverkehr zu erhöhen«, gab Tyll Necker, Präsident des Bundesverbandes der Deutschen Industrie, zu bedenken, »ist bei sinkender Nachfrage in der Automobilindustrie unverantwortlich.« Auch der ADAC, der zahnlose Clubriese, knurrte Bedrohliches.

Doch Helmut Kohl, immer schon Wirtschaftslaie, setzte sich durch: nur höhere Spritsteuer ab 1994. »Benzinpreis hoooch«, stöhnte *Bild*; keine Vignette, die mit der FDP »nicht zu machen ist« (Parteivorsitzender Otto Graf Lambsdorff). Im *Handelsblatt* stellte Thomas Linke lapidar fest: »Krause ausgebremst.« Falsch. »Kommt die Vignette doch noch?« wollten die Agenturen, als Chronisten immer vor Ort, gern wissen. Obwohl Kohls »Elefantenrunde« sich nur für die teurere Mineralölsteuer und gegen die Vignette entschieden hatte, legte sich seine CDU/CSU-Fraktion quer – wütend, weil sie nicht gefragt worden sei und ihres Kanzlers Beschluß aus den Frühstücksnachrichten erfahren habe. »CDU gegen Kanzler-Pläne«, berichtete *Bild*.

Kanzler Kohl hatte seinen Verkehrsminister bloßgestellt, die CDU-Fraktion war ihrem Parteichef in den Rücken gefallen. Die *Zeitung für Deutschland* erteilte staatstragend allen Christpolitikern, die ihren höchsten Chef bei seiner Chefsache so »gründlich blamiert« hatten, die notwendige Rüge in milder Form: »Verkehrspolitische Posse.«

»Chaos-Band spielt weiter«, versprach das Sechsgroschenblatt der Nation den Bürgern. Und in der Tat: Selbst Kanzleramtsminister Friedrich Bohl verlor die Übersicht. Bei der EG in Brüssel werde er, Krause, jetzt die Vignette für Deutschlands Straßen durchsetzen; die EG sei dafür gar nicht zuständig, erklärte die EG. Und Krauses Dienstherr im Kanzleramt fand plötzlich Gefallen an einer sogenannten Mischlösung aus höherer Steuer plus Vignette. Letzter Bericht aus Bonn zur Lage der Autofahrer: Alles klar, keiner sieht mehr durch. Und *Bild* richtete für das Hin und Her am närrischen Rhein die längst fällige Rubrik ein: »Neues von Krause.«

Für Neues war Krause immer gut. Seine Affären häuften sich; mit seiner Selbstverteidigung war er so vollbeschäftigt, daß er darüber sogar seine Autobahnvignette vergaß. Als auch noch durchsickerte, der Verkehrsminister aus dem Osten habe zu Unrecht vom Staat Umzugskosten eingestrichen, machte sein höchster Chef den Fall Krause zur Chefsache – »Kohl zieht Krause aus dem Verkehr«, hieß die letzte Schlagzeile über den Ossi, dem selbst seine Gegner bescheinigten, »Verkehrspolitik unkonventionell und energisch betrieben zu haben«.

Sein Nachfolger, der Christdemokrat Matthias Wissmann aus dem Autoland Baden-Württemberg, führte sich mit der Drohung ein, durch höhere Mineralölsteuern den Preis für einen Liter Benzin auf 2 Mark erhöhen zu wollen, um das Milliardenloch der Bahn ein wenig weniger tief zu machen. O-Ton des Neuen: »Wer den Verkehrskollaps verhindern will, muß die Schiene stärken.« Doch als sich alle Autofahrer erschrocken zeigten, schob der Krause-Erbe nach, daß er sich »auch eine Vignettenlösung« vorstellen könne. Das Ergebnis war wie bei Krause: landesweite Verwirrung. Und dann warnte er auch noch: »Keinesfalls dürfen wir die Steuerschraube überdrehen. Keinesfalls dürfen die Autofahrer das Gefühl bekommen, die Milchkuh der Nation zu sein.« Und als die Verwirrung komplett war, bewies Matthias Wissmann, daß er den kleinen Unterschied zwischen Bürger und Volksvertreter schon kannte: »Die Autofahrer stehen im Stau, und der Verkehrsminister fliegt über sie hinweg.«

Doch die Autofeinde in den Medien, in den Umwelt-Kampfbünden und in der Politik geben immer noch nicht auf. Immer noch bekämpfen sie das Auto, das den Menschen frei macht. Ein völlig neues Motiv entdeckten sie im Frühjahr 1993: »Aus erzieherischen Gründen« solle ein »gesetzliches Sonntagsfahrverbot« eingeführt werden, postulierte der CDU-Politiker Wolfgang von Geldern im Namen seines nebenamtlichen Hauptjobs: als Vorsitzender des Bundestags-Umweltausschusses in Bonn. Begreifen konnte diese demokratische Kuriosität nur, wer von Gelderns Spitzenamt kennt: Präsident der Schutzgemeinschaft Deutscher Wald, die unentwegt die Autofahrer der Zerstörung des deutschen Waldes bezichtigt und dafür, ebenso unentwegt, deftigen Schadenersatz kassieren will. Mindestens zweimal im Jahr sollten die Deutschen sonntags zu Hause bleiben. »Eine prima Idee«, lobte der waldbesitzende Christdemokrat sich selbst. Unterstützt wurde er von seinem Kollegen Klaus Daubertshäuser, dem verkehrspolitischen Sprecher der SPD im Bundestag: »Zwei autofreie Sonntage wären ein positives Signal mit Symbolwert.«

Aus »erzieherischen Gründen« ein Sonntagsfahrverbot als positives Signal mit Symbolwert: unsere Volksvertreter in einer neuen, selbstbestimmten Rolle als Volkserzieher. »Die politische Elite« nannten sie sich bisher schon ungeniert und klagten ihre Wähler, die mündigen Bürger, der »Politikverdrossenheit« an, die in Wahrheit doch nur »Politikerverdrossenheit« ist. Nicht das Interesse an Politik ist dahin, nur die Glaubwürdigkeit jener, die im Namen des Volkes Politik machen. Wendelin Wiedeking, der hellwache junge Porsche-Chef, weiß, wovon er spricht: Unsere Politiker »setzen sich ins Auto hinten rein, sagen ihren Fahrern: ›Gib Vollgas‹ – und fordern dann das Tempolimit«.

Tempolimit und Fahrverbot – weil die Energievorräte in der Welt unmittelbar vor der Erschöpfung stünden, weil die Autobahnen so unsicher seien, weil der deutsche Wald sterbe, weil die Autos die Luft verpesteten, weil das deutsche Ohr taub werde. Doch kein Argument hatte Bestand. Und jetzt: aus »erzieherischen Gründen«. Besser, ehrlicher wäre: aus Autofeindschaft, die sie tarnen als Fürsorge für Mensch und Natur.

Der mündige Bürger allerdings hat seine politischen Fürsorger durchschaut. Die Kommunalwahlen Mitte 1992 in Hessen, Hochburg der grünen und linken Autofeinde, bewiesen es: In Kassel verlor die SPD 20 Prozent ihrer Stimmen, und Oberbürgermeister Wolfram Bremeier räumte erschüttert »Fehler in der Verkehrspolitik« ein, Fehler, die er jahrelang als verkehrspolitischen Fortschritt angepriesen hatte: Straßen, selbst Ausfallstraßen, hatte er durch Blumenkübel verengen und zurückbauen lassen, komplizierte und undurchschaubare Verkehrsführungen ersonnen und an den Ampeln die Grünphasen abgeschafft. »Paradebeispiel dafür, wie Politik am Wähler vorbeigehen kann«, konstatierte die *Frankfurter Allgemeine Zeitung*, »viele fühlten sich wie Kinder bevormundet« und erinnerten sich, wenn sie zwischen Bremeiers Schikanen herumkurvten, daß sie ja auch Wähler waren und ihr Tag für die Abrechnung kommen würde. Er kam: Jeder fünfte SPD-Wähler entzog Vertrauen und Stimme dem Autofeind im Amt, der sich danach vor den surrenden Fernsehkameras öffentlich ausweinte. »Für diese Tränen haben wir kein Mitleid«, blieb *Bild* gnadenlos. »Nur das Auto zu hassen ist keine Politik.« Und in Wiesbaden, Landes- und Anti-Auto-Hauptstadt, versprach nach ähnlichem Wahldesaster SPD-Oberbürgermeister Achim Exner, der, »um den Durchgangsverkehr aus der Stadt zu verbannen«, 2 Hauptverkehrsstraßen für den motorisierten Individualverkehr hatte sperren lassen, eine »Umorientierung in der Verkehrspolitik«.

Auch in Sachen ÖPNV, des Öffentlichen Personennahverkehrs, der von Lokalpolitikern forciert wird, um ihre Städte vor dem »Verkehrsinfarkt« zu bewahren? Doch auch diese Konkurrenz zum Auto wird bis zur Stunde von den Bürgern oft nicht angenommen. Häufig sogar kapituliert der ÖPNV, wenn die Bürger tatsächlich sein Angebot annehmen, wie im Rhein-Ruhr-Gebiet geschehen: Der Verkehrsverbund Rhein-Ruhr (VRR) hatte jahrelang gelockt und damit

Erfolg. Doch dann wurde der Andrang der Autoumsteiger auf die öffentlichen Verkehrsmittel so massiv, daß der VRR seit Frühjahr 1993 versucht, die täglich 120 000 Fahrgäste durch höhere Fahrpreise »wieder auf die Straße zurückzudrängen«.

Fakt ist: Die Autofeinde haben ihre Chance gehabt und vertan. Wir Autofreunde nutzen die unsere: Mit dem »Auto von morgen« fahren wir durch den »Verkehr von morgen«. Unser Konzept für morgen ist schlüssig und geht auf. Um unsere Zukunft als Autofahrer ist uns nicht bange.

Denn die Zukunft des Autos hat erst begonnen.

Die Panikmacher haben sich mit ihrer Horrorbotschaft, bald gäbe es für unsere Autos kein Benzin mehr, als falsche Propheten entpuppt. Die Industrie baut sparsamere Autos, und Öl gibt es im Überfluß. Und die, die verlangen, die Autohersteller dürften per Gesetz nur noch »Motoren bauen, die sich ab einer bestimmten Geschwindigkeit selbst zerstören«, sind nur Hysteriker, eben blindwütige Autofeinde.

»Verkehrsvermeidung« und »Reiseverzicht« werden Begriffe sein, die unsere Enkel verständnislos belächeln werden. Wer fahren muß, fährt und zahlt. Reglementierung durch politische Volkserzieher wird es nicht geben, auch wenn Karl Otto Schallaböck, der Verkehrsexperte am Wuppertaler Institut für Klima, Verkehr, Energie, bei seinen Forderungen aus der Steinzeit bleibt: Weil »etwa 60 Prozent des Automobilverkehrs freizeitorientiert« seien, könnten durch schnelle Fahrverbote »auch in kurzer Zeit erhebliche Fortschritte« in Sachen Umweltschutz erzielt werden. Denn »eine Rückführung auf das Niveau von 1960 würde 40 Prozent des gesamten Pkw-Verkehrs erübrigen«. Im Luftverkehr »ließe sich ein noch größerer Anteil des Verkehrs vermeiden«, wenn die reisefreudigen Deutschen einfach zu Hause bleiben müßten. Das stand, wie könnte es anders sein, in der *Zeit*, dem Autogegner ohne Chance auf Einsicht. Die journalistischen Weltverbesserer von der Unterelbe verlangen »Mobilität im Kopf« und nicht auf den Straßen der Welt.

Von den Straßen sollte der verdammte »lackierte Kampfhund« am besten ganz verschwinden, denn von einem »Grundrecht auf Mobilität steht im Grundgesetz nichts«, fand Uwe Wesel in der *Zeit*, die – pünktlich 4 Monate vor der IAA 1993 – die »Verfassungswidrigkeit unserer Autos« zu untersuchen begann. Kein Zweifel: *Zeit*-Genosse Wesel, Lehrer für Rechtsgeschichte und Zivilrecht an der Freien Universität Berlin, wird beweisen, daß unsere Autos – gut 700 Millionen auf dem Globus – verfassungswidrig sind. Tenor: Das »Recht auf körperliche Unversehrtheit« komme »auf unseren Straßen täglich unter die Räder«. Die »Verantwortlichen für Tausende und Abertausende von Toten und Verletzten« seien »doch alle auf freiem Fuß« und regierten in Bonn.

Doch weil der Mensch frei geboren ist und frei sein will, will er auch weiterhin die Welt entdecken. Wozu ist sie schließlich da und so groß und schön?

Gesiegt hat dann die Vernunft, auf die wir Autofahrer, von unserer Veranlagung her schon Optimisten, immer gesetzt haben. So hat denn die IAA 1993 das richtige Motto: »Mobilität · Vielfalt · Toleranz«; auf vielfältige Art mobil – zu Fuß, per Rad, mit dem Auto.

Vernunft und Spaß haben Vorfahrt.

Und die Deutschen bleiben ein Volk von Autofreunden.

Autofahren wird Reisen in seiner schönsten Form.

Und unsere Enkel werden uns, wenn wir mit ihnen die Welt erfahren und ihnen dabei von der bösen alten Zeit erzählen, fragen:

»Opa, was war das eigentlich, ein Stau?«

Literaturverzeichnis

ADAC. Das große ADAC-Autobuch. Stuttgart 1976.

Avtoexport. Avtoexport informiert. Moskau 1975.

Bailey, L. Scott (Hg.): Opel Räder für die Welt. 1965.

Barthel, Manfred/Gerold Lingnau: 100 Jahre Daimler-Benz. Die Technik. Mainz 1986.

Becker, Wilhelm: Der Mann mit dem Vornamen Auto. Erfahrungen, Bekenntnisse, Tips. Düsseldorf, Wien 1973.

Beinhorn-Rosemeyer, Elly: Mein Mann, der Rennfahrer. Der Lebensweg Bernd Rosemeyers. Berlin 1938.

Blauhorn, Kurt: Ausverkauf in Germany? München 1966.

Böddecker, Günter: Mut zur Größe. Die europäische Industrie im Feuer des Wettbewerbs. Oldenburg, Hamburg 1966.

Boschen, Lothar/Jürgen Barth: Das große Buch der Porsche-Typen. Alle Fahrzeuge von 1948 bis heute. 2 Bde. Stuttgart 1989.

BP AG (Hg.): Das Buch vom Erdöl. Hamburg 1968.

Brunn, Johann Heinrich von: Ein Mann macht Auto-Geschichte. Der Lebensweg des Robert Allmers. Stuttgart 1972.

Caracalla, Jean-Paul/Jean-Marc Thévenet: L'Aventure Peugeot. Paris 1990.

Conradt, Dirk-Michael: Porsche 356. Fahren in seiner schönsten Form. Stuttgart 1989.

Deutsche Bank (Hg.): 100 Jahre Deutsche Bank. Frankfurt/Main 1970.

Diekmann, Achim: Die Automobilnachfrage als Konjunktur- und Wachstumsfaktor. Eine Input-Output-Studie. Tübingen 1975.

Diesel, Eugen: Philosophie am Steuer. Stuttgart 1952.

Eglau, Hans Otto: Edzard Reuter. Düsseldorf, Wien, New York, Moskau 1991.

Erhard, Ludwig: Wohlstand für alle. Düsseldorf 1957.

Fersen, Olaf von (Hg.): Ein Jahrhundert Automobiltechnik. Personenwagen. Düsseldorf 1986.

Ford, Henry: Mein Leben und Werk. Leipzig 1923.

Frankenberg, Richard von/Marco Matteucci: Geschichte des Automobils. Künzelsau 1973.

Frère, Paul: Das Rennen vor dem Rennen. Porsche-Rennwagen zwischen Versuch und Einsatz. Stuttgart 1971.

Frère, Paul: Die Porsche 911-Story. Stuttgart 1977.

Giscard d'Estaing, Valérie-Anne (Hg.): Das große Hörzu-Buch der Erfindungen. Frankfurt/Main, Berlin 1987.

Goldbeck, Gustav: Kraft für die Welt. 1864 bis 1964 Klöckner-Humboldt-Deutz AG. Düsseldorf, Wien 1964.

Hack, Gert: Der schnelle Diesel. Alles über Diesel-Autos. Typologie aller Diesel-Personenwagen. Entwicklung, Motor-Technik, Turbo-Aufladung, Rekordwagen. 2. Aufl. Stuttgart 1985.

Hamburger Stiftung für Sozialgeschichte des 20. Jahrhunderts (Hg.): Das Daimler-Benz-Buch. Ein Rüstungskonzern im »Tausendjährigen Reich«. Nördlingen 1987. (Schriften der Hamburger Stiftung für Sozialgeschichte des 20. Jahrhunderts, Bd. 3.)

Herndon, Booton: Die Ford-Dynastie. Gründer, Sohn und Enkel. Eine Biographie. München 1970.

Heuss, Theodor: Robert Bosch. Leben und Leistung. Stuttgart, Tübingen 1946.

Honda, Soichiro: Honda über Honda. Stuttgart 1980.
Isenberg, Hans-Georg/Dirk Maxeiner: Die schnellsten Autos der Welt. Niedernhausen 1977.
Jaguar (Hg.): Jaguar Magazin. Stuttgart 1987.
Joesten, Joachim: Öl regiert die Welt. Geschäft und Politik. Düsseldorf 1958.
Jungblut, Michael: Die Reichen und die Superreichen in Deutschland. Hamburg 1971.
Junginger, Walter: Das BMW-Mercedes-Duell. Düsseldorf, Wien, New York 1991.
Kießler, Bernd-Wilfried: Nissan-Automobile. Auf dem Weg zur Harmonie. München 1990.
Korp, Dieter: Protokoll einer Erfindung. Der Wankel-Motor. Stuttgart 1975.
Kruk, Max/Gerold Lingnau: 100 Jahre Daimler-Benz. Das Unternehmen. Mainz 1986.
Kubisch, Ulrich: Borgward. Ein Blick zurück auf Wirtschaftswunder, Werksalltag und einen Automythos. (Ausstellungskatalog.) 3. Aufl. Berlin 1984.
Lancia (Hg.): Lancia. Innovation als Firmen-Philosophie.
Larson, Robert C.: Fast alles über die Amerikaner. Regensburg 1980.
Lauda, Niki: Formel 1. Technik und Praxis des Grand-Prix-Sports. 3. Aufl. Wien, Stuttgart 1975.
Lauda, Niki: Meine Jahre mit Ferrari. Wien, Stuttgart 1977.
Lewandowski, Jürgen: Honda-Automobile. Fortschritt als Herausforderung. München (1988?).
Lotz, Kurt: Lebenserfahrungen. Worüber man in Wirtschaft und Politik auch sprechen sollte. Düsseldorf, Wien 1978.
Maybach, Wilhelm: Von der Pferdekutsche zum Mercedes-Wagen. Anbruch eines neuen Zeitalters. Friedrichshafen 1953.
Mehler, Ha. A./Norbert Albrecht: Geschäfte rund ums Auto. Das 1 x 1 der Autobranche. An- und Verkauf mit Erfolg. Export, Import, Re-Import. 3. Aufl. Bonn 1990.
Mende, Hans-Ulrich von: Vorfahrt für Verführer. Werbung rund ums Auto. Stuttgart 1991.
Mönnich, Horst: BMW. Eine deutsche Geschichte. München, Zürich 1991.
Nießlein, Erwin/Gerhard Voss (Hg.): Was wir über das Waldsterben wissen. Köln 1985.
Niven, David: The Complete Pirelli Calendar Book. London, Sydney 1975.
Norden, Peter: Männer, Mächte und Konzerne. Bayreuth 1975.
Norden, Peter: Die Sicherheit im Auto von morgen. München 1982.
Paczensky, Gert von: Das Ölkomplott. Von der Kunst, uns und andere auszunehmen. München 1982.
Porsche AG (Hg.): 100 Jahre Porsche. Stuttgart 1975.
Porsche, Ferry: Deutsche Automobile. London 1985.
Porsche, Ferry/Günther Molter: Ein Leben für das Auto. Eine Autobiographie. Stuttgart 1989.
Pritchard, Anthony: Grand-Prix-Rennen. Erlesene Liebhabereien. Stuttgart.
Pritzkoleit, Kurt: Männer, Mächte, Monopole. Düsseldorf 1956.
Radzio, Heiner: Unternehmen mit Energie. Aus der Geschichte der VEBA. Düsseldorf, Wien, New York 1990.
Reichert, Nikolaus/Michael Kirchberger: Mitsubishi. High Tech im Zeichen der drei Diamanten. München 1989.
Riedner, Michael: Mercedes-Benz W 196 – Der letzte Silberpfeil. Stuttgart 1986.
Rommel, Manfred: Wir verwirrten Deutschen. Betrachtungen am Rande der großen Politik. Stuttgart 1986.
Rosellen, Hanns-Peter: Das weiß-blaue Wunder. BMW – Geschichte und Typen. Stuttgart 1983.
Rosellen, Hanns-Peter: »... und trotzdem vorwärts!« Die dramatische Entwicklung von Ford in Deutschland 1903–1945. Frankfurt-Unterliederbach 1986.
Rosellen, Hanns-Peter: Ford-Schritte. Der Wiederaufstieg der Ford-Werke Köln von 1945 bis 1970. Frankfurt/Main 1988.
Rowe, Harvey T.: Männer, Frauen und Motoren. Die Erinnerungen des Rennleiters Alfred Neubauer. 2. Aufl. Stuttgart 1971.
Saab-Scania (Hg.): Die Saab-Scania-Story. Stockholm 1987.
Schenzinger, Karl Aloys/Heiner Simon/Anton Zischka: Heinrich Nordhoff. München 1969.

Schöning, Kurt: Anzeigenwerbung. München 1984.
Schrader, Mila: Porsche 911. München 1988.
Schuh-Tschan, Hans: Die geräderte Republik. Bilanz und Perspektiven des Autos. Hamburg, Zürich 1986.
Schulz-Wittuhn, Gerhard: Von Archimedes bis Mercedes. Eine Geschichte des Kraftfahrzeugs bis 1900. Frankfurt/Main 1952.
Schwerin von Krosigk, Lutz Graf: Die große Zeit des Feuers. Der Weg der deutschen Industrie. Bd. 2. Tübingen 1958.
Seidler, Édouard: Renault 1945–1973. Lausanne 1973.
Seiff, Ingo: Das große Buch der Oldtimer. Hamburg 1982.
Simoneit, Ferdinand: Die neuen Bosse oder So wird man Generaldirektor. Düsseldorf, Wien 1966.
Simsa, Paul/Jürgen Lewandowski: Sterne, Stars und Majestäten. Prominenz auf Mercedes-Benz. Konstanz 1985.
Sloan, Alfred P.: Meine Jahre mit General Motors. 3. Aufl. München 1966.
Stein, Werner: Kulturfahrplan. Berlin 1946.
Stern-Bibliothek: Die Geschichte der Anzeige. Hamburg 1988.
Thoma, Franz (Hg.): Die modernen Monarchen. 12 Imperien der Geldmacht. München 1970.
Toyota (Hg.): Toyota. History of the First 50 Years. 1988.
Vester, Frederic: Ausfahrt Zukunft. Strategien für ein Verkehrssystem von morgen. Eine Systemuntersuchung. München 1990.
Volvo Car Corp. (Hg.): Volvo 1927–1991. Göteborg 1992.
Westrup, Arthur: Mit dem Lenkrad in der Hand. Bielefeld 1989.
Windpassinger, Gerhard: Mazda meine Marke. Technik, Modelle, Zukunft eines Weltkonzerns. Nürnberg 1990.
Womack, James P./Daniel T. Jones/Daniel Roos: Die zweite Revolution in der Autoindustrie. Konsequenzen aus der weltweiten Studie aus dem Massachusetts Institute of Technology. Frankfurt/Main, New York 1992.
Wood, Jonathan: Geschichte · Schönheit · Technik. Deutsche Automobile. München 1991.
Zedtwitz-Arnim, Georg-Volkmar Graf: Ein Ruf wie Donnerhall. Deutschenspiegel. Düsseldorf, Wien 1978.

Register